普通高等教育会计类专业系列教材

政府会计

主　编　孔为民　刘海英
副主编　田俊燕　陈丽芹

科学出版社
北京

内 容 简 介

本书依据我国财政部最新颁布的政府会计准则制度、财务规则编写而成，注重理论联系实际，突出内容的实用性、可操作性、前瞻性。全书内容包括四篇，共十九章，第一篇为政府会计总论，主要介绍政府会计概述和政府会计的基本理论；第二篇为财政总预算会计，主要介绍财政总预算会计的基本理论与财政总预算会计实务；第三篇为政府财务会计，主要介绍政府财务会计的基本理论与政府单位财务会计实务；第四篇为政府预算会计，主要介绍政府预算会计的基本理论与政府单位预算会计实务。

本书既可作为高等院校财会类专业的教材，又可作为从事政府会计核算和审计相关工作人员的学习参考书。

图书在版编目（CIP）数据

政府会计/孔为民，刘海英主编. —北京：科学出版社，2019.6
（普通高等教育会计类专业系列教材）
ISBN 978-7-03-055671-4

Ⅰ. ①政… Ⅱ. ①孔… ②刘… Ⅲ. ①预算会计-高等学校-教材
Ⅳ. ①F810.6

中国版本图书馆 CIP 数据核字（2017）第 292815 号

责任编辑：王彦刚 都 岚 / 责任校对：王万红
责任印制：吕春珉 / 封面设计：东方人华平面设计部

科学出版社 出版
北京东黄城根北街 16 号
邮政编码：100717
http://www.sciencep.com

天津市新科印刷有限公司 印刷
科学出版社发行 各地新华书店经销
*
2019 年 6 月第 一 版 开本：787×1092 1/16
2024 年 1 月第五次印刷 印张：20 3/4
字数：477 000

定价：68.00 元

（如有印装质量问题，我社负责调换〈新科〉）
销售部电话 010-62136230 编辑部电话 010-62135397-2015

前　言

自 2015 年以来，我国财政部按照《国务院关于批转财政部权责发生制政府综合财务报告制度改革方案的通知》（国发〔2014〕63 号），相继出台了《政府会计准则——基本准则》和政府会计具体准则（存货、投资、固定资产、无形资产、公共基础设施、政府储备物资、会计调整、负债、财务报表编制和列报）。2017 年 10 月 24 日，财政部印发了《政府会计制度——行政事业单位会计科目和报表》（财会〔2017〕25 号），定于 2019 年 1 月 1 日起实施。以上准则制度的出台，表明我国政府会计准则体系已经初步形成。为此，编者根据最新的会计准则、会计制度和预算管理制度及相应会计核算办法的规定，编写了本书。

教育是国之大计、党之大计。培养什么人、怎样培养人、为谁培养人是教育的根本问题。育人的根本在于立德。本书坚持全面贯彻党的教育方针，落实立德树人根本任务，培养德智体美劳全面发展的社会主义建设者和接班人；坚持为党育人、为国育才，着力全面提高人才自主培养质量。

本书内容主要包括政府会计总论、财政总预算会计、政府财务会计、政府预算会计四部分。本书紧密结合我国预算管理制度的发展和变化，依据财政部最新颁布的政府会计准则制度、财务规则，介绍财政总预算会计、政府单位会计的最新理论和核算方法，并设置相关业务题，注重实际操作。

本书各章配有 PPT 课件、复习题，在最后一章章末配有两套综合模拟试题，均以二维码的形式在书中呈现，读者可以通过手机扫描书中的二维码进行学习。同时，还配有各章复习题答案、综合模拟试题答案及相关教学资源，读者可以登录 http://www.abook.cn 下载。

本书由河北地质大学孔为民、河北师范大学刘海英担任主编，负责拟订大纲、总纂、修改并最终定稿；由河北地质大学田俊燕、陈丽芹担任副主编。参与编写的人员有河北地质大学华信学院的任立改，河北师范大学的曲京山、孙俊东、李蕊等。具体编写分工如下：孔为民编写第一章、第二章、第三章、第九章、第十五章、第十九章；刘海英编写第四章、第五章、第八章、第十三章、第十六章、第十八章；田俊燕编写第六章、第十章；陈丽芹编写第七章、第十一章、第十二章；任立改编写第十四章、第十七章；曲京山、孙俊东、李蕊等负责本书的校对工作。

由于编者水平有限，书中不足之处在所难免，恳请广大读者批评、指正。

目　录

第四篇　政府预算会计

第一篇

政府会计总论

第一章　政府会计概述
第二章　政府会计的基本理论

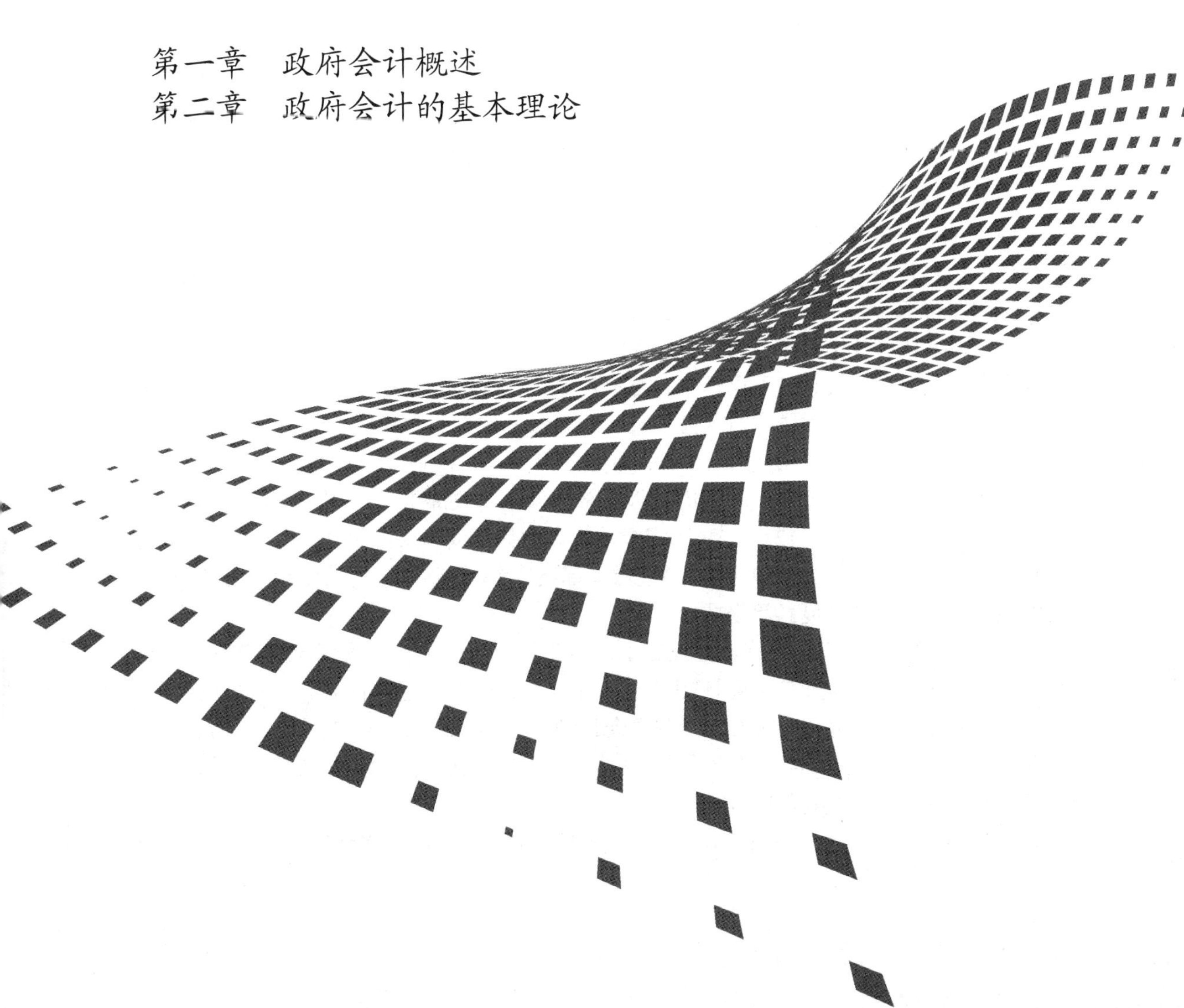

第一章　政府会计概述

第一章 PPT

学习内容与要求

本章主要介绍政府会计的历史沿革、政府会计的概念和组成体系及政府会计的规范体系。通过学习，学生应理解政府会计的发展情况及政府会计的概念，掌握政府会计的组成体系和规范体系。

第一节　政府会计的历史沿革

我国的会计体系按其核算和监督内容划分为两大类：一类是企业会计，是以营利为目的，以资本循环为核心，以成本核算为内容的经营型会计；另一类是预算会计，是以经济和社会事业发展为目的，以执行政府财政预算为核心，适用于各级政府和各类事业、行政单位，一般不进行完整成本核算的管理型会计。

预算会计的前身，中国近代称之为“官厅会计”。1949 年以前称之为“政府会计”，包括税收会计、经费会计、收支会计和综合会计等。

预算会计是指与国家预算管理体制紧密相关的，为国家预算管理服务的，提供预算执行、实施情况的会计。这里所说的预算是指国家预算而非企业预算，所以可以认为预算会计是以会计与国家预算的关系来定义的会计类别。

1950 年，财政部提出了“建设预算会计体系”的设想，依据的是原中央人民政府政务院（已撤销）公布的《预算决算暂行条例》（已失效）和《中央金库条例》（已废止），并在同年正式发布了《各级人民政府暂行总预算会计制度》和《各级人民政府暂行单位预算会计制度》，从此，适合我国国情需要的预算会计制度建立起来了。自 1951 年开始，财政部根据不同发展时期对预算会计的不同需求，从制度上对预算会计进行了多次修订。到 1965 年基本上形成了会计制度相对固定且与企业会计相对独立的会计体系。1983 年和 1988 年，财政部对预算会计制度进行了两次修订，修订以后逐步形成了以制度形式确定的独立运营的会计系统。因为预算会计制度带有较浓的计划经济色彩，财政部于 1997 年对预算会计制度进行了大幅度改革。1998～2012 年，我国实行的预算会计制度主要由 1998 年起正式实施的《财政总预算会计制度》、《行政单位会计制度》（已废止）、《事业单位会计准则（试行）》（已废止）、《事业单位会计制度》等组成。

2013 年起，财政部陆续修订并发布了《事业单位会计准则》（财政部令 72 号，2013 年 1 月 1 日起施行）、《事业单位会计制度》（2013 年 1 月 1 日起施行）、《行政单位会计制度》（2014 年 1 月 1 日起施行）、《财政总预算会计制度》（财库〔2015〕192 号，自 2016 年 1 月 1 日起实施），并出台了若干事业单位行业制度。这些制度的实施，标志着我国的预算会计制度建设进入了一个全新的阶段。

2013 年 11 月 12 日，中国共产党第十八届中央委员会第三次全体会议通过了《中共中央关于全面深化改革若干重大问题的决定》，提出："建立权责发生制的政府综合财务报告制度，建立规范合理的中央和地方政府债务管理及风险预警机制。"

2014 年 12 月 12 日，国务院批转财政部的《权责发生制政府综合财务报告制度改革方案》（国发〔2014〕63 号）提出："权责发生制政府综合财务报告制度改革是基于政府会计规则的重大改革"。改革的主要任务之一是建立健全政府会计核算体系。改革的具体内容之一是建立政府会计准则体系和政府财务报告制度框架体系，包括制定政府会计基本准则和具体准则及应用指南。

我国的政府会计标准体系由政府会计基本准则、具体准则及其应用指南和政府会计制度组成。

2015 年 10 月 23 日，财政部印发了《政府会计准则——基本准则》，为建立统一、科学、规范的政府会计会计准则体系奠定了基础，我国正式将"预算会计"命名为"政府会计"。《政府会计准则——基本准则》是政府会计领域一次重大的制度变革，其在重大制度上进行了理论创新，将使行政事业单位财务和会计管理发生显著变化。

基本准则主要对政府会计目标、会计主体、会计信息质量要求、会计核算基础，以及会计要素定义、确认和计量原则、列报要求等作出规定。基本准则作为政府会计的"概念框架"，统驭政府会计具体准则和政府会计制度的制定，并为政府会计实务问题提供处理原则，为编制政府财务报告提供基础标准。

具体准则主要规定政府发生的经济业务或事项的会计处理原则，具体规定经济业务或事项引起的会计要素变动的确认、计量和报告。

应用指南主要对具体准则的实际应用作出操作性规定。

政府会计制度主要规定政府会计科目及其使用说明、会计报表格式及其编制说明等，便于会计人员进行日常核算。

《权责发生制政府综合财务报告制度改革方案》明确要求：2015 年要制定政府会计基本准则，2016 年起要制定发布政府会计具体准则及应用指南，力争在 2020 年前建立具有中国特色的政府会计准则体系和权责发生制政府综合财务报告制度。

第二节　政府会计的概念和组成体系

一、政府会计的概念

在理解政府会计的概念之前，我们先来了解一下我国政府会计的适用范围、政府会计的主体和客体。

（一）政府会计的适用范围

在我国实际会计工作中，政府会计的适用范围包括两部分：①有预算缴款、拨款关系的单位；②按规定纳入预算管理的单位。前者本身就是预算单位，而后者在其发展过程中起源或脱胎于执行国家预算的单位。这些单位基本属于非物质生产部门，主要包括财政部门、行政单位和事业单位。

财政部门是指具体负责编制和执行中央预算及地方各级预算的职能部门。

行政单位是指进行国家行政管理，组织经济、文化建设，维护社会公共秩序的单位。

事业单位是指国家为了社会公益目的，由国家机关举办或者其他组织利用国有资产举办的，从事教育、科技、文化、卫生等活动的社会服务组织。事业单位一般要接受国家行政机关的领导，绝大部分由国家出资建立，大多为行政单位的下属机构，也有一部分由民间建立或由企业集团建立。它们虽不直接创造物质财富，但对于整个社会的再生产起着基础、先行的作用。也就是说，没有这些部门和单位的业务活动，整个社会再生产和社会活动将无法顺利进行。它们的业务活动不同于企业的生产经营活动，其资金运动过程也与企业不同。

（二）政府会计的主体

政府会计的主体是政府会计核算的首要前提，决定了政府会计核算的空间范围。该空间范围应局限于政府会计适用范围之内。

我国《政府会计准则——基本准则》第二条指出："本准则适用于各级政府、各部门、各单位（以下统称政府会计主体）。前款所称各部门、各单位是指与本级政府财政部门直接或者间接发生预算拨款关系的国家机关、军队、政党组织、社会团体、事业单位和其他单位。军队、已纳入企业财务管理体系的单位和执行《民间非营利组织会计制度》的社会团体，不适用本准则。"

由此，政府会计的主体主要分为三部分：①财政总预算会计的主体为各级人民政府，而不是财政部门，因为作为会计主体，从理论上讲必须相对独立地拥有资产和承担义务，而财政部门没有这些权责，它是代表政府履行筹集、分配、监督财政资金的职能，所以不能作为总预算会计的会计主体，而真正的总预算会计主体是各级人民政府；②行政单位的会计主体为各级行政单位；③事业单位的会计主体为各级各类事业单位。

（三）政府会计的客体

政府会计的客体是指政府会计主要的核算对象，即政府会计所核算和监督的内容。具体地说，政府财政资金以及非财政资金活动的过程及其结果就是政府会计的核算对象。

（四）政府会计的定义

对于"政府会计"，无论是我国还是西方国家都没有权威的定义，但对政府会计主体的表述是明确的。国际上，政府会计又被称为"公共部门会计"或"公共会计"，按照国际会计师联合会的定义，政府会计是指用于确认、计量、记录和报告政府和事业单位财务收支活动及其受托责任履行情况的会计。

本书认为，对政府会计定义的表述应该包括政府会计的主体、政府会计的客体、计量属性及会计核算的目的等方面。

综上所述，可以对政府会计作如下概括：政府会计是指各级政府财政部门、各级事业单位和各级行政单位，以及其他与本级政府财政部门直接或者间接发生预算拨款关系的单位，以货币为主要计量单位，对财政资金和非财政资金运动及其结果进行核算、反映和监督，以加强政府的预算管理和财务管理，提高公共资源使用效益的一门专业会计。

这个定义包括以下三层含义：①会计主体。政府会计的主体是各级政府部门和事业、行政单位，以及与本级政府财政部门直接或者间接发生预算拨款关系的其他单位。②会计客体。

会计客体是指会计工作的对象。政府会计的客体包括政府预算执行过程中的各级收支、事业单位的事业业务收支和经营业务收支、行政单位的经费收支和其他资金等。③会计是一项管理活动。政府会计是反映和监督会计主体预算管理及财务管理的一项管理活动。

二、政府会计的组成体系

政府会计的组成体系是由政府预算组成体系所决定的。

（一）政府预算的组成体系

政府预算由中央预算和地方预算组成。政府预算的组成同国家政权的行政区域划分有着密切的联系，原则上凡是一级政权都应有一级独立预算。我国宪法规定，我国的国家机构由全国人民代表大会（最高权力机关）、国务院（中央人民政府）和地方各级人民代表大会、各级人民政府组成。因此，政府预算由中央预算和地方预算组成，在中央统一领导下，实行中央和地方的分级管理。“统一领导，分级管理”是我国预算管理体制的基本原则。

这样，政府预算按国家政权结构和行政区划分为五级：①中央总预算，由中央各行政事业单位预算和企业财务收支计划组成；②省级总预算，由省、自治区、直辖市级各行政事业单位预算和财务收支计划组成；③市级总预算，由设区的市、自治州级各行政事业单位和财务收支计划组成；④县级总预算，由县、自治县、不设区的市、市辖区级各行政事业单位预算和财务收支计划及下一级总预算汇总组成；⑤乡（镇）级总预算，由乡、民族乡、镇级各行政事业单位预算和财务收支计划组成。

《中华人民共和国预算法》（2015 年 1 月 1 日起施行，以下简称《预算法》）第三条规定：国家实行一级政府一级预算，设立中央，省、自治区、直辖市，设区的市、自治州，县、自治县、不设区的市、市辖区，乡、民族乡、镇五级预算。省、市、县、乡级总预算构成地方预算，和中央预算一起构成政府预算。

从上述分类可以看出，政府预算按预算收支管理范围分为总预算和单位预算，而单位预算又分为行政单位预算和事业单位预算两类。

中央预算和地方预算在政府预算中的地位，是由中央和地方政府的职能决定的。根据各级政府的职责，中央政府担负全国性的政治经济任务，包括国防、外交和国家重点建设等。与此相适应，中央预算主要担负上述全国性的支出需要。此外，中央预算还要担负调剂地方预算的资金余缺、支援经济不发达地区和应付重大自然灾害等项开支，它在政府预算中占主导地位。地方政府主要担负地区性的经济和文化建设任务。与此相适应，地方预算要保证城乡建设，包括发展农业和地方工业、城市公用事业、地方文教卫生事业及少数民族地区建设的支出需要。此外，地方预算还要承担为国家组织收入，保证上解中央的收入，因此地方预算在政府预算中也占有相当重要的地位。

（二）政府会计的组成体系

政府会计的组成体系和政府预算的组成体系是一致的。国家预算组成体系的分类决定了政府会计也相应地分为财政总预算会计、行政单位会计和事业单位会计，这是政府会计的主体会计。此外，还有参与组织政府预算和各级总预算执行的专门会计。它们分别是国库会计、收入征解会计、基本建设拨款会计，它们同各级财政机关总预算会计和各级事业行政单位预算会计一起形成一个有机的整体，共同参与核算、反映和监督预算执行，共同为圆满实现政府预算收支服务。因此，从广义上来说，这些专门会计也属于政府会计的范畴。

1. 财政总预算会计

各级财政机关的总预算会计分为中央，省、自治区、直辖市，设区的市、自治州，县、自治县、不设区的市、市辖区，乡、民族乡、镇五级。包括：①财政部设中央总预算会计；②省、自治区、直辖市财政厅（局）设省级总预算会计；③设区的市、自治州财政局设市级总预算会计；④县、自治县、不设区的市、市辖区财政局设县级总预算会计；⑤乡、民族乡、镇财政所设乡级总预算会计。各级总预算会计实行统一领导、分级管理。

各级总预算会计不仅要做好自身的会计核算、反映和监督工作，还要负责组织和指导本地区的整个预算会计工作。中央总预算会计负责组织和指导全国的总预算会计工作和单位预算会计工作；省、市、县总预算会计负责组织和指导本区域内的整个总预算会计工作和单位预算会计工作；乡、民族乡、镇总预算会计还担负着乡、民族乡、镇自筹资金的会计核算、反映和监督工作。

2. 政府单位会计

政府单位会计包括行政单位会计和事业单位会计。行政部门与事业单位在职能上存在较大差异，前者是依法行政，具有行政管理职能，后者是向社会提供公益服务。但其共同点是，都使用财政资金，由纳税人提供。

行政单位会计是指各级行政单位以货币为主要计量单位，核算、反映和监督各级行政机关，以及实行行政财务管理的其他机关情况及其结果的专业会计，包括国家权力机关、行政机关、司法机关、检察机关，以及党派和人民团体。

事业单位会计是各类事业单位对其预算资金及经营收支过程和结果进行核算与监督的专业会计。事业单位从事以下行业：教育、科研、文化、卫生、体育、新闻出版、广播电视、社会福利、救助减灾、统计调查、技术推广与实验、公用设施管理、物资仓储、监测、勘探与勘察、测绘、检验检测与鉴定、法律服务、资源管理事务、质量技术监督事务、经济监督事务、知识产权事务、公证与认证、信息与咨询、人才交流、就业服务、机关后勤服务等活动的社会服务组织。

（1）事业单位的类别

2011 年 3 月，中共中央国务院颁布了《关于分类推进事业单位改革的指导意见》（中发〔2011〕5 号），根据现有事业单位的社会功能，可将其分为三个类别：承担行政职能的事业单位、从事公益服务的事业单位和从事生产经营活动的事业单位。

1）承担行政职能的事业单位。承担行政职能的事业单位是指承担行政决策、行政执行、行政监督等职能的事业单位。认定行政职能的主要依据是国家有关法律法规和中央有关政策规定，这类单位逐步将行政职能划归行政机构或转为行政机构，今后不再批准设立承担行政职能的事业单位。

2）从事公益服务的事业单位。从事公益服务的事业单位是指面向社会提供公益服务和为机关行使职能提供支持保障的事业单位。根据职责任务、服务对象和资源配置方式等情况，将从事公益服务的事业单位细分为公益一类、公益二类。

① 公益一类。这类事业单位应具备以下条件：承担政府规定的社会公益性服务任务，面向社会无偿提供公益服务，不能通过市场配置资源，如义务教育、公共卫生等机构。这类事业单位业务活动的宗旨目标和内容、分配方式、标准等由国家确定，不得开展经营活动，其经费需由国家财政予以支撑。履行职责依法取得的收入或基金要上缴国库或财政专户，实行“收支两条线”管理。对这类事业单位的机构编制要从严控制，并加强监督和管理，使其不断提高服务质量和社会效益。

② 公益二类。这类事业单位应具备以下条件：面向社会提供公益服务，按照政府确定的公益服务价格收取费用，其资源在一定区域或程度上可通过市场配置，如普通高等教育、非营利性医疗机构等。这类事业单位根据国家确定的公益目标，自主开展相关业务活动，并依法取得服务收入，其服务价格执行政府定价或政府指导价。在完成规定任务的基础上，可依法开展相关的经营活动，服务收入和经营收入属于政府非税收入的按规定纳入财政管理，实行“收支两条线”管理。公益事业发展所需经费由财政根据不同情况予以相应补助。对这类事业单位要统筹规划、合理布局，科学核定人员编制。

3）从事生产经营活动的事业单位。从事生产经营活动的事业单位是指不承担公益服务职责，所提供的产品或服务可以由市场配置资源，以营利为目的，主要从事生产经营活动的事业单位。这类单位要逐步转为企业或撤销，2011 年起，不再批准设立从事生产经营活动的事业单位。

与企业相比，事业单位具有以下特征：①不以营利为目的；②财政及其他单位拨入的资金，主要不以经济利益的获取为回报；③经费保障方式多元化。事业单位的经费来源呈现多元化的特征，主要分为三类：①全额拨款单位，包括没有稳定经常性业务收入或收入较少的事业单位，如科研单位、卫生防疫部门等；②差额拨款单位，包括有一定数量的稳定性经常业务收入，但还不足以解决本单位经常性支出，需要财政补助的，如医院、大专院校等；③自收自支单位，有稳定的经常性收入，可解决本单位经常性支出，尚未具备企业化管理条件的，如设计院等。

（2）行政单位会计和事业单位会计的级别

凡是按规定成立独立单位预算的，都应设置单位预算会计。单位预算会计是同级总预算会计的横向分支，是同级总预算会计的一个组成部分。根据国家行政机构建制和经费领报关系，以及预算管理层次，行政单位会计和事业单位会计一般分为以下三级。

1）主管会计单位（简称主管单位或一级会计单位）。向同级财政机关直接发生领报关系，或者与财政机关直接发生预算管理关系的，并有所属会计单位的为主管会计单位。例如，教育部是中央级主管会计单位；省教育厅为省级主管会计单位；各县级教育局为县级主管会计单位。主管会计单位下没有所属会计单位的，在经费领报核算上视同基层会计单位，如县政府统管机关行政经费的秘书室。

2）二级会计单位（简称二级单位）。向主管会计单位直接发生经费领报关系的，或者与主管会计单位直接发生预算管理关系的单位，为二级会计单位。例如，教育部的直属大学为中央的二级会计单位；省教育厅直属的大学为省级的二级会计单位；各县级教育局的直属中学为县级的二级会计单位。二级会计单位下没有所属会计单位的，在经费领报核算上也视同基层会计单位。

3）基层会计单位（也称三级会计单位）。向二级会计单位直接发生经费领报关系，或者与二级会计单位直接发生预算管理关系的为基层会计单位或三级会计单位。例如，教育部直属大学的附属中学为中央级的三级会计单位；省教育厅直属大学的附属中学为省级的三级会计单位。个别中央主管部门系统的所属单位行政隶属层次多于三级的，其主管单位与基层单位的中间层次都作为二级会计单位管理，不另增加会计层次。

以上三级单位预算会计在预算管理方面实行统一领导、分级管理，逐级发生经费领报关系，层层负责，不能越级发生经费领报关系。一方面是为了使行政隶属关系与财务隶属关系统一衔接起来；另一方面是为了简化财政机关和主管会计单位的经费领报关系户头，以便有更多的精力进行组织指导工作。

以上三级单位预算会计之间，在预算管理和预算执行方面经常发生以下三种工作关系：①编制和汇总单位预算、决算和预算执行情况报告的工作关系；②事业行政经费的领拨报销和各级应缴事业收入、业务收入、其他收入的上缴和汇缴的工作关系；③预算管理和会计核算方面的指导与监督的工作关系。

基层会计单位下属的会计业务不多的，不成立独立单位预算的小单位，如农村基层小学、县政府内部的职能科室等，它们的经费领拨一般采取“登记簿”形式，凭单据向基层会计单位报账核销，只配备兼职会计人员。这些小单位在预算管理和会计核算上，属于报账单位或者报销单位，不属于独立核算的会计单位。

3. 参与预算执行的会计

参与预算执行的会计包括国库会计、收入征解会计、基本建设拨款会计。

1）国库会计。国家金库，简称国库，负责办理国家预算资金的收纳和拨付。国家的一切预算收入全部缴入国库，国家的一切预算支出全部通过国库拨付。国库工作是国家预算执行中的一个重要组成部分，国库会计负责对预算资金的收纳、划解和支付的核算。

2）收入征解会计。收入征解机关是指直接组织预算收入征解与入库的机关，主要有国家税务机关、海关、农业税收管理机关等。收入征解会计负责对国家工商税收、关税，以及国家指定其他预算收入的征收、减免、缴库等进行核算。收入征解会计包括：①税收会计，其业务范围是各级国税机构征管的工商税收类及企业所得税类等诸种税收；②关税会计，其业务范围是对进出关境的货物和物品的关税税收进行征管；③农业税征解会计，其业务范围是农业特产税和耕地占用税类的税收征管，不论税收机构设在财政部门还是税务部门均适用。

3）基本建设拨款会计。基本建设拨款会计主要核算基本建设有偿资金、无偿投资和资本金的投入使用情况。

上述财政总预算会计、行政单位会计、事业单位会计同参与国家预算和各级总预算执行的国库会计和收入征解会计、基本建设拨款会计共同组成了政府会计的有机整体，形成了国家预算执行的会计核算网络。

第三节 政府会计的规范体系

会计规范是指用来指导和约束会计实践工作和会计人员行为的各种会计法律、会计行政法规、会计规章制度和会计职业道德。由此按照一定的逻辑关系所组成的整体则为会计规范体系。会计规范体系由会计法律制度和会计职业道德两部分组成。其中，会计法律制度包括会计法律、会计行政法规和会计规章制度三个层次。

我国政府会计的法规体系包括三个层次：第一层次是政府会计工作的基本法律；第二层次是政府会计的行政法规；第三层次是政府会计的规章制度。

一、政府会计工作的基本法律

会计法律是指调整我国经济生活中会计关系的法律总规范。它是会计法律制度的最高层次，是指导会计工作的最高准则，也是制定其他会计法规的依据。它由全国人民代表大会及其常务委员会制定。

政府会计工作的基本法律是指由全国人民代表大会及其常务委员会制定颁发的有关政府会计工作的法律。它是进行政府会计工作的基本依据，对政府会计工作的各个方面都作出了规定，指导并统驭着其他有关政府会计的行政法规、制度规定。政府会计工作的基本法律包括《中华人民共和国会计法》（以下简称《会计法》）和《预算法》。

（一）《会计法》

《会计法》是我国会计核算的根本大法，是我国会计工作的母法，是国家机关、社会团体、公司、企业、事业单位和其他组织在处理会计事项时必须遵守的法律。可以说，《会计法》是会计制度的最高表现形式。

《会计法》对我国会计核算的主要方面作出了规定，涉及我国会计核算的所有领域，是包括企业会计核算法规在内的所有会计法规制定的基本依据。

《会计法》在 1985 年 1 月 21 日第六届全国人民代表大会常务委员会第九次会议上通过，1999 年 10 月 31 日由第九届全国人民代表大会常务委员会第十二次会议审议通过了第二次修订草案，并于 2000 年 7 月 1 日起施行。《会计法》共 7 章 52 条，分为总则，会计核算，公司、企业会计核算的特别规定，会计监督，会计机构和会计人员，法律责任，附则。

《会计法》制定的目的在于规范会计行为，保证会计资料真实、完整，加强经济管理和财务管理，提高经济效益，维护社会主义市场经济秩序。

（二）《预算法》

《预算法》于 1994 年 3 月 22 日经第八届全国人民代表大会第二次会议通过，自 1995 年 1 月 1 日起施行。为了保证《预算法》的顺利实施，国务院于 1995 年 11 月 22 日颁布实施了《中华人民共和国预算法实施条例》（以下简称《预算法实施条例》）。《预算法》是我国颁布的第一部预算法律，它的颁布标志着我国的预算管理纳入了法治轨道，预算法律体系在不断完善。

2014 年 8 月 31 日，第十二届全国人民代表大会常务委员会第十次会议通过了修改后的

《预算法》，该法自 2015 年 1 月 1 日起施行。2018 年 12 月 29 日，第十三届全国人民代表大会常务委员会第七次会议通过会议决定：对《中华人民共和国预算法》作出修改。

《预算法》是调整政府预算关系的法律规范的总称。它规定了各级权力机关、政府机关、财政部门，以及各部门、单位的预算管理职权，明确了预算编制、审批、执行、调整、监督和决算的编审程序，把各个预算主体和预算活动的全过程都纳入法律调整的范围，使各个预算主体从事预算活动有了法律依据。这对强化预算约束、明确预算管理责任、规范预算管理程序、严格预算监督，具有重要作用。

《预算法》共 11 章 101 条，分为总则、预算管理职权、预算收支范围、预算编制、预算审查和批准、预算执行、预算调整、决算、监督、法律责任和附则。

制定《预算法》的目的是规范政府收支行为，强化预算约束，加强对预算的管理和监督，建立健全全面规范、公开透明的预算制度，保障经济社会的健康发展。政府会计作为核算、反映、监督国家预算执行和事业行政单位收支预算执行的专业会计，必须认真贯彻执行《预算法》的规定，依法理财。各级财政总预算会计应按照规定及时部署编制本级总预算草案，认真组织本级总预算执行，依法积极组织预算收入，严格管理预算支出，努力完成预算收支任务；各行政单位会计、事业单位会计应按规定及时编制本单位、本部门的预算和决算草案，认真执行本部门、本单位预算，及时足额上缴预算收入，合理节约地使用支出，提高资金使用效益，努力完成预算任务。

二、政府会计的行政法规

会计行政法规是指调整经济生活中某些方面会计关系的法律规范，是由国家最高行政机关——国务院发布，或国务院批准财政部实施的各种条例、规范和方法，如《预算法实施条例》《总会计师条例》《会计档案管理办法》《会计基础工作规范》等。

三、政府会计的规章制度

（一）会计准则

会计准则是会计核算工作的基本规范，它对会计核算的原则和会计核算业务的处理作出了规定，为会计制度的制定提供了依据。我国政府会计准则分为基本准则和具体准则两类。基本准则对会计核算工作必须共同遵守的基本要求作出原则性规定，一般不直接指导会计实务。具体准则以基本准则为依据，对业务事项的会计处理方法和程序作出具体规定，它直接指导会计实务，具有可操作性。

1. 政府会计基本准则

2015 年 10 月 23 日，中华人民共和国财政部令第 78 号公布《政府会计准则——基本准则》。该准则共 6 章 62 条，分为总则、政府会计信息质量要求、政府预算会计要素、政府财务会计要素、政府决算报告和财务报告、附则，自 2017 年 1 月 1 日起施行。

2. 政府会计具体准则

为了加快建立政府会计准则体系，财政部根据《政府会计准则——基本准则》，制定印发了《政府会计准则第 1 号——存货》《政府会计准则第 2 号——投资》《政府会计准则第 3 号——固定资产》《政府会计准则第 4 号——无形资产》，自 2017 年 1 月 1 日起施行。

继四项具体准则之后，2017 年 4 月 17 日，财政部发布《政府会计准则第 5 号——公共基础设施》，2017 年 7 月 28 日发布《政府会计准则第 6 号——政府储备物资》，自 2018 年 1 月 1 日起施行。2018 年 10 月 21 日发布《政府会计准则第 7 号——会计调整》，2018 年 11 月 9 日发布《政府会计准则第 8 号——负债》，2018 年 12 月 26 日发布《政府会计准则第 9 号——财务报表编制和列报》，自 2019 年 1 月 1 日起施行。

（二）会计制度

会计制度是进行会计工作所应遵循的规则、方法和程序的总称。它以《会计法》为依据，根据《政府会计准则——基本准则》的要求制定，直接对政府会计核算工作发挥规范作用。

1. 财政总预算会计制度

2015 年 10 月 10 日，财政部修订发布了《财政总预算会计制度》（财库〔2015〕192 号），自 2016 年 1 月 1 日起实施。制定《财政总预算会计制度》的目的是进一步规范各级政府财政总预算会计核算，提高会计信息质量，充分发挥总预算会计的职能作用。

《财政总预算会计制度》共 13 章 63 条，包括总则、会计信息质量要求、资产、负债、净资产、收入、支出、会计科目、会计结账和结算、总会计报表、信息化管理、会计监督和附则。

2. 政府会计制度

2017 年 10 月 24 日，财政部发布《政府会计制度——行政事业单位会计科目和报表》（财会〔2017〕25 号）（以下简称《政府会计制度》），自 2019 年 1 月 1 日起施行。该制度是为了适应权责发生制政府综合财务报告制度改革需要，规范行政事业单位会计核算，提高会计信息质量，根据《会计法》《预算法》《政府会计准则——基本准则》等法律、行政法规和规章制定的。

《政府会计制度》由正文和附录组成。

正文包括以下六部分内容：

第一部分为总说明，主要规范《政府会计制度》的制定依据、适用范围、会计核算模式和会计要素、会计科目设置要求、报表编制要求、会计信息化工作要求和施行日期等内容。

第二部分为会计科目名称和编号，主要列出了财务会计和预算会计两类科目表，共计 103 个一级会计科目，其中，财务会计下资产、负债、净资产、收入和费用五个要素共 77 个一级科目，预算会计下预算收入、预算支出和预算结余三个要素共 26 个一级科目。

第三部分为会计科目使用说明，主要对 103 个一级会计科目的核算内容、明细核算要求、主要账务处理等进行详细规定。本部分内容是《政府会计制度》的核心内容。

第四部分为报表格式，主要规定财务报表和预算会计报表的格式，其中，财务报表包括资产负债表、收入费用表、净资产变动表、现金流量表及报表附注，预算会计报表包括预算收入支出表、预算结转结余变动表和财政拨款预算收入支出表。

第五部分为报表编制说明，主要规定了第四部分列出的七张报表的编制说明，以及报表

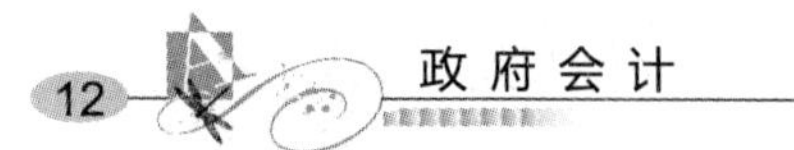

附注应披露的内容。

第六部分为附录，采用列表方式，以《政府会计制度》第三部分规定的会计科目使用说明为依据，按照会计科目顺序对单位通用业务或共性业务和事项的账务处理进行举例说明。

另外，国务院主管部门，以及省（自治区、直辖市）财政部门根据《会计法》和有关的法规、条例、规章、制度，结合本地区、本部门的实际情况，制定的补充规定和实施办法等，也构成了会计法规体系的组成。

复 习 题

请扫描二维码，下载复习题进行练习。

第一章复习题

拓展阅读

请从财政部及相关部门网站下载以下文件进行学习。

- 《中华人民共和国会计法》
- 《中华人民共和国预算法》
- 《政府会计准则——基本准则》
- 《政府会计制度——行政事业单位会计科目和报表》
- 《国务院关于批转财政部权责发生制政府综合财务报告制度改革方案的通知》（国发〔2014〕63号）

第二章 政府会计的基本理论

第二章 PPT

☞ 学习内容与要求

本章主要介绍政府会计的基本前提、政府会计的信息质量要求、政府会计的目标、政府会计要素的确认和计量、政府会计科目、政府会计报告及政府会计的核算模式。通过学习，学生应理解政府会计的基本前提、信息质量要求、政府会计的目标，掌握政府会计要素的确认和计量及平行记账的原理。

第一节 政府会计核算的基本前提和信息质量要求

一、基本前提

会计核算的基本前提也称为会计的基本假设。政府会计核算的基本前提是指实施政府会计工作应当具备的前提条件，它是会计人员对会计核算所处的环境作出的合理判断。政府会计核算的基本前提包括四个方面：会计主体、持续经营、会计分期、货币计量。

1. 会计主体

在市场经济中，企业是典型的会计主体。会计主体假设是对会计处理事项和范围的界定，它规定了会计核算工作的空间范围。所以，以企业作为会计主体时，每一个企业只需一套属于它自己的日记账、分类账和会计报表就能够实现会计目标。同样道理，政府会计也必须有其为之服务的特定单位，会计的记账和会计报表的编制都是在此范围之内进行的。

《政府会计准则——基本准则》规定，政府会计主体包括各级政府、各部门、各单位。其中各部门、各单位是指与本级政府财政部门直接或者间接发生预算拨款关系的国家机关、军队、政党组织、社会团体、事业单位和其他单位，但军队和已纳入企业财务管理体系的单位和执行《民间非营利组织会计制度》的社会团体除外。

基于社会组织的分类，政府会计包括财政总预算会计、行政单位会计和事业单位会计，其为之服务的特定空间范围也不相同。行政事业单位的会计主体是各级各类行政事业单位，但财政总预算会计的会计主体是各级政府，而不是各级政府的财政部门。因为财政总预算各项收支的收取和分配是各级政府的职权范围，而财政部门只是代表政府执行预算，充当经办人的角色，其本身的会计核算属于行政单位会计范畴。

综上所述，政府会计主体可归纳为各级政府、各级各类行政单位和事业单位。具体来说，财政总预算会计的主体是各级政府，行政单位会计的主体是行政单位，事业单位会计的主体是事业单位。

2. 持续经营

在企业会计中，持续经营是一个必要的和重要的会计基本前提。通常，假设一个会计主体在可能预见的未来不是期望破产清算的，假设它将持续到一个不能确定其结束的时间。它要求企业对资产的计价必须建立在非清算的基础上，从而要求企业购置资产的现金流出不列记为费用而列记为资产，预付费用不列记为费用而列记为资产，预收款项不列记为收入而列记为负债。

政府会计强调其公共活动的连续性也非常必要。因为政府会计的主体与企业的会计主体不同，它不以营利为目的，其开展各项公共活动不仅不能带来营利，而且要耗费一定的资源，如果不作这样的假设，很难想象一个社会能够延续下去。所以，持续经营强调政府会计核算的时间界限，指政府会计主体的业务活动在可以预见的将来能够持续不断地运行下去。

3. 会计分期

会计分期是指政府会计核算的时间尺度，即将政府会计主体持续运行的时间人为地划分为相等的时间段落，以便分阶段结算账目、编制会计报表、及时向会计信息使用者提供会计信息。

《政府会计准则——基本准则》规定，政府会计核算应当划分会计期间，分期结算账目，按规定编制决算报告和财务报告；会计期间至少分为年度和月度。会计年度、月度等会计期间的起讫日期采用公历日期。《财政总预算会计制度》规定，财政总预算会计应当划分会计期间，分期结算账目和编制会计报表；会计期间至少分为年度和月度。会计年度、月度等会计期间的起讫日期采用公历日期；年度终了，可根据工作特殊需要设置一定期限的上年决算清理期。

4. 货币计量

货币计量是指政府会计核算的价值尺度，即政府会计核算以人民币作为记账本位币。在货币计量属性方面区别于企业的是由于政府会计不计算盈亏，一般只以历史成本作为计价基础，除非特殊情况，否则不要求采用类似于现行成本、现行市价的计量属性。如果发生外币收支，应当按照中国人民银行公布的当日人民币外汇汇率折算为人民币核算。对于业务收支以外币为主的行政事业单位，也可选定某种外币作为记账本位币，但在编制会计报表时，应当按照编报日期人民币外汇汇率折算为人民币反映。

《政府会计准则——基本准则》规定，政府会计核算应当以人民币作为记账本位币。当发生外币业务时，应当将有关外币金额折算为人民币金额计量，同时登记外币金额。《财政总预算会计制度》规定，会计核算应当以人民币作为记账本位币，发生外币业务时，在登记外币金额的同时，一般应当按照业务发生当日中国人民银行公布的汇率中间价，将有关外币金额折算为人民币金额记账。但在编制会计报表时，应当按照编报日期的人民币外汇汇率折算为人民币反映。

二、信息质量要求

会计信息质量是对会计主体财务报告中所提供会计信息质量的基本要求，是使财务报告中所提供的会计信息对使用者决策有用应具备的基本特征。《政府会计准则——基本准则》规定，政府会计信息应当满足七个方面的质量要求，即可靠性、全面性、相关性、及时性、可比性、可理解性和实质重于形式。

1. 可靠性

政府会计主体应当以实际发生的经济业务或者事项为依据进行会计核算，如实反映各项会计要素的情况和结果，保证会计信息真实可靠。

可靠性是指会计信息必须是客观的和可验证的。信息如果不可靠，不仅对决策无帮助，而且会造成决策失误。因此，可靠性是会计信息的重要质量特征。

一项信息是否可靠取决于三个因素，即真实性、可核性和中立性。真实性是指会计信息应能反映会计主体实际的业务活动，无虚假、无伪造；可核性是指不同的人依据相同的信息和程序方法应能得出相同的或相似的结果；中立性是指会计人员在处理会计信息时态度要不偏不倚，避免倾向于某一特定的结果或者某一特定的利益方。

2. 全面性

政府会计主体应当将发生的各项经济业务或者事项统一纳入会计核算，确保会计信息能够全面反映政府会计主体预算执行情况和财务状况、运行情况、现金流量等。

3. 相关性

政府会计主体提供的会计信息，应当与反映政府会计主体公共受托责任履行情况，以及报告使用者决策或者监督、管理的需要相关，有助于报告使用者对政府会计主体过去、现在或者未来的情况作出评价或者预测。

4. 及时性

政府会计主体对已经发生的经济业务或者事项，应当及时进行会计核算，不得提前或者延后。

5. 可比性

政府会计主体提供的会计信息应当具有可比性。

同一政府会计主体不同时期发生的相同或者相似的经济业务或者事项，应当采用一致的会计政策，不得随意变更。如果确需变更的，应当将变更的内容、理由及其影响在附注中予以说明。

不同政府会计主体发生的相同或者相似的经济业务或者事项，应当采用一致的会计政策，确保政府会计信息口径一致，相互可比。

6. 可理解性

政府会计主体提供的会计信息应当清晰明了，便于报告使用者理解和使用。

7. 实质重于形式

政府会计主体应当按照经济业务或者事项的经济实质进行会计核算，不限于以经济业务或者事项的法律形式为依据。

第二节 政府会计目标

一、政府会计目标的含义

政府会计目标是政府提供财务信息或编制财务报告的目标或目的。

理论上，会计目标有受托责任观和决策有用观两种不同观点。受托责任的概念起源于两权分离，当所有者把经营权委托给代理人时，代理人就承担了受托责任，他们要管理好委托人的财产，并就财产的管理和使用情况如实地向委托人报告。因此受托责任观认为，会计的目标就是以适当的方式有效地反映受托人的受托责任及其履行情况，委托人关注的是信息的可靠性。其后，由于资本市场的日益发达，很多的委托受托关系通过资本市场来完成，委托人和受托人并不直接接触。此时，委托人除了关心受托责任的履行情况外，开始更加关注受托人所提供的信息是否有利于其在资本市场上进行决策，故产生了决策有用观，信息的有用性和相关性成为人们关注的焦点。

二、政府会计的“双目标”观

1. 政府预算会计的目标

国际会计准则委员会认为，财务报表或财务报告的目标应同时满足两个方面的需求：①提供对决策有用的信息；②反映管理当局受托责任的履行情况，即决策有用观和受托责任观并存的双重目标。

《政府会计准则——基本准则》规定，政府会计主体应当编制决算报告和财务报告。

政府决算报告（预算会计）的目标是向决算报告使用者提供与政府预算执行情况有关的信息，综合反映政府会计主体预算收支的年度执行结果，有助于决算报告使用者进行监督和管理，并为编制后续年度预算提供参考和依据。

政府预算会计的目标是评价政府预算管理合规性的受托责任的履行情况，体现了政府预算管理的目标。

2. 政府财务会计的目标

政府财务报告（财务会计）的目标是向财务报告使用者提供与政府的财务状况、运营情况（含运行成本）和现金流量等有关的信息，反映政府会计主体公共受托责任履行情况，有助于财务报告使用者作出决策或者进行监督和管理。

政府财务会计的目标是评价政府财务状况、运营业绩等受托责任的履行情况并作出合理决策，体现了政府财务管理的目标。

因此，我国政府会计的目标是受托责任观与决策有用观并存的“双目标”观，在全面反映政府受托责任的同时，提供有助于使用者进行决策的信息，提高政府财政透明度和信息的质量。

第三节　政府会计要素的确认与计量

会计确认是指把一个事项作为资产、负债、收入和费用等会计要素正式加以记录并列入财务报表的过程。会计计量是指将符合确认条件的会计要素登记入账，并列报于财务报表且确定其金额的过程。会计确认与计量是会计核算的一项重要程序。会计确认是会计核算的基础，而会计计量是会计确认的进一步延伸，会计确认与会计计量是紧密相连的。会计的确认与计量，可为信息使用者提供正确的会计信息。

会计要素是对会计对象按其经济特征所做的基本分类，是会计对象的具体组成部分。研究会计要素有助于设置会计科目，因为对会计要素的进一步划分就是会计科目。研究会计要素及其相互关系，有助于设计会计报表的框架结构和格式，因为会计要素之间的相互关系就是会计报表的平衡关系。

一、政府预算会计要素

政府预算会计要素包括预算收入、预算支出与预算结余。

1. 预算收入

预算收入是指政府会计主体在预算年度内依法取得的并纳入预算管理的现金流入。预算收入一般在实际收到时予以确认，以实际收到的金额计量。

2. 预算支出

预算支出是指政府会计主体在预算年度内依法发生并纳入预算管理的现金流出。预算支出一般在实际支付时予以确认，以实际支付的金额计量。

3. 预算结余

预算结余是指政府会计主体预算年度内预算收入扣除预算支出后的资金余额，以及历年滚存的资金余额，包括结余资金和结转资金。结余资金是指年度预算执行终了，预算收入实际完成数扣除预算支出和结转资金后剩余的资金。结转资金是指预算安排项目的支出年终尚未执行完毕或者因故未执行，且下年需要按原用途继续使用的资金。

符合预算收入、预算支出和预算结余的定义及其确认条件的项目应当列入政府决算报表。

二、政府财务会计要素

政府财务会计要素包括资产、负债、净资产、收入和费用。

1. 资产

资产是指政府会计主体过去的经济业务或者事项形成的，由政府会计主体控制的，预期能够产生服务潜力或者带来经济利益流入的经济资源。服务潜力是指政府会计主体利用资产提供公共产品和服务以履行政府职能的潜在能力。经济利益流入表现为现金及现金等价物的流入，或者现金及现金等价物流出的减少。

符合《企业会计准则——基本准则》规定的资产定义的经济资源，在同时满足以下条件时，确认为资产：①与该经济资源相关的服务潜力很可能实现或者经济利益很可能流入政府会计主体；②该经济资源的成本或者价值能够可靠地计量。

资产的计量属性主要包括历史成本、重置成本、现值、公允价值和名义金额。

在历史成本计量下，资产按照取得时支付的现金金额或者支付对价的公允价值计量。

在重置成本计量下，资产按照现在购买相同或者相似资产所需支付的现金金额计量。

在现值计量下，资产按照预计从其持续使用和最终处置中所产生的未来净现金流入量的折现金额计量。

在公允价值计量下，资产按照市场参与者在计量日发生的有序交易中，出售资产所能收到的价格计量。

无法采用上述计量属性的，采用名义金额（即人民币 1 元）计量。

政府会计主体在对资产进行计量时，一般应当采用历史成本。采用重置成本、现值、公允价值计量的，应当保证所确定的资产金额能够持续、可靠地计量。

2. 负债

负债是指政府会计主体过去的经济业务或者事项形成的，预期会导致经济资源流出政府会计主体的现时义务。现时义务是指政府会计主体在现行条件下已承担的义务。未来发生的经济业务或者事项形成的义务不属于现时义务，不应当确认为负债。

符合《企业会计准则——基本准则》负债定义的义务，在同时满足以下条件时，确认为负债：①履行该义务很可能导致含有服务潜力或者经济利益的经济资源流出政府会计主体；②该义务的金额能够可靠地计量。

负债的计量属性主要包括历史成本、现值和公允价值。

在历史成本计量下，负债按照因承担现时义务而实际收到的款项或者资产的金额，或者承担现时义务的合同金额，或者按照为偿还负债预期需要支付的现金计量。

在现值计量下，负债按照预计期限内需要偿还的未来净现金流出量的折现金额计量。

在公允价值计量下，负债按照市场参与者在计量日发生的有序交易中，转移负债所需支付的价格计量。

政府会计主体在对负债进行计量时，一般应当采用历史成本。采用现值、公允价值计量的，应当保证所确定的负债金额能够持续、可靠地计量。

3. 净资产

净资产是指政府会计主体资产扣除负债后的净额，其取决于资产和负债的计量。净资产项目应当列入资产负债表。

4. 收入

收入是指报告期内导致政府会计主体净资产增加的、含有服务潜力或者经济利益的经济资源的流入。

收入的确认应当同时满足以下条件：①与收入相关的含有服务潜力或者经济利益的经济资源很可能流入政府会计主体；②含有服务潜力或者经济利益的经济资源流入会导致政府会计主体资产增加或者负债减少；③流入金额能够可靠地计量。

5. 费用

费用是指报告期内导致政府会计主体净资产减少的、含有服务潜力或者经济利益的经济资源的流出。

费用的确认应当同时满足以下条件：①与费用相关的含有服务潜力或者经济利益的经济资源很可能流出政府会计主体；②含有服务潜力或者经济利益的经济资源流出会导致政府会计主体资产减少或者负债增加；③流出金额能够可靠地计量。

第四节 政府会计科目

一、会计科目的概念和分类

会计科目，简称科目，是对会计要素的具体内容进行分类核算的项目。会计要素是对会计对象的基本分类。

会计科目是进行各项会计记录和提供各项会计信息的基础。在实际工作中，会计科目是事先通过会计制度规定的。通过设置会计科目对会计要素的具体内容进行科学分类，可以为会计信息使用者提供科学、详细的分类会计信息。

在会计核算的具体方法中，设置会计科目占有重要地位，它决定着账户的开设，是正确进行会计核算的一个重要条件，也是会计核算的一种专门方法。

政府会计科目按其反映的经济内容不同，可分为资产类科目、负债类科目、净资产类科目、收入类科目、费用类科目、预算收入类科目、预算支出类科目和预算结余类科目共八大类。

政府会计科目按其提供信息的详细程度及其统驭关系，可以分为总分类科目和明细分类科目。

二、政府会计科目名称和编号

政府会计科目名称和编号如表 2.1 所示。

表 2.1　政府会计科目名称和编号

序号	科目编号	科目名称	序号	科目编号	科目名称
一、财务会计科目					
（一）资产类					
1	1001	库存现金	19	1502	长期债券投资
2	1002	银行存款	20	1601	固定资产
3	1011	零余额账户用款额度	21	1602	固定资产累计折旧
4	1021	其他货币资金	22	1611	工程物资
5	1101	短期投资	23	1613	在建工程
6	1201	财政应返还额度	24	1701	无形资产
7	1211	应收票据	25	1702	无形资产累计摊销
8	1212	应收账款	26	1703	研发支出
9	1214	预付账款	27	1801	公共基础设施
10	1215	应收股利	28	1802	公共基础设施累计折旧（摊销）
11	1216	应收利息	29	1811	政府储备物资
12	1218	其他应收款	30	1821	文物文化资产
13	1219	坏账准备	31	1831	保障性住房
14	1301	在途物品	32	1832	保障性住房累计折旧
15	1302	库存物品	33	1891	受托代理资产
16	1303	加工物品	34	1901	长期待摊费用
17	1401	待摊费用	35	1902	待处理财产损溢
18	1501	长期股权投资			
（二）负债类					
36	2001	短期借款	44	2304	应付利息
37	2101	应交增值税	45	2305	预收账款
38	2102	其他应交税费	46	2307	其他应付款
39	2103	应缴财政款	47	2401	预提费用
40	2201	应付职工薪酬	48	2501	长期借款
41	2301	应付票据	49	2502	长期应付款
42	2302	应付账款	50	2601	预计负债
43	2303	应付政府补贴款	51	2901	受托代理负债
（三）净资产类					
52	3001	累计盈余	56	3302	本年盈余分配
53	3101	专用基金	57	3401	无偿调拨净资产
54	3201	权益法调整	58	3501	以前年度盈余调整
55	3301	本期盈余			
（四）收入类					
59	4001	财政拨款收入	65	4602	投资收益
60	4101	事业收入	66	4603	捐赠收入
61	4201	上级补助收入	67	4604	利息收入
62	4301	附属单位上缴收入	68	4605	租金收入
63	4401	经营收入	69	4609	其他收入
64	4601	非同级财政拨款收入			

续表

序号	科目编号	科目名称	序号	科目编号	科目名称
（五）费用类					
70	5001	业务活动费用	74	5401	上缴上级费用
71	5101	单位管理费用	75	5501	对附属单位补助费用
72	5201	经营费用	76	5801	所得税费用
73	5301	资产处置费用	77	5901	其他费用
二、预算会计科目					
（一）预算收入类					
1	6001	财政拨款预算收入	6	6501	债务预算收入
2	6101	事业预算收入	7	6601	非同级财政拨款预算收入
3	6201	上级补助预算收入	8	6602	投资预算收益
4	6301	附属单位上缴预算收入	9	6609	其他预算收入
5	6401	经营预算收入			
（二）预算支出类					
10	7101	行政支出	14	7501	对附属单位补助支出
11	7201	事业支出	15	7601	投资支出
12	7301	经营支出	16	7701	债务还本支出
13	7401	上缴上级支出	17	7901	其他支出
（三）预算结余类					
18	8001	资金结存	23	8301	专用结余
19	8101	财政拨款结转	24	8401	经营结余
20	8102	财政拨款结余	25	8501	其他结余
21	8201	非财政拨款结转	26	8701	非财政拨款结余分配
22	8202	非财政拨款结余			

三、政府会计科目的使用说明

1）单位应当按照《政府会计制度》规定设置和使用会计科目。在不影响会计处理和编制报表的前提下，单位可以根据实际情况自行增设或减少某些会计科目。

2）单位应当执行《政府会计制度》统一规定的会计科目编号，以便于填制会计凭证、登记账簿、查阅账目，实行会计信息化管理。

3）单位在填制会计凭证、登记会计账簿时，应当填列会计科目的名称，或者同时填列会计科目的名称和编号，不得只填列会计科目编号、不填列会计科目名称。

4）单位设置明细科目或进行明细核算，除遵循《政府会计制度》规定外，还应当满足权责发生制政府部门财务报告和政府综合财务报告编制的其他需要。

第五节　政府会计的核算模式

《政府会计准则——基本准则》对财务会计、预算会计的概念，以及财务会计和预算会计的核算基础作了如下规定：

政府会计由预算会计和财务会计构成。预算会计实行收付实现制，国务院另有规定的，依照其规定。财务会计实行权责发生制。

预算会计是指以收付实现制为基础，对政府会计主体预算执行过程中发生的全部收入和全部支出进行会计核算，主要反映和监督预算收支执行情况的会计。

财务会计是指以权责发生制为基础，对政府会计主体发生的各项经济业务或者事项进行会计核算，主要反映和监督政府会计主体财务状况、运行情况和现金流量等的会计。

权责发生制是指以取得收取款项的权利或支付款项的义务为标志来确定本期收入和费用的会计核算基础。凡是当期已经实现的收入和已经发生的或应当负担的费用，不论款项是否收付，都应当作为当期的收入和费用；凡是不属于当期的收入和费用，即使款项已在当期收付，也不应当作为当期的收入和费用。

收付实现制是指以现金的实际收付为标志来确定本期收入和支出的会计核算基础。凡在当期实际收到的现金收入和支出，均应作为当期的收入和支出；凡是不属于当期的现金收入和支出，均不应当作为当期的收入和支出。

与现行行政事业单位会计制度相比，新的政府会计制度采用了“政府预算会计和财务会计适度分离又相互衔接的核算模式”。

一、政府财务会计和预算会计的“适度分离”

关于“适度分离”，主要体现在以下几个方面。

（一）双功能

双功能，即在同一会计核算系统中实现财务会计和预算会计双重功能，通过资产、负债、净资产、收入、费用五个要素进行财务会计核算，通过预算收入、预算支出和预算结余三个要素进行预算会计核算。这样在完善预算会计功能的基础上，强化财务会计功能，更加完整地反映政府会计信息。

（二）双基础

双基础，即财务会计采用权责发生制，预算会计采用收付实现制。但是财务会计中对于财政拨款收入按照收付实现制核算；预算会计中对于质量保证金、专用基金的核算也部分采用了权责发生制基础。这是兼顾了当前实际情况和长远改革方向的制度安排，使政府会计核算既能反映预算收支等预算管理所需的信息，又能反映资产、负债、运行成本等财务管理所需的信息。

（三）双报告

会计报告是对报告主体一定会计期间内会计核算结果的总结和报告，对于会计主体而言，会计报告是其经济活动信息的主要载体。政府会计报告是政府会计的产成品，对政府部门来讲，政府的性质及资金活动的公共性，使政府会计报告在公共管理和监督中具有重要意义。

政府会计报告的基本作用可以概括为三个方面：①用来反映政府预算管理的合法合规性；②用来评价政府财务状况和运营成果；③可以用于评价政府活动的绩效。

根据国务院出台的《权责发生制政府综合财务报告制度改革方案》及财政部颁布的《政府会计准则——基本准则》，综合考虑我国政府会计所要实现的预算会计和财务会计的双重功能，政府会计报告包括政府决算报告和政府财务报告。

1. 政府决算报告

政府决算报告是综合反映政府会计主体年度预算收支执行结果的文件。政府决算报告应当包括决算报表和其他应当在决算报告中反映的相关信息和资料。政府决算报告的具体内容及编制要求等，由财政部另行规定。

政府决算报告的编制主要以收付实现制为基础，以预算会计核算生成的数据为准。

我国对于预算报告一般在每个预算年度开始后以预算草案的形式发布。政府决算报告用来反映报告主体在预算年度的预算收支执行结果，向报告使用者提供与实际发生的预算执行情况有关的信息，以收付实现制为编制基础。

2. 政府财务报告

（1）定义和内容

政府财务报告是反映政府会计主体某一特定日期的财务状况和某一会计期间的运行情况及现金流量等信息的文件。政府财务报告应当包括财务报表和其他应当在财务报告中披露的相关信息和资料。政府财务报告包括政府综合财务报告和政府部门财务报告。政府综合财务报告是指由政府财政部门编制的，反映各级政府整体财务状况、运行情况和财政中长期可持续性的报告。政府部门财务报告是指政府各部门、各单位按规定编制的财务报告。财务报表是对政府会计主体财务状况、运行情况和现金流量等信息的结构性表述。财务报表包括会计报表和附注。会计报表至少应当包括资产负债表、收入费用表和现金流量表。资产负债表是反映政府会计主体在某一特定日期的财务状况的报表。收入费用表是反映政府会计主体在一定会计期间运行情况的报表。现金流量表是反映政府会计主体在一定会计期间现金及现金等价物流入和流出情况的报表。附注是对在资产负债表、收入费用表、现金流量表等报表中列示项目所作的进一步说明，以及对未能在这些报表中列示项目的说明。

（2）编制基础

政府财务报告的编制主要以权责发生制为基础，以财务会计核算生成的数据为准。

就我国目前来看，政府编制并公布的会计报告主要是与预算管理有关的预算草案和决算报告，虽然有些省份和地方已经开始推行政府综合财务报告试编工作，但由于编报的政策性和技术性都很强，编制过程中仍然存在诸多问题，尚未形成规范、统一的编报模式。因此，推行政府综合财务报告制度改革任重道远，需要不断积累经验并进行改进和完善。

另外，政府会计报告不等同于会计报表，虽然会计报表是会计报告的核心部分，但也不能涵盖有关政府经济活动和事项的全部内容。除会计报表外，政府会计报告还应包括报表附注、其他必要信息和相关情况的说明及审计报告等。报表附注和说明可以对无法在会计报表中予以列示的财务信息和非财务信息进行补充。审计报告可以为使用者判断报告信息是否真实可靠提供参考，它们都是会计报告的重要组成部分。

二、政府财务会计和预算会计的“相互衔接”

关于“相互衔接”，主要体现在以下几个方面。

1）对纳入部门预算管理的现金收支进行平行记账。即对于纳入部门预算管理的现金收支业务，在进行财务会计核算的同时，也需要进行预算会计核算。对于其他业务，仅需要进行财务会计核算。

2）财务报表与决算报表之间存在勾稽关系。即通过编制本期预算结余与本期盈余差异调节表，反映本期预算结余（即本期预算收入减去预算支出的净额）与本期盈余（即本期收入减去费用后的净额）和本期其他净资产变动数之间的调整过程，从而揭示财务会计和预算会计的内在联系。

三、平行记账

平行记账是一种记账方法，应用于政府会计制度模式，在政府会计一个会计信息系统中，同时进行预算会计和财务会计的核算，对涉及预算会计或财务会计的业务或事项，同时进行平行记录。

《政府会计制度》提出了“平行记账的基本原理”，即单位会计核算应当具备财务会计与预算会计双重功能，实现财务会计与预算会计适度分离并相互衔接，全面清晰反映单位财务信息和预算执行信息。单位财务会计核算实行权责发生制；单位预算会计核算实行收付实现制，国务院另有规定的，依照其规定。单位对于纳入部门预算管理的现金收支业务，在采用财务会计核算的同时应当进行预算会计核算；对于其他业务，仅需进行财务会计核算。

上述文字表述中并没有提到平行记账的概念，“平行记账”这一概念是在财政部会计司有关负责人就《政府会计制度》有关问题回答记者提问中首度提出的，即对纳入部门预算管理的现金收支进行平行记账。

对于纳入部门预算管理的现金收支业务，在进行财务会计核算的同时也应当进行预算会计核算，即各部门所有收入和支出情况中的现金收入支出业务需要进行平行记账。从会计核算科目而言，都会涉及预算会计中的“资金结存”科目，因此凡是涉及“资金结存”科目的会计核算业务，都需要进行平行记账，即预算会计和财务会计同时记账。

从资金核算的范围来看，不仅包括财政资金，还包括其他纳入预算管理的资金。同时，在核算预算收入支出的同时，也必然会涉及预算结余科目的调整和变化。对未纳入预算管理的资金，如往来款项、应缴国库款项，以及应上缴财政专户款项、受托代理资产、受托代理负债等经济业务，不需要进行预算会计核算，仅需进行财务会计核算。

平行记账应用举例如下。

【例 2.1】为开展事业活动，某事业单位动用银行存款购买一项固定资产，价值 1 500 000 元，预计使用 10 年，每月计提折旧 12 500 元。

财务会计分录：

借：固定资产　　1 500 000

　　贷：银行存款　　1 500 000

预算会计分录：

借：事业支出——财政拨款支出　　1 500 000

　　贷：资金结存——货币资金　　1 500 000

【例 2.2】单位 2019 年年末与代理银行提供的对账单核对，单位零余额账户余额 200 000 元；经与财政部门核对，本年度财政授权支付预算指标数 36 000 000 元，零余额账户用款额度下达数 35 000 000 元。年末，注销零余额账户用款额度；确认未下达的用款额度。

财务会计分录：

借：财政应返还额度——财政授权支付 1 200 000

贷：零余额账户用款额度 200 000

财政拨款收入——基本支出拨款 1 000 000

预算会计分录：

借：资金结存——财政应返还额度——财政授权支付 1 200 000

贷：资金结存——零余额账户用款额度 200 000

财政拨款预算收入——基本支出拨款 1 000 000

【例 2.3】根据国库支付执行机构委托代理银行转来的“财政直接支付入账通知书”及原始凭证，恢复上年度财政直接支付用款额度，该单位以财政直接支付方式支付科研经费 5 000 元。

财务会计分录：

借：业务活动费用 5 000

贷：财政应返还额度——财政直接支付 5 000

预算会计分录：

借：事业支出——财政拨款支出 5 000

贷：资金结存——财政应返还额度——财政直接支付 5 000

复 习 题

请扫描二维码，下载复习题进行练习。

第二章复习题

第二篇

财政总预算会计

第三章　财政总预算会计概述
第四章　财政总预算会计资产的核算
第五章　财政总预算会计负债的核算
第六章　财政总预算会计收入的核算
第七章　财政总预算会计支出的核算
第八章　财政总预算会计净资产的核算
第九章　财政总预算会计报表

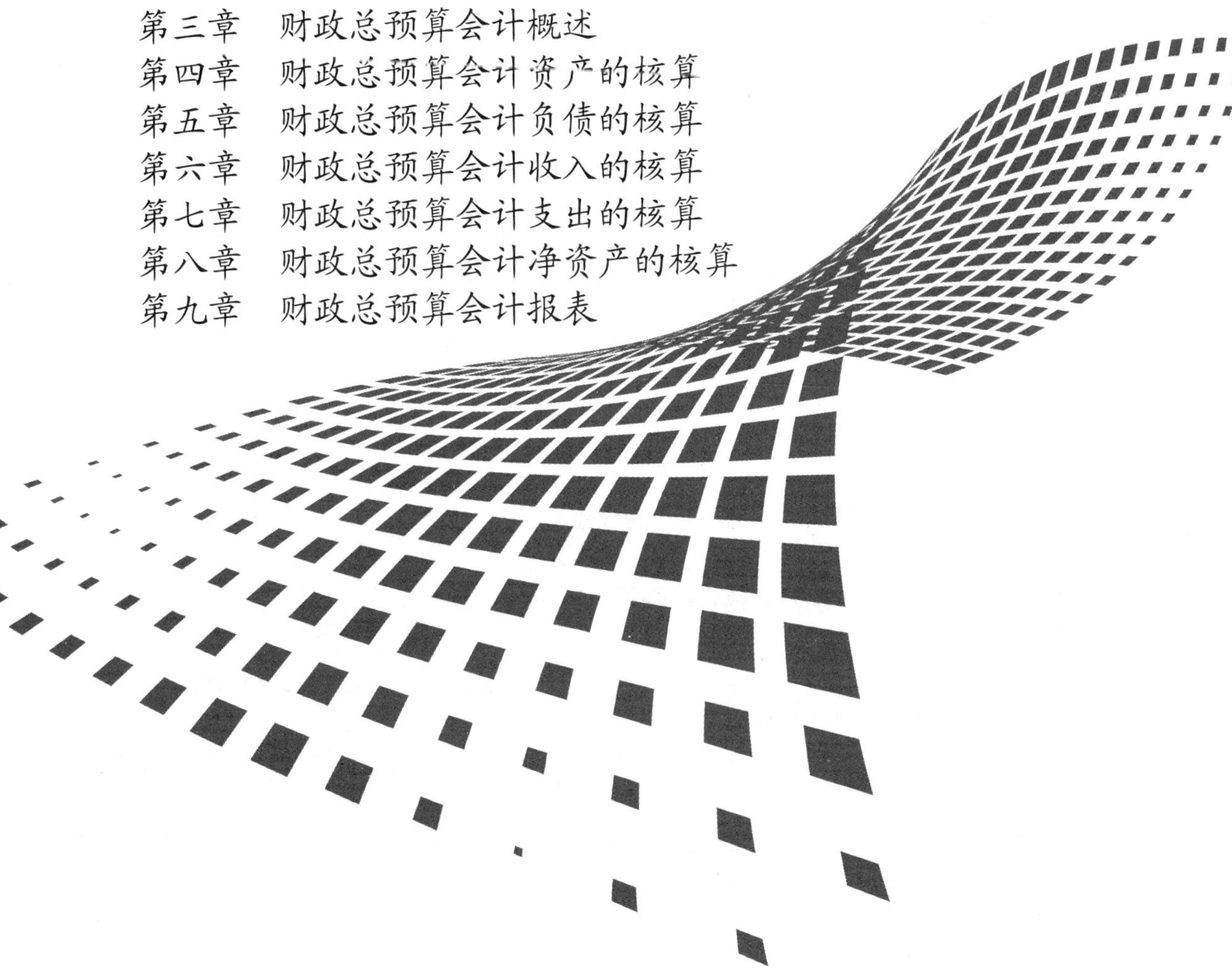

第三章　财政总预算会计概述

第三章 PPT

☞ 学习内容与要求

本章主要介绍财政总预算会计的概念、任务、信息质量要求，以及财政总预算会计的会计要素和会计科目。通过学习，学生应理解财政总预算会计的概念，掌握财政总预算会计的会计要素和会计科目。

第一节　财政总预算会计的概念、任务和信息质量要求

一、财政总预算会计的概念

国家实行一级政府一级预算，设立中央，省、自治区、直辖市，设区的市、自治州，县、自治县、不设区的市、市辖区，乡、民族乡、镇五级预算。

全国预算由中央预算和地方预算组成。地方预算由各省、自治区、直辖市总预算组成。

地方各级总预算由本级预算和汇总的下一级总预算组成；下一级只有本级预算的，下一级总预算即指下一级的本级预算；没有下一级预算的，总预算即指本级预算。

预算包括一般公共预算、政府性基金预算、国有资本经营预算、社会保险基金预算。这些预算应当保持完整、独立。政府性基金预算、国有资本经营预算、社会保险基金预算应当与一般公共预算相衔接。

财政总预算会计是各级政府财政核算、反映、监督政府一般公共预算资金、政府性基金预算资金、国有资本经营预算资金、社会保险基金预算资金，以及财政专户管理资金、专用基金和代管资金等资金活动的专业会计。

社会保险基金预算资金会计核算不适用《财政总预算会计制度》，由财政部另行规定。

二、财政总预算会计的任务

财政总预算会计是财政预算管理工作中一项经常的、专业性较强的工作。其主要职责是进行会计核算，反映预算执行情况，实行会计监督，参与预算管理，合理调度资金。其基本任务如下。

1）进行会计核算。办理政府财政各项收支、资产、负债的会计核算工作，反映政府财政预算执行情况和财务状况。

2）严格财政资金收付调度管理。组织办理财政资金的收付、调拨，在确保资金安全性、规范性、流动性的前提下，合理调度管理资金，提高资金使用效率。

3）规范账户管理。加强对国库单一账户、财政专户、零余额账户和预算单位银行账户等的管理。

4）实行会计监督，参与预算管理。通过会计核算和反映，进行预算执行情况分析，并对总预算、部门预算和单位预算的执行情况实行会计监督。

5）协调预算收入征收部门、国家金库、国库集中收付代理银行、财政专户开户银行和其他有关部门之间的业务关系。

6）组织本地区财政总决算、部门决算编审和汇总工作。

7）组织和指导下级政府总会计工作。

三、财政总预算会计的信息质量要求

财政总预算会计的信息质量要求是财政总预算会计在组织会计核算时应当遵循的基本原则或指导思想。财政总预算会计在进行会计核算时应当遵循以下五个要求。

1. 真实性

财政总预算会计应当以实际发生的经济业务或者事项为依据进行会计核算，如实反映各项会计要素的情况和结果，保证会计信息真实可靠，全面反映政府财政的预算执行情况和财务状况等。

2. 相关性

财政总预算会计提供的会计信息应当与政府财政受托责任履行情况的反映、会计信息使用者的监督、决策和管理需要相关，有助于会计信息使用者对政府财政过去、现在或者未来的情况作出评价或者预测。

3. 及时性

财政总预算会计对于已经发生的经济业务或者事项，应当及时进行会计核算。

4. 可比性

财政总预算会计提供的会计信息应当具有可比性。

同一政府财政不同时期发生的相同或者相似的经济业务或者事项，应当采用一致的会计政策，不得随意变更。如果确需变更的，应当将变更的内容、理由和对政府财政预算执行情况、财务状况的影响在附注中予以说明。

不同政府财政发生的相同或者相似的经济业务或者事项，应当采用统一的会计政策，确保不同政府财政的会计信息口径一致、相互可比。

5. 明晰性

财政总预算会计提供的会计信息应当清晰明了，便于会计信息使用者理解和使用。

第二节　财政总预算会计要素与会计科目

一、会计要素与会计科目概述

财政总预算会计应当按照业务或事项的经济特征确定会计要素。会计要素包括资产、负债、净资产、收入和支出。

会计科目是对会计核算对象按其经济内容或用途所作的科学分类。每个会计科目都要规定一定的名称、编号和核算内容，它是设置账户和核算归集各项经济业务的依据。科学地设置会计科目，正确地使用会计科目，是做好会计核算工作的重要条件。

根据《财政总预算会计制度》，各级财政总预算会计适用的会计科目如表 3.1 所示。

表 3.1 各级财政总预算会计适用的会计科目

序号	科目编号	会计科目名称
	一、资产类	
1	1001	国库存款
2	1003	国库现金管理存款
3	1004	其他财政存款
4	1005	财政零余额账户存款
5	1006	有价证券
6	1007	在途款
7	1011	预拨经费
8	1021	借出款项
9	1022	应收股利
10	1031	与下级往来
11	1036	其他应收款
12	1041	应收地方政府债券转贷款
13	1045	应收主权外债转贷款
14	1071	股权投资
15	1081	待发国债
	二、负债类	
16	2001	应付短期政府债券
17	2011	应付国库集中支付结余
18	2012	与上级往来
19	2015	其他应付款
20	2017	应付代管资金
21	2021	应付长期政府债券
22	2022	借入款项
23	2026	应付地方政府债券转贷款
24	2027	应付主权外债转贷款
25	2045	其他负债
26	2091	已结报支出
	三、净资产类	
27	3001	一般公共预算结转结余
28	3002	政府性基金预算结转结余
29	3003	国有资本经营预算结转结余
30	3005	财政专户管理资金结余
31	3007	专用基金结余
32	3031	预算稳定调节基金
33	3033	预算周转金

续表

序号	科目编号	会计科目名称
34	3081 308101 308102 308103 308104	资产基金 应收地方政府债券转贷款 应收主权外债转贷款 股权投资 应收股利
35	3082 308201 308202 308203 308204 308205 308206	待偿债净资产 应付短期政府债券 应付长期政府债券 借入款项 应付地方政府债券转贷款 应付主权外债转贷款 其他负债
四、收入类		
36	4001	一般公共预算本级收入
37	4002	政府性基金预算本级收入
38	4003	国有资本经营预算本级收入
39	4005	财政专户管理资金收入
40	4007	专用基金收入
41	4011	补助收入
42	4012	上解收入
43	4013	地区间援助收入
44	4021	调入资金
45	4031	动用预算稳定调节基金
46	4041	债务收入
47	4042	债务转贷收入
五、支出类		
48	5001	一般公共预算本级支出
49	5002	政府性基金预算本级支出
50	5003	国有资本经营预算本级支出
51	5005	财政专户管理资金支出
52	5007	专用基金支出
53	5011	补助支出
54	5012	上解支出
55	5013	地区间援助支出
56	5021	调出资金
57	5031	安排预算稳定调节基金
58	5041	债务还本支出
59	5042	债务转贷支出

二、财政总预算会计科目的使用要求

1）各级财政总预算会计应当对有关法律、法规允许进行的经济活动，按照《财政总预算会计制度》的规定使用会计科目进行核算；不得以《财政总预算会计制度》规定的会计科目及使用说明作为进行有关经济活动的依据。

2）各级财政总预算会计应当按照《财政总预算会计制度》的规定设置和使用会计科目，不需要使用的总账科目可以不用；在不影响会计处理和编报会计报表的前提下，各级财政总预算会计可以根据实际情况自行增设《财政总预算会计制度》规定以外的明细科目，或者自行减少、合并《财政总预算会计制度》规定的明细科目。

3）各级财政总预算会计应当使用《财政总预算会计制度》统一规定的会计科目编号，不得随意打乱重编。

复习题

请扫描二维码，下载复习题进行练习。

第三章复习题

拓展阅读

请从财政部及相关部门网站下载以下文件进行学习。

- 《财政总预算会计制度》

第四章　财政总预算会计资产的核算

第四章 PPT

学习内容与要求

本章主要介绍财政总预算会计资产的核算。通过学习，学生应理解总预算会计资产的定义及内容，掌握资产账户的设置方法及账务处理。

总预算会计资产是指政府财政占有或控制的，能以货币计量的经济资源。总预算会计核算的资产按照流动性，分为流动资产和非流动资产。流动资产是指预计在 1 年内（含 1 年）变现的资产，非流动资产是指流动资产以外的资产。

总预算会计对符合资产定义的经济资源应当在取得对其相关的权利并且能够可靠地进行货币计量时确认，按取得或发生的实际金额进行计量。

第一节　流动资产

一、财政存款

财政存款是指政府财政部门代表政府管理的国库存款、国库现金管理存款及其他财政存款等。财政存款的支配权属于同级政府财政部门，并由总会计负责管理，统一在国库或选定的银行开立存款账户，统一收付，不得透支，不得提取现金。

1. 总预算会计在管理财政性存款中应遵循的原则

1）集中资金、统一调度。各种应由财政部门掌管的资金，都应纳入财政存款的有关存款户，由总预算会计统一收纳、支拨和管理。调度资金应按照事业进度和资金使用情况，保证满足计划内各项正常支出的需求，以便充分发挥资金效益，把资金用活用好。

2）严格控制存款开户。财政部门的预算资金除财政部有明确规定者外，一律由总预算会计统一在国库或指定的银行开立存款账户，不得在国家规定之外的范围将预算资金或其他财政性资金任意转存其他金融机构。

3）执行预算、计划支拨。总预算会计应根据人民代表大会通过的年度预算和经财政有关职能部门批准的单位按季度分月用款计划拨付资金，不得办理超预算、无计划的拨款，以保证财政预算和单位财务收支计划的实现。

4）转账结算、不提现金。财政是分配财政资金的部门，不是具体的使用单位，不需要支付现金，所以总预算会计的各种支拨凭证都不得提取现金。不提现金不仅适应了总预算会计的实际情况，还保障了国库存款的安全。

5）在存款余额内支付、不得透支。财政预算资金和银行信贷资金是两个不同的资金筹集和分配渠道。银行与存款客户双方是一种有偿信用关系。因此，财政的各项国库存款只能在存款余额内支取，不得透支。总预算会计必须根据本级财政收支和库存的实际情况，做好预算资金的调度工作，解决资金的季节性不平衡问题。

2. 财政存款的分类

（1）国库存款

国库存款是指各级总预算会计在国库的存款。

为了核算政府财政在国库单一账户的款项，反映各级财政总预算会计在国库的预算资金增减变动及其结存情况，应设置“国库存款”科目。本科目借方登记国库存款的增加数，贷方登记国库存款的减少数，期末余额在借方，反映国库存款的结存数。本科目明细账可按一般公共预算本级存款、政府性基金预算本级存款和国有资本经营预算本级存款设置。

国库存款的主要账务处理如下。

1）收到预算收入时，借记本科目，贷记有关预算收入科目。当日收入数为负数时，以红字记入（采用计算机记账的，用负数反映）。

2）收到国库存款利息收入时，借记本科目，贷记“一般公共预算本级收入”科目。

3）收到缴入国库的来源不清的款项时，借记本科目，贷记“其他应付款”等科目。

4）国库存款减少时，按照实际支付的金额，借记有关科目，贷记本科目。

【例 4.1】 某市总预算会计收到国库转来的预算收入日报表，本日共收入 600 000 元，其中一般公共预算本级收入 350 000 元，政府性基金预算本级收入 150 000 元，国有资本经营预算本级收入 100 000 元。

借：国库存款——一般预算存款 350 000
　　　　　——基金预算存款 150 000
　　　　　——国有资本经营预算本级存款 100 000
　贷：一般公共预算本级收入 350 000
　　　政府性基金预算本级收入 150 000
　　　国有资本经营预算本级收入 100 000

【例 4.2】 某市总预算会计收到国库存款利息收入 50 000 元。

借：国库存款——一般预算存款 50 000
　贷：一般公共预算本级收入 50 000

【例 4.3】 某市总预算会计收到缴入国库的来源不清款项 50 000 元。

借：国库存款——一般预算存款 50 000
　贷：其他应付款 50 000

【例 4.4】 某市总预算会计根据财政有关职能部门的批准拨款数，拨付水利局农田水利经费 100 000 元，收到国库预算拨款凭证回单。

借：一般公共预算本级支出 100 000
　贷：国库存款——一般公共预算本级存款 100 000

（2）国库现金管理存款

国库现金管理存款是指政府财政实行国库现金管理业务存放在商业银行的款项。

为了核算政府财政实行国库现金管理业务存放在商业银行的款项增减变动及其结存情况，应设置“国库现金管理存款”科目。本科目期末借方余额反映政府财政实行国库现金管理业务持有的存款。

国库现金管理存款的主要账务处理如下。

1）按照国库现金管理有关规定，将库款转存商业银行时，按照存入商业银行的金额，借记本科目，贷记“国库存款”科目。

2）国库现金管理存款收回国库时，按照实际收回的金额，借记“国库存款”科目；按照原存入商业银行的存款本金金额，贷记本科目；按照两者的差额，贷记“一般公共预算本级收入”科目。

【例 4.5】按照国库现金管理规定，某市财政将库款转存商业银行 200 000 元。

借：国库现金管理存款　　200 000
　　贷：国库存款——一般公共预算本级存款　　200 000

【例 4.6】按照国库现金管理规定，某市财政将上述现金管理存款收回国库，其中含利息收入 2 000 元。

借：国库存款——一般公共预算本级存款　　202 000
　　贷：国库现金管理存款　　200 000
　　　　一般公共预算本级收入　　2 000

（3）其他财政存款

其他财政存款是指各级政府财政未列入“国库存款”“国库现金管理存款”科目反映的各项财政性存款的增减变动及结存情况，包括政府采购资金专户存款、未设国库的乡（镇）财政在专业银行的预算资金存款，以及部分由财政部指定存入专业银行的专用基金存款。

为了核算政府财政未列入“国库存款”“国库现金管理存款”科目反映的各项存款，应设置“其他财政存款”科目，借方登记实存其他财政存款的增加数，贷方登记其他财政存款的减少数，余额在借方，反映其他财政存款的结存数。

其他财政存款的主要账务处理如下。

1）财政专户收到款项时，按照实际收到的金额，借记本科目，贷记有关科目。

2）其他财政存款产生的利息收入，除规定作为专户资金收入外，其他利息收入都应缴入国库纳入一般公共预算管理。取得其他财政存款利息收入时，按照实际获得的利息金额，根据以下情况分别处理：①按规定作为专户资金收入的，借记本科目，贷记“应付代管资金”科目或有关收入科目；②按规定应缴入国库的，借记本科目，贷记“其他应付款”科目。将其他财政存款利息收入缴入国库时，借记“其他应付款”科目，贷记本科目；同时，借记“国库存款”科目，贷记“一般公共预算本级收入”科目。

3）其他财政存款减少时，按照实际支付的金额，借记有关科目，贷记本科目。

【例 4.7】未设国库的某乡财政收到县财政拨来的应得的一般公共预算本级收入 80 000 元。

借：其他财政存款——预算资金存款　　80 000
　　贷：一般公共预算本级收入　　80 000

【例 4.8】未设国库的某乡财政拨付给乡农技站的经费 10 000 元。

借：一般公共预算本级支出　　10 000
　　贷：其他财政存款——预算资金存款　　10 000

【例 4.9】某市财政收到专户管理资金收入 40 000 元。取得其他财政存款利息收入 2 000 元，其中 1 000 元利息收入应缴入国库，剩余部分的利息作为专户资金收入。

借：其他财政存款——预算资金存款　　42 000
　　贷：财政专户管理资金收入　　40 000

其他应付款 1 000

应付代管资金 1 000

【例 4.10】将例 4.9 中其他财政存款产生的 1 000 元利息缴入国库。

借：其他应付款 1 000

贷：其他财政存款——预算资金存款 1 000

同时，

借：国库存款——预算资金存款 1 000

贷：一般公共预算本级收入 1 000

二、有价证券

有价证券是指政府财政按照有关规定取得并持有的政府债券。有价证券只能用各级财政结余资金（包括一般预算结余和基金预算结余）购买，支付购买有价证券的资金不得列作支出。当期有价证券兑付的利息及转让有价证券取得的收入与账面成本的差额，应分别按购入有价证券时的资金来源作一般公共预算本级收入或政府性基金预算本级收入等入账。购入的有价证券（包括债券收款单）要视同货币妥善保管，防止遗失。

为了核算政府财政按照有关规定取得并持有的有价证券金额，应设置“有价证券”科目，借方登记购入有价证券增加的本金数，贷方登记到期兑付或提前转让有价证券减少的本金数，期末借方余额反映政府财政持有的有价证券金额。

有价证券的主要账务处理如下。

1）购入有价证券时，按照实际支付的金额，借记本科目，贷记“国库存款”“其他财政存款”等科目。

2）转让或到期兑付有价证券时，按照实际收到的金额，借记“国库存款”“其他财政存款”等科目；按照该有价证券的账面余额，贷记本科目；按其差额，贷记“一般公共预算本级收入”等科目。

3）本科目应当按照有价证券种类和资金性质进行明细核算。

【例 4.11】某市财政用一般公共预算本级结余购入 3 年期国债 200 000 元，提前一年转让，取得转让收入 220 000 元。

1）购入时：

借：有价证券 200 000

贷：国库存款——一般公共预算本级结余购入 200 000

2）转让时：

借：国库存款——一般公共预算本级存款 220 000

贷：有价证券 200 000

一般公共预算本级收入 20 000

三、在途款

在途款是在决算清理期和库款报解整理期内发生的，跨年度收支业务需要过渡处理的资金。由于库款的报解需要一定的邮递时间，年终就会存在国库经收处，或各级国库已在年前收纳但尚未转划到支库或尚未报解到该上级国库的各种收入。为了保证国库经收处当年收到的预算收入及时反映到当年的决算中，就需要对资金活动发生在新年度但会计事项属于上一年度的这些上、下年度间的交接资金进行过渡处理。

为了在年终决算中全面反映各级实际预算收入总额，解决上、下年度间的库款结算问题，应设置“在途款”科目。本科目核算决算清理期和库款报解整理期内发生的需要通过本科目过渡处理的属于上年度收入、支出等业务的资金数。本科目期末借方余额反映政府财政持有的在途款。

在途款的主要账务处理如下：决算清理期和库款报解整理期内收到属于上年度的收入时，在上年度账务中，借记本科目，贷记有关收入科目；收回属于上年度拨款或支出时，在上年度账务中，借记本科目，贷记“预拨经费”科目或有关支出科目；冲转在途款时，在本年度账务中，借记“国库存款”科目，贷记本科目。

【例 4.12】某市财政局在决算清理期内收到国库报来预算的收入日报表列示所属上年度的一般公共预算本级收入 15 000 元。

1）在上年度旧账上记：

	借方	贷方
借：在途款	15 000	
贷：一般公共预算本级收入		15 000

2）在下年度新账上记：

	借方	贷方
借：国库存款	15 000	
贷：在途款		15 000

【例 4.13】某市财政局在决算清理期内收到国库报来的收回上年度各单位一般公共预算本级支出 40 000 元。

1）在上年度旧账上记：

	借方	贷方
借：在途款	40 000	
贷：一般公共预算本级支出		40 000

2）在下年度新账上记：

	借方	贷方
借：国库存款	40 000	
贷：在途款		40 000

四、应收股利

为了核算事业单位持有长期股权投资应当收取的现金股利或利润，应设置“应收股利”科目。本科目应当按照被投资主体进行明细核算。本科目期末借方余额反映政府尚未收回的现金股利或利润。

应收股利的主要账务处理如下。

1）持有股权投资期间被投资主体宣告发放现金股利或利润的，按应上缴政府财政的部分，借记本科目，贷记“资产基金——应收股利”科目；按照相同的金额，借记“资产基金——股权投资”科目，贷记“股权投资——损益调整”科目。

2）实际收到现金股利或利润，借记“国库存款”等科目，贷记有关收入科目；按照相同的金额，借记“资产基金——应收股利”科目，贷记本科目。

【例 4.14】某市财政局用一般预算资金 500 000 元购买某投资基金，年末，被投资主体宣告发放现金股利，应上缴政府财政的部分为 30 000 元。

借：应收股利 30 000

　　贷：资产基金——应收股利 30 000

同时，

借：资产基金——股权投资 30 000

　　贷：股权投资——损益调整 30 000

【例 4.15】实际收到现金股利 30 000 元。

借：国库存款 30 000

　　贷：一般公共预算本级收入 30 000

同时，

借：资产基金——应收股利 30 000

　　贷：应收股利 30 000

五、预拨经费

预拨经费是指政府财政预拨给预算单位尚未列为预算支出的款项。

凡年度预算执行中总预算会计用预算资金预拨出应在以后各期列支的款项及会计年度终了前预拨给用款单位的下年度经费款，均应作为预拨经费管理，包括两种情况：①年度预算执行中，预拨的应在以后各期列支的款项；②会计年度终了前预拨给用款单位的下年度经费。前者主要是有些用款单位距财政部门路途较远，且交通、通信不便，当期汇款不能及时到达，影响按时支付，需要上一个月即拨付下一个月的经费；后者如列入下年农田水利建设计划，但须在本年抓紧准备或施工，在此情况下，往往需要提前拨付，但又不能在本年度列为支出。

为了核算财政部门预拨给行政事业单位、尚未列为预算支出的经费，应设置“预拨经费”科目。本科目借方登记预拨给用款单位的款项，贷方登记用款单位交回的款项和转列支出的款项，期末余额在借方，反映尚待转列支出或尚待收回的预拨经费数。预拨经费（不含预拨下年度经费）应在年终前转列支出或清理收回。规定在当年列支的，余额不得跨年；规定在下年度列支的，年终余额结转下年。本科目借方余额反映政府财政年末尚未转列支出或尚待收回的预拨经费数。本科目应按照预拨经费种类、预算单位等设置明细账。

预拨经费的主要账务处理如下。

1）拨出款项时，借记本科目，贷记“国库存款”科目。

2）转列支出或收回预拨款项时，借记“一般公共预算本级支出”“政府性基金预算本级支出”“国库存款”等科目，贷记本科目。

【例 4.16】某市财政局根据下年度计划和水利局申请预拨下年度农田水利经费 150 000 元。

借：预拨经费——水利局——下年度农田水利经费 150 000

　　贷：国库存款——一般预算存款 150 000

【例 4.17】将例 4.16 中预拨经费转列下年度作为一般公共预算本级支出。

借：一般公共预算本级支出 150 000

　　贷：预拨经费——水利局——下年度农田水利经费 150 000

【例 4.18】因有些学校位于偏远山区，县财政预拨给县教育局下月经费 50 000 元。

借：预拨经费——县教育局 50 000

贷：国库存款——一般预算存款 50 000

【例 4.19】根据批准的教育局预算经费请拨单应拨教育事业费 850 000 元，扣除已预拨的 50 000 元转列支出，实际拨出 800 000 元。

借：一般公共预算本级支出 850 000

贷：预拨经费——县教育局 50 000

国库存款——一般预算存款 800 000

六、借出款项

为了核算政府财政按照对外借款管理相关规定借给预算单位临时急需的，并需按期收回的款项，应设置“借出款项”科目。本科目应当按照借款单位等进行明细核算。本科目期末借方余额反映政府财政借给预算单位尚未收回的款项。

借出款项的主要账务处理如下。

1）将款项借出时，按照实际支付的金额，借记本科目，贷记“国库存款”等科目。

2）收回借款时，按照实际收到的金额，借记“国库存款”等科目，贷记本科目。

【例 4.20】某市财政局按照对外借款相关规定，通过国库直接支付方式临时借给市交通局 100 000 元用于修复路面突然塌陷的部分公路，规定两个月后归还。

1）款项借出时：

借：借出款项 100 000

贷：国库存款 100 000

2）收回借款时：

借：国库存款 100 000

贷：借出款项 100 000

七、暂付及应收款项

1. 与下级往来

为了核算本级政府财政与下级政府财政的往来待结算款项，应设置“与下级往来”科目。本科目应当按照下级政府财政、资金性质等进行明细核算。本科目期末借方余额反映下级政府财政欠本级政府财政的款项；期末贷方余额反映本级政府财政欠下级政府财政的款项。

与下级往来的主要账务处理如下。

1）借给下级政府财政款项时，借记本科目，贷记“国库存款”科目。

2）体制结算中应当由下级政府财政上交的收入数，借记本科目，贷记“上解收入”科目。

3）借款收回、转作补助支出或体制结算应当补助下级政府财政的支出，借记“国库存款”“补助支出”等有关科目，贷记本科目。

4）发生上解多交应当退回的，按照应当退回的金额，借记“上解收入”科目，贷记本科目。

5）发生补助多补应当退回的，按照应当退回的金额，借记本科目，贷记“补助支出”科目。

【例 4.21】某市财政局同意某县财政局的申请，借给临时周转金 250 000 元。

借：与下级往来——某县财政局　　250 000

　　贷：国库存款　　250 000

【例 4.22】某市财政局将借给某县的款项 100 000 元转作对该县的补助。

借：补助支出　　100 000

　　贷：与下级往来——某县财政局　　100 000

【例 4.23】某市财政局收到某县偿还市财政局借给的款项 150 000 元。

借：国库存款　　150 000

　　贷：与下级往来——某县财政局　　150 000

【例 4.24】某年年终，某市财政局应补助所属 A 县财政 100 000 元，B 县财政应上解款项 300 000 元，应退回 C 县财政多上解款项 50 000 元。

1）补助 A 县财政时：

借：补助支出　　100 000

　　贷：与下级往来　　100 000

2）应收 B 县财政上解款时：

借：与下级往来　　300 000

　　贷：上解收入　　300 000

3）应退 C 县财政时：

借：上解收入　　50 000

　　贷：与下级往来　　50 000

2. 其他应收款

为了核算政府财政临时发生的其他应收、暂付、垫付款项，应设置“其他应收款”科目。项目单位拖欠外国政府和国际金融组织贷款本息和相关费用导致相关政府财政履行担保责任，代偿的贷款本息费也通过本科目核算。本科目应当按照资金性质、债务单位等进行明细核算。本科目应及时清理结算。年终，本科目应无余额。

其他应收款的主要账务处理如下。

1）发生其他应收款项时，借记本科目，贷记“国库存款”“其他财政存款”等科目。

2）收回或转作预算支出时，借记“国库存款”“其他财政存款”或有关支出科目，贷记本科目。

3）政府财政对使用外国政府和国际金融组织贷款资金的项目单位履行担保责任，代偿贷款本息费时，借记本科目，贷记“国库存款”“其他财政存款”等科目。政府财政行使追索权，收回项目单位贷款本息费时，借记“国库存款”“其他财政存款”等科目，贷记本科目。政府财政最终未收回项目单位贷款本息费，经核准列支时，借记“一般公共预算本级支出”等科目，贷记本科目。

【例 4.25】某市财政局临时借给急需资金的所属预算单位 500 000 元，用一般预算款项支付，后经研究决定，全数转作一般预算支出。

1）借给所属预算单位时：

借：其他应收款　　500 000

贷：国库存款 500 000

2）转作预算支出时：

借：一般公共预算本级支出 500 000

贷：其他应收款 500 000

【例 4.26】某市政府财政对使用外国政府和国际金融组织贷款资金的项目单位履行担保责任，代偿贷款本息费 600 000 元。

借：其他应收款 600 000

贷：国库存款/其他财政存款 600 000

【例 4.27】该市政府财政行使追索权，收回项目单位贷款本息费时：

借：国库存款/其他财政存款 600 000

贷：其他应收款 600 000

【例 4.28】若该市政府财政最终未收回项目单位贷款本息费 600 000 元，经核准列支时：

借：一般公共预算本级支出 600 000

贷：其他应收款 600 000

八、转贷款

转贷款是指地方政府既作为债务人又作为债权人转贷给下级政府的资金，包括应收转贷款和应付转贷款两部分内容。应收转贷款是指政府财政将借入的资金转贷给下级政府财政的款项，包括应收地方政府债券转贷款和应收主权外债转贷款等。应付转贷款是指地方政府财政向上级政府财政借入转贷资金而形成的负债，包括应付地方政府债券转贷款和应付主权外债转贷款等（后者在第五章讲解，此处主要讲解应收转贷款）。

1. 应收地方政府债券转贷款

为了核算本级政府财政转贷给下级政府财政的地方政府债券资金的本金及利息，应设置“应收地方政府债券转贷款”科目。本科目下应当设置“应收地方政府一般债券转贷款”和“应收地方政府专项债券转贷款”明细科目，其下分别设置“应收本金”和“应收利息”两个明细科目，并按照转贷对象进行明细核算，如表 4.1 所示。本科目期末借方余额，反映政府财政应收未收的地方政府债券转贷款本金和利息。

表 4.1 “应收地方政府债券转贷款”科目总账及明细账的设置

一级科目	一级明细	二级明细
应收地方政府债券转贷款	应收地方政府一般债券转贷款	应收本金
		应收利息
	应收地方政府专项债券转贷款	应收本金
		应收利息

应收地方政府债券转贷款的主要账务处理如下。

1）向下级政府财政转贷地方政府债券资金时，按照转贷的金额，借记“债务转贷支出”科目，贷记“国库存款”科目；根据债务管理部门转来的相关资料，按照到期应收回的转贷本金金额，借记本科目，贷记“资产基金——应收地方政府债券转贷款”科目。

2）期末确认地方政府债券转贷款的应收利息时，根据债务管理部门计算出的转贷款本期应收未收利息金额，借记本科目，贷记“资产基金——应收地方政府债券转贷款”科目。

3）收回下级政府财政偿还的转贷款本息时，按照收回的金额，借记“国库存款”等科目，贷记“其他应付款”或“其他应收款”科目；根据债务管理部门转来的相关资料，按照收回的转贷款本金及已确认的应收利息金额，借记“资产基金——应收地方政府债券转贷款”科目，贷记本科目。

4）扣缴下级政府财政的转贷款本息时，按照扣缴的金额，借记“与下级往来”科目，贷记“其他应付款”或“其他应收款”科目；根据债务管理部门转来的相关资料，按照扣缴的转贷款本金及已确认的应收利息金额，借记“资产基金——应收地方政府债券转贷款”科目，贷记本科目。

【例 4.29】某省财政于 2016 年 4 月 1 日新发行政府债券一般债券 20 000 000 元，其中向所辖市级政府财政转贷地方政府债券资金 2 000 000 元，期末确认的利息是 70 000 元。债券期满市财政按期支付本息。

1）省政府财政向市财政转贷地方政府债券资金时，按照转贷金额：

	借方	贷方
借：债务转贷支出	2 000 000	
贷：国库存款		2 000 000

2）根据债务管理部门转来的相关资料，按照到期应收回的转贷本金金额：

	借方	贷方
借：应收地方政府债券转贷款	2 000 000	
贷：资产基金——应收地方政府债券转贷款——应收本金		2 000 000

3）该省财政期末确认地方政府债券转贷款的应收利息时：

	借方	贷方
借：应收地方政府债券转贷款	70 000	
贷：资产基金——应收地方政府债券转贷款——应收利息		70 000

4）收回下级政府财政偿还的转贷款本息时，按照收回的金额：

	借方	贷方
借：国库存款	2 070 000	
贷：其他应付款		2 070 000

5）根据债务管理部门转来的相关资料，按照收回的转贷款本金及已确认的应收利息金额：

	借方	贷方
借：资产基金——应收地方政府债券转贷款	2 070 000	
贷：应收地方政府债券转贷款		2 070 000

2. 应收主权外债转贷款

为了核算本级政府财政转贷给下级政府财政的外国政府和国际金融组织贷款等主权外债资金的本金及利息，应设置“应收主权外债转贷款”科目。本科目下应当设置“应收本金”和“应收利息”两个明细科目，并按照转贷对象进行明细核算。本科目期末借方余额，反映政府财政应收未收的主权外债转贷款本金和利息。

应收主权外债转贷款的主要账务处理如下。

1）本级政府财政向下级政府财政转贷主权外债资金，且主权外债最终还款责任由下级政府财政承担的，相关账务处理如下。

① 本级政府财政支付转贷资金时，根据转贷资金支付相关资料，借记“债务转贷支出”科目，贷记“其他财政存款”科目；根据债务管理部门转来的相关资料，按照实际持有的债

权金额，借记本科目，贷记“资产基金——应收主权外债转贷款”科目。

② 外方将贷款资金直接支付给用款单位或供应商时，本级政府财政根据转贷资金支付相关资料，借记“债务转贷支出”科目，贷记“债务收入”或“债务转贷收入”科目；根据债务管理部门转来的相关资料，按照实际持有的债权金额，借记本科目，贷记“资产基金——应收主权外债转贷款”科目；同时，借记“待偿债净资产”科目，贷记“借入款项”或“应付主权外债转贷款”科目。

2）期末确认主权外债转贷款的应收利息时，根据债务管理部门计算出转贷款的本期应收未收利息金额，借记本科目，贷记“资产基金——应收主权外债转贷款”科目。

3）收回转贷给下级政府财政主权外债的本息时，按照收回的金额，借记“其他财政存款”科目，贷记“其他应付款”或“其他应收款”科目；根据债务管理部门转来的相关资料，按照实际收回的转贷款本金及已确认的应收利息金额，借记“资产基金——应收主权外债转贷款”科目，贷记本科目。

4）扣缴下级政府财政的转贷款本息时，按照扣缴的金额，借记“与下级往来”科目，贷记“其他应付款”或“其他应收款”科目；根据债务管理部门转来的相关资料，按照扣缴的转贷款本金及已确认的应收利息金额，借记“资产基金——应收主权外债转贷款”科目，贷记本科目。

【例 4.30】某省交通厅于 2016 年 12 月 1 日获得世界银行直接支付的主权外债转贷款 30 000 000 元用于改善公共交通和非机动交通，款项期限为 5 年，年利率为 5%，每年年末付息一次。由省财政承担还本付息责任，利息到期支付。贷款资金由交通厅管辖的相关机构按规定用途使用。中央总预算会计作如下账务处理。

1）本级政府财政根据转贷资金支付相关资料：

	借方	贷方
借：债务转贷支出	30 000 000	
贷：债务收入		30 000 000

2）根据债务管理部门转来的相关资料，按照实际持有的债权金额：

	借方	贷方
借：应收主权外债转贷款——应收本金	30 000 000	
贷：资产基金——应收主权外债转贷款		30 000 000

同时，

	借方	贷方
借：待偿债净资产	30 000 000	
贷：应付主权外债转贷款——应付本金		30 000 000

3）2016 年 12 月 31 日，确认转贷款的应收未收利息时：

	借方	贷方
借：应收主权外债转贷款——应收利息	1 500 000	
贷：资产基金——应收主权外债转贷款		1 500 000

4）2016 年 12 月 31 日，实际收回转贷给省政府财政主权外债的利息时，按照收回的金额：

	借方	贷方
借：其他财政存款	1 500 000	
贷：其他应付款——世界银行		1 500 000

5）2016 年 12 月 31 日，根据债务管理部门转来的相关资料，按照实际已确认的应收利息金额：

	借方	贷方
借：资产基金——应收主权外债转贷款	1 500 000	

贷：应收主权外债转贷款 1 500 000

6）代偿本次利息时：

借：其他应付款——世界银行 1 500 000

贷：其他财政存款 1 500 000

以后各期利息以此类推。

【例 4.31】接例 4.30，假如上述省财政出现困难，暂时无法支付首期利息，扣缴省财政 1 500 000 元利息时，中央总预算会计作如下账务处理。

1）按照扣缴金额：

借：与下级往来——某省财政 1 500 000

贷：其他应付款——世界银行 1 500 000

2）根据债务管理部门转来的相关资料，按照实际已确认的应收利息金额：

借：资产基金——应收主权外债转贷款 1 500 000

贷：应收主权外债转贷款——应付利息 1 500 000

第二节 非流动资产

一、股权投资

股权投资是指政府持有的各类股权投资资产，包括国际金融组织股权投资、投资基金股权投资和企业股权投资等。

为了核算政府持有的各类股权投资，应设置“股权投资”科目。本科目期末借方余额反映政府持有的各种股权投资金额。股权投资一般采用权益法进行核算。本科目应当按照“国际金融组织股权投资”“投资基金股权投资”“企业股权投资”设置一级明细科目，在一级明细科目下，可根据管理需要，按照被投资主体进行明细核算。对每个被投资主体还可按“投资成本”“收益转增投资”“损益调整”“其他权益变动”科目进行明细核算，如表 4.2 所示。

表 4.2 “股权投资”科目总账及明细账的设置

一级科目	一级明细科目	二级明细科目	三级明细科目
股权投资	国际金融组织股权投资	被投资主体	投资成本
			收益转增投资
			损益调整
			其他权益变动
	投资基金股权投资	被投资主体	投资成本
			收益转增投资
			损益调整
			其他权益变动
	企业股权投资	被投资主体	投资成本
			收益转增投资
			损益调整
			其他权益变动

股权投资的主要账务处理如下。

1. 国际金融组织股权投资

1）政府财政代表政府认缴国际金融组织股本时，按照实际支付的金额，借记“一般公共预算本级支出”等科目，贷记“国库存款”科目；根据股权投资确认相关资料，按照确定的股权投资成本，借记本科目，贷记“资产基金——股权投资”科目。

2）从国际金融组织撤出股本时，按照收回的金额，借记“国库存款”科目，贷记“一般公共预算本级支出”科目；根据股权投资清算相关资料，按照实际撤出的股本，借记“资产基金——股权投资”科目，贷记本科目。

2. 投资基金股权投资

1）政府财政对投资基金进行股权投资时，按照实际支付的金额，借记“一般公共预算本级支出”等科目，贷记“国库存款”等科目；根据股权投资确认相关资料，按照实际支付的金额，借记“股权投资——投资成本”科目，按照确定的在被投资基金中占有的权益金额与实际支付金额的差额，借记或贷记“股权投资——其他权益变动”科目，按照确定的在被投资基金中占有的权益金额，贷记“资产基金——股权投资”科目。

2）年末，根据政府财政在被投资基金当期净利润或净亏损中占有的份额，借记或贷记“股权投资——损益调整”科目，贷记或借记“资产基金——股权投资”科目。

3）政府财政将归属财政的收益留作基金滚动使用时，借记“股权投资——收益转增投资”科目，贷记“股权投资——损益调整”科目。

4）被投资基金宣告发放现金股利或利润时，按照应上缴政府财政的部分，借记“应收股利”科目，贷记“资产基金——应收股利”科目；同时按照相同的金额，借记“资产基金——股权投资”科目，贷记“股权投资——损益调整”科目。

5）被投资基金发生除净损益以外的其他权益变动时，按照政府财政持股比例计算应享有的部分，借记或贷记“股权投资——其他权益变动”科目，贷记或借记“资产基金——股权投资”科目。

6）投资基金存续期满、清算或政府财政从投资基金退出需收回出资时，政府财政按照实际收回的资金，借记“国库存款”等科目，按照收回的原实际出资部分，贷记“一般公共预算本级支出”等科目，按照超出原实际出资的部分，贷记“一般公共预算本级收入”等科目；根据股权投资清算相关资料，按照因收回股权投资而减少在被投资基金中占有的权益金额，借记“资产基金——股权投资”科目，贷记本科目。

3. 企业股权投资

企业股权投资的账务处理，根据管理条件和管理需要，参照投资基金股权投资的账务处理。

【例 4.32】 某市财政对某投资基金进行股权投资，实际支付金额 800 000 元，在被投资基金中占有的权益金额为 600 000 元，根据相关凭证，市总预算会计作如下会计处理。

借：一般公共预算本级支出　　800 000

　　贷：国库存款　　800 000

同时，

借：股权投资——投资成本（实付款） 800 000

　　贷：资产基金——股权投资（确认份额） 600 000

　　　　股权投资——其他权益变动（差额） 200 000

1）假设年末政府财政在被投资基金当期净利润中占有的份额为300 000元，则

借：股权投资——损益调整 300 000

　　贷：资产基金——股权投资 300 000

2）若政府财政将归属财政的收益260 000元留作基金滚动使用，则

借：股权投资——收益转增投资 260 000

　　贷：股权投资——损益调整 260 000

3）被投资基金宣告发放现金股利或利润时，按照应上缴政府财政的部分为360 000元，则

借：应收股利 360 000

　　贷：资产基金——应收股利 360 000

同时，按照相同的金额：

借：资产基金——股权投资 360 000

　　贷：股权投资——损益调整 360 000

4）被投资基金发生除净损益以外的其他权益变动时，按照政府财政持股比例计算应享有的部分为80 000元：

借：股权投资——其他权益变动 80 000

　　贷：资产基金——股权投资 80 000

5）收到股利360 000元时：

借：国库存款 360 000

　　贷：一般公共预算本级收入 360 000

借：资产基金 360 000

　　贷：应收股利 360 000

6）投资基金存续期满、政府财政从投资基金退出，实际收到1 200 000元时：

借：国库存款等 1 200 000

　　贷：一般公共预算本级支出（原出资额） 800 000

　　　　一般公共预算本级收入（差额） 400 000

7）根据股权投资清算相关资料，按照因收回股权投资而减少在被投资基金中占有的权益金额：

借：资产基金——股权投资 620 000

　　股权投资——损益调整 320 000

　　　　　　——其他权益变动 120 000

　　贷：股权投资——投资成本 800 000

　　　　　　　　——收益转增投资 260 000

二、待发国债

为了核算为弥补中央财政预算收支差额，中央财政预计发行国债与实际发行国债之间的

差额（即待发国债），应设置“待发国债”科目。本科目期末借方余额反映中央财政尚未使用的国债发行额度。

待发国债的主要账务处理如下：年度终了，实际发行国债收入用于债务还本支出后，小于为弥补中央财政预算收支差额中央财政预计发行国债时，按两者的差额，借记本科目，贷记相关科目；实际发行国债收入用于债务还本支出后，大于为弥补中央财政预算收支差额中央财政预计发行国债时，按两者的差额，借记相关科目，贷记本科目。

【例 4.33】2016 年 12 月，中央财政在弥补中央财政预算收支差额后，预计发行国债与实际发行国债之间的差额为 2 000 000 000 元。

借：待发国债　　2 000 000 000

　　贷：相关科目　　2 000 000 000

当实际发行国债收入用于债务还本支出后，大于为弥补中央财政预算收支差额中央财政预计发行国债时，按两者的差额，编制相反的会计分录。

复　习　题

请扫描二维码，下载复习题进行练习。

第四章复习题

第五章　财政总预算会计负债的核算

第五章 PPT

学习内容与要求

本章主要介绍财政总预算会计负债的核算。通过学习，学生应理解总预算会计负债的定义及内容，掌握总预算会计负债账户的设置方法及账务处理。

负债是指政府财政承担的能以货币计量、需以资产偿付的债务。

负债按照流动性，分为流动负债和非流动负债。流动负债是指预计在 1 年内（含 1 年）偿还的负债，非流动负债是指流动负债以外的负债。

负债具体包括应付国库集中支付结余、暂收及应付款项、应付政府债券、借入款项、应付转贷款、其他负债、应付代管资金等。

对符合负债定义的债务，应当在对其承担偿还责任，并且能够可靠地进行货币计量时确认，按照承担的相关合同金额或实际发生金额进行计量。

符合负债定义并确认的负债项目，应当列入资产负债表。政府财政承担或有责任（偿债责任需要通过未来不确定事项的发生或不发生予以证实）的负债，不列入资产负债表，但应当在报表附注中披露。

第一节　流 动 负 债

一、应付国库集中支付结余

应付国库集中支付结余是指国库集中支付中，按照财政部门批复的部门预算，当年未支而需结转下一年度支付的款项采用权责发生制列支后形成的债务。

为了核算政府财政采用权责发生制列支，预算单位尚未使用的国库集中支付结余资金，应设置“应付国库集中支付结余”科目。本科目应当根据管理需要，按照政府收支分类科目等进行相应明细核算。本科目期末贷方余额反映政府财政尚未支付的国库集中支付结余。

应付国库集中支付结余的主要账务处理如下。

1）年末，对当年形成的国库集中支付结余采用权责发生制列支时，借记有关支出科目，贷记本科目。

2）以后年度实际支付国库集中支付结余资金时，分以下情况处理：①按原结转预算科目支出的，借记本科目，贷记“国库存款”科目；②调整支出预算科目的，应当按原结转预算科目作冲销处理，借记本科目，贷记有关支出科目。同时，按实际支出预算科目作列支账务处理，借记有关支出科目，贷记“国库存款”科目。

【例 5.1】某市财政按部门批准的预算应拨给某科研单位科研经费 2 000 000 元，年终财政实际支付 1 500 000 元，尚未支付的 500 000 元需结转下一年度支付，继续用于科研项目研究。该市总预算会计年末应作如下账务处理。

借：一般公共预算本级支出 1 500 000

　　贷：应付国库集中支付结余 1 500 000

【例 5.2】接例 5.1，下年度财政按原预算科目支出结余资金 500 000 元。

借：应付国库集中支付结余 500 000

　　贷：国库存款 500 000

二、暂收及应付款项

暂收及应付款项是指政府财政业务活动中形成的债务，包括与上级往来和其他应付款等。暂收及应付款项应当及时清理结算。

1. 与上级往来

为了核算本级政府财政与上级政府财政的往来待结算款项，应设置“与上级往来”科目。本科目应当按照往来款项的类别和项目等进行明细核算。本科目期末贷方余额反映本级政府财政欠上级政府财政的款项，借方余额反映上级政府财政欠本级政府财政的款项。

与上级往来的主要账务处理如下。

1）本级政府财政从上级政府财政借入款项或体制结算中发生应上交上级政府财政款项时，借记“国库存款”“上解支出”等科目，贷记本科目。

2）本级政府财政归还借款、转作上级补助收入或体制结算中应由上级补给款项时，借记本科目，贷记“国库存款”“补助收入”等科目。

【例 5.3】某市财政局向上级财政借入临时周转金 250 000 元，存入“国库存款”账户。

借：国库存款——一般预算存款 250 000

　　贷：与上级往来 250 000

【例 5.4】经上级财政同意，上述借款中的 100 000 元转作对本市的补助，其余款项用国库存款偿还。

借：与上级往来 250 000

　　贷：补助收入 100 000

　　　　国库存款——一般预算存款 150 000

2. 其他应付款

为了核算政府财政临时发生的暂收、应付和收到的不明性质款项，应设置“其他应付款”科目。税务机关代征入库的社会保险费、项目单位使用并承担还款责任的外国政府和国际金融组织贷款，也通过本科目核算。本科目应当按照债权单位或资金来源等进行明细核算。本科目期末贷方余额反映政府财政尚未结清的其他应付款项。

其他应付款的主要账务处理如下。

1）收到暂存款项时，借记“国库存款”“其他财政存款”等科目，贷记本科目。

2）将暂存款项清理退还或转作收入时，借记本科目，贷记“国库存款”“其他财政存款”或有关收入科目。

3）社会保险费代征入库时，借记“国库存款”科目，贷记本科目。社会保险费国库缴存社保基金财政专户时，借记本科目，贷记“国库存款”科目。

4）收到项目单位承担还款责任的外国政府和国际金融组织贷款资金时，借记“其他财政存款”科目，贷记本科目；付给项目单位时，借记本科目，贷记“其他财政存款”科目。收到项目单位偿还的贷款资金时，借记“其他财政存款”科目，贷记本科目；付给外国政府和国际金融组织项目单位还款资金时，借记本科目，贷记“其他财政存款”科目。

【例 5.5】某市税务机关代征社会保险费 500 000 元，并将保险费缴入财政专户。

1）入库时：

借：国库存款　　500 000

　　贷：其他应付款　　500 000

2）将社会保险费国库缴存社保基金财政专户时：

借：其他应付款　　500 000

　　贷：国库存款　　500 000

【例 5.6】某市财政收到项目单位承担还款责任的外国政府和国际金融组织贷款资金 50 000 000 元，并将其归还项目承担单位。

1）收到时：

借：其他财政存款　　50 000 000

　　贷：其他应付款　　50 000 000

2）付给项目单位时：

借：其他应付款　　50 000 000

　　贷：其他财政存款　　50 000 000

三、应付短期政府债券

应付短期政府债券是指政府财政采用发行政府短期债券方式筹集资金而形成的负债。

为了核算政府财政部门以政府名义发行的期限不超过 1 年（含 1 年）的国债和地方政府债券的应付本金和利息，应设置“应付短期政府债券”科目。本科目下应当设置“应付国债”“应付地方政府一般债券”“应付地方政府专项债券”等一级明细科目，在一级明细科目下，再分别设置“应付本金”“应付利息”明细科目，分别核算政府债券的应付本金和利息，如表 5.1 所示。债务管理部门应当设置相应的辅助账，详细记录每期政府债券金额、种类、期限、发行日、到期日、票面利率、偿还本金及付息情况等。本科目期末贷方余额，反映政府财政尚未偿还的短期政府债券本金和利息。

表 5.1　“应付短期政府债券”科目总账及明细账的设置

一级科目	一级明细科目	二级明细科目
应付短期政府债券	应付国债	应付本金
		应付利息
	应付地方政府一般债券	应付本金
		应付利息
	应付地方政府专项债券	应付本金
		应付利息

应付短期政府债券的主要账务处理如下。

1）实际收到短期政府债券发行收入时，按照实际收到的金额，借记“国库存款”科目；按照短期政府债券实际发行额，贷记“债务收入”科目；按照发行收入和发行额的差额，借记或贷记有关支出科目；根据债券发行确认文件等相关债券管理资料，按照到期应付的短期政府债券本金金额，借记“待偿债净资产——应付短期政府债券”科目，贷记本科目。

2）期末确认短期政府债券的应付利息时，根据债务管理部门计算出的本期应付未付利息金额，借记“待偿债净资产——应付短期政府债券”科目，贷记本科目。

3）实际支付本级政府财政承担的短期政府债券利息时，借记“一般公共预算本级支出”或“政府性基金预算本级支出”科目，贷记“国库存款”等科目；实际支付利息金额中属于已确认的应付利息部分，还应根据债券兑付确认文件等相关债券管理资料，借记本科目，贷记“待偿债净资产——应付短期政府债券”科目。

4）实际偿还本级政府财政承担的短期政府债券本金时，借记“债务还本支出”科目，贷记“国库存款”等科目；根据债券兑付确认文件等相关债券管理资料，借记本科目，贷记“待偿债净资产——应付短期政府债券”科目。

5）省级财政部门采用定向承销方式发行短期地方政府债券置换存量债务时，根据债权债务确认相关资料，按照置换本级政府存量债务的额度，借记“债务还本支出”科目，贷记“债务收入”科目；根据债务管理部门转来的相关资料，按照置换本级政府存量债务的额度，借记“待偿债净资产——应付短期政府债券”科目，贷记本科目。

【例 5.7】某市政府于 2016 年 6 月 30 日发行一年期利率为 3.2%、面值 120 000 000 元的专项债券用于市政基础设施改造，扣除发行费用后实际收到 119 000 000 元。

1）2016 年 6 月 30 日，取得收入时：

科目	借方	贷方
借：国库存款	119 000 000	
一般公共预算本级支出	1 000 000	
贷：债务收入		120 000 000

同时，根据债券发行确认文件等相关债券管理资料：

科目	借方	贷方
借：待偿债净资产——应付短期政府债券	120 000 000	
贷：应付短期政府债券		120 000 000

2）2016 年 12 月 31 日，计算应付利息 1 920 000 元：

科目	借方	贷方
借：待偿债净资产——应付短期政府债券	1 920 000	
贷：应付短期政府债券		1 920 000

3）2017 年 6 月 30 日，计算应付利息 1 920 000 元：

科目	借方	贷方
借：待偿债净资产——应付短期政府债券	1 920 000	
贷：应付短期政府债券		1 920 000

4）2017 年 6 月 30 日，实际支付本金及利息时：

科目	借方	贷方
借：债务还本支出	120 000 000	
一般公共预算本级支出	3 840 000	
贷：国库存款		123 840 000

同时，根据实际支付的本金和利息金额中属于已确认的部分：

科目	借方	贷方
借：应付短期政府债券	123 840 000	
贷：待偿债净资产——应付短期政府债券		123 840 000

四、应付代管资金

为了核算政府财政代为管理的，使用权属于被代管主体的资金，应设置“应付代管资金”科目。本科目应当根据管理需要进行相关明细核算。本科目期末贷方余额，反映政府财政尚未支付的代管资金。

应付代管资金的主要账务处理如下。

1）收到代管资金时，借记“其他财政存款”等科目，贷记本科目。

2）支付代管资金时，借记本科目，贷记“其他财政存款”等科目。

3）代管资金产生的利息收入按照相关规定仍属于代管资金的，借记“其他财政存款”等科目，贷记本科目。

【例 5.8】2016 年 10 月，某乡镇会计收到某村缴来的代为管理的荒山承包费 30 000 元，当年度代管的该村资金利息共计 3 000 元。

1）收到代管资金时：

借：其他财政存款　　30 000

　　贷：应付代管资金　　30 000

2）代管资金收到的利息按规定仍属于代管资金的：

借：其他财政存款　　3 000

　　贷：应付代管资金　　3 000

第二节　非流动负债

一、应付长期政府债券

应付长期政府债券是指政府财政采用发行政府长期债券方式筹集资金而形成的负债。

为了核算政府财政部门以政府名义发行的期限超过 1 年的国债和地方政府债券的应付本金和利息，应设置“应付长期政府债券”科目。本科目下应当设置“应付国债”“应付地方政府一般债券”“应付地方政府专项债券”等一级明细科目，在一级明细科目下，再分别设置“应付本金”“应付利息”明细科目，分别核算政府债券的应付本金和利息，如表 5.2 所示。债务管理部门应当设置相应的辅助账，详细记录每期政府债券金额、种类、期限、发行日、到期日、票面利率、偿还本金及应付利息情况等。本科目期末贷方余额，反映政府财政尚未偿还的长期政府债券本金和利息。

表 5.2　“应付长期政府债券”科目总账及明细账的设置

一级科目	一级明细科目	二级明细科目
应付长期政府债券	应付国债	应付本金
		应付利息
	应付地方政府一般债券	应付本金
		应付利息
	应付地方政府专项债券	应付本金
		应付利息

应付长期政府债券的主要账务处理如下。

1）实际收到长期政府债券发行收入时，按照实际收到的金额，借记“国库存款”科目；按照长期政府债券实际发行额，贷记“债务收入”科目；按照发行收入和发行额的差额，借记或贷记有关支出科目。根据债券发行确认文件等相关债券管理资料，按照到期应付的长期政府债券本金金额，借记“待偿债净资产——应付长期政府债券”科目，贷记本科目。

2）期末确认长期政府债券的应付利息时，根据债务管理部门计算出的本期应付未付利息金额，借记“待偿债净资产——应付长期政府债券”科目，贷记本科目。

3）实际支付本级政府财政承担的长期政府债券利息时，借记“一般公共预算本级支出”或“政府性基金预算本级支出”科目，贷记“国库存款”等科目；实际支付利息金额中属于已确认的应付利息部分，还应根据债券兑付确认文件等相关债券管理资料，借记本科目，贷记“待偿债净资产——应付长期政府债券”科目。

4）实际偿还本级政府财政承担的长期政府债券本金时，借记“债务还本支出”科目，贷记“国库存款”等科目；根据债券兑付确认文件等相关债券管理资料，借记本科目，贷记“待偿债净资产——应付长期政府债券”科目。

5）本级政府财政偿还下级政府财政承担的地方政府债券本息时，借记“其他应付款”或“其他应收款”科目，贷记“国库存款”科目；根据债券兑付确认文件等相关债券管理资料，按照实际偿还的长期政府债券本金及已确认的应付利息金额，借记本科目，贷记“待偿债净资产——应付长期政府债券”科目。

6）省级财政部门采用定向承销方式发行长期地方政府债券置换存量债务时，根据债权债务确认相关资料，按照置换本级政府存量债务的额度，借记“债务还本支出”科目；按照置换下级政府存量债务的额度，借记“债务转贷支出”科目；按照置换存量债务的总额度，贷记“债务收入”科目。根据债务管理部门转来的相关资料，按照置换存量债务的总额度，借记“待偿债净资产——应付长期政府债券”科目，贷记本科目。同时，按照置换下级政府存量债务的额度，借记“应收地方政府债券转贷款”科目，贷记“资产基金——应收地方政府债券转贷款”科目。

【例 5.9】某省级政府发行一般长期政府债券，发行额为 50 000 000 元，发行收入为 48 000 000 元，根据相关凭证，省总预算会计编制如下分录：

1）实际收到长期政府债券发行收入时：

	借方	贷方
借：国库存款	48 000 000	
一般公共预算本级支出	2 000 000	
贷：债务收入		50 000 000

同时，按照到期应付的长期政府债券本金金额：

	借方	贷方
借：待偿债净资产——应付长期政府债券	50 000 000	
贷：应付长期政府债券		50 000 000

2）期末长期政府债券应付利息为 1 600 000 元时：

	借方	贷方
借：待偿债净资产——应付长期政府债券	1 600 000	
贷：应付长期政府债券		1 600 000

3）实际支付本级政府财政承担的长期政府债券利息时：

	借方	贷方
借：一般公共预算本级支出	1 600 000	

贷：国库存款 1 600 000

实际支付利息金额中属于已确认的应付利息部分：

借：应付长期政府债券 1 600 000

贷：待偿债净资产——应付长期政府债券 1 600 000

4）实际偿还本级政府财政承担的长期政府债券本金时：

借：债务还本支出 50 000 000

贷：国库存款 50 000 000

根据债券兑付确认文件等相关债券管理资料：

借：应付长期政府债券 50 000 000

贷：待偿债净资产——应付长期政府债券 50 000 000

【例 5.10】某省财政部门采用定向承销方式发行长期地方政府债券置换存量债务 2 000 000 000 元，总预算会计作如下处理：

1）借：债务还本支出（置换本级政府存量债务的额度）

或债务转贷支出（置换下级政府存量债务的额度） 2 000 000 000

贷：债务收入 2 000 000 000

2）根据债务管理部门转来的相关资料，按照置换本级政府存量债务的额度：

借：待偿债净资产——应付长期政府债券 2 000 000 000

贷：应付长期政府债券 2 000 000 000

按照置换下级政府存量债务的额度：

借：应收地方政府债券转贷款 2 000 000 000

贷：资产基金——应收地方政府债券转贷款 2 000 000 000

【例 5.11】某省财政偿还市财政承担的地方政府债券本息 3 000 000 元。

借：其他应付款/其他应收款 3 000 000

贷：国库存款 3 000 000

根据相关债务管理资料，按照实际偿还的长期政府债券本金和已确认利息：

借：应付长期政府债券 3 000 000

贷：待偿债净资产 3 000 000

二、借入款项

借入款项是指政府财政部门以政府名义向外国政府、国际金融组织等借入的款项，以及经国务院批准的其他方式借款形成的负债。

为了核算政府财政部门以政府名义向外国政府和国际金融组织等借入的款项，以及经国务院批准的其他方式借入的款项，应设置“借入款项”科目。本科目下应当设置“应付本金”“应付利息”明细科目，分别对借入款项的应付本金和利息进行明细核算，还应当按照债权人进行明细核算。债务管理部门应当设置相应的辅助账，详细记录每笔借入款项的期限、借入日期、偿还及付息情况等。本科目期末贷方余额，反映本级政府财政尚未偿还的借入款项本金和利息。

借入款项的主要账务处理如下。

1）本级政府财政收到借入的主权外债资金时，借记“其他财政存款”科目，贷记“债务收入”科目；根据债务管理部门转来的相关资料，按照实际承担的债务金额，借记“待偿债净资产——借入款项”科目，贷记本科目。

2）本级政府财政借入主权外债，且由外方将贷款资金直接支付给用款单位或供应商时，应根据以下情况分别处理：

① 本级政府财政承担还款责任，贷款资金由本级政府财政同级部门（单位）使用的，本级政府财政部门根据贷款资金支付相关资料，借记“一般公共预算本级支出”等科目，贷记“债务收入”科目；根据债务管理部门转来的相关资料，按照实际承担的债务金额，借记“待偿债净资产——借入款项”科目，贷记本科目。

② 本级政府财政承担还款责任，贷款资金由下级政府财政同级部门（单位）使用的，本级政府财政部门根据贷款资金支付相关资料及预算指标文件，借记“补助支出”科目，贷记“债务收入”科目；根据债务管理部门转来的相关资料，按照实际承担的债务金额，借记“待偿债净资产——借入款项”科目，贷记本科目。

③ 下级政府财政承担还款责任，贷款资金由下级政府财政同级部门（单位）使用的，本级政府财政部门根据贷款资金支付相关资料，借记“债务转贷支出”科目，贷记“债务收入”科目；根据债务管理部门转来的相关资料，按照实际承担的债务金额，借记“待偿债净资产——借入款项”科目，贷记本科目；同时，借记“应收主权外债转贷款”科目，贷记“资产基金——应收主权外债转贷款”科目。

3）期末，确认借入主权外债的应付利息时，根据债务管理部门计算出的本期应付未付利息金额，借记“待偿债净资产——借入款项”科目，贷记本科目。

4）偿还本级政府财政承担的借入主权外债本金时，借记“债务还本支出”科目，贷记“国库存款”“其他财政存款”等科目；根据债务管理部门转来的相关资料，按照实际偿还的本金金额，借记本科目，贷记“待偿债净资产——借入款项”科目。

5）偿还本级政府财政承担的借入主权外债利息时，借记“一般公共预算本级支出”等科目，贷记“国库存款”“其他财政存款”等科目；实际偿还利息金额中属于已确认的应付利息部分，还应根据债务管理部门转来的相关资料，借记本科目，贷记“待偿债净资产——借入款项”科目。

6）偿还下级政府财政承担的借入主权外债的本息时，借记“其他应付款”或“其他应收款”科目，贷记“国库存款”或“其他财政存款”等科目；根据债务管理部门转来的相关资料，按照实际偿还的本金及已确认的应付利息金额，借记本科目，贷记“待偿债净资产——借入款项”科目。

7）被上级政府财政扣缴借入主权外债的本息时，借记“其他应收款”科目，贷记“与上级往来”科目；根据债务管理部门转来的相关资料，按照实际扣缴的本金及已确认的应付利息金额，借记本科目，贷记“待偿债净资产——借入款项”科目。列报支出时，对应由本级政府财政承担的还本支出，借记“债务还本支出”科目，贷记“其他应收款”科目；对应由本级政府财政承担的利息支出，借记“一般公共预算本级支出”等科目，贷记“其他应收款”科目。

8）债权人豁免本级政府财政承担偿还责任的借入主权外债本息时，根据债务管理部门转来的相关资料，按照被豁免的本金及已确认的应付利息金额，借记本科目，贷记“待偿债净资产——借入款项”科目。

9）债权人豁免下级政府财政承担偿还责任的借入主权外债本息时，根据债务管理部门转来的相关资料，按照被豁免的本金及已确认的应付利息金额，借记本科目，贷记“待偿债净资产——借入款项”科目；同时，借记“资产基金——应收主权外债转贷款”科目，贷记“应收主权外债转贷款”科目。

其他借入款项账务处理参照本科目使用说明中借入主权外债业务的账务处理。

【例 5.12】2016 年 1 月 2 日，世界银行给我国某省贷款 1 000 000 000 元，期限为 5 年，贷款利率为 6%，按年付息，到期还本。当日款项由世界银行直接支付给省所辖某市财政国库。款项由市财政同级部门使用。该贷款由省财政承担还本付息责任。省财政总预算会计根据相关资料作如下处理。

1）借：补助支出　　1 000 000 000
　　贷：债务收入　　1 000 000 000

2）根据债务管理部门转来资料：
借：待偿债净资产——借入款项　　1 000 000 000
　　贷：借入款项　　1 000 000 000

3）2016 年 12 月 31 日，省财政确认主权外债应付利息 60 000 000 元：
借：待偿债净资产——借入款项　　60 000 000
　　贷：借入款项　　60 000 000

4）2019 年之前，省财政每年的 1 月 2 日按期偿还利息时：
借：一般公共预算本级支出　　60 000 000
　　贷：国库存款　　60 000 000
同时，
借：借入款项　　60 000 000
　　贷：待偿债净资产——借入款项　　60 000 000

5）2019 年 12 月 31 日，省财政确认主权外债应付利息 60 000 000 元：
借：待偿债净资产——借入款项　　60 000 000
　　贷：借入款项　　60 000 000

6）2020 年 1 月 2 日，省财政偿还最后一期利息和主权外债本金：
借：债务还本支出　　1 000 000 000
　　一般公共预算本级支出　　60 000 000
　　贷：国库存款　　1 060 000 000

还应根据债务管理部门转来的相关资料，按照实际偿还本金和最后一期利息金额作如下账务处理。

借：借入款项　　1 060 000 000
　　贷：待偿债净资产——借入款项　　1 060 000 000

三、应付转贷款

应付转贷款是指地方政府财政向上级政府财政借入转贷资金而形成的负债，包括应付地方政府债券转贷款和应付主权外债转贷款等。

1. 应付地方政府债券转贷款

为了核算地方政府财政从上级政府财政借入的地方政府债券转贷款的本金和利息，应设置“应付地方政府债券转贷款”科目。本科目下应当设置“应付地方政府一般债券转贷款”和“应付地方政府专项债券转贷款”一级明细科目，在一级明细科目下再分别设置“应付本金”和“应付利息”两个明细科目，分别对应付本金和利息进行明细核算，如表 5.3 所示。本科目期末贷方余额，反映本级政府财政尚未偿还的地方政府债券转贷款的本金和利息。

表 5.3 “应付地方政府债券转贷款”科目总账及明细账的设置

一级科目	一级明细科目	二级明细科目
应付地方政府债券转贷款	应付地方政府一般债券转贷款	应付本金
		应付利息
	应付地方政府专项债券转贷款	应付本金
		应付利息

应付地方政府债券转贷款的主要账务处理如下。

1）收到上级政府财政转贷的地方政府债券资金时，借记“国库存款”科目，贷记“债务转贷收入”科目；根据债务管理部门转来的相关资料，按照到期应偿还的转贷款本金金额，借记“待偿债净资产——应付地方政府债券转贷款”科目，贷记本科目。

2）期末确认地方政府债券转贷款的应付利息时，根据债务管理部门计算出的木期应付未付利息金额，借记“待偿债净资产——应付地方政府债券转贷款”科目，贷记本科目。

3）偿还本级政府财政承担的地方政府债券转贷款本金时，借记“债务还本支出”科目，贷记“国库存款”等科目；根据债务管理部门转来的相关资料，按照实际偿还的本金金额，借记本科目，贷记“待偿债净资产——应付地方政府债券转贷款”科目。

4）偿还本级政府财政承担的地方政府债券转贷款的利息时，借记“一般公共预算本级支出”或“政府性基金预算本级支出”科目，贷记“国库存款”等科目；实际支付利息金额中属于已确认的应付利息部分，还应根据债务管理部门转来的相关资料，借记本科目，贷记“待偿债净资产——应付地方政府债券转贷款”科目。

5）偿还下级政府财政承担的地方政府债券转贷款的本息时，借记“其他应付款”或“其他应收款”科目，贷记“国库存款”等科目；根据债务管理部门转来的相关资料，按照实际偿还的本金及已确认的应付利息金额，借记本科目，贷记“待偿债净资产——应付地方政府债券转贷款”科目。

6）被上级政府财政扣缴地方政府债券转贷款本息时，借记“其他应收款”科目，贷记“与上级往来”科目；根据债务管理部门转来的相关资料，按照实际扣缴的本金及已确认的应付利息金额，借记本科目，贷记“待偿债净资产——应付地方政府债券转贷款”科目。列报支出时，对本级政府财政承担的还本支出，借记“债务还本支出”科目，贷记“其他应收款”科目；对本级政府财政承担的利息支出，借记“一般公共预算本级支出”或“政府性基金预算本级支出”科目，贷记“其他应收款”科目。

7）采用定向承销方式发行地方政府债券置换存量债务时，省级以下（不含省级）财政部门根据上级财政部门提供的债权债务确认相关资料，按照置换本级政府存量债务的额度，借记“债务还本支出”科目；按照置换下级政府存量债务的额度，借记“债务转贷支出”科目；按照置换存量债务的总额度，贷记“债务转贷收入”科目。根据债务管理部门转来的相关资料，按照置换存量债务的总额度，借记“待偿债净资产——应付地方政府债券转贷款”科目，贷记本科目。同时，按照置换下级政府存量债务额度，借记“应收地方政府债券转贷款”科目，贷记“资产基金——应收地方政府债券转贷款”科目。

【例 5.13】 某省财政于 2016 年 4 月 1 日新发行政府债券一般债券 20 000 000 元，其中向所辖市级政府财政转贷地方政府债券资金 2 000 000 元，期末确认的利息是 70 000 元。债券期满，市财政按期支付本息。市财政总预算会计作如下账务处理。

1）收到上级政府财政转贷的地方政府债券资金时：

借：国库存款　　2 000 000

　　贷：债务转贷收入　　2 000 000

根据债务管理部门转来的相关资料，按照到期应偿还的转贷款本金金额：

借：待偿债净资产——应付地方政府债券转贷款　　2 000 000

　　贷：应付地方政府债券转贷款　　2 000 000

2）期末确认地方政府债券转贷款的应付利息时，根据债务管理部门计算出的本期应付未付利息金额：

借：待偿债净资产——应付地方政府债券转贷款　　70 000

　　贷：应付地方政府债券转贷款　　70 000

3）偿还本级政府财政承担的地方政府债券转贷款本金和利息时：

借：债务还本支出　　2 000 000

　　一般公共预算本级支出　　70 000

　　贷：国库存款　　2 070 000

根据债务管理部门转来的相关资料，按照实际偿还的本金和利息金额：

借：应付地方政府债券转贷款　　2 070 000

　　贷：待偿债净资产——应付地方政府债券转贷款　　2 070 000

【例 5.14】 某县于 2016 年 6 月 1 日从省财政获得 120 000 000 元转贷款，期限为 2 年，票面利率为 3.6%，到期还本，按年付息，款项通过国库直接支付。2017 年 6 月 1 日，某县财政发生困难，暂时无法支付首期利息，由所属市政府财政扣缴，代为上缴省财政。某县总预算会计作如下账务处理。

1）被上级政府财政扣缴地方政府债券转贷款利息时：

借：其他应收款——市政府　　4 320 000

　　贷：与上级往来　　4 320 000

2）根据债务管理部门转来的相关资料，按照实际扣缴的应付利息金额：

借：应付地方政府债券转贷款——应付利息　　4 320 000

　　贷：待偿债净资产——应付地方政府债券转贷款　　4 320 000

3）列报支出时，对本级政府财政承担的利息支出：

借：一般公共预算本级支出　　4 320 000

　　贷：其他应收款——市政府　　4 320 000

【例 5.15】 B 市于 2016 年 7 月 1 日采用定向承销方式发行 12 000 000 000 元一般债券

用于置换截至 2015 年年末本级政府存量债务 4 000 000 000 元本金和 200 000 000 元利息，置换下级政府存量债务 7 000 000 000 元本金和 800 000 000 元利息。B 市总预算会计作如下账务处理。

1）借：债务还本支出（按照置换本级政府存量债务的额度）　4 200 000 000
　　　债务转贷支出（按照置换存量债务的总额度）　7 800 000 000
　　　贷：债务转贷收入　12 000 000 000

2）根据债务管理部门转来的相关资料，按照置换存量债务的总额度：

借：待偿债净资产——应付地方政府债券转贷款　12 000 000 000
　　贷：应付地方政府债券转贷款——应付本金　11 000 000 000
　　　　　　　　　　　　　　　——应付利息　1 000 000 000

同时，按照置换下级政府存量债务额度：

借：应收地方政府债券转贷款——应收本金　7 000 000 000
　　　　　　　　　　　　　——应收利息　800 000 000
　　贷：资产基金——应收地方政府债券转贷款　7 800 000 000

2. 应付主权外债转贷款

为了核算本级政府财政从上级政府财政借入的主权外债转贷款的本金和利息，应设置“应付主权外债转贷款”科目。本科目下应当设置“应付本金”和“应付利息”两个明细科目，分别对应付本金和利息进行明细核算。本科目期末贷方余额反映本级政府财政尚未偿还的主权外债转贷款本金和利息。

应付主权外债转贷款的主要账务处理如下。

1）收到上级政府财政转贷的主权外债资金时，借记“其他财政存款”科目，贷记“债务转贷收入”科目；根据债务管理部门转来的相关资料，按照实际承担的债务金额，借记“待偿债净资产——应付主权外债转贷款”科目，贷记本科目。

2）从上级政府财政借入主权外债转贷款，且由外方将贷款资金直接支付给用款单位或供应商时，应根据以下情况分别处理：

① 本级政府财政承担还款责任，贷款资金由本级政府财政同级部门（单位）使用的，本级政府财政根据贷款资金支付相关资料，借记“一般公共预算本级支出”等科目，贷记“债务转贷收入”科目；根据债务管理部门转来的相关资料，按照实际承担的债务金额，借记“待偿债净资产——应付主权外债转贷款”科目，贷记本科目。

② 本级政府财政承担还款责任，贷款资金由下级政府财政同级部门（单位）使用的，本级政府财政部门根据贷款资金支付相关资料及预算指标文件，借记“补助支出”科目，贷记“债务转贷收入”科目；根据债务管理部门转来的相关资料，按照实际承担的债务金额，借记“待偿债净资产——应付主权外债转贷款”科目，贷记本科目。

③ 下级政府财政承担还款责任，贷款资金由下级政府财政同级部门（单位）使用的，本级政府财政部门根据贷款资金支付相关资料，借记“债务转贷支出”科目，贷记“债务转贷收入”科目；根据债务管理部门转来的相关资料，按照实际承担的债务金额，借记“待偿债净资产——应付主权外债转贷款”科目，贷记本科目；同时，借记“应收主权外债转贷款”科目，贷记“资产基金——应收主权外债转贷款”科目。

3）期末确认主权外债转贷款的应付利息时，按照债务管理部门计算出的本期应付未付利息金额，借记“待偿债净资产——应付主权外债转贷款”科目，贷记本科目。

4）偿还本级政府财政承担的借入主权外债转贷款的本金时，借记“债务还本支出”科目，贷记“其他财政存款”等科目；根据债务管理部门转来的相关资料，按照实际偿还的本金金额，借记本科目，贷记“待偿债净资产——应付主权外债转贷款”科目。

5）偿还本级政府财政承担的借入主权外债转贷款的利息时，借记“一般公共预算本级支出”等科目，贷记“其他财政存款”等科目；实际偿还利息金额中属于已确认的应付利息部分，还应根据债务管理部门转来的相关资料，借记本科目，贷记“待偿债净资产——应付主权外债转贷款”科目。

6）偿还下级政府财政承担的借入主权外债转贷款的本息时，借记“其他应付款”或“其他应收款”科目，贷记“其他财政存款”等科目；根据债务管理部门转来的相关资料，按照实际偿还的本金及已确认的应付利息金额，借记本科目，贷记“待偿债净资产——应付主权外债转贷款”科目。

7）被上级政府财政扣缴借入主权外债转贷款的本息时，借记“其他应收款”科目，贷记“与上级往来”科目；根据债务管理部门转来的相关资料，按照被扣缴的本金及已确认的应付利息金额，借记本科目，贷记“待偿债净资产——应付主权外债转贷款”科目。列报支出时，对本级政府财政承担的还本支出，借记“债务还本支出”科目，贷记“其他应收款”科目；对本级政府财政承担的利息支出，借记“一般公共预算本级支出”等科目，贷记“其他应收款”科目。

8）上级政府财政豁免主权外债转贷款本息时，根据以下情况分别处理：

① 豁免本级政府财政承担偿还责任的主权外债转贷款本息时，根据债务管理部门转来的相关资料，按照豁免转贷款的本金及已确认的应付利息金额，借记本科目，贷记“待偿债净资产——应付主权外债转贷款”科目。

② 豁免下级政府财政承担偿还责任的主权外债转贷款本息时，根据债务管理部门转来的相关资料，按照豁免转贷款的本金及已确认的应付利息金额，借记本科目，贷记“待偿债净资产——应付主权外债转贷款”科目；同时，借记“资产基金——应收主权外债转贷款”科目，贷记“应收主权外债转贷款”科目。

【例 5.16】某省交通厅于 2016 年 12 月 1 日获得世界银行直接支付的主权外债转贷款 30 000 000 元用于改善公共交通和非机动交通，款项期限为 5 年，年利率为 6%，每年年末付息一次。由省财政承担还本付息责任，利息到期支付。贷款资金由交通厅管辖的县级相关机构按规定用途使用。省总预算会计作如下账务处理。

1）收到上级政府财政转贷的主权外债资金时：

借：补助支出	30 000 000	
贷：债务转贷收入		30 000 000

2）根据债务管理部门转来的相关资料，按照实际承担的债务金额：

借：待偿债净资产——应付主权外债转贷款	30 000 000	
贷：应付主权外债转贷款——应付本金		30 000 000

3）期末确认主权外债转贷款的应付利息时，按照债务管理部门计算出的本期应付未付利息金额：

借：待偿债净资产——应付主权外债转贷款 1 800 000
　　贷：应付主权外债转贷款——应付利息 1 800 000

4）偿还本级政府财政承担的借入主权外债转贷款的本息时：

借：债务还本支出 30 000 000
　　一般公共预算本级支出 9 000 000
　　贷：其他财政存款 39 000 000

5）根据债务管理部门转来的相关资料，按照实际偿还的本金金额：

借：应付主权外债转贷款——应付本金 30 000 000
　　　　　　　　　　　——应付利息 9 000 000
　　贷：待偿债净资产——应付主权外债转贷款 39 000 000

【例 5.17】某省财政获得中央财政主权外债转贷款，其中豁免省级财政承担还款责任的本息分别为 25 000 000 元和 1 000 000 元，豁免所属 B 市财政承担偿还责任的本息部分分别为 10 000 000 元和 350 000 元。省总预算会计作如下账务处理。

1）豁免本级政府财政承担偿还责任的主权外债转贷款本息时，根据债务管理部门转来的相关资料，按照豁免转贷款的本金及已确认的应付利息金额：

借：应付主权外债转贷款——应付本金 25 000 000
　　　　　　　　　　　——应付利息 1 000 000
　　贷：待偿债净资产——应付主权外债转贷款 26 000 000

2）豁免下级政府财政承担偿还责任的主权外债转贷款本息时，根据债务管理部门转来的相关资料，按照豁免转贷款的本金及已确认的应付利息金额：

借：应付主权外债转贷款——应付本金 10 000 000
　　　　　　　　　　　——应付利息 350 000
　　贷：待偿债净资产——应付主权外债转贷款 10 350 000

同时，

借：资产基金——应收主权外债转贷款 10 350 000
　　贷：应付主权外债转贷款——应付本金 10 000 000
　　　　　　　　　　　　　——应付利息 350 000

四、其他负债

其他负债是指政府财政因有关政策明确要求其承担支出责任的事项而形成的应付未付款项。

总预算会计应设置“其他负债”科目。本科目应当按照债权单位和项目等进行明细核算，其期末贷方余额反映政府财政承担的尚未支付的其他负债余额。

其他负债的主要账务处理如下。

1）有关政策已明确政府财政承担的支出责任，按照确定应承担的负债金额，借记“待偿债净资产”科目，贷记本科目。

2）实际偿还负债时，借记有关支出等科目，贷记“国库存款”等科目；同时，按照相同的金额，借记本科目，贷记“待偿债净资产”科目。

【例 5.18】某市财政于 2016 年 7 月按相关政策要求应该承担尚未支付的款项为 200 000 元。

1）按应承担的负债金额：

借：待偿债净资产　　200 000

　　贷：其他负债　　200 000

2）实际偿还负债时：

借：一般预算本级支出等科目　　200 000

　　贷：国库存款等科目　　200 000

同时，按相等的金额：

借：其他负债　　200 000

　　贷：待偿债净资产　　200 000

复 习 题

请扫描二维码，下载复习题进行练习。

第五章复习题

第六章　财政总预算会计收入的核算

第六章 PPT

☞ 学习内容与要求

本章主要介绍财政总预算会计收入的核算。通过学习，学生应理解总预算会计收入的定义及内容，掌握总预算会计各类收入账户的设置方法及账务处理。

财政总预算会计收入的核算是指政府财政为实现政府职能，根据法律法规等所筹集的资金，包括一般公共预算本级收入、政府性基金预算本级收入、国有资本经营预算收入、财政专户管理资金收入、专用基金收入、转移性收入、债务收入及债务转贷收入等。一般公共预算本级收入、政府性基金预算本级收入、国有资本经营预算收入、财政专户管理资金收入和专用基金收入应当按照实际收到的金额入账。转移性收入应当按照财政体制的规定或实际发生的金额入账。债务收入应当按照实际发行额或借入的金额入账。债务转贷收入应当按照实际收到的转贷金额入账。

第一节　一般公共预算本级收入

一、一般公共预算收入的概念及分类

1. 一般公共预算收入的概念

一般公共预算收入是指政府财政筹集的纳入一般公共预算管理的税收收入和非税收入，是政府通过一定的形式和程序，有计划、有组织地由国家支配，纳入预算管理的资金。它是预算收入的重要组成部分，是国家进行经济建设、提高人民物质文化生活水平的主要财力保证。

2. 一般公共预算收入的分类

《2018 年政府收支分类科目》规定，政府收支按其经济性质划分为四大类，分别是一般公共预算收支、政府性基金预算收支、国有资本经营预算收支、社会保险基金预算收支等，并实行类、款、项、目四级管理。考虑到我国预算管理的实际情况，一般公共预算收支的内容通过一般公共预算本级收支科目进行核算。其中，一般公共预算本级收入类、款两级账户情况如下。

101 税收收入

01 增值税　02 消费税　03 营业税　04 企业所得税　05 企业所得税退税　06 个人所得税　07 资源税　09 城市维护建设税　10 房产税　11 印花税　12 城镇土地使用税　13 土地增值税　14 车船税　15 船舶吨税　16 车辆购置税　17 关税　18 耕地占用税　19 契税　20 烟叶税　99 其他税收收入

103 非税收入

02 专项收入 04 行政事业性收费收入 05 罚没收入 06 国有资本经营收入 07 国有资源（资产）有偿使用收入 08 捐赠收入 09 政府住房基金收入 99 其他收入

105 债务收入

03 中央政府债务收入 04 地方政府债务收入

110 转移性收入

01 返还性收入 02 一般性转移支付收入 03 专项转移支付收入 06 上解收入 08 上年结余收入 09 调入资金 11 债务转贷收入 13 接受其他地区援助收入

二、一般公共预算收入的收缴及程序

（一）组织政府预算收入的机构

负责组织预算收入的组织机构主要有征收机关和出纳机关。

1. 征收机关

征收机关是指负责预算收入的征收管理机构，包括财政机关、税务部门和海关。它们按照国家有关政策、法令，把各项预算收入及时、足额地征收入库。各机构的具体分工如下。

1）财政机关。各级政府财政部门是预算执行的具体负责和管理机构，是执行预算收支的主管机构。财政部门在预算收入执行中具有双重身份：①预算收入执行的统一负责机构；②预算收入的主管机构，主要负责契税、非税收入及其他收入。

2）税务部门。税务部门包括工商税收、国有企业所得税、国家能源交通重点建设基金及国家预算调节等部门。

3）海关。海关主要负责征收关税和代征的进出口产品增值税、消费税等。

不属于以上范围的预算收入，以国家规定负责征收的单位为征收机关；未经国家批准，不得自行增设征收机关。

2. 出纳机关

预算收入的出纳机关是国家金库。国家金库是负责办理预算资金的收纳、划分、报解的专门机构。我国实行的是代理国库制，由中国人民银行代理国家金库。国库的机构设置与财政管理体制相适应，原则上一级财政设立一级国库。国库分为总库、分库、中心支库和支库四级。中央财政设总库，设在中国人民银行总行；省、自治区、直辖市财政设分库，设在省、自治区、直辖市分行；地（市）财政设中心支库，设在地（市）中心支行；县财政设支库，设在县支行。支库以下可以设国库经收处，其业务由中国人民银行委托专业银行办理。较大的省辖市分（支）行所属办事处，根据需要可以设立支库。各省、自治区、直辖市分行及其所属的各级国库，既是中央国库的分支机构，又是各级地方财政的国库。

国库的业务工作实行垂直领导。下级国库应定期向上级国库报告工作情况，上级国库可以对下级国库直接布置检查工作。

（二）政府预算收入的收缴方式和程序

财政国库管理制度将财政收入的收缴方式分为直接缴库和集中汇缴。直接缴库是由缴款单位或缴款人按有关法律法规规定，直接将应缴收入缴入国库单一账户或预算外资金财政专户的收缴方式。集中汇缴是由征收机关（有关法定单位）按有关法律法规规定，将所收的应缴收入汇总缴入国库单一账户或预算外资金财政专户的收缴方式。

目前，我国的缴款书分为一般缴款书、税收缴款书、专用缴款书三种。缴款书一般包括以下基本内容：填制日期，缴款单位名称、收款单位财政机关名称和收款国库名称，预算级次，预算科目“款”“项”“目”的名称，缴款所属预算计划年度、月份，人民币大、小写金额，纳税的计算根据等。

三、一般公共预算收入的划分、报解

（一）一般公共预算收入的划分

一般公共预算收入的划分是国库按规定将收到的预算收入按所属级次，逐级划归各级财政。为了适应各级政府行使职权的需要，根据事权与财权相结合的原则，须将预算收入在各级政府之间进行划分。

一般公共预算收入是按照分税制财政管理体制进行划分的，分为固定收入和共享收入两部分。固定收入是指按确定的收入归属划分为某级财政独享，不参与分成的收入。它又可以分为中央固定收入和地方固定收入。共享收入，又称为分成收入，是指上下级财政之间共同参与分享的预算收入。共享收入按各级财政的财力情况以一定的比例或其他方法进行分配，首先在中央和地方之间进行划分，其次在地方各级之间进行划分。具体的收入内容和分配方式通过财政管理体制加以规定。

在现行分税制的财政管理体制下，按照事权和财权相结合的原则，一般公共预算收入划分为中央政府固定收入、地方政府固定收入和中央政府与地方政府共享收入。

1. 中央政府固定收入

中央政府固定收入包括消费税（含进口环节海关代征的部分）、车辆购置税、关税、海关代征的进口环节增值税等。

2. 地方政府固定收入

地方政府固定收入包括城镇土地使用税、耕地占用税、土地增值税、房产税、车船税、契税。

3. 中央政府与地方政府共享收入

1）增值税（含进口环节海关代征的部分）：中央政府分享 50%，地方政府分享 50%。

2）企业所得税：中国铁路总公司、各银行总行及海洋石油企业缴纳的部分归中央政府，其余部分中央与地方政府按 60%与 40%的比例分享。

3）个人所得税：除储蓄存款利息所得的个人所得税外，其余部分的分享比例与企业所得税相同。

4）资源税：海洋石油企业缴纳的部分归中央政府，其余部分归地方政府。

5）城市维护建设税：中国铁路总公司、各银行总行、各保险总公司集中缴纳的部分归中央政府，其余部分归地方政府。

6）印花税：证券交易印花税归中央政府，其他印花税归地方政府。

除了中央与地方政府各级一般公共预算收入的划分，地方政府各级一般公共预算收入也需要划分。地方各级一般公共预算收入的划分由省（自治区、直辖市）以下逐级制定财政管理体制加以确定，省在该省一般公共预算收入范围内确定省与其所属各市（区）的划分；市在该市一般公共预算收入范围内确定市与其所属县（区）的划分；县在该县一般公共预算收入范围内确定所属乡（镇）的划分。由于各地情况不同，其划分的范围和分配方式也不相同。

（二）一般公共预算收入的报解

一般公共预算收入的报解是指国库将一般公共预算收入在各级财政之间进行划分和分成的基础上，编制预算收入日报表和分成收入计算表，分别向上级国库和财政部门报告一般公共预算收入情况，并将库款解缴到各级财政在国库的存款账户上。

一般公共预算收入的报解应通过国家金库向上级财政部门报告预算收入情况，并将属于上级财政的预算收入解缴到中心支库、分库和总库。

各级一般公共预算收入款项的划分和报解，国库原则上采取逐级划分报解办法。但支库收入的中央级预算收入和省级预算固定收入可直接向分库报解。

四、一般公共预算本级收入的核算

（一）一般公共预算本级收入的入库

为了核算各级政府财政筹集的纳入本级一般公共预算管理的税收收入和非税收入，应设置“一般公共预算本级收入”科目。本科目平时贷方余额反映一般公共预算本级收入的累计数。本科目应当根据《2018 年政府收支分类科目》中“一般公共预算收入科目”的规定进行明细核算。

一般公共预算本级收入的主要账务处理如下。

1）收到款项时，根据当日预算收入日报表所列一般公共预算本级收入数，借记“国库存款”等科目，贷记本科目。

2）年终转账时，本科目贷方余额全数转入“一般公共预算结转结余”科目，借记本科目，贷记“一般公共预算结转结余”科目。结转后，本科目无余额。

【例 6.1】某日某县财政收到国库报来的预算收入日报表，如表 6.1 所示。

表 6.1 预算收入日报表

××年×月×日　　单位：元

科目编码	科目名称	本日收入
略	增值税	6 950
	企业所得税	3 620
	个人所得税	2 490
	车船税	1 850
	本日合计	14 910
	本年累计	206 600

根据表 6.1 中数据资料，编制如下会计分录。

借：国库存款　　14 910

　　贷：一般公共预算本级收入——税收收入——增值税　　6 950

　　　　——税收收入——企业所得税　　3 620

　　　　——税收收入——个人所得税　　2 490

　　　　——税收收入——车船税　　1 850

【例 6.2】某市财政部门收到当地环保部门征收并缴入国库的排污费 100 000 元。

借：国库存款　　100 000

　　贷：一般公共预算本级收入——非税收入——专项收入——排污费收入　　100 000

【例 6.3】年终，市财政一般公共预算本级收入余额为贷方 300 000 000 元。

借：一般公共预算本级收入　　300 000 000

　　贷：一般公共预算结转结余　　300 000 000

（二）一般公共预算本级收入的退库

1. 预算收入退库的审核

凡是缴纳入库的预算收入，即为国家预算资金，任何单位和个人都不得随意退库。对预算收入的退库，各级财政部门、收入机关和各级金库要加强审核和监督。

办理预算收入的退库时应审核预算收入退库项目，是否符合财政部规定的退库范围。凡属于下列范围的收入，可办理退库：①由于工作疏忽，发生技术性差错需要退库的；②企业隶属关系改变，办理财务结算需要退库的；③企业按计划上缴税额，超过应缴税额需要退库的；④弥补国有企业计划亏损补贴退库及财政部批准的其他退库项目。

2. 收入退库的手续和方法

办理收入退库时，先由符合退库条件的单位提出书面申请，经财政部门或授权的监缴机关审查批准后，由财政部门或监缴机关填写收入退还书，交由金库将款项退还申请单位。

3. 国库办理预算收入退库应注意的内容

1）预算收入的退库由各级国库办理，国库经收处只办理库款收纳，不办理预算收入的退付。

2）预算收入库款的退付，应按预算收入的级次办理。中央预算收入的退库，从中央级库款中退付；地方各级预算固定收入的退库，从地方各级库款中退付；各级分成收入的退库，按规定的分成比例，分别从上级和本级库款中退付。

3）各级预算收入的退库，原则上通过转账办理，不支付现金。对于个别特殊情况，必须退付现金时，财政、征收机关应从严审查核实后，在收入退还书上加盖“退付现金”的明显戳记，由收款人向指定的国库按规定审查退款。

4. 预算收入退库的核算

退库以后，当日同一科目的退库数大于收入数时，其差额用红字列入收入日报表；反之，当日同一科目的退库数小于收入数时，其差额用蓝字列入收入日报表。当日的收入统计表上会出现两种情况，总预算会计在账务处理上也会有以下两种处理方式。

1）如果当日收入数大于退库数，收入日报表上各类科目合计是正数，财政总预算会计对收支差额数仍然按规定的上解、留成比例进行会计核算，对退库部分不进行另外的账务处理。

2）如果当日退库数大于收入数，收入日报表上各类科目合计是负数，财政总预算会计对收支差额数用红字反映，冲减预算收入。

【例 6.4】某市财政局于 2016 年 5 月 20 日收到中心支库报来的预算收入日报表及所附收入退还书列示，用红字反映的弥补国有煤炭工业所得税退税 360 000 元。

借：国库存款　　360 000

　　贷：一般公共预算本级收入——税收收入——企业所得税退税——国有煤炭工业所得税退税　　360 000

（三）一般公共预算本级收入错误的更正

各级财政部门、税务机关、海关、国库和缴款单位，在办理预算收入的收纳、退还和报解时，都应当认真负责、防止出现差错。如果发生错误，则不论本月或以前月份发生的错误，都应在发现错误的月份办理更正手续。对不同类型的错误，应采用不同的方法予以更正。

1. 少缴或多缴预算收入的更正

1）少缴预算收入，应按少缴数额补办入库，由征收机关加开缴款凭证，通知缴款单位补缴预算收入，国库和财政总预算会计均将其作为正常预算收入处理。

2）多缴预算收入，可由征收机关签发收入退还书，经批准后将多缴库的预算收入退还原缴款单位，也可抵补缴款单位以后的缴款。

【例 6.5】某公司缴纳增值税，缴款书误将税额“5 600”元填为“6 500”元。税务局同意将多缴税额作退库处理，签发收入退还书，通知国库退付该公司 900 元。

借：国库存款　　900

　　贷：一般公共预算本级收入——税收收入——增值税　　900

2. 其他错误更正

除了发生多缴、少缴预算收入外，还可能发生预算科目填写错误和预算级次划分错误。当发生这两种错误时，应由发现错误的部门填制更正通知书，通知有关单位予以更正。更正通知书的格式如表 6.2 所示。

表 6.2　更正通知书

年　　月　　日　　　　　　　　　　　　编号

<table>
<tr><td>凭证项目</td><td>预算级次</td><td>预算科目</td><td>金额</td><td rowspan="3">备注</td></tr>
<tr><td>原列及
更正项目</td><td></td><td></td><td></td></tr>
<tr><td>原列事项</td><td></td><td></td><td></td></tr>
<tr><td>更正事项</td><td></td><td></td><td></td><td></td></tr>
<tr><td colspan="3">财政（监缴）部门：</td><td>国库</td><td></td></tr>
<tr><td>名称</td><td></td><td></td><td>名称</td><td></td></tr>
<tr><td>负责人签章</td><td></td><td rowspan="2">财政
公章</td><td>负责人签章</td><td rowspan="2">更正日期
及公章</td></tr>
<tr><td>经手人签章</td><td></td><td>经手人签章</td></tr>
</table>

更正的处理方法如下。

1）更正预算科目。若预算科目填写错误，无论是国库会计还是总预算会计，都应先用红字填制与原错误记录相同的记账凭单，登记入账，冲销原错误记录，再用蓝字编制一张正确的记账凭单，并据以入账。

【例 6.6】 某单位缴纳所得税 80 000 元，误将“国有石油化学工业所得税”填写成“国有石油工业所得税”。经发现后，由征收机关填写更正通知书，通知国库、财政机关更正。财政总预算会计根据更正通知书进行会计的账簿调整：

借：国库存款　　80 000（红字）

　　贷：一般公共预算本级收入——国有石油工业所得税　　80 000（红字）

借：国库存款　　80 000

　　贷：一般公共预算本级收入——国有石油化学工业所得税　　80 000

2）更正预算级次。若预算级次错误，应根据征收机关通知调账，少记的补记，多记的用红字冲销。

【例 6.7】 某市将本级的增值税 50 000 元误作为中央预算收入上划，没有登账。根据收入日报表和更正通知书：

借：国库存款　　50 000

　　贷：一般公共预算本级收入——增值税　　50 000

第二节　政府性基金预算本级收入

一、政府性基金预算收入的概念及分类

（一）政府性基金预算收入的概念

政府性基金预算收入是指政府财政筹集的纳入政府性基金预算管理的非税收入，按规定收取、转入或通过当年财政安排，由财政管理并具有指定用途的政府性基金。政府性基金预算收入是政府预算收入的重要组成部分，其分类和一般公共预算收入一样设类、款、项、目四级。

（二）政府性基金预算收入的分类

根据财政部制定的《2018 年政府收支分类科目》规定，政府性基金预算收入科目分类如下：

103 非税收入

　　01 政府性基金收入

　　10 专项债券对应项目专项收入

105 债务收入

　　04 地方政府债务收入

110 转移性收入

　　04 政府性基金转移收入　08 上年结余收入　09 调入资金　11 债务转贷收入

（三）政府性基金预算收入的划分

政府性基金预算收入也要按预算级次划分为中央政府性基金预算收入、地方政府性基金预算收入和中央、地方共享政府性基金预算收入。具体划分如下。

1. 中央政府性基金预算收入

中央政府性基金预算收入主要有中央农网还贷基金收入、铁路建设基金收入、民航发展基金收入、旅游发展基金收入、中央新增建设用地土地有偿使用费收入、大中型水库移民后期扶持基金收入、中央大中型水库库区基金收入、三峡水库库区基金收入、中央特别国债经营基金收入、中央特别国债经营基金财务收入、核电站乏燃料处理处置基金收入、可再生能源电价附加收入、船舶油污损害赔偿基金收入、国家税务局征收的废弃电器电子产品处理基金收入、海关征收的废弃电器电子产品处理基金收入、烟草企业上缴专项收入、福利彩票发行机构的业务费用、体育彩票发行机构的业务费用等。

2. 地方政府性基金预算收入

地方政府性基金预算收入主要有地方农网还贷资金收入、海南省高等级公路车辆通行附加费收入、地方新增建设用地土地有偿使用费收入养路费、城市公用事业附加收入、国有土地收益基金收入、农业土地开发资金收入、土地出让价款收入、划拨土地收入、缴纳新增建设用地土地有偿使用费、其他土地出让收入、地方大中型水库库区基金收入、城市基础设施配套费收入、小型水库移民扶助基金收入、省级重大水利工程建设资金、车辆通行费、污水处理费收入、福利彩票销售机构的业务费用、体育彩票销售机构的业务费用、彩票市场调控资金收入、债务收入等。

3. 中央、地方共享政府性基金预算收入

中央、地方共享政府性基金预算收入主要有港口建设费收入、国家电影事业发展专项资金收入、南水北调工程建设基金、福利彩票公益金收入、体育彩票公益金收入、三峡工程后续工作资金、彩票兑奖周转金、彩票发行销售风险基金、其他政府性基金收入等。

政府性基金预算本级收入应当按照实际收到的金额入账。

二、政府性基金预算本级收入的核算

根据基金管理要求，政府性基金全额纳入预算管理，实行收支两条线，收入全部上缴国库，先收后支、专款专用。因此，政府性基金的会计核算要与一般公共预算收支相区别，同时由于每项基金各有不同的用途，政府性基金预算收入应按不同的基金种类分别进行明细核算，并在年终分别结出各项基金的结余。

为了核算政府财政筹集的纳入本级政府性基金预算管理的非税收入，应设置“政府性基金预算本级收入”科目。本科目平时贷方余额反映政府性基金预算本级收入的累计数。本科目应当根据《2018 年政府收支分类科目》中“政府性基金预算收入科目”的规定进行明细核算。

政府性基金预算本级收入的主要账务处理如下。

1）收到款项时，根据当日预算收入日报表所列政府性基金预算本级收入数，借记“国库存款”等科目，贷记本科目。

2）年终转账时，本科目贷方余额全数转入“政府性基金预算结转结余”科目，借记本科目，贷记“政府性基金预算结转结余”科目。结转后，本科目无余额。

【例 6.8】某市财政收到国库报来市级基金预算收入日报表，当日政府性基金预算本级收入中城市公用事业附加收入 60 000 元，城市基础设施配套费收入 500 000 元。

借：国库存款　560 000

　　贷：政府性基金预算本级收入——非税收入——城市公用事业附加收入　60 000

　　　　　　　　　　　　　　　——非税收入——城市基础设施配套费收入　500 000

【例 6.9】年终，市财政政府性基金预算本级收入余额为贷方 2 000 000 元。

借：政府性基金预算本级收入　2 000 000

　　贷：政府性基金预算结转结余　2 000 00

第三节　国有资本经营预算收入

一、国有资本经营预算收入的概念及分类

1. 国有资本经营预算收入的概念

国有资本经营预算收入是指政府财政筹集的纳入国有资本经营预算管理的非税收入，是国家以所有者身份依法取得国有资本收益，并对所得收益进行分配而发生的各项收支预算，是政府预算的重要组成部分。

2007 年 9 月，国务院发布《关于试行国有资本经营预算的意见》，标志着我国开始正式建立国有资本经营预算制度。按照《中华人民共和国企业国有资产法》，国有资本经营预算按年度单独编制，纳入本级政府预算，报本级人民代表大会批准。国有资本经营预算支出按照当年预算收入规模安排，不列赤字。

2. 国有资本经营预算收入的分类

国有资本经营预算收入是指各级人民政府及其部门、机构履行出资人职责的企业（即一级企业）上交的国有资本收益。根据财政部制定的《2018 年政府收支分类科目》，国有资本经营预算收入科目分类如下。

103 非税收入

　　06 国有资本经营收入

110 转移性收入

　　05 国有资本经营预算转移支付收入

“国有资本经营预算收入”科目主要包括以下几种。

1）利润收入。即中国人民银行、国有独资企业按规定向国家上缴的利润。

2）股利、股息收入。即国有控股、参股企业国有股权（股份）上缴的股利、股息收入。

3）产权转让收入。即国有企业产权（含国有股权）转让收入或出售收入。

4）清算收入。即国有独资企业清算收入（扣除清算费用），以及国有控股、参股企业国有股权（股份）分享的公司清算收入（扣除清算费用）。

5）国有资本经营预算转移支付收入。即反映下级政府收到上级政府的国有资本经营预算转移支付收入。

3. 国有资本经营预算收入的划分

国有资本经营预算收入也要按预算级次划分为中央国有资本经营预算收入和中央、地方共享国有资本经营预算收入。

1）中央国有资本经营预算收入。主要有烟草企业利润收入、国有股减持收入等。

2）中央、地方共享国有资本经营预算收入。除烟草企业利润收入、国有股减持收入外，中国人民银行、国有独资企业等按规定上缴国家的利润，国有控股、参股企业国有股权（股份）上缴的股利、股息收入，国有企业产权（含国有股权）转让收入或出售收入等。

二、国有资本经营预算本级收入的核算

为了核算政府财政筹集的纳入本级国有资本经营预算管理的非税收入，应设置“国有资本经营预算本级收入”科目。本科目平时贷方余额反映国有资本经营预算本级收入的累计数。本科目应当根据《2018年政府收支分类科目》中“国有资本经营预算收入科目”的规定进行明细核算。

国有资本经营预算本级收入的主要账务处理如下。

1）收到款项时，根据当日预算收入日报表所列国有资本经营预算本级收入数，借记“国库存款”等科目，贷记本科目。

2）年终转账时，本科目贷方余额全数转入“国有资本经营预算结转结余”科目，借记本科目，贷记“国有资本经营预算结转结余”科目。结转后，本科目无余额。

【例6.10】某市财政收到国库报来电力企业利润收入500 000元，石油石化企业利润收入800 000元。

借：国库存款　1 300 000

　　贷：国有资本经营预算本级收入——非税收入——电力企业利润收入　500 000

　　　　——非税收入——石油石化企业利润收入　800 000

【例6.11】年终，市财政国有资本经营预算本级收入余额为贷方1 000 000元。

借：国有资本经营预算本级收入　1 000 000

　　贷：国有资本经营预算结转结余　1 000 000

第四节　财政专户管理资金收入

一、财政专户管理资金收入的概念及分类

财政专户管理资金收入是指政府财政纳入财政专户管理的教育收费等资金收入。

按照财政部《关于将按预算外资金管理的收入纳入预算管理的通知》（财预〔2010〕88号），从2011年1月1日起，按预算外资金管理的收入（不含教育收费，以下简称预算外收

入）全部纳入预算管理。

首先，从预算管理方式上，自 2011 年 1 月 1 日起，中央各部门各单位（以下简称中央部门）的教育收费（包括目前在财政专户管理的高中以上学费、住宿费，高校委托培养费，党校收费，教育考试考务费，函大、电大、夜大及短训班培训费等，以下简称“教育收费”）作为本部门的事业收入，纳入财政专户管理，收缴比照非税收入收缴管理制度执行。

中央部门预算外收入（含以前年度欠缴及未缴财政专户的资金和财政专户结余资金）全部上缴中央国库，支出通过一般预算或政府性基金预算安排。根据各项收入的性质，纳入预算管理的具体方式如下：①交通运输部集中的航道维护收入纳入政府性基金预算管理；②中央部门收取的主管部门集中收入、国有资产出租出借收入、广告收入、捐赠收入、回收资金、利息收入等预算外收入纳入一般预算管理，使用时用于收入上缴部门的相关支出，专款专用。

其次，收入预算级次和支出安排原则。纳入预算管理后，收入预算级次保持不变，原上缴中央财政专户的收入上缴中央国库，实行“收支两条线”管理。

财政专户管理资金收入应当按照实际收到的金额入账。

二、财政专户管理资金收入的核算

为了核算政府财政纳入财政专户管理的教育收费等资金收入，应设置“财政专户管理资金收入”科目。本科目应当按照《2018 年政府收支分类科目》中收入分类科目的规定进行明细核算。同时，根据管理需要，按部门（单位）等进行明细核算。

财政专户管理资金收入的主要账务处理如下。

1）收到财政专户管理资金时，借记“其他财政存款”科目，贷记本科目。

2）年终转账时，本科目贷方余额全数转入“财政专户管理资金结余”科目，借记本科目，贷记“财政专户管理资金结余”科目。结转后，本科目无余额。

【例 6.12】某省财政收到财政专户报来省法院行政事业性收费的教育收费 1 000 000 元。

	借方	贷方
借：其他财政存款	1 000 000	
贷：财政专户管理资金收入——非税收入——教育收费		1 000 000

【例 6.13】某省财政部门收到省教育厅某中学缴入财政专户的普通高中学费 500 000 元。

	借方	贷方
借：其他财政存款	500 000	
贷：财政专户管理资金收入——非税收入——普通高中学费		500 000

【例 6.14】年终，省财政的财政专户管理资金收入余额为贷方 1 500 000 元。

	借方	贷方
借：财政专户管理资金收入	1 500 000	
贷：财政专户管理资金结余		1 500 000

第五节 专用基金收入

一、专用基金收入的概念及分类

专用基金收入是指政府财政根据法律法规等规定设立的各项专用基金（包括粮食风险基金等）取得的资金收入。专用基金是指由地方财政部门按规定设置或取得的具有专门用途的资金。目前，设置的专用基金主要有粮食风险基金等，专用基金的收支有严格的专用性，不得随意改变。

专用基金收入的取得主要通过本级预算自筹安排，取得的专用基金收入可以转入财政专户，也可以仍存在国库。其规模根据各地实际情况规定。

专用基金收入应当按照实际收到的金额入账。

二、专用基金收入的核算

为了核算政府财政按照法律法规和国务院、财政部规定设置或取得的粮食风险基金等专用基金收入，应设置“专用基金收入”科目。本科目平时贷方余额反映取得专用基金收入的累计数。本科目应当按照专用基金的种类进行明细核算。

专用基金收入的主要账务处理如下。

1）通过预算支出安排取得专用基金收入转入财政专户的，借记“其他财政存款”科目，贷记本科目；同时，借记“一般公共预算本级支出”等科目，贷记“国库存款”“补助收入”等科目。退回专用基金收入时，借记本科目，贷记“其他财政存款”科目。

2）通过预算支出安排取得专用基金收入仍存在国库的，借记“一般公共预算本级支出”等科目，贷记“专用基金收入”科目。

3）年终转账时，本科目贷方余额全数转入“专用基金结余”科目，借记本科目，贷记“专用基金结余”科目。结转后，本科目无余额。

【例 6.15】某市财政安排粮食风险基金 6 000 000 元，并转存至农业发展银行。

借：其他财政存款　　6 000 000

　　贷：专用基金收入——粮食风险基金　　6 000 000

同时，

借：一般公共预算本级支出　　6 000 000

　　贷：国库存款　　6 000 000

【例 6.16】某市财政自行安排粮食风险基金 8 000 000 元，款项仍在国库存放。

借：一般公共预算本级支出　　8 000 000

　　贷：专用基金收入——粮食风险基金　　8 000 000

【例 6.17】年终，市财政专用基金收入账户余额为贷方 4 500 000 元。

借：专用基金收入　　4 500 000

　　贷：专用基金结余　　4 500 000

第六节　转移性收入及动用预算稳定调节基金

一、转移性收入

（一）转移性收入的概念及分类

转移性收入是指在各级政府财政之间进行资金调拨，以及在本级政府财政不同类型资金之间调剂所形成的收入，包括补助收入、上解收入、地区间援助收入和调入资金等。

1）补助收入。它是指上级政府财政按照财政体制规定或因专项需要补助给本级政府财

政的款项，包括上级税收返还、转移支付等。

2）上解收入。它是指按照财政体制规定由下级政府财政上交给本级政府财政的款项。

3）地区间援助收入。它是指受援方政府财政收到援助方政府财政转来的可统筹使用的各类援助、捐赠等资金收入。

4）调入资金。它是指政府财政为平衡某类预算收支、从其他类型预算资金及其他渠道调入的资金。

转移性收入应当按照财政体制的规定或实际发生的金额入账。转移支付资金可以由国库管理或特设专户管理，专项转移支付资金通常实行特设专户管理。

（二）转移性收入的核算

1. 补助收入

为了核算上级政府财政按照财政体制规定或因专项需要补助给本级政府财政的款项，包括税收返还、转移支付等，应设置“补助收入”科目。本科目下应当按照不同的资金性质设置“一般公共预算补助收入”“政府性基金预算补助收入”等明细科目。本科目平时贷方余额反映补助收入的累计数。

补助收入的主要账务处理如下。

1）收到上级政府财政拨入的补助款时，借记“国库存款”“其他财政存款”等科目，贷记本科目。

2）专项转移支付资金实行特设专户管理的，政府财政应当根据上级政府财政下达的预算文件确认补助收入。年度当中收到资金时，借记“其他财政存款”科目，贷记“与上级往来”等科目；年度终了，根据专项转移支付资金预算文件，借记“与上级往来”科目，贷记本科目。

3）从“与上级往来”科目转入本科目时，借记“与上级往来”科目，贷记本科目。

4）有主权外债业务的财政部门，贷款资金由本级政府财政同级部门（单位）使用，且贷款的最终还款责任由上级政府财政承担的，本级政府财政部门收到贷款资金时，借记“其他财政存款”科目，贷记本科目；外方将贷款资金直接支付给供应商或用款单位时，借记“一般公共预算本级支出”科目，贷记本科目。

5）年终与上级政府财政结算时，根据预算文件，按照尚未收到的补助款金额，借记“与上级往来”科目，贷记本科目。退还或核减补助收入时，借记本科目，贷记“国库存款”“与上级往来”等科目。

6）年终转账时，本科目贷方余额应根据不同资金性质分别转入对应的结转结余科目，借记本科目，贷记“一般公共预算结转结余”“政府性基金预算结转结余”等科目。结转后，本科目无余额。

【例 6.18】市财政收到省财政拨入的税收返还款 300 000 元。

借：国库存款　　300 000

　　贷：补助收入——一般公共预算补助收入　　300 000

【例 6.19】市财政收到省财政拨入的政府性基金专项补助款 500 000 元，存入商业银行。

借：其他财政存款　　500 000

贷：补助收入——政府性基金预算补助收入 500 000

【例 6.20】市财政将省财政已拨付的，特设专户管理的专项补助款 3 500 000 元转作补助收入。

借：与上级往来 3 500 000

贷：补助收入——一般公共预算补助收入 3 500 000

【例 6.21】市总预算会计收到由省财政负责还款的国外贷款 10 000 000 元。

借：其他财政存款 10 000 000

贷：补助收入——一般公共预算补助收入 10 000 000

【例 6.22】市总预算会计收到通知，由省财政负责还款的国外贷款 10 000 000 元，已经拨付给相关企业。

借：一般公共预算本级支出 10 000 000

贷：补助收入——一般公共预算补助收入 10 000 000

【例 6.23】年终结算，县财政应收市财政一般公共预算补助收入 2 000 000 元，还有 600 000 元尚未收到。

借：与上级往来 600 000

贷：补助收入——一般公共预算补助收入 600 000

【例 6.24】年终，市财政一般公共预算补助收入余额为贷方 40 000 000 元，政府性基金预算补助收入余额为贷方 580 000 元。

借：补助收入——一般公共预算补助收入 40 000 000

贷：一般公共预算结转结余 40 000 000

借：补助收入——政府性基金预算补助收入 580 000

贷：政府性基金预算结转结余 580 000

2. 上解收入

为了核算按照体制规定由下级政府财政上交给本级政府财政的款项，应设置“上解收入”科目。本科目下应当按照不同资金性质设置“一般公共预算上解收入”“政府性基金预算上解收入”等明细科目。同时，还应当按照上解地区进行明细核算。本科目平时贷方余额反映上解收入的累计数。

上解收入的主要账务处理如下。

1）收到下级政府财政的上解款时，借记“国库存款”等科目，贷记本科目。

2）年终与下级政府财政结算时，根据预算文件，按照尚未收到的上解款金额，借记“与下级往来”科目，贷记本科目。退还或核减上解收入时，借记本科目，贷记“国库存款”“与下级往来”等科目。

3）年终转账时，本科目贷方余额应根据不同资金性质分别转入对应的结转结余科目，借记本科目，贷记“一般公共预算结转结余”“政府性基金预算结转结余”等科目。结转后，本科目无余额。

【例 6.25】省财政收到市财政上解款 1 000 000 元。

借：国库存款 1 000 000

贷：上解收入——一般公共预算上解收入 1 000 000

【例 6.26】年终结算，省财政应收市财政政府性基金预算上解收入 500 000 元，实际已收 300 000 元。

借：与下级往来　200 000

　　贷：上解收入——政府性基金预算上解收入　200 000

【例 6.27】年终，省财政一般公共预算上解收入余额为贷方 3 000 000 元，政府性基金预算上解收入余额为贷方 800 000 元。

借：上解收入——一般公共预算上解收入　3 000 000

　　贷：一般公共预算结转结余　3 000 000

借：上解收入——政府性基金预算上解收入　800 000

　　贷：政府性基金预算结转结余　800 000

3. 地区间援助收入

为了核算受援方政府财政收到援助方政府财政转来的可统筹使用的各类援助、捐赠等资金收入，应设置“地区间援助收入”科目。本科目应当按照援助地区及管理需要进行相应的明细核算。本科目平时贷方余额反映地区间援助收入的累计数。

地区间援助收入的主要账务处理如下。

1）收到援助方政府财政转来的资金时，借记“国库存款”科目，贷记本科目。

2）年终转账时，本科目贷方余额全数转入“一般公共预算结转结余”科目，借记本科目，贷记“一般公共预算结转结余”科目。结转后，本科目无余额。

【例 6.28】甲市财政收到乙市财政援助款 300 000 元。

借：国库存款　300 000

　　贷：地区间援助收入——乙市财政　300 000

【例 6.29】年终结算，甲市财政当年共收到地区间援助收入 1 200 000 元。

借：地区间援助收入　1 200 000

　　贷：一般公共预算结转结余　1 200 000

4. 调入资金

为了核算政府财政为平衡某类预算收支，从其他类型预算资金及其他渠道调入的资金，应设置“调入资金”科目。本科目下应当按照不同资金性质设置“一般公共预算调入资金”“政府性基金预算调入资金”等明细科目。本科目平时贷方余额反映调入资金的累计数。

调入资金的主要账务处理如下。

1）从其他类型预算资金及其他渠道调入一般公共预算时，按照调入的资金金额，借记“调出资金——政府性基金预算调出资金”“调出资金——国有资本经营预算调出资金”“国库存款”等科目，贷记“调入资金——一般公共预算调入资金”科目。

2）从其他类型预算资金及其他渠道调入政府性基金预算时，按照调入的资金金额，借记“调出资金——一般公共预算调出资金”“国库存款”等科目，贷记“调入资金——政府性基金预算调入资金”科目。

3）年终转账时，本科目贷方余额分别转入相应的结转结余科目，借记本科目，贷记“一般公共预算结转结余”“政府性基金预算结转结余”等科目。结转后，本科目无余额。

【例 6.30】省财政为平衡一般公共预算，从国有资本经营预算调入 500 000 元。

借：调出资金——国有资本经营预算调出资金 500 000

　　贷：调入资金——一般公共预算调入资金 500 000

【例 6.31】省财政为平衡政府性基金预算，从其他渠道调入 200 000 元。

借：国库存款 200 000

　　贷：调入资金——政府性基金预算调入资金 200 000

【例 6.32】年终，省财政一般公共预算调入资金余额为贷方 500 000 元，政府性基金预算调入资金余额为贷方 200 000 元。

借：调入资金——一般公共预算调入资金 500 000

　　贷：一般公共预算结转结余 500 000

借：调入资金——政府性基金预算调入资金 200 000

　　贷：政府性基金预算结转结余 200 000

二、动用预算稳定调节基金

动用预算稳定调节基金是政府财政使用用于弥补以后年度预算资金不足的储备资金。

为了核算政府财政为弥补本年度预算资金的不足，调用的预算稳定调节基金，应设置“动用预算稳定调节基金”科目。本科目平时贷方余额反映动用预算稳定调节基金的累计数。

动用预算稳定调节基金的主要账务处理如下。

1）调用预算稳定调节基金时，借记“预算稳定调节基金”科目，贷记本科目。

2）年终转账时，本科目贷方余额全数转入“一般公共预算结转结余”科目，借记本科目，贷记“一般公共预算结转结余”科目。结转后，本科目无余额。

【例 6.33】市财政动用稳定调节基金 600 000 元。

借：预算稳定调节基金 600 000

　　贷：动用预算稳定调节基金 600 000

【例 6.34】年终，市财政共动用稳定调节基金 600 000 元。

借：动用预算稳定调节基金 600 000

　　贷：一般公共预算结转结余 600 000

第七节　债务收入及债务转贷收入

一、债务收入

1. 债务收入相关知识

债务收入是指政府财政按照国家法律、国务院规定以发行债券等方式取得的，以及向外国政府、国际金融组织等机构借款取得的纳入预算管理的债务收入。

债务收入可以分为中央政府债务收入和地方政府债务收入。中央政府债务收入纳入一般公共预算管理，又分为中央政府国内债务收入和中央政府国外债务收入，中央政府国外债务收入包括境外发行主权债券收入、向外国政府借款收入、向国际组织借款收入、其他国外借款收入等。地方政府债务收入包括纳入一般公共预算管理的一般债务收入、一般债券收入、向外国政府借款收入、向国际组织借款收入、其他一般债务收入等，也包括纳入政府性基金预算管理的专项债务收入，如海南省高等级公路车辆通行附加费债务收入、港口建设费债务收入等。

中央政府和地方政府可以通过发行债券方式取得债务收入。根据《地方政府专项债务预算管理办法》规定，专项债务收入通过发行专项债券方式筹措。省、自治区、直辖市政府为专项债券的发行主体，具体发行工作由省级财政部门负责。设区的市、自治州，县、自治县、不设区的市、市辖区政府（以下简称市县级政府）确需发行专项债券的，应当纳入本省、自治区、直辖市政府性基金预算管理，由省、自治区、直辖市政府统一发行并转贷给市县级政府。经省政府批准，计划单列市政府可以自办发行专项债券。

专项债务收入应当用于公益性资本支出，不得用于经常性支出。专项债务应当有偿还计划和稳定的偿还资金来源。专项债务本金通过对应的政府性基金收入、专项收入、发行专项债券等偿还。专项债务利息通过对应的政府性基金收入、专项收入偿还，不得通过发行专项债券偿还。

专项债务收支应当按照对应的政府性基金收入、专项收入实现项目收支平衡，不同政府性基金科目之间不得调剂。执行中，专项债务对应的政府性基金收入不足以偿还本金和利息的，可以从相应的公益性项目单位调入专项收入弥补。

非债券形式专项债务应当在国务院规定的期限内置换成专项债券。

债务收入应当按照实际发行额或借入的金额入账。

2. 债务收入的核算

为了核算政府财政按照国家法律、国务院规定以发行债券等方式取得的，以及向外国政府、国际金融组织等机构借款取得的纳入预算管理的债务收入，应设置“债务收入”科目。本科目应当按照《2018 年政府收支分类科目》中“债务收入”科目的规定进行明细核算。本科目平时贷方余额反映债务收入的累计数。年终结转后，本科目无余额。

债务收入的主要账务处理如下。

1）省级以上政府财政收到政府债券发行收入时，按照实际收到的金额，借记“国库存款”科目；按照政府债券实际发行额，贷记本科目；按照发行收入和发行额的差额，借记或贷记有关支出科目。根据债务管理部门转来的债券发行确认文件等相关资料，按照到期应付的政府债券本金金额，借记“待偿债净资产——应付短期政府债券/应付长期政府债券”科目，贷记“应付短期政府债券”“应付长期政府债券”等科目。

2）政府财政向外国政府、国际金融组织等机构借款时，按照借入的金额，借记“国库存款”“其他财政存款”等科目，贷记本科目；根据债务管理部门转来的相关资料，按照实际承担的债务金额，借记“待偿债净资产——借入款项”科目，贷记“借入款项”科目。

3）本级政府财政借入主权外债，且由外方将贷款资金直接支付给用款单位或供应商时，应根据以下情况分别处理：

① 本级政府财政承担还款责任，贷款资金由本级政府财政同级部门（单位）使用的，本级政府财政根据贷款资金支付相关资料，借记“一般公共预算本级支出”科目，贷记本科目；根据债务管理部门转来的相关资料，按照实际承担的债务金额，借记“待偿债净资产——

借入款项”科目，贷记“借入款项”科目。

② 本级政府财政承担还款责任，贷款资金由下级政府财政同级部门（单位）使用的，本级政府财政根据贷款资金支付相关资料及预算指标文件，借记“补助支出”科目，贷记本科目；根据债务管理部门转来的相关资料，按照实际承担的债务金额，借记“待偿债净资产——借入款项”科目，贷记“借入款项”科目。

③ 下级政府财政承担还款责任，贷款资金由下级政府财政同级部门（单位）使用的，本级政府财政根据贷款资金支付相关资料，借记“债务转贷支出”科目，贷记本科目；根据债务管理部门转来的相关资料，按照实际承担的债务金额，借记“待偿债净资产——借入款项”科目，贷记“借入款项”科目；同时，借记“应收主权外债转贷款”科目，贷记“资产基金——应收主权外债转贷款”科目。

4）年终转账时，本科目下“专项债务收入”明细科目的贷方余额应按照对应的政府性基金种类分别转入“政府性基金预算结转结余”相应明细科目，借记“债务收入——专项债务收入”科目，贷记“政府性基金预算结转结余”科目；本科目下其他明细科目的贷方余额全数转入“一般公共预算结转结余”科目，借记本科目（其他明细科目），贷记“一般公共预算结转结余”科目。

【例 6.35】某省财政发行 3 年期债券，面值 10 000 000 元，发行价为 10 200 000 元。

借：国库存款	10 200 000	
贷：债务收入——一般债务收入		10 000 000
一般公共预算本级支出		200 000
借：待偿债净资产——应付长期政府债券	10 000 000	
贷：应付长期政府债券		10 000 000

【例 6.36】某省财政向外国政府借入 5 000 000 元，款项已存入指定银行。

借：其他财政存款	5 000 000	
贷：债务收入——一般债务收入		5 000 000
借：待偿债净资产——借入款项	5 000 000	
贷：借入款项		5 000 000

【例 6.37】某省财政向外国政府借入 3 000 000 元，款项已支付给相关企业。

借：一般公共预算本级支出	3 000 000	
贷：债务收入——一般债务收入		3 000 000
借：待偿债净资产——借入款项	3 000 000	
贷：借入款项		3 000 000

【例 6.38】某省财政向国际组织借入 7 000 000 元，款项已转给下级甲市财政，由本级财政承担还款责任。

借：补助支出——一般公共预算补助支出	7 000 000	
贷：债务收入——一般债务收入		7 000 000
借：待偿债净资产——借入款项	7 000 000	
贷：借入款项		7 000 000

【例 6.39】某省财政向外国政府借入 5 000 000 元，款项已转给下级甲市财政，由下级甲市财政承担还款责任。

借：债务转贷支出——甲市财政　5 000 000
　　贷：债务收入——一般债务收入　5 000 000
借：待偿债净资产——借入款项　5 000 000
　　贷：借入款项　5 000 000
同时，
借：应收主权外债转贷款　5 000 000
　　贷：资产基金——应收主权外债转贷款　5 000 000

【例 6.40】某省财政向国内金融机构借入 1 000 000 元港口建设费专项债务收入，款项已存入指定银行。

借：其他财政存款　1 000 000
　　贷：债务收入——专项债务收入　1 000 000
借：待偿债净资产——借入款项　1 000 000
　　贷：借入款项　1 000 000

【例 6.41】年终，省财政一般债务收入余额为贷方 30 000 000 元，专项债务收入余额为贷方 1 000 000 元。

借：债务收入——一般债务收入　30 000 000
　　贷：一般公共预算结转结余　30 000 000
借：债务收入——专项债务收入　1 000 000
　　贷：政府性基金预算结转结余　1 000 000

二、债务转贷收入

1. 债务转贷收入的内涵

债务转贷是指政府财政按照国家法律、国务院的规定以发行债券等方式取得的，以及向外国政府、国际金融组织等机构借款取得的债务资金，再贷给债务人。债务转贷主要包括国债转贷、外债转贷和中央代发地方政府债券。

债务转贷收入是指各级地方政府收到的上级政府转贷的债务收入，包括纳入一般公共预算管理的一般债务转贷收入、一般债券转贷收入、向外国政府借款转贷收入、向国际组织借款转贷收入、其他一般债务转贷收入等，也包括纳入政府性基金预算管理的专项债务转贷收入，如海南省高等级公路车辆通行附加费债务转贷收入、港口建设费债务转贷收入等。

债务转贷收入应当按照实际收到的转贷金额入账。

2. 债务转贷收入的核算

为了核算省级以下（不含省级）政府财政收到上级政府财政转贷的债务收入，应设置“债务转贷收入”科目。本科目下应当设置“地方政府一般债务转贷收入”“地方政府专项债务转贷收入”明细科目。本科目平时贷方余额反映债务转贷收入的累计数。年终结转后，本科目无余额。

债务转贷收入的主要账务处理如下。

1）省级以下（不含省级）政府财政收到地方政府债券转贷收入时，按照实际收到的金额，借记“国库存款”科目，贷记本科目；根据债务管理部门转来的相关资料，按照到期应偿还的转贷款本金金额，借记“待偿债净资产——应付地方政府债券转贷款”科目，贷记“应付地方政府债券转贷款”科目。

2）省级以下（不含省级）政府财政收到主权外债转贷收入的具体账务处理如下：

① 本级财政收到主权外债转贷资金时，借记“其他财政存款”科目，贷记本科目；根据债务管理部门转来的相关资料，按照实际承担的债务金额，借记“待偿债净资产——应付主权外债转贷款”科目，贷记“应付主权外债转贷款”科目。

② 从上级政府财政借入主权外债转贷款，且由外方将贷款资金直接支付给用款单位或供应商时，应根据以下情况分别处理：

a．本级政府财政承担还款责任，贷款资金由本级政府财政同级部门（单位）使用的，本级政府财政根据贷款资金支付相关资料，借记“一般公共预算本级支出”科目，贷记本科目；根据债务管理部门转来的相关资料，按照实际承担的债务金额，借记“待偿债净资产——应付主权外债转贷款”科目，贷记“应付主权外债转贷款”科目。

b．本级政府财政承担还款责任，贷款资金由下级政府财政同级部门（单位）使用的，本级政府财政根据贷款资金支付相关资料及预算文件，借记“补助支出”科目，贷记本科目；根据债务管理部门转来的相关资料，按照实际承担的债务金额，借记“待偿债净资产——应付主权外债转贷款”科目，贷记“应付主权外债转贷款”科目。

c．下级政府财政承担还款责任，贷款资金由下级政府财政同级部门（单位）使用的，本级政府财政根据转贷资金支付相关资料，借记“债务转贷支出”科目，贷记本科目；根据债务管理部门转来的相关资料，按照实际承担的债务金额，借记“待偿债净资产——应付主权外债转贷款”科目，贷记“应付主权外债转贷款”科目；同时，借记“应收主权外债转贷款”科目，贷记“资产基金——应收主权外债转贷款”科目。下级政府财政根据贷款资金支付相关资料，借记“一般公共预算本级支出”科目，贷记本科目；根据债务管理部门转来的相关资料，按照实际承担的债务金额，借记“待偿债净资产——应付主权外债转贷款”科目，贷记“应付主权外债转贷款”科目。

3）年终转账时，本科目下“地方政府一般债务转贷收入”明细科目的贷方余额全数转入“一般公共预算结转结余”科目，借记本科目，贷记“一般公共预算结转结余”科目。本科目下“地方政府专项债务转贷收入”明细科目的贷方余额按照对应的政府性基金种类分别转入“政府性基金预算结转结余”相应明细科目，借记本科目，贷记“政府性基金预算结转结余”科目。

【例 6.42】某市财政收到省财政转来的 3 年期债券的发行收入 10 000 000 元。

借：国库存款　　10 000 000

　　贷：债务转贷收入——地方政府一般债务转贷收入　　10 000 000

同时，

借：待偿债净资产——应付地方政府债券转贷款　　10 000 000

　　贷：应付地方政府债券转贷款　　10 000 000

【例 6.43】某市财政收到金融机构转来的向外国政府借入的低息贷款 8 000 000 元，用于基础设施建设，款项已存入指定银行。

借：其他财政存款　　8 000 000

贷：债务转贷收入——一般债务转贷收入 8 000 000
借：待偿债净资产——应付主权外债转贷款 8 000 000
贷：应付主权外债转贷款 8 000 000

【例 6.44】某市财政收到上级财政向外国政府借入的 3 000 000 元，款项已支付给相关企业，由本级财政承担还款责任。

借：一般公共预算本级支出 3 000 000
贷：债务转贷收入——一般债务转贷收入 3 000 000
借：待偿债净资产——应付主权外债转贷款 3 000 000
贷：应付主权外债转贷款 3 000 000

【例 6.45】某市财政收到上级财政向国际组织借入 6 000 000 元，款项已转给下级乙县财政，由本级财政承担还款责任。

借：补助支出——一般公共预算补助支出 6 000 000
贷：债务转贷收入——一般债务转贷收入 6 000 000
借：待偿债净资产——应付主权外债转贷款 6 000 000
贷：应付主权外债转贷款 6 000 000

【例 6.46】某市财政向外国政府借入 5 000 000 元，款项已转给下级乙县财政，由下级乙县财政承担还款责任。

借：债务转贷支出——乙县财政 5 000 000
贷：债务转贷收入——一般债务转贷收入 5 000 000
借：待偿债净资产——应付主权外债转贷款 5 000 000
贷：应付主权外债转贷款 5 000 000

同时，

借：应收主权外债转贷款 5 000 000
贷：资产基金——应收主权外债转贷款 5 000 000

【例 6.47】某市财政收到金融机构转来的，向国内金融机构借入的 1 000 000 元新型墙体材料专项债务收入，款项已存入指定银行。

借：其他财政存款 1 000 000
贷：债务转贷收入——专项债务转贷收入 1 000 000
借：待偿债净资产——应付主权外债转贷款 1 000 000
贷：应付主权外债转贷款 1 000 000

【例 6.48】年终，市财政一般债务转贷收入余额为贷方 32 000 000 元，专项债务转贷收入余额为贷方 1 000 000 元。

借：债务转贷收入——一般债务转贷收入 32 000 000
贷：一般公共预算结转结余 32 000 000
借：债务转贷收入——专项债务转贷收入 1 000 000
贷：政府性基金预算结转结余 1 000 000

复 习 题

请扫描二维码，下载复习题进行练习。

第六章复习题

拓展阅读

请从财政部及相关部门网站下载以下文件进行学习。

- 《2018 年政府收支分类科目》

第七章 财政总预算会计支出的核算

第七章 PPT

☞ 学习内容与要求

本章主要介绍财政总预算会计支出的核算。通过学习，学生应理解总预算会计支出的含义及内容，掌握总预算会计各类支出账户的设置方法及账务处理。

第一节 财政总预算会计支出概述

一、支出的含义及特征

财政支出是一级政府为实现其职能，对财政资金的再分配。按照《财政总预算会计制度》的规定，支出是指政府财政为实现政府职能，对财政资金的分配和使用。

支出具有以下特征：①支出的发生可能导致政府财政资产的减少，也可能导致政府财政负债的增加，或者两者兼而有之。②支出将导致本期净资产的减少。这里所指的本期是指支出的发生当期，即支出的确认时点。也就是说，只有在导致某一会计期间净资产减少时，才能确认一项支出。③支出一般不能以成本方式从收入中补偿。也就是说，支出与收入不存在直接因果关系或数量上的配比关系。但支出与工作质量存在一定联系，可在一定程度上说明支出质量的高低。

二、支出的分类及入账要求

总预算会计核算的支出包括一般公共预算本级支出、政府性基金预算本级支出、国有资本经营预算本级支出、专用基金支出、财政专户管理资金支出、转移性支出、债务还本支出、债务转贷支出、安排预算稳定调节基金等。

一般公共预算本级支出、政府性基金预算本级支出、国有资本经营预算本级支出应当按照实际支付的金额入账，年末可采用权责发生制将国库集中支付结余列支入账。

从本级预算支出中安排提取的专用基金，按照实际提取的金额列支入账。

专用基金支出、财政专户管理资金支出应当按照实际支付的金额入账。

转移性支出应当按照财政体制的规定或实际发生的金额入账。

债务还本支出应当按照实际偿还的金额入账。

债务转贷支出应当按照实际转贷的金额入账。

凡属于预拨经费的款项，到期转列支出时，均应按规定的列报口径转列支出。对于收回当年已列支出的款项，应冲销当年支出。对于收回以前年度已列支出的款项，除财政部门另有规定外，应冲销当年支出。地方各级财政部门除国库集中支付结余外，均应按收付实现制列支，不得采用权责发生制列支。权责发生制列支只限于年末采用，平时不得采用。

三、支出的管理要求

总预算会计应当加强支出管理，科学预测和调度资金，严格按照批准的年度预算和用款计划办理支出，严格审核拨付申请，严格按预算管理规定和拨付实际列报支出，不得办理无预算、无用款计划、超预算、超用款计划的支出，不得任意调整预算支出科目。

对于各项支出的账务处理必须以审核无误的国库划款清算凭证、资金支付凭证和其他合法凭证为依据。

第二节　一般公共预算本级支出

一、一般公共预算本级支出的含义及分类

（一）一般公共预算本级支出的含义

一般公共预算本级支出是指政府财政管理的由本级政府使用的列入一般公共预算的支出。一般公共预算本级支出的基本规定如下。

1）严格执行我国《预算法》，办理拨款支出必须以预算为准，预备费的动用必须经同级人民政府批准。总预算会计不得列报无预算、超预算的支出。

2）对主管部门（主管会计单位）提出的季度分月用款计划及分款、项填制的预算经费请拨单，应认真审核。根据经审核批准的拨款申请，结合库款余存情况按时向用款单位拨款。

3）总预算会计应根据预算管理要求和拨款的实际情况，分款、项核算，列报当期预算支出。未经拨付的经费，原则上不得列报当期支出。因特殊情况需在当年预留的支出，应严格控制，并按规定的审批程序办理。

4）主管会计单位应按计划控制用款，不得随意改变资金用途。款、项之间如确需调整的，应填制科目流用申请书，报经同级财政部门核准后使用。总预算会计凭核定的流用数调整预算支出明细账。单位会计和总预算会计都不得任意调整预算支出科目。

（二）一般公共预算支出的分类

政府支出分为政府支出功能分类和政府支出经济分类两大类。

1. 政府支出功能分类体系

政府支出按功能分类，主要反映政府的各项职能活动，分类的目的是反映政府支出的内容和方向。根据政府管理和部门预算的要求，统一按支出功能设置类、款、项三级科目。类级科目反映政府职能活动，如国防、外交、教育、科学技术、社会保障、环境保护等；款级科目反映为完成某项政府职能所进行的某一方面的工作，如“教育”类下的“普通教育”；项级科目反映为完成某一方面的工作所发生的具体支出事项，如“普通教育”款下的“小学教育”“高中教育”“高等教育”等。

根据财政部制定的《2018年政府收支分类科目》，我国政府一般公共预算支出功能分类科目设置类、款、项三级，其中类、款两级科目设置情况如下。

1）一般公共服务支出。分设28款：人大事务支出、政协事务支出、政府办公厅（室）及相关机构事务支出、发展与改革事务支出、统计信息事务支出、财政事务支出、税收事务支出、审计事务支出、海关事务支出、人力资源事务支出、纪检监察事务支出、商贸事务支出、知识产权事务支出、工商行政管理事务支出、质量技术监督与检验检疫事务支出、民族事务支出、宗教事务支出、港澳台侨事务支出、档案事务支出、民主党派及工商联事务支出、群众团体事务支出、党委办公厅（室）及相关机构事务支出、组织事务支出、宣传事务支出、统战事务支出、对外联络事务支出、其他共产党事务支出、其他一般公共服务支出。

2）外交支出。分设8款：外交管理事务支出、驻外机构支出、对外援助支出、国际组织支出、对外合作与交流支出、对外宣传支出、边界勘界联检支出、其他外交支出。

3）国防支出。分设5款：现役部队支出、国防科研事业支出、专项工程支出、国防动员支出、其他国防支出。

4）公共安全支出。分设12款：武装警察支出、公安支出、国家安全支出、检察支出、法院支出、司法支出、监狱支出、强制隔离戒毒支出、国家保密支出、缉私警察支出、海警支出、其他公共安全支出。

5）教育支出。分设10款：教育管理事务支出、普通教育支出、职业教育支出、成人教育支出、广播电视教育支出、留学教育支出、特殊教育支出、进修及培训支出、教育费附加安排的支出、其他教育支出。

6）科学技术支出。分设10款：科学技术管理事务支出、基础研究支出、应用研究支出、技术研究与开发支出、科技条件与服务支出、社会科学支出、科学技术普及支出、科技交流与合作支出、科技重大专项支出、其他科学技术支出。

7）文化体育与传媒支出。分设5款：文化支出、文物支出、体育支出、新闻出版广播影视支出、其他文化体育与传媒支出。

8）社会保障和就业支出。分设20款：人力资源和社会保障管理事务支出、民政管理事务支出、补充全国社会保障基金、行政事业单位离退休支出、企业改革补助、就业补助、抚恤金、退役安置支出、社会福利支出、残疾人事业支出、自然灾害生活救助、红十字事业支出、最低生活保障支出、临时救助、特困人员救助供养、补充道路交通事故社会救助基金、其他生活救助、财政对基本养老保险基金的补助、财政对其他社会保险基金的补助、其他社会保障和就业支出等。

9）医疗卫生与计划生育支出。分设12款：医疗卫生与计划生育管理事务支出、公立医院支出、基层医疗卫生机构支出、公共卫生支出、中医药支出、计划生育事务支出、食品和药品监督管理事务支出、行政事业单位医疗支出、财政对基本医疗保险基金的补助、医疗救助、优抚对象医疗支出、其他医疗卫生与计划生育支出。

10）节能环保支出。分设15款：环境保护管理事务支出、环境监测与监察支出、污染防治支出、自然生态保护支出、天然林保护支出、退耕还林支出、风沙荒漠治理支出、退牧还草支出、已垦草原退耕还草支出、能源节约利用支出、污染减排支出、可再生能源支出、循环经济支出、能源管理事务支出、其他节能环保支出。

11）城乡社区支出。分设6款；城乡社区管理事务支出、城乡社区规划与管理支出、城乡社区公共设施支出、城乡社区环境卫生支出、建设市场管理与监督支出、其他城乡社区事务支出等。

12）农林水支出。分设 10 款：农业支出、林业支出、水利支出、南水北调支出、扶贫支出、农业综合开发支出、农村综合改革支出、普惠金融发展支出、目标价格补贴支出、其他农林水支出。

13）交通运输支出。分设 7 款：公路水路运输支出、铁路运输支出、民用航空运输支出、成品油价格对交通运输的补贴支出、邮政业支出、车辆购置税支出、其他交通运输支出。

14）资源勘探信息等支出。分设 8 款：资源勘探开发支出、制造业支出、建筑业支出、工业和信息产业监管支出、安全生产监管支出、国有资产监管支出、支持中小企业发展和管理支出、其他资源勘探信息支出等。

15）商业服务业等支出。分设 4 款：商业流通事务支出、旅游业管理与服务支出、涉外发展服务支出、其他商业服务业等支出。

16）金融支出。分设 5 款：金融部门行政支出、金融部门监管支出、金融发展支出、金融调控支出、其他金融支出。

17）援助其他地区支出。分设 9 款：一般公共服务支出、教育支出、文化体育与传媒支出、医疗卫生支出、节能环保支出、农业支出、交通运输支出、住房保障支出、其他支出。

18）国土海洋气象等支出。分设 6 款：国土资源事务支出、海洋管理事务支出、测绘事务支出、地震事务支出、气象事务支出、其他国土海洋气象支出等。

19）住房保障支出。分设 3 款：保障性安居工程支出、住房改革支出、城乡社区住宅支出。

20）粮油物资储备支出。分设 5 款：粮油事务支出、物资事务支出、能源储备支出、粮油储备支出、重要商品储备支出。

21）预备费。反映预算中安排的预备费《2018 年政府收支分类科目》中无此款级科目。

22）其他支出。分设 2 款：年初预留支出、其他支出。

23）转移性支出。分设 8 款：返还性支出、一般性转移支付、专项转移支付、上解支出、调出资金、年终结余、债务转贷支出、援助其他地区支出。

24）债务还本支出。分设 3 款：中央政府国内债务还本支出、中央政府国外债务还本支出、地方政府一般债务还本支出。

25）债务付息支出。分设 3 款：中央政府国内债务付息支出、中央政府国外债务付息支出、地方政府一般债务付息支出。

26）债务发行费用支出。分设 3 款：中央政府国内债务发行费用支出、中央政府国外债务发行费用支出、地方政府一般债务发行费用支出。

2. 政府支出经济分类体系

政府支出经济分类，反映了政府支出的经济性质和具体用途，通常由使用财政拨款的单位在执行预算时具体列示。在支出功能分类明确反映政府职能活动的基础上，支出经济分类明细反映政府资金的用途，是支付人员工资、会议费还是购买办公设备等。

根据财政部制定的《2018 年政府收支分类科目》，我国政府一般公共预算支出经济分类设类、款两级。

类级科目具体包括工资福利支出、商品和服务支出、对个人和家庭的补助、对企事业单位的补贴、转移性支付、债务利息支出、债务还本支出、基本建设支出、其他资本性支出、其他支出等。

具体科目设置情况如下。

1）工资福利支出。分设 9 款：基本工资、津贴补贴、奖金、其他社会保障缴费、伙食补助费、绩效工资、机关事业单位基本养老保险缴费、职业年金缴费、其他工资福利支出。

2）商品和服务支出。分设 27 款：办公费、印刷费、咨询费、手续费、水费、邮电费、取暖费、物业管理费、差旅费、因公出国（境）费用、维修（护）费、租赁费、会议费、培训费、公务接待费、专用材料费、被装购置费、专用燃料费、劳务费、委托业务费、工会经费、福利费、公务用车运行维护费、其他交通费用、税金及附加费用、其他商品和服务支出。

3）对个人和家庭的补助。分设 16 款：离休费、退休费、退职（役）费、抚恤金、生活补助、救济费、医疗费、助学金、奖励金、生产补贴、住房公积金、提租补贴、购房补贴、采暖补贴、物业服务补贴、其他对个人和家庭的补助支出。

4）对企事业单位的补贴。分设 4 款：企业政策性补贴、事业单位补贴、财政贴息、其他对企事业单位的补贴支出。

5）转移性支出。分设 2 款：不同级政府间转移性支出、同级政府间转移性支出。

6）债务利息支出。分设 2 款：国内债务付息、国外债务付息。

7）债务还本支出。下设 2 款：国内债务还本、国外债务还本。

8）基本建设支出。分设 10 款：房屋建筑物购建费、办公设备购置费、专用设备购置费、基础设施建设费、大型修缮费、信息网络及软件购置更新费、物资储备费、公务用车购置费、其他交通工具购置费、其他基本建设支出。

9）其他资本性支出。分设 15 款：房屋建筑物购建费、办公设备购置费、专用设备购置费、基础设施建设费、大型修缮费、信息网络及软件购置更新费、物资储备费、土地补偿、安置补助、地上附着物和青苗补偿、拆迁补偿、公务用车购置费、其他交通工具购置费、产权参股支出、其他资本性支出。

10）其他支出。分设 7 款：预备费、预留费、补充全国社会保障基金、对社会保险基金补助、赠予、贷款转贷、其他支出。

款级科目是对类级科目的细化，主要体现部门预算编制和单位财务管理等有关方面的要求。

支出功能分类与支出经济分类从不同侧面、以不同方式反映政府支出活动。它们既是两个相对独立的体系，又相互联系，可结合使用。需要特别注意的是：财政总预算会计的一般公共预算本级支出以支出功能分类的类、款、项设置明细账，行政事业单位会计的支出以支出经济分类的类、款设置明细。

二、一般公共预算支出的支付方式

目前，财政性资金的支付方式主要有三种：财政直接支付、财政授权支付和实拨资金。其中，财政直接支付和财政授权支付是在国库集中收付制度下的支付方式，实拨资金是实行国库集中收付制度以前及目前未实行国库集中收付制度的地区采用的支付方式。

在国库集中收付制度下，财政资金的使用由各部门根据细化的预算自主决定，由财政部门核对后准予支出，财政资金由国库单一账户直接拨付给商品或劳务供应商，而不必经过支出单位进行转账结算。在实际支付之前，所有的资金都集中在国库，财政部门可以统一调度。

1. 财政直接支付

财政直接支付是指由财政部门向中国人民银行和代理银行签发支付指令，代理银行根据支付指令通过国库单一账户体系将资金直接支付到收款人（即商品或劳务的供应商等）或用款单位（即具体申请和使用财政性资金的预算单位）账户。

实行财政直接支付的支出包括工资支出、购买支出及中央对地方的专项转移支付，拨付企业大型工程项目或大型设备采购的资金等，直接支付到收款人。

财政直接支付程序：预算单位按照批复的部门预算和资金使用计划，向财政国库支付执行机构提出支付申请，财政国库支付执行机构根据批复的部门预算和资金使用计划及相关要求对支付申请审核无误后，向代理银行发出支付指令，并通知中国人民银行国库部门，通过代理银行进入全国银行清算系统实时清算，财政资金从国库单一账户划拨到收款人的银行账户。

2. 财政授权支付

财政授权支付是指预算单位按照财政部门的授权，自行向代理银行签发支付指令，代理银行根据支付指令，在财政部门批准的预算单位的用款额度内，通过国库单一账户体系将资金支付到收款人账户。财政授权支付适用于未实行财政直接支付的购买支出和零星支出。

财政直接支付程序：预算单位按照批复的部门预算和资金使用计划，向财政国库支付执行机构申请授权内月度用款限额，财政国库支付执行机构将批准后的限额通知代理银行和预算单位，并通知中国人民银行国库部门。预算单位在月度用款额度内，自行开具支付指令，通过财政国库支付执行机构转由代理银行向收款人付款，并与国库单一账户清算。

3. 实拨资金

在实行国库集中收付制度以前及目前未实行国库集中收付制度的地区，财政性资金的支付采用实拨资金方式。在实拨资金方式下，由一级预算单位按照批复的部门预算和资金使用计划，向财政报送请款单，经财政国库部门审核后，开具拨款单给中国人民银行国库部门，中国人民银行国库部门将库款拨入预算单位在商业银行开设的账户中，再由一级预算单位层层转拨给基层预算单位，资金由预算单位自行支付。

三、一般公共预算本级支出的列报

采用财政直接支付方式支付的一般公共预算资金，应根据财政国库支付执行机构每日报来的按部门分类、款、项汇总的预算支出结算清单，在与中国人民银行划款凭证核对无误后，列报预算支出。

采用财政授权支付方式支付的一般公共预算资金，应将各代理银行汇总的预算单位零余额账户授权支付数，与中国人民银行汇总划款凭证及财政国库支付执行机构按部门分类、款、项汇总的预算支出结算清单核对无误后，列报预算支出。

采用实拨资金方式拨付的一般公共预算资金，应根据经审核批准的预算经费请拨单，按财政拨款数列报预算支出。但如果是预拨以后各期的经费，不得直接按预拨数列作本期预算支出，而应作为预拨款项处理。等到期后，再转列预算支出。

四、一般公共预算本级支出的核算

为了核算政府财政管理的由本级政府使用的列入一般公共预算的支出，应设置“一般公共预算本级支出”科目。本科目应当根据《2018 年政府收支分类科目》中的支出功能分类科目设置明细科目。同时，根据管理需要，按照支出经济分类科目、部门等进行明细核算。本科目平时借方余额反映一般公共预算本级支出的累计数。年终结转后，本科目无余额。

一般公共预算本级支出一般应当按照实际支付的金额入账，年末可采用权责发生制将国库集中支付结余列支入账。

一般公共预算本级支出的主要账务处理如下。

1）实际发生一般公共预算本级支出时，借记本科目，贷记“国库存款”“其他财政存款”等科目。

2）年度终了，对纳入国库集中支付管理的、当年未支而需结转下一年度支付的款项（国库集中支付结余），采用权责发生制确认支出时，借记本科目，贷记“应付国库集中支付结余”科目。

3）年终转账时，本科目借方余额应全数转入“一般公共预算结转结余”科目，借记“一般公共预算结转结余”科目，贷记本科目。

【例 7.1】某市财政局支付市人民代表大会办公费 100 000 元。

借：一般公共预算本级支出　　100 000

　　贷：国库存款　　100 000

【例 7.2】某市财政局根据核定的预算，总预算会计开出拨款凭证，拨付市教育委员会高等学校经费 10 000 000 元。

借：一般公共预算本级支出　　10 000 000

　　贷：国库存款　　10 000 000

【例 7.3】某市财政局将上月预拨市环保局的环境保护管理费 300 000 元转列本月支出。

借：一般公共预算本级支出　　300 000

　　贷：预拨经费　　300 000

【例 7.4】某市财政局按预算拨给市林业局森林培养专项经费 500 000 元。

借：一般公共预算本级支出　　500 000

　　贷：国库存款　　500 000

【例 7.5】上述专项任务完成，市林业局报来专项经费 450 000 元，结余 50 000 元缴回国库。

借：国库存款　　50 000

　　贷：一般公共预算本级支出　　50 000

【例 7.6】年度终了，结转市环保局纳入国库集中支付管理的、当年未支而需要下一年度支付的款项 3 000 000 元，该款项采用权责发生制确认支出。

借：一般公共预算本级支出　　3 000 000

　　贷：应付国库集中支付结余　　3 000 000

【例 7.7】年终，汇总全年一般公共预算本级支出 45 200 000 元，全部转入预算结余账户。

借：一般公共预算结转结余　　45 200 000

　　贷：一般公共预算本级支出　　45 200 000

第三节 政府性基金预算本级支出

一、政府性基金预算本级支出的概念和分类

政府性基金预算本级支出是指政府财政管理的由本级政府使用的列入政府性基金预算的支出。

按财政部制定的《2018年政府收支分类科目》，政府性基金预算支出科目按功能分类设置类、款、项三级，其中类、款两级科目设置情况如下。

1）科学技术支出。设1款：核电站乏燃料处理处置基金支出。

2）文化体育与传媒支出。设1款：国家电影事业发展专项资金及对应专项债务收入安排的支出。

3）社会保障和就业支出。分设2款：大中型水库移民后期扶持基金支出、小型水库移民扶助基金及对应专项债务收入安排的支出。

4）节能环保支出。分设2款：可再生能源电价附加收入安排的支出、废弃电器电子产品处理基金支出。

5）城乡社区支出。分设5款：国有土地使用权出让收入对应专项债务收入安排的支出、国有土地收益基金及对应专项债务收入安排的支出、农业土地开发资金及对应专项债务收入安排的支出、城市基础设施配套费及对应专项债务收入安排的支出、污水处理费及对应专项债务收入安排的支出。

6）农林水支出。分设4款：新菜地开发建设基金及对应专项债务收入安排的支出、大中型水库库区基金及对应专项债务收入安排的支出、三峡水库库区基金支出、国家重大水利工程建设基金及对应专项债务收入安排的支出。

7）交通运输支出。分设6款：海南省高等级公路车辆通行附加费及对应专项债务收入安排的支出、车辆通行费及对应专项债务收入安排的支出、港口建设费及对应专项债务收入安排的支出、铁路建设基金支出、船舶油污损害赔偿基金支出、民航发展基金支出。

8）资源勘探信息等支出。分设2款：散装水泥专项资金及对应专项债务收入安排的支出、农网还贷资金支出。

9）商业服务业等支出。设1款：旅游发展基金支出。

10）金融支出。设1款：金融调控支出。

11）其他支出。分设3款：其他政府性基金及对应专项债务收入安排的支出、彩票发行销售机构业务费安排的支出、彩票公益金及对应专项债务收入安排的支出。

12）转移性支出。分设4款：政府性基金转移支付、调出资金、年终结余、债务转贷支出。

13）债务还本支出。设1款：地方政府专项债务还本支出。

14）债务付息支出。设1款：地方政府专项债务付息支出。

15）债务发行费用支出。设1款：地方政府专项债务发行费用支出。

另外，政府性基金支出经济分类科目设置同一般公共预算支出科目。

二、政府性基金预算本级支出的管理

政府性基金预算本级支出的管理，按其本身的特点，应注意以下两个方面。

1）先收后支。由于基金预算具有较强的专用性，总预算会计必须认真审查单位请拨的项目是否有足够的资金来源，即该项目的历年滚存结余加上本年已实现的收入减去本年已支拨数是否大于请拨数，否则不予拨款。

2）分项核算。由于各项基金都有自行的专门用途，总预算会计必须按不同基金项目和财政部制定的基金预算收支科目记入明细账，以真实反映各项基金的实际支出，同时应定期与基金管理部门对账，避免不同基金预算支出相互发生混淆。

三、政府性基金预算本级支出的核算

为了核算政府财政管理的由本级政府使用的列入政府性基金预算的支出，应设置“政府性基金预算本级支出”科目。本科目应当按照《2018 年政府收支分类科目》中的支出功能分类科目设置明细科目。同时，根据管理需要，按照支出经济分类科目、部门等进行明细核算。本科目平时借方余额反映政府性基金预算本级支出的累计数。年终结转后，本科目无余额。

政府性基金预算本级支出一般应当按照实际支付的金额入账，年末可采用权责发生制将国库集中支付结余列支入账。

政府性基金预算本级支出的主要账务处理如下。

1）实际发生政府性基金预算本级支出时，借记本科目，贷记“国库存款”科目。

2）年度终了，对纳入国库集中支付管理的、当年未支而需结转下一年度支付的款项（国库集中支付结余），采用权责发生制确认支出时，借记本科目，贷记“应付国库集中支付结余”科目。

3）年终转账时，本科目借方余额应全数转入“政府性基金预算结转结余”科目，借记“政府性基金预算结转结余”科目，贷记本科目。

【例 7.8】某省级财政部门支付用作民航机场管理建设费安排的支出 500 000 元。

借：政府性基金预算本级支出　　500 000

　　贷：国库存款　　500 000

【例 7.9】某市财政拨付铁路建设基金支出 800 000 元。

借：政府性基金预算本级支出　　800 000

　　贷：国库存款　　800 000

【例 7.10】年度终了，结转国家电影事业发展专项资金当年未支而需要下一年度支付的款项 300 000 元，该资金已经纳入国库集中支付管理，年终采用权责发生制确认支出。

借：政府性基金预算本级支出　　300 000

　　贷：应付国库集中支付结余　　300 000

【例 7.11】年终，汇总全年政府性基金预算本级支出 1 300 000 元，进行年终结转。

借：政府性基金预算结转结余　　1 300 000

　　贷：政府性基金预算本级支出　　1 300 000

第四节 国有资本经营预算本级支出

一、国有资本经营预算本级支出的概念与分类

国有资本经营预算本级支出是指政府财政管理的由本级政府使用的列入国有资本经营预算的支出。

国有资本经营预算支出主要包括：①资本性支出，指根据产业发展规划、国有经济布局和结构调整、国有企业发展要求，以及国家战略、安全等需要，安排的资本性支出；②费用性支出，指用于弥补国有企业改革成本等方面的费用性支出；③其他支出，指国有资本经营预算支出按照当年预算收入规模安排，不列赤字。

按照财政部制定的《2018年政府收支分类科目》，国有资本经营预算支出科目按功能分类设置类、款、项三级，其中类、款两级科目设置情况如下。

1）社会保障和就业支出。设1款：补充全国社会保障基金。

2）国有资本经营预算支出。分设5款：解决历史遗留问题及改革成本支出、国有企业资本金注入、国有企业政策性补贴、金融国有资本经营预算支出、其他国有资本经营预算支出。

3）转移性支出。分设2款：国有资本经营预算转移支付、调出资金。

另外，国有资本经营预算支出经济分类科目设置同一般公共预算支出科目。

二、国有资本经营预算本级支出的核算

为了核算政府财政管理的由本级政府使用的列入国有资本经营预算的支出，应设置“国有资本经营预算本级支出”科目。本科目应当按照《2018年政府收支分类科目》中的支出功能分类科目设置明细科目。同时，根据管理需要，按照支出经济分类科目、部门等进行明细核算。本科目平时借方余额反映国有资本经营预算本级支出的累计数。年终结转后，本科目无余额。

国有资本经营预算本级支出一般应当按照实际支付的金额入账，年末可采用权责发生制将国库集中支付结余列支入账。

国有资本经营预算本级支出的主要账务处理如下。

1）实际发生国有资本经营预算本级支出时，借记本科目，贷记“国库存款”科目。

2）年度终了，对纳入国库集中支付管理的、当年未支而需结转下一年度支付的款项（国库集中支付结余），采用权责发生制确认支出时，借记本科目，贷记“应付国库集中支付结余”科目。

3）年终转账时，本科目借方余额应全数转入“国有资本经营预算结转结余”科目，借记“国有资本经营预算结转结余”科目，贷记本科目。

【例7.12】某市财政局用国有资本预算收入安排的用于新设金融企业注入国有资本支出5 000 000元。

借：国有资本经营预算本级支出　　5 000 000

　　贷：国库存款　　5 000 000

【例7.13】年度终了，结转国有企业政策性补贴当年未支而需要下一年度支付的款项

1 300 000 元，该资金已经纳入国库集中支付管理，年终采用权责发生制确认支出。

借：国有资本经营预算本级支出　　1 300 000

　　贷：应付国库集中支付结余　　1 300 000

【例 7.14】年终，汇总全年国有资本经营预算支出 12 000 000 元，进行年终结转。

借：国有资本经营预算结转结余　　12 000 000

　　贷：国有资本经营预算本级支出　　12 000 000

第五节　专用基金支出

一、专用基金支出的概念及管理原则

专用基金支出是指政府财政用专用基金收入安排的支出。专用基金支出的管理原则：先收后支，量入为出；按规定用途安排使用；从其他财政存款账户中支付。

二、专用基金支出的核算

为了核算政府财政用专用基金收入安排的支出，应设置“专用基金支出”科目。本科目应当根据专用基金的种类设置明细科目。同时，根据管理需要，按部门等进行明细核算。本科目平时借方余额反映专用基金支出的累计数。年终结转后，本科目无余额。从本级预算支出中安排提取的专用基金，按照实际提取金额列支入账。专用基金支出应当按照实际支付的金额入账。

专用基金支出的主要账务处理如下。

1）发生专用基金支出时，借记本科目，贷记“其他财政存款”等有关科目。退回专用基金支出时，做相反的会计分录。

2）年终转账时，本科目借方余额全数转入“专用基金结余”科目，借记“专用基金结余”科目，贷记本科目。

【例 7.15】某省总预算会计根据有关文件拨付粮食部门粮食风险基金 300 000 元。

借：专用基金支出　　300 000

　　贷：其他财政存款　　300 000

【例 7.16】年终，汇总全年专用基金支出 600 000 元。

借：专用基金结余　　600 000

　　贷：专用基金支出　　600 000

第六节　转移性支出

一、转移性支出的含义及分类

转移性支出是指在各级政府财政之间进行资金调拨，以及在本级政府财政不同类型资金之间调剂所形成的支出，包括补助支出、上解支出、地区间援助支出、调出资金等。

补助支出是指本级政府财政按财政体制规定或因专项需要补助给下级政府财政的款项，

包括对下级的税收返还、转移支付等。

上解支出是指本级政府财政按照财政体制规定上交给上级政府财政的款项。

地区间援助支出是指援助方政府财政安排用于受援方政府财政统筹使用的各类援助、捐赠等资金支出。

调出资金是指政府财政为平衡预算收支、从某类资金向其他类型预算调出的资金。

二、转移性支出的核算

转移性支出应当按照财政体制的规定或实际发生的金额入账。

1. 补助支出

为了核算本级政府财政按财政体制规定或因专项需要补助给下级政府财政的款项，包括对下级的税收返还、转移支付等，应设置“补助支出”科目。本科目下应当按照不同资金性质设置“一般公共预算补助支出”“政府性基金预算补助支出”等明细科目，还应当按照补助地区进行明细核算。本科目平时借方余额反映补助支出的累计数。年终结转后，本科目无余额。

补助支出的主要账务处理如下。

1）发生补助支出或从“与下级往来”科目转入时，借记本科目，贷记“国库存款”“其他财政存款”“与下级往来”等科目。

2）专项转移支付资金实行特设专户管理的，本级政府财政应当根据本级政府财政下达的预算文件确认补助支出，借记本科目，贷记“国库存款”“与下级往来”等科目。

3）有主权外债业务的财政部门，贷款资金由下级政府财政同级部门（单位）使用，且贷款最终还款责任由本级政府财政承担的，本级政府财政部门支付贷款资金时，借记本科目，贷记“其他财政存款”科目；外方将贷款资金直接支付给用款单位或供应商时，借记本科目，贷记“债务收入”“债务转贷收入”等科目；根据债务管理部门转来的相关外债转贷管理资料，按照实际支付的金额，借记“待偿债净资产”科目，贷记“借入款项”“应付主权外债转贷款”等科目。

4）年终与下级政府财政结算时，按照尚未拨付的补助金额，借记本科目，贷记“与下级往来”科目。退还或核减补助支出时，借记“国库存款”“与下级往来”等科目，贷记本科目。

5）年终转账时，本科目借方余额应根据不同资金性质分别转入对应的结转结余科目，借记“一般公共预算结转结余”“政府性基金预算结转结余”等科目，贷记本科目。

【例 7.17】某市财政拨付所属乙县政府性基金预算补助 100 000 元。

借：补助支出——政府性基金预算补助支出	100 000	
贷：国库存款		100 000

【例 7.18】某市财政将原借给丙县的临时周转金 300 000 元转作对该县的补助支出。

借：补助支出——一般公共预算补助支出	300 000	
贷：与下级往来		300 000

【例 7.19】年终，一般公共预算补助支出借方余额为 1 000 000 元，政府性基金补助支出借方余额为 800 000 元，进行结转。

借：一般公共预算结转结余　　1 000 000
　　贷：补助支出——一般公共预算补助支出　　1 000 000
借：政府性基金预算结转结余　　800 000
　　贷：补助支出——政府性基金预算补助支出　　800 000

2. 上解支出

为了核算本级政府财政按照财政体制的规定上交给上级政府财政的款项，应设置“上解支出”科目。本科目下应当按照不同资金性质设置“一般公共预算上解支出”“政府性基金预算上解支出”等明细科目。本科目平时借方余额反映上解支出的累计数。年终结转后，本科目无余额。

上解支出的主要账务处理如下。

1）发生上解支出时，借记本科目，贷记“国库存款”“与上级往来”等科目。

2）年终与上级政府财政结算时，按照尚未支付的上解金额，借记本科目，贷记“与上级往来”科目。退还或核减上解支出时，借记“国库存款”“与上级往来”等科目，贷记本科目。

3）年终转账时，本科目借方余额应根据不同资金性质分别转入对应的结转结余科目，借记“一般公共预算结转结余”“政府性基金预算结转结余”等科目，贷记本科目。

【例 7.20】市财政支付按体制规定上解上级财政的一般公共预算款项 600 000 元。

借：上解支出——一般公共预算上解支出　　600 000
　　贷：国库存款　　600 000

【例 7.21】年终，结算欠省财政政府性基金预算应解未解款 1 000 000 元。

借：上解支出——政府性基金预算上解支出　　1 000 000
　　贷：与上级往来　　1 000 000

【例 7.22】年终，将上解支出借方余额 2 800 000 元结转，其中：一般公共预算上解支出 2 100 000 元、政府性基金预算上解支出 700 000 元。

借：一般公共预算结转结余　　2 100 000
　　贷：上解支出——一般公共预算上解支出　　2 100 000
借：政府性基金预算结转结余　　700 000
　　贷：上解支出——政府性基金预算上解支出　　700 000

3. 地区间援助支出

为了核算援助方政府财政安排用于受援方政府财政统筹使用的各类援助、捐赠等资金支出，应设置“地区间援助支出”科目。本科目应当按照受援地区及管理需要进行相应的明细核算。本科目平时借方余额反映地区间援助支出的累计数。年终结转后，本科目无余额。

地区间援助支出的主要账务处理如下。

1）发生地区间援助支出时，借记本科目，贷记“国库存款”科目。

2）年终转账时，本科目借方余额全数转入“一般公共预算结转结余”科目，借记“一般公共预算结转结余”科目，贷记本科目。

【例 7.23】A 省向 B 省发生地区间援助项目支出 4 000 000 元。

借：地区间援助支出——B省　　4 000 000
　　贷：国库存款　　4 000 000

【例7.24】年终，将地区间援助支出借方余额20 000 000元结转。

借：一般公共预算结转结余　　20 000 000
　　贷：地区间援助支出　　20 000 000

4. 调出资金

为了核算政府财政为平衡预算收支、从某类资金向其他类型预算调出的资金，应设置“调出资金”科目。本科目下应当设置“一般公共预算调出资金”“政府性基金预算调出资金”“国有资本经营预算调出资金”等明细科目。本科目平时借方余额反映调出资金的累计数。年终结转后，本科目无余额。

调出资金的主要账务处理如下。

1）从一般公共预算调出资金时，按照调出的金额，借记“调出资金——一般公共预算调出资金”科目，贷记“调入资金”相关明细科目。

2）从政府性基金预算调出资金时，按照调出的金额，借记“调出资金——政府性基金预算调出资金”科目，贷记“调入资金”相关明细科目。

3）从国有资本经营预算调出资金时，按照调出的金额，借记“调出资金——国有资本经营预算调出资金”科目，贷记“调入资金”相关明细科目。

4）年终转账时，本科目借方余额分别转入相应的结转结余科目，借记“一般公共预算结转结余”“政府性基金预算结转结余”“国有资本经营预算结转结余”等科目，贷记本科目。

【例7.25】某县财政为平衡一般预算收支，从政府性基金预算中调出资金350 000元，从国有资本经营预算中调出资金300 000元。

借：调出资金——政府性基金预算调出资金　　350 000
　　　　　　——国有资本经营预算调出资金　　300 000
　　贷：调入资金——一般公共预算　　650 000

【例7.26】年终，将上述调出资金借方余额650 000元进行结转。

借：政府性基金预算结转结余　　350 000
　　国有资本经营预算结转结余　　300 000
　　贷：调出资金　　650 000

第七节　财政专户管理资金支出

一、财政专户管理资金支出的概念

财政专户管理资金支出是指政府财政用纳入财政专户管理的教育收费等资金安排的支出。除教育收费等资金安排的支出外，财政专户管理资金支出还包括彩票发行和销售机构的业务费用安排的支出。

二、财政专户管理资金的核算

为了核算政府财政用纳入财政专户管理的教育收费等资金安排的支出，应设置“财政专

户管理资金支出”科目。本科目应当按照《2018 年政府收支分类科目》中支出功能分类科目设置相应的明细科目。同时，根据管理需要，按照支出经济分类科目、部门（单位）等进行明细核算。本科目平时借方余额反映财政专户管理资金支出的累计数。年终结转后，本科目无余额。财政专户管理资金支出应当按照实际支付的金额入账。

财政专户管理资金支出的主要账务处理如下。

1）发生财政专户管理资金支出时，借记本科目，贷记“其他财政存款”等有关科目。

2）年终转账时，本科目借方余额全数转入“财政专户管理资金结余”科目，借记“财政专户管理资金结余”科目，贷记本科目。

【例 7.27】某财政部门从财政专户拨付某福利彩票销售机构业务费用支出及彩票代销者的销售费用支出 10 000 元。

借：财政专户管理资金支出　　10 000

　　贷：其他财政存款　　10 000

【例 7.28】年终，汇总全年财政专户管理资金支出 500 000 元，进行年终结转。

借：财政专户管理资金结余　　500 000

　　贷：财政专户管理资金支出　　500 000

第八节　债务还本支出与债务转贷支出

一、债务还本支出

债务还本支出是指清偿债务所发生的支出，包括货币形式、实物及无形资产。财政总预算会计中的债务支出，是指政府财政偿还本级政府财政承担的纳入预算管理的债务本金支出。与债务收入分类一致，政府债务支出分为国内债务支出和国外债务支出。其中，国内债务支出是指各级政府向国内单位和个人发行的各种形式的政府债券的还本付息支出、财政向银行借款、透支的还本付息支出。国外债务支出是指各级政府向国外举借各种形式债务的还本付息支出。

为了核算政府财政偿还本级政府财政承担的纳入预算管理的债务本金支出，应设置“债务还本支出”科目。本科目应当根据《2018 年政府收支分类科目》中“债务还本支出”科目的有关规定设置明细科目。本科目平时借方余额反映本级政府财政债务还本支出的累计数。年终结转后，本科目无余额。

债务还本支出的主要账务处理如下。

1）偿还本级政府财政承担的政府债券、主权外债等纳入预算管理的债务本金时，借记本科目，贷记“国库存款”“其他财政存款”等科目；根据债务管理部门转来的相关资料，按照实际偿还的本金金额，借记“应付短期政府债券”“应付长期政府债券”“借入款项”“应付地方政府债券转贷款”“应付主权外债转贷款”等科目，贷记“待偿债净资产”科目。

2）偿还截至 2014 年 12 月 31 日本级政府财政承担的存量债务本金时，借记本科目，贷记“国库存款”“其他财政存款”等科目。

3）年终转账时，本科目下的“专项债务还本支出”明细科目的借方余额应按照对应的政府性基金种类分别转入“政府性基金预算结转结余”相应明细科目，借记“政府性基金预算结转结余”科目，贷记“债务还本支出——专项债务还本支出”科目。本科目下其他明细科目的借方余额全数转入“一般公共预算结转结余”科目，借记“一般公共预算结转结余”科目，贷记本科目（其他明细科目）。

【例 7.29】某省级财政以国库存款偿还本级政府财政承担的发行 3 年期政府债券债务本金 300 000 000 元。

借：债务还本支出　　300 000 000

　　贷：国库存款　　300 000 000

同时，

借：应付长期政府债券　　300 000 000

　　贷：待偿债净资产　　300 000 000

【例 7.30】年终，该省政府财政将“债务还本支出”借方科目余额 300 000 000 元进行结账。

借：一般公共预算结转结余　　300 000 000

　　贷：债务还本支出　　300 000 000

二、债务转贷支出

为了核算本级政府财政向下级政府财政转贷的债务支出，应设置“债务转贷支出”科目。本科目下应当设置“地方政府一般债务转贷支出”“地方政府专项债务转贷支出”明细科目，同时还应当按照转贷地区进行明细核算。本科目平时借方余额反映债务转贷支出的累计数。年终结转后，本科目无余额。

债务转贷支出的主要账务处理如下。

1）本级政府财政向下级政府财政转贷地方政府债券资金时，借记本科目，贷记“国库存款”科目；根据债务管理部门转来的相关资料，按照到期应收回的转贷款本金金额，借记“应收地方政府债券转贷款”科目，贷记“资产基金——应收地方政府债券转贷款”科目。

2）本级政府财政向下级政府财政转贷主权外债资金，且主权外债最终还款责任由下级政府财政承担的，相关账务处理如下：

① 本级政府财政支付转贷资金时，根据转贷资金支付相关资料，借记“债务转贷支出”科目，贷记“其他财政存款”科目；根据债务管理部门转来的相关资料，按照实际持有的债权金额，借记“应收主权外债转贷款”科目，贷记“资产基金——应收主权外债转贷款”科目。

② 外方将贷款资金直接支付给用款单位或供应商时，本级政府财政根据转贷资金支付相关资料，借记本科目，贷记“债务收入”“债务转贷收入”科目；根据债务管理部门转来的相关资料，按照实际持有的债权金额，借记“应收主权外债转贷款”科目，贷记“资产基金——应收主权外债转贷款”科目；同时，借记“待偿债净资产”科目，贷记“借入款项”“应付主权外债转贷款”等科目。

3）年终转账时，本科目下“地方政府一般债务转贷支出”明细科目的借方余额全数转入“一般公共预算结转结余”科目，借记“一般公共预算结转结余”科目，贷记“债务转贷支出——地方政府一般债务转贷支出”科目。本科目下“地方政府专项债务转贷支出”明细科目的借方余额全数转入“政府性基金预算结转结余”科目，借记“政府性基金预算结转结余”科目，贷记“债务转贷支出——地方政府专项债务转贷支出”科目。

【例 7.31】某省级政府财政向下级政府财政转贷地方政府债券资金 200 000 000 元，通过国库存款支付。

借：债务转贷支出　200 000 000

　　贷：国库存款　200 000 000

同时，

借：应收地方政府债券转贷款　200 000 000

　　贷：资产基金——应收地方政府债券转贷款　200 000 000

【例 7.32】某省政府财政借入主权外债转贷款，以其他财政存款向所辖甲市政府转贷资金 100 000 000 元，该笔主权外债最终还款责任由甲市政府财政承担。

1）确认债务转贷支出：

借：债务转贷支出　100 000 000

　　贷：其他财政存款　100 000 000

2）按照实际承担的债权金额：

借：应收主权外债转贷款　100 000 000

　　贷：资产基金——应收主权外债转贷款　100 000 000

【例 7.33】某省政府财政借入主权外债转贷款，向所辖乙市政府转贷资金 200 000 000 元，该笔主权外债最终还款责任由乙市政府财政承担。外方已将贷款资金直接支付给用款单位。

1）确认债务转贷支出：

借：债务转贷支出　200 000 000

　　贷：其他财政存款　200 000 000

2）按照实际承担的债权金额：

借：应收主权外债转贷款　200 000 000

　　贷：资产基金——应收主权外债转贷款　200 000 000

同时，

借：待偿债净资产　200 000 000

　　贷：应付主权外债转贷款　200 000 000

【例 7.34】年终转账时，将“债务转贷支出”科目余额 300 000 000 元转入“一般公共预算结转结余”科目。

借：一般公共预算结转结余　300 000 000

　　贷：债务转贷支出　300 000 000

第九节　安排预算稳定调节基金

安排预算稳定调节基金是指政府财政按照有关规定安排的预算稳定调节基金。在财政收入稳步增长、财政运行态势良好又连年超收的地区，预算稳定调节基金补充量大于调入使用量，基金规模不断增大，且随着财政存量资金的清理，也进一步加大了预算稳定调节基金的累积。

为了核算政府财政按照有关规定安排的预算稳定调节基金，应设置“安排预算稳定调节基金”科目。本科目平时借方余额反映安排预算稳定调节基金的累计数。年终结转后，本科目无余额。

安排预算稳定调节基金的主要账务处理如下。

1）补充预算稳定调节基金时，借记本科目，贷记“预算稳定调节基金”科目。

2）年终转账时，本科目借方余额全数转入“一般公共预算结转结余”科目，借记“一般公共预算结转结余”科目，贷记本科目。

【例 7.35】 某省政府财政根据发生下列预算稳定调节基金业务。

1）2015 年根据财政超收情况，安排 10 000 000 元建立预算稳定调节基金。

借：安排预算稳定调节基金 10 000 000

贷：预算稳定调节基金 10 000 000

2）2015 年年末，全年“安排预算稳定调节基金”科目借方余额为 100 00 000 元，进行年终结转。

借：一般公共预算结转结余 10 000 000

贷：安排预算稳定调节基金 10 000 000

3）2016 年，根据财政超收情况安排 15 000 000 元补充预算稳定调节基金。

借：安排预算稳定调节基金 15 000 000

贷：预算稳定调节基金 15 000 000

4）2016 年年末，全年“安排预算稳定调节基金”科目借方余额为 15 000 000 元，进行年终结转。

借：一般公共预算结转结余 15 000 000

贷：安排预算稳定调节基金 15 000 000

5）2017 年动用预算稳定调节基金 8 000 000 元。

借：预算稳定调节基金 8 000 000

贷：动用预算稳定调节基金 8 000 000

复 习 题

请扫描二维码，下载复习题进行练习。

第七章复习题

第八章　财政总预算会计净资产的核算

第八章 PPT

学习内容与要求

本章主要介绍财政总预算会计净资产的核算。通过学习，学生应理解总预算会计净资产的定义、种类和内容，掌握总预算会计净资产的账务处理。

总预算会计净资产是指政府财政资产减去负债的差额，包括结转结余（一般公共预算结转结余、政府性基金预算结转结余、国有资本经营预算结转结余、财政专户管理资金结余、专用基金结余）、预算稳定调节基金、预算周转金、资产基金和待偿债净资产。各项结转结余应每年结算一次。

第一节　结 转 结 余

一、一般公共预算结转结余

一般公共预算结转结余是指一般公共预算收支的执行结果。

为了核算政府财政纳入一般公共预算管理的收支相抵形成的结转结余，应设置“一般公共预算结转结余”科目。本科目年终贷方余额反映一般公共预算收支相抵后的滚存结转结余。

一般公共预算结转结余的主要账务处理如下。

1）年终转账时，将一般公共预算的有关收入科目贷方余额转入本科目的贷方，借记“一般公共预算本级收入”“补助收入——一般公共预算补助收入”“上解收入——一般公共预算上解收入”“地区间援助收入”“调入资金——一般公共预算调入资金”“债务收入——一般债务收入”“债务转贷收入——地方政府一般债务转贷收入”“动用预算稳定调节基金”等科目，贷记本科目；将一般公共预算的有关支出科目借方余额转入本科目的借方，借记本科目，贷记“一般公共预算本级支出”“上解支出——一般公共预算上解支出”“补助支出——一般公共预算补助支出”“地区间援助支出”“调出资金——一般公共预算调出资金”“安排预算稳定调节基金”“债务转贷支出——地方政府一般债务转贷支出”“债务还本支出——地方政府一般债务还本支出”等科目。

2）设置和补充预算周转金时，借记本科目，贷记“预算周转金”科目。

【例 8.1】某市财政局 2015 年 12 月 31 日进行年终转账，有关一般公共预算本级收入和一般公共预算本级支出的账户余额如下:“一般公共预算本级收入”科目贷方余额 650 000 000 元，“补助收入——一般公共预算补助收入”科目贷方余额 12 400 000 元，“上解收入——一般公共预算上解收入”科目贷方余额 10 200 000 元，“调入资金——一般公共预算调入资金收入”科目贷方余额 1 800 000 元，“一般公共预算本级支出”科目借方余额 651 000 000 元，“补助支出——一般公共预算补助支出”科目借方余额 14 300 000 元，“补助支出——一般公共预算上解支出”科目借方余额 8 160 000 元。根据以上资料编制如下会计分录。

1）将收入类账户贷方余额进行结转：

借：一般公共预算本级收入　　650 000 000

　　补助收入——一般公共预算补助收入　　12 400 000

　　上解收入——一般公共预算上解收入　　10 200 000

　　调入资金——一般公共预算调入资金　　1 800 000

　　贷：一般公共预算结转结余　　674 400 000

2）将支出类账户借方余额进行结转：

借：一般公共预算结转结余　　673 460 000

　　贷：一般公共预算本级支出　　651 000 000

　　　　上解支出——一般公共预算上解支出　　14 300 000

　　　　补助支出——一般公共预算补助支出　　8 160 000

【例 8.2】经研究决定，该市财政将一般公共预算结转结余 250 000 元用于增设预算周转金。

借：一般公共预算结转结余　　250 000

　　贷：预算周转金　　250 000

二、政府性基金预算结转结余

政府性基金预算结转结余是指政府性基金预算收支的执行结果。

为了核算政府财政纳入政府性基金预算管理的收支相抵形成的结转结余，应设置“政府性基金预算结转结余”科目。本科目应当根据管理需要，按照政府性基金的种类进行明细核算。本科目年终贷方余额，反映政府性基金预算收支相抵后的滚存结转结余。

政府性基金预算结转结余的主要账务处理如下：年终转账时，应将政府性基金预算的有关收入科目贷方余额按照政府性基金种类分别转入本科目下相应明细科目的贷方，借记“政府性基金预算本级收入”“补助收入——政府性基金预算补助收入”“上解收入——政府性基金预算上解收入”“调入资金——政府性基金预算调入资金”“债务收入——专项债务收入”“债务转贷收入——地方政府专项债务转贷收入”等科目，贷记本科目；将政府性基金预算的有关支出科目借方余额按照政府性基金种类分别转入本科目下相应明细科目的借方，借记本科目，贷记“政府性基金预算本级支出”“上解支出——政府性基金预算上解支出”“补助支出——政府性基金预算补助支出”“调出资金——政府性基金预算调出资金”“债务还本支出——专项债务还本支出”“债务转贷支出——地方政府专项债务转贷支出”等科目。

【例 8.3】某市财政局 2015 年 12 月 31 日进行年终转账，有关政府性基金预算各项收入和政府性基金预算各项支出的账户余额如下：“政府性基金预算本级收入”科目贷方余额 6 500 000 元，“补助收入——政府性基金预算补助收入”科目贷方余额 1 700 000 元，“上解收入——政府性基金预算上解收入”科目贷方余额 520 000 元，“政府性基金预算结转结余”科目借方余额 11 200 000 元，“补助支出——政府性基金预算补助支出”科目借方余额 1 040 000 元，“上解支出——政府性基金预算上解支出”科目借方余额 704 000 元，“调出资金——政府性基金预算调出资金”科目借方余额 1 800 000 元。根据以上资料编制如下会计分录。

1）将政府性基金预算收入类账户贷方余额进行结转：

借：政府性基金预算本级收入　　6 500 000

　　补助收入——政府性基金预算补助收入　　1 700 000

上解收入——政府性基金预算上解收入 520 000
贷：政府性基金预算结转结余 8 720 000

2）将政府性基金预算支出类账户借方余额进行结转：

借：政府性基金预算结转结余 14 744 000
贷：政府性基金预算本级支出 11 200 000
上解支出——政府性基金预算上解支出 704 000
补助支出——政府性基金预算补助支出 1 040 000
调出资金——政府性基金预算调出资金 1 800 000

三、国有资本经营预算结转结余

国有资本经营预算结转结余是指国有资本经营预算收支的执行结果。

为了核算政府财政纳入国有资本经营预算管理的收支相抵形成的结转结余，应设置“国有资本经营预算结转结余”科目。本科目年终贷方余额，反映国有资本经营预算收支相抵后的滚存结转结余。

国有资本经营预算结转结余的主要账务处理如下：年终转账时，应将国有资本经营预算的有关收入科目贷方余额转入本科目贷方，借记“国有资本经营预算本级收入”等科目，贷记本科目；将国有资本经营预算的有关支出科目借方余额转入本科目借方，借记本科目，贷记“国有资本经营预算本级支出”“调出资金——国有资本经营预算调出资金”等科目。

【例 8.4】某市财政局 2015 年 12 月 31 日进行年终转账，有关国有资本经营预算各项收入和国有资本经营预算各项支出的账户余额如下：“国有资本经营预算本级收入”科目贷方余额 800 000 元，“国有资本经营预算本级支出”科目借方余额 600 000 元，“调出资金——国有资本经营预算调出资金”科目 100 000 元。根据以上资料编制如下会计分录。

借：国有资本经营预算本级收入 800 000
贷：国有资本经营预算结转结余 800 000
借：国有资本经营预算结转结余 700 000
贷：国有资本经营预算本级支出 600 000
调出资金——国有资本经营预算调出资金 100 000

四、财政专户管理资金结余

财政专户管理资金结余是指纳入财政专户管理的教育收费等资金收支的执行结果。

为了核算政府财政纳入财政专户管理的教育收费等资金收支相抵后形成的结余，应设置“财政专户管理资金结余”科目。本科目应当根据管理需要，按照部门（单位）等进行明细核算。本科目年终贷方余额，反映政府财政纳入财政专户管理的资金收支相抵后的滚存结余。

财政专户管理资金结余的主要账务处理如下：年终转账时，将财政专户管理资金的有关收入科目贷方余额转入本科目贷方，借记“财政专户管理资金收入”等科目，贷记本科目；将财政专户管理资金的有关支出科目借方余额转入本科目借方，借记本科目，贷记“财政专户管理资金支出”等科目。

【例 8.5】某市财政局 2015 年 12 月 31 日进行年终转账，有关财政专户管理资金各项收入和财政专户管理资金各项支出的账户余额如下：财政专户管理资金各项收入的贷方余额是

500 000 元，财政专户管理资金各项支出借方余额是 450 000 元。根据以上资料进行年终转账。

1）将财政专户管理资金收入进行结转：

借：财政专户管理资金收入　　500 000

　　贷：财政专户管理资金结余　　500 000

2）将财政专户管理资金支出进行结转：

借：财政专户管理资金结余　　450 000

　　贷：财政专户管理资金支出　　450 000

五、专用基金结余

专用基金结余是指专用基金收支的执行结果。

为了核算政府财政管理的专用基金收支相抵形成的结余，应设置“专用基金结余”科目。本科目应当根据专用基金的种类进行明细核算。本科目年终贷方余额，反映政府财政管理的专用基金收支相抵后的滚存结余。

专用基金结余的主要账务处理如下：年终转账时，将专用基金的有关收入科目贷方余额转入本科目贷方，借记“专用基金收入”等科目，贷记本科目；将专用基金的有关支出科目借方余额转入本科目借方，借记本科目，贷记“专用基金支出”等科目。

【例 8.6】某市财政局 2015 年 12 月 31 日进行年终转账，有关专用基金各项收入和专用基金各项支出的账户余额如下：专用基金各项收入的贷方余额是 600 000 元，专用基金各项支出的借方余额是 550 000 元。根据以上资料进行年终转账。

1）将专用基金各项收入贷方余额进行结转：

借：专用基金收入　　600 000

　　贷：专用基金结余　　600 000

2）将专用基金各项支出借方余额进行结转：

借：专用基金结余　　550 000

　　贷：专用基金支出　　550 000

第二节　预算稳定调节基金

一、预算稳定调节基金的概念

预算稳定调节基金是指政府财政安排用于弥补以后年度预算资金不足的储备资金。

我国《预算法》规定，当年的财政超收收入在弥补亏损后只能用于补充预算稳定调节基金，纳入国库，这一规定切实规范了对财政超收收入的管理。

预算稳定调节基金是一种逆周期财政政策的重要工具，各级财政通过超收安排和一般公共预算结余补充基金，主要用于弥补短收年份预算执行的收支缺口，以及视预算平衡情况，在安排年初预算时调入并安排使用。预算稳定调节基金在我国的引入，很大程度上解决了财政超收的治理问题，也发挥了其“以丰补歉，以盈填亏”的蓄水池功能。

二、预算稳定调节基金的核算

为了核算政府财政设置的用于弥补以后年度预算资金不足的储备资金，应设置“预算稳定调节基金”科目。本科目期末贷方余额，反映预算稳定调节基金的规模。

预算稳定调节基金的主要账务处理如下。

1）使用超收收入或一般公共预算结余补充预算稳定调节基金时，借记“安排预算稳定调节基金”科目，贷记本科目。

2）将预算周转金调入预算稳定调节基金时，借记“预算周转金”科目，贷记本科目。

3）调用预算稳定调节基金时，借记本科目，贷记“动用预算稳定调节基金”科目。

【例 8.7】2015 年年末，某市财政局将超收的一般预算收入 300 000 元用于补充预算稳定调节基金。

借：安排预算稳定调节基金　　300 000

　　贷：预算稳定调节基金　　300 000

【例 8.8】某市财政局 2016 年 9 月将预算周转金 2 000 000 元调入预算稳定调节基金。

借：预算周转金　　2 000 000

　　贷：预算稳定调节基金　　2 000 000

【例 8.9】某市财政局 2016 年年末调用预算稳定调节基金 500 000 元用于弥补一般预算收入短收款项。

借：预算稳定调节基金　　500 000

　　贷：动用预算稳定调节基金　　500 000

第三节　预算周转金

一、预算周转金的概念

预算周转金是为调剂预算年度内季节性收支差额，保证及时用款而设置的周转资金。设置预算周转金是因为预算收支往往具有季节性，虽然全年预算收支平衡甚至收大于支，但月份之间或季度之间则可能不平衡，不是收大于支，就是支大于收。此外，预算收入是逐日取得的，但预算支出要在每月月初就得拨付，再加上财政资金的征收、报解、转拨等在途运行都需要一定的时间，如果不设置一定数量的预算周转金，预算收支任务将很难完成。

预算周转金的来源渠道一般有两个：①从本级财政预算的净结余中设置或补充；②上级财政部门的拨入。一般来说，成立新的一级财政时，由于原来没有预算周转金，上级财政在财力许可的范围内可给予若干周转金，以后随着财政收支的逐渐增大，周转金的需要也会逐步增加，本级财政应从本级的预算结余中逐步补充预算周转金。

预算周转金的实质是对预算结余的一种限定。预算结余转为预算周转金后，就转作执行年度预算周转之用，不能安排预算支出。也就是说，预算周转金的余额只能增加，不能减少。预算周转金并不需要在银行另设账户，专户存储，它仍要存在国库存款之中。当国库存款余额小于预算周转金的数额时，即说明预算周转金已被动用；当国库存款余额大于或等于预算周转金数额时，即表明预算周转金又得到了恢复。

二、预算周转金的核算

为了核算各级财政设置的用于调剂预算年度内季节性收支差额周转使用的资金，应设置“预算周转金”科目。预算周转金应根据我国《预算法》的要求设置。本科目期末贷方余额反映预算周转金的规模。

预算周转金的主要账务处理如下。

1）设置和补充预算周转金时，借记“一般公共预算结转结余”科目，贷记本科目。

2）将预算周转金调入预算稳定调节基金时，借记本科目，贷记“预算稳定调节基金”科目。

【例 8.10】某市财政局 2015 年年末用一般公共预算结转结余 600 000 元增设预算周转金。

借：一般公共预算结转结余　　600 000

　　贷：预算周转金　　600 000

【例 8.11】某市财政局 2016 年年末将预算周转金 800 000 元调入预算稳定调节基金。

借：预算周转金　　800 000

　　贷：预算稳定调节基金　　800 000

第四节　资产基金和待偿债净资产

一、资产基金

资产基金是指政府财政持有的债权和股权投资等资产（与其相关的资金收支纳入预算管理）在净资产中占用的金额。

为了核算政府财政持有的应收地方政府债券转贷款、应收主权外债转贷款、股权投资和应收股利等资产（与其相关的资金收支纳入预算管理）在净资产中占用的金额，应设置“资产基金”科目。本科目下应当设置“应收地方政府债券转贷款”“应收主权外债转贷款”“股权投资”“应收股利”等明细科目，进行明细核算。本科目期末贷方余额，反映政府财政持有的应收地方政府债券转贷款、应收主权外债转贷款、股权投资和应收股利等资产（与其相关的资金收支纳入预算管理）在净资产中占用的金额。

资产基金的账务处理见第四章第一节中的“转贷款”和第二节中的“股权投资”的内容。

二、待偿债净资产

待偿债净资产是指政府财政承担应付短期政府债券、应付长期政府债券、借入款项、应付地方政府债券转贷款、应付主权外债转贷款、其他负债等负债（与其相关的资金收支纳入预算管理），而相应需在净资产中冲减的金额。

为了核算政府财政因发生应付政府债券、借入款项、应付地方政府债券转贷款、应付主权外债转贷款、其他负债等负债（与其相关的资金收支纳入预算管理）相应需在净资产中冲减的金额，应设置“待偿债净资产”科目。本科目下应当设置“应付短期政府债券”“应付长期政府债券”“借入款项”“应付地方政府债券转贷款”“应付主权外债转贷款”“其他负债”等明细科目，进行明细核算。本科目期末借方余额，反映政府财政承担的应付政府债券、借入款项、应付地方政府债券转贷款、应付主权外债转贷款和其他负债等负债（与其相关的资金收支纳入预算管理）而相应需冲减净资产的金额。

待偿债净资产的账务处理见第五章第一节中的“暂收及应付款项”和“应付短期政府债券”的内容。

复 习 题

请扫描二维码，下载复习题进行练习。

第八章复习题

第九章　财政总预算会计报表

第九章 PPT

☞ 学习内容与要求

本章主要介绍财政总预算会计报表。通过学习，学生应理解财政总预算会计报表的意义、种类和编制原则，了解年终清理的意义、内容和年终财政决算结算单的填列，掌握财政总预算会计报表的编制、审核和分析。

第一节　财政总预算会计报表概述

一、财政总预算会计报表的概念及种类

（一）财政总预算会计报表的概念

财政总预算会计报表是反映政府财政预算执行结果和财务状况的书面文件。它包括资产负债表、收入支出表、一般公共预算执行情况表、政府性基金预算执行情况表、国有资本经营预算执行情况表、财政专户管理资金收支情况表、专用基金收支情况表等会计报表和附注。

（二）财政总预算会计报表的种类

财政总预算会计报表按照不同的标准，有以下不同的分类。

1. 按内容分类

按内容进行分类，财政总预算会计报表可以分为报表和附注两部分。

1）报表。报表包括资产负债表、预算执行情况表。资产负债表是反映政府财政在某一特定日期财务状况的报表。预算执行情况表是反映某一级政府预算收支结余和收支执行情况的报表，包括收入支出表、一般公共预算执行情况表、政府性基金预算执行情况表、国有资本经营预算执行情况表、财政专户管理资金收支情况表、专用基金收支情况表等会计报表。

2）附注。附注是对在会计报表中列示项目所作的进一步说明，以及对未能在这些报表中列示项目的说明等。附注由若干附表和对有关项目的文字性说明组成。

2. 按编制时间分类

按编制时间进行分类，财政总预算会计报表可以分为旬报、月报、季报和年报。

1）旬报。旬报是及时反映每旬预算收支进度的报表，每月上、中旬各编制一次，只列报若干主要收支数字。上旬旬报列报本旬发生数，中旬旬报列报上、中旬累计发生数，下旬免报，以月报代替。旬报的内容、报送时间由财政部门根据情况规定，并逐级布置。旬报要求及时、快速、简明扼要。旬报预算收入项目，根据国库预算收入日报表记入总预算会计收入明细表上的旬累计数填列。为了及时反映预算支出进度，旬报支出项目均以本旬财政拨款

数填列。县级总预算收支旬报应在旬报末一日内报上级财政机关，一般以电话报出。上级财政机关在收齐下级财政机关电旬报后，省、自治区、直辖市的旬报要求在旬后 3 日内，以电报报财政部。

2）月报。月报反映从年初至本月止的预算收支完成情况。除要求编制资产负债表外，还分为一般预算收入月报、一般预算支出月报、基金预算收支月报。也可以将一般预算收支与基金预算收支合并编报。具体报表格式及报送时间由财政部根据情况规定，并逐级布置。

3）季报。季报是反映季度单位财务预算执行情况的报表，以分析检查预算执行为重点。

4）年报。年报分为年度财政收支决算总表、收入决算明细表、支出决算明细表、基金预算收支决算总表和基金收支明细表。年报各种报表及附表的格式，根据财政部有关决算编报的规定处理。

3. 按编制单位分类

按编制单位进行分类，财政总预算会计报表可分为单位会计报表和汇总会计报表。

1）单位会计报表。单位会计报表是由作为会计主体的总预算会计报表编制的会计报表。

2）汇总会计报表。汇总会计报表是由各主管部门或各地区财政机关根据所属总预算会计上报的会计报表汇总编制的会计报表。

4. 按报送对象分类

按报送对象进行分类，财政总预算会计报表可以分为对外会计报表和内部会计报表。

1）对外会计报表。对外会计报表是报送给财政总预算会计单位外部有关方面、满足外部会计信息使用者需要的会计报表。当然，对外会计报表对于单位内部管理也是有作用的。

2）内部会计报表。内部会计报表是报送给本单位领导和有关部门负责人、满足本单位内部管理需要的会计报表，内部会计报表一般不向外提供。

二、财政总预算会计报表的编制要求

1）一般公共预算执行情况表、政府性基金预算执行情况表、国有资本经营预算执行情况表应当按旬、月度和年度编制，财政专户管理资金收支情况表和专用基金收支情况表应当按月度和年度编制，收入支出表按月度和年度编制，资产负债表和附注应当至少按年度编制。旬报、月报的报送期限及编报内容应当根据上级政府财政具体要求和本行政区域预算管理的需要办理。

2）总预算会计应当根据本制度编制并提供真实、完整的会计报表，切实做到账表一致，不得估列代编、弄虚作假。

3）总预算会计要严格按照统一规定的种类、格式、内容、计算方法和编制口径填制会计报表，以保证全国统一汇总和分析。汇总报表的单位要把所属单位的报表汇集齐全，防止漏报。

财政总预算会计报表名称和编制期如表 9.1 所示。

表 9.1 财政总预算会计报表名称和编制期

编号	财务报表名称	编制期
会财政 01 表	资产负债表	至少年度
会财政 02 表	收入支出表	月度、年度
会财政 03-1 表	一般公共预算执行情况表	旬、月度、年度
会财政 03-2 表	政府性基金预算执行情况表	旬、月度、年度
会财政 03-3 表	国有资本经营预算执行情况表	旬、月度、年度
会财政 04 表	财政专户管理资金收支情况表	月度、年度
会财政 05 表	专用基金收支情况表	月度、年度
	附注	至少年度

三、财政总预算会计报表的编报程序

财政总预算会计报表由乡、县、市、省级财政部门和财政部逐级汇总编报；行政事业单位预算会计报表是同级总预算会计报表内容的组成部分，由各级行政事业单位逐级汇总，各主管部门向同级财政部门报送。另外，参与国家预算执行的国家金库，要向同级财政部门报送预算收入日报表并作为财政总预算会计的记账依据。地方税务机关也要向同级财政提供统计报表，这些都是编制财政总预算会计报表的重要资料，逐级汇总编成定期的国家预算收支情况表，由财政部报送国务院。地方各级总预算收支情况报表由各级财政机关同时报送同级人民政府。

四、财政总预算会计报表的年终清理、年终结算和年终结账

1. 年终清理

年终清理是指各级财政部门和预算执行单位，在年终前后，对全年各预算资金的收支及有关财务活动进行全面清查、结算和核对的活动。

各级总预算会计在会计年度结束前，应当全面进行年终清理结算。年度终了后，可根据工作需要设置一定期限的上年决算清理期。清理期限和清理事项由各级财政部门根据财政部的要求作出具体规定。年终清理的主要事项有以下几个方面。

1）核对年度预算。预算是预算执行和办理会计结算的依据。年终前，总会计应配合预算管理部门将本级政府财政全年预算指标与上、下级政府财政总预算和本级各部门预算进行核对，及时办理预算调整和转移支付事项。本年预算调整和对下转移支付一般截至 11 月底；各项预算拨款一般截至 12 月 25 日。

2）清理本年预算收支。认真清理本年预算收入，督促征收部门和国家金库年终前如数缴库。应在本年预算支领列报的款项，非特殊原因，应在年终前办理完毕。清理财政专户管理资金和专用基金收支。凡属应列入本年的收入，应及时催收，并缴入国库或指定财政专户。

3）组织征收部门和国家金库进行年度对账。

4）清理核对当年拨款支出。总会计对本级各单位的拨款支出应与单位的拨款收入核对无误。属于应收回的拨款，应及时收回，并按收回数相应冲减预算支出。属于预拨下年度的经费，不得列入当年预算支出。

5）核实股权、债权和债务。财政部门内部相关资产、债务管理部门应于12月20日前向总会计提供与股权、债权、债务等核算和反映相关的资料。总会计对股权投资、借出款项、应收股利、应收地方政府债券转贷款、应收主权外债转贷款、借入款项、应付短期政府债券、应付长期政府债券、应付地方政府债券转贷款、应付主权外债转贷款、其他负债等余额应与相关管理部门进行核对，记录不一致的要及时查明原因，按规定调整账务，做到账实相符、账账相符。

6）清理往来款项。政府财政要认真清理其他应收款、其他应付款等各种往来款项，在年度终了前予以收回或归还。应转作收入或支出的各项款项，要及时转入本年有关收支账。

2. 年终结算

年终结算是指各级财政在年终清理的基础上，于次年元月底前结清上下级政府财政的转移支付收支和往来款项。

具体做法：总会计要按照财政管理体制的规定，根据预算结算单，与年度预算执行过程中已补助和已上解数额进行比较，结合往来款和借垫款情况，计算出全年最后应补或应退数额，填制“年终财政决算结算单”，经核对无误后，作为年终财政结算凭证，据以入账。

年终财政决算结算单格式如表9.2所示。

表9.2 ××年××省年终财政决算结算单

项目		金额	项目		金额
省财政决算平衡情况	一、收入 预算收入 补助收入… 二、支出 预算支出 补助支出… 三、结余		资金结算情况	一、应得资金数 二、已得资金数 三、应上解数 四、应欠应补数	

3. 年终结账

经过年终清理和结算，把各项结算收支入账后，即可办理年终结账。年终结账工作一般分为年终转账、结清旧账和记入新账三个步骤，依次做账。

1）年终转账。计算出各科目12月合计数和全年累计数，结出12月末余额，编制结账前的“资产负债表”，再根据收支余额填制记账凭证，将收支分别转入“一般公共预算结转结余”“政府性基金预算结转结余”“国有资本经营预算结转结余”“专用基金结余”“财政专户管理资金结余”等科目冲销。

2）结清旧账。将各个收入和支出科目的借方、贷方结出全年总计数。对年终有余额的科目，在“摘要”栏内注明“结转下年”字样，表示转入新账。

3）记入新账。根据年终转账后的总账和明细账余额编制年终“资产负债表”和有关明细表（不需填制记账凭证），将表列各科目余额直接记入新年度有关总账和明细账“年初余额”栏内，并在“摘要”栏注明“上年结转”字样，以区别新年度发生数。

决算经本级人民代表大会常务委员会（或人民代表大会）审查批准后，如需更正原报决算草案收入、支出时，则要相应调整有关账目，重新办理结账事项。

第二节 财政总预算会计报表的编制

一、资产负债表

（一）资产负债表的概念及格式

资产负债表是反映政府财政在某一特定日期财务状况的报表。它应当按照资产、负债和净资产分类、分项列示。

资产负债表可分为月报和年报两种。其中，月报是反映月末各种预算资金在预算执行中形成的各项资产、负债、净资产的报表。年报是反映年末各种预算资金在预算执行中形成的各项资产、负债、净资产的报表。

资产负债表采用“资产=负债＋净资产”的平衡等式编制。资产负债表按账户式报表结构设置，报表左右总额平衡。报表左边是资产各个项目，又称资产部类；报表右边是负债和净资产各个项目，又称负债部类。资产负债表的一般格式如表 9.3 所示。

表 9.3 资产负债表

会财政 01 表

编制单位： 年 月 日 单位：元

资产	年初余额	期末余额	负债和净资产	年初余额	期末余额
流动资产：			流动负债：		
国库存款			应付短期政府债券		
国库现金管理存款			应付利息		
其他财政存款			应付国库集中支付结余		
有价证券			与上级往来		
在途款			其他应付款		
预拨经费			应付代管资金		
借出款项			一年内到期的非流动负债		
应收股利			流动负债合计		
应收利息			非流动负债：		
与下级往来			应付长期政府债券		
其他应收款			借入款项		
流动资产合计			应付地方政府债券转贷款		
非流动资产：			应付主权外债转贷款		
应收地方政府债券转贷款			其他负债		
应收主权外债转贷款			非流动负债合计		
股权投资			负债合计		
待发国债			净资产：		
非流动资产合计			一般公共预算结转结余		
			政府性基金预算结转结余		
			国有资本经营预算结转结余		
			财政专户管理资金结余		

续表

资产	年初余额	期末余额	负债和净资产	年初余额	期末余额
			专用基金结余		
			预算稳定调节基金		
			预算周转金		
			资产基金		
			减：待偿债净资产		
			净资产合计		
资产总计			负债和净资产总计		

（二）资产负债表的编制说明

1. “年初余额”栏的填列方法

资产负债表“年初余额”栏各项数字，应当根据上年年末资产负债表“期末余额”栏数字填列。如果本年度资产负债表规定的各个项目的名称和内容同上年度不相一致，应对上年年末资产负债表各项目的名称和数字按照本年度的规定进行调整，填入本表“年初余额”栏。

2. “期末余额”栏各项目的内容和填列方法

（1）资产类项目

1）“国库存款”项目，反映政府财政期末存放在国库单一账户的款项金额。本项目应当根据“国库存款”科目的期末余额填列。

2）“国库现金管理存款”项目，反映政府财政期末实行国库现金管理业务持有的存款金额。本项目应当根据“国库现金管理存款”科目的期末余额填列。

3）“其他财政存款”项目，反映政府财政期末持有的其他财政存款金额。本项目应当根据“其他财政存款”科目的期末余额填列。

4）“有价证券”项目，反映政府财政期末持有的有价证券金额。本项目应当根据“有价证券”科目的期末余额填列。

5）“在途款”项目，反映政府财政期末持有的在途款金额。本项目应当根据“在途款”科目的期末余额填列。

6）“预拨经费”项目，反映政府财政期末尚未转列支出或尚待收回的预拨经费金额。本项目应当根据“预拨经费”科目的期末余额填列。

7）“借出款项”项目，反映政府财政期末借给预算单位尚未收回的款项金额。本项目应当根据“借出款项”科目的期末余额填列。

8）“应收股利”项目，反映政府期末尚未收回的现金股利或利润金额。本项目应当根据“应收股利”科目的期末余额填列。

9）“应收利息”项目，反映政府财政期末尚未收回的应收利息金额。本项目应当根据“应收地方政府债券转贷款”科目和“应收主权外债转贷款”科目下“应收利息”明细科目的期末余额合计数填列。

10）“与下级往来”项目，正数反映下级政府财政欠本级政府财政的款项金额；负数反映本级政府财政欠下级政府财政的款项金额。本项目应当根据“与下级往来”科目的期末余额填列，期末余额如在借方则以正数填列，如在贷方则以“-”号填列。

11）“其他应收款”项目，反映政府财政期末尚未收回的其他应收款的金额。本项目应当根据“其他应收款”科目的期末余额填列。

12）“应收地方政府债券转贷款”项目，反映政府财政期末尚未收回的地方政府债券转贷款的本金金额。本项目应当根据“应收地方政府债券转贷款”科目下“应收本金”明细科目的期末余额填列。

13）“应收主权外债转贷款”项目，反映政府财政期末尚未收回的主权外债转贷款的本金金额。本项目应当根据“应收主权外债转贷款”科目下的“应收本金”明细科目的期末余额填列。

14）“股权投资”项目，反映政府期末持有的股权投资的金额。本项目应当根据“股权投资”科目的期末余额填列。

15）“待发国债”项目，反映中央政府财政期末尚未使用的国债发行额度。本项目应当根据“待发国债”科目的期末余额填列。

（2）负债类项目

1）“应付短期政府债券”项目，反映政府财政期末尚未偿还的发行期限不超过 1 年（含 1 年）的政府债券的本金金额。本项目应当根据“应付短期政府债券”科目下的“应付本金”明细科目的期末余额填列。

2）“应付利息”项目，反映政府财政期末尚未支付的应付利息金额。本项目应当根据“应付短期政府债券”“借入款项”“应付地方政府债券转贷款”“应付主权外债转贷款”科目下的“应付利息”明细科目期末余额，以及属于分期付息到期还本的“应付长期政府债券”的“应付利息”明细科目期末余额计算填列。

3）“应付国库集中支付结余”项目，反映政府财政期末尚未支付的国库集中支付结余金额。本项目应当根据“应付国库集中支付结余”科目的期末余额填列。

4）“与上级往来”项目，正数反映本级政府财政期末欠上级政府财政的款项金额，负数反映上级政府财政欠本级政府财政的款项金额。本项目应当根据“与上级往来”科目的期末余额填列，如为借方余额则以“-”号填列。

5）“其他应付款”项目，反映政府财政期末尚未支付的其他应付款的金额。本项目应当根据“其他应付款”科目的期末余额填列。

6）“应付代管资金”项目，反映政府财政期末尚未支付的代管资金金额。本项目应当根据“应付代管资金”科目的期末余额填列。

7）“一年内到期的非流动负债”项目，反映政府财政期末承担的 1 年以内（含 1 年）到偿还期的非流动负债。本项目应当根据“应付长期政府债券”“借入款项”“应付地方政府债券转贷款”“应付主权外债转贷款”“其他负债”等科目的期末余额及债务管理部门提供的资料分析填列。

8）“应付长期政府债券”项目，反映政府财政期末承担的偿还期限超过 1 年的长期政府债券的本金金额及到期一次还本付息的长期政府债券的应付利息金额。本项目应当根据“应付长期政府债券”科目的期末余额分析填列。

9）“应付地方政府债券转贷款”项目，反映政府财政期末承担的偿还期限超过 1 年的地方政府债券转贷款的本金金额。本项目应当根据“应付地方政府债券转贷款”科目下的“应

付本金”明细科目的期末余额分析填列。

10）“应付主权外债转贷款”项目，反映政府财政期末承担的偿还期限超过 1 年的主权外债转贷款的本金金额。本项目应当根据“应付主权外债转贷款”科目下的“应付本金”明细科目的期末余额分析填列。

11）“借入款项”项目，反映政府财政期末承担的偿还期限超过 1 年的借入款项的本金金额。本项目应当根据“借入款项”科目下的“应付本金”明细科目的期末余额分析填列。

12）“其他负债”项目，反映政府财政期末承担的偿还期限超过 1 年的其他负债金额。本项目应当根据“其他负债”科目的期末余额分析填列。

（3）净资产类项目

1）“一般公共预算结转结余”项目，反映政府财政期末滚存的一般公共预算结转金额。本项目应当根据“一般公共预算结转结余”科目的期末余额填列。

2）“政府性基金预算结转结余”项目，反映政府财政期末滚存的政府性基金预算结转结余金额。本项目应当根据“政府性基金预算结转结余”科目的期末余额填列。

3）“国有资本经营预算结转结余”项目，反映政府财政期末滚存的国有资本经营预算结转结余金额。本项目应当根据“国有资本经营预算结转结余”科目的期末余额填列。

4）“财政专户管理资金结余”项目，反映政府财政期末滚存的财政专户管理资金结余金额。本项目应当根据“财政专户管理资金结余”科目的期末余额填列。

5）“专用基金结余”项目，反映政府财政期末滚存的专用基金结余金额。本项目应当根据“专用基金结余”科目的期末余额填列。

6）“预算稳定调节基金”项目，反映政府财政期末预算稳定调节基金的余额。本项目应当根据“预算稳定调节基金”科目的期末余额填列。

7）“预算周转金”项目，反映政府财政期末预算周转金的余额。本项目应当根据“预算周转金”科目的期末余额填列。

8）“资产基金”项目，反映政府财政期末持有的应收地方政府债券转贷款、应收主权外债转贷款、股权投资和应收股利等资产在净资产中占用的金额。本项目应当根据“资产基金”科目的期末余额填列。

9）“待偿债净资产”项目，反映政府财政期末因承担应付短期政府债券、应付长期政府债券、借入款项、应付地方政府债券转贷款、应付主权外债转贷款、其他负债等负债相应需在净资产中冲减的金额。本项目应当根据“待偿债净资产”科目的期末借方余额以“-”号填列。

二、收入支出表

（一）收入支出表的概念及格式

收入支出表是反映政府财政在某一会计期间各类财政资金收支余情况的报表，根据资金性质按照收入、支出、结转结余的构成分类、分项列示。收入支出表的一般格式如表 9.4 所示。

表 9.4　收入支出表

会财政 02 表

编制单位：　　　　　　　　　　　年　　月　　　　　　　　　　　单位：元

项目	一般公共预算		政府性基金预算		国有资本经营预算		财政专户管理资金		专用基金	
	本月数	本年累计数	本月数	本年累计数	本月数	本年累计数	本月数	本年累计数	本月数	本年累计数
年初结转结余										
收入合计										
本级收入										
其中：来自预算安排的收入	—	—	—	—	—	—	—	—		
补助收入					—	—	—	—	—	—
上解收入					—	—	—	—	—	—
地区间援助收入			—	—	—	—	—	—	—	—
债务收入					—	—	—	—	—	—
债务转贷收入					—	—	—	—	—	—
动用预算稳定调节基金			—	—	—	—	—	—	—	—
调入资金					—	—	—	—	—	—
支出合计										
本级支出										
其中：权责发生制列支							—	—	—	—
预算安排专用基金的支出			—	—	—	—	—	—	—	—
补助支出					—	—	—	—	—	—
上解支出					—	—	—	—	—	—
地区间援助支出			—	—	—	—	—	—	—	—
债务还本支出					—	—	—	—	—	—
债务转贷支出					—	—	—	—	—	—
安排预算稳定调节基金			—	—	—	—	—	—	—	—
调出资金							—	—	—	—
结余转出			—	—	—	—	—	—	—	—
其中：增设预算周转金			—	—	—	—	—	—	—	—
年末结转结余										

注：表中有“－”的部分不必填列。

（二）收入支出表的编制说明

1）收入支出表“本月数”栏反映各项目的本月实际发生数。在编制年度收入支出表时，应将本栏改为“上年数”栏，反映上年度各项目的实际发生数；如果本年度收入支出表规定的各个项目的名称和内容同上年度不一致，应对上年度收入支出表各项目的名称和数字按照本年度的规定进行调整，填入本年度收入支出表的“上年数”栏。

本表“本年累计数”栏反映各项目自年初起至报告期末止的累计实际发生数。编制年度收入支出表时，应当将本栏改为“本年数”。

2）收入支出表“本月数”栏各项目的内容和填列方法。

①“年初结转结余”项目，反映政府财政本年年初各类资金结转结余金额。其中，一般公共预算的“年初结转结余”应当根据“一般公共预算结转结余”科目的年初余额填列；政府性基金预算的“年初结转结余”应当根据“政府性基金预算结转结余”科目的年初余额填列；国有资本经营预算的“年初结转结余”应当根据“国有资本经营预算结转结余”科目的年初余额填列；财政专户管理资金的“年初结转结余”应当根据“财政专户管理资金结余”科目的年初余额填列；专用基金的“年初结转结余”应当根据“专用基金结余”科目的年初余额填列。

②“收入合计”项目，反映政府财政本期取得的各类资金的收入合计金额。其中，一般公共预算的“收入合计”应当根据属于一般公共预算的“本级收入”“补助收入”“上解收入”“地区间援助收入”“债务收入”“债务转贷收入”“动用预算稳定调节基金”“调入资金”各行项目金额的合计填列；政府性基金预算的“收入合计”应当根据属于政府性基金预算的“本级收入”“补助收入”“上解收入”“债务收入”“债务转贷收入”“调入资金”各行项目金额的合计填列；国有资本经营预算的“收入合计”应当根据属于国有资本经营预算的“本级收入”项目的金额填列；财政专户管理资金的“收入合计”应当根据属于财政专户管理资金的“本级收入”项目的金额填列；专用基金的“收入合计”应当根据属于专用基金的“本级收入”项目的金额填列。

③“本级收入”项目，反映政府财政本期取得的各类资金的本级收入金额。其中，一般公共预算的“本级收入”应当根据“一般公共预算本级收入”科目的本期发生额填列；政府性基金预算的“本级收入”应当根据“政府性基金预算本级收入”科目的本期发生额填列；国有资本经营预算的“本级收入”应当根据“国有资本经营预算本级收入”科目的本期发生额填列；财政专户管理资金的“本级收入”应当根据“财政专户管理资金收入”科目的本期发生额填列；专用基金的“本级收入”应当根据“专用基金收入”科目的本期发生额填列。

④“补助收入”项目，反映政府财政本期取得的各类资金的补助收入金额。其中，一般公共预算的“补助收入”应当根据“补助收入”科目下的“一般公共预算补助收入”明细科目的本期发生额填列；政府性基金预算的“补助收入”应当根据“补助收入”科目下的“政府性基金预算补助收入”明细科目的本期发生额填列。

⑤“上解收入”项目，反映政府财政本期取得的各类资金的上解收入金额。其中，一般公共预算的“上解收入”应当根据“上解收入”科目下的“一般公共预算上解收入”明细科目的本期发生额填列；政府性基金预算的“上解收入”应当根据“上解收入”科目下的“政府性基金预算上解收入”明细科目的本期发生额填列。

⑥“地区间援助收入”项目，反映政府财政本期取得的地区间援助收入金额。本项目应当根据“地区间援助收入”科目的本期发生额填列。

⑦“债务收入”项目，反映政府财政本期取得的债务收入金额。其中，一般公共预算的“债务收入”应当根据“债务收入”科目下除“专项债务收入”以外的其他明细科目的本期发生额填列；政府性基金预算的“债务收入”应当根据“债务收入”科目下的“专项债务收入”明细科目的本期发生额填列。

⑧“债务转贷收入”项目，反映政府财政本期取得的债务转贷收入金额。其中，一般公

共预算的“债务转贷收入”应当根据“债务转贷收入”科目下的“地方政府一般债务转贷收入”明细科目的本期发生额填列；政府性基金预算的“债务转贷收入”应当根据“债务转贷收入”科目下的“地方政府专项债务转贷收入”明细科目的本期发生额填列。

⑨“动用预算稳定调节基金”项目，反映政府财政本期调用的预算稳定调节基金金额。本项目应当根据“动用预算稳定调节基金”科目的本期发生额填列。

⑩“调入资金”项目，反映政府财政本期取得的调入资金金额。其中，一般公共预算的“调入资金”应当根据“调入资金”科目下的“一般公共预算调入资金”明细科目的本期发生额填列；政府性基金预算的“调入资金”应当根据“调入资金”科目下的“政府性基金预算调入资金”明细科目的本期发生额填列。

⑪“支出合计”项目，反映政府财政本期发生的各类资金的支出合计金额。其中，一般公共预算的“支出合计”应当根据属于一般公共预算的“本级支出”“补助支出”“上解支出”“地区间援助支出”“债务还本支出”“债务转贷支出”“安排预算稳定调节基金”“调出资金”各行项目金额的合计填列；政府性基金预算的“支出合计”应当根据属于政府性基金预算的“本级支出”“补助支出”“上解支出”“债务还本支出”“债务转贷支出”“调出资金”各行项目金额的合计填列；国有资本经营预算的“支出合计”应当根据属于国有资本经营预算的“本级支出”“调出资金”项目金额的合计填列；财政专户管理资金的“支出合计”应当根据属于财政专户管理资金的“本级支出”项目的金额填列；专用基金的“支出合计”应当根据属于专用基金的“本级支出”项目的金额填列。

⑫“补助支出”项目，反映政府财政本期发生的各类资金的补助支出金额。其中，一般公共预算的“补助支出”应当根据“补助支出”科目下的“一般公共预算补助支出”明细科目的本期发生额填列；政府性基金预算的“补助支出”应当根据“补助支出”科目下的“政府性基金预算补助支出”明细科目的本期发生额填列。

⑬“上解支出”项目，反映政府财政本期发生的各类资金的上解支出金额。其中，一般公共预算的“上解支出”应当根据“上解支出”科目下的“一般公共预算上解支出”明细科目的本期发生额填列；政府性基金预算的“上解支出”应当根据“上解支出”科目下的“政府性基金预算上解支出”明细科目的本期发生额填列。

⑭“地区间援助支出”项目，反映政府财政本期发生的地区间援助支出金额。本项目应当根据“地区间援助支出”科目的本期发生额填列。

⑮“债务还本支出”项目，反映政府财政本期发生的债务还本支出金额。其中，一般公共预算的“债务还本支出”应当根据“债务还本支出”科目下除“专项债务还本支出”以外的其他明细科目的本期发生额填列；政府性基金预算的“债务还本支出”应当根据“债务还本支出”科目下的“专项债务还本支出”明细科目的本期发生额填列。

⑯“债务转贷支出”项目，反映政府财政本期发生的债务转贷支出金额。其中，一般公共预算的“债务转贷支出”应当根据“债务转贷支出”科目下“地方政府一般债务转贷支出”明细科目的本期发生额填列；政府性基金预算的“债务转贷支出”应当根据“债务转贷支出”科目下的“地方政府专项债务转贷支出”明细科目的本期发生额填列。

⑰“安排预算稳定调节基金”项目，反映政府财政本期安排的预算稳定调节基金金额。本项目根据“安排预算稳定调节基金”科目的本期发生额填列。

⑱“调出资金”项目，反映政府财政本期发生的各类资金的调出资金金额。其中，一般

公共预算的“调出资金”应当根据“调出资金”科目下的“一般公共预算调出资金”明细科目的本期发生额填列；政府性基金预算的“调出资金”应当根据“调出资金”科目下的“政府性基金预算调出资金”明细科目的本期发生额填列；国有资本经营预算的“调出资金”应当根据“调出资金”科目下的“国有资本经营预算调出资金”明细科目的本期发生额填列。

⑲“增设预算周转金”项目，反映政府财政本期设置和补充预算周转金的金额。本项目应当根据“预算周转金”科目的本期贷方发生额填列。

⑳“年末结转结余”项目，反映政府财政本年年末的各类资金的结转结余金额。其中，一般公共预算的“年末结转结余”应当根据“一般公共预算结转结余”科目的年末余额填列；政府性基金预算的“年末结转结余”应当根据“政府性基金预算结转结余”科目的年末余额填列；国有资本经营预算的“年末结转结余”应当根据“国有资本经营预算结转结余”科目的年末余额填列；财政专户管理资金的“年末结转结余”应当根据“财政专户管理资金结余”科目的年末余额填列；专用基金的“年末结转结余”应当根据“专用基金结余”科目的年末余额填列。

三、预算执行情况表

预算执行情况表是反映政府财政部门各类财政资金的运用情况的报表。

1. 一般公共预算执行情况表

一般公共预算执行情况表是反映政府财政在某一会计期间一般公共预算收支执行结果的报表，按照《2018 年政府收支分类科目》中一般公共预算收支科目列示。一般公共预算执行情况表的一般格式如表 9.5 所示。

表 9.5 一般公共预算执行情况表

会财政 03-1 表

编制单位： 年 月/ 旬 单位：元

项目	本月（旬）数	本年（月）累计数
一般公共预算本级收入		
101 税收收入		
10101 增值税		
1010101 国内增值税		
……		
一般公共预算本级支出		
201 一般公共服务支出		
20101 人大事务		
2010101 行政运行		
……		

一般公共预算执行情况表的编制说明如下。

1）“一般公共预算本级收入”项目及所属各明细项目，应当根据“一般公共预算本级收入”科目及所属各明细科目的本期发生额填列。

2）“一般公共预算本级支出”项目及所属各明细项目，应当根据“一般公共预算本级支出”科目及所属各明细科目的本期发生额填列。

2. 政府性基金预算执行情况表

政府性基金预算执行情况表是反映政府财政在某一会计期间政府性基金预算收支执行结果的报表，按照《2018年政府收支分类科目》中政府性基金预算收支科目列示。政府性基金预算执行情况表的一般格式如表9.6所示。

表9.6 政府性基金预算执行情况表

会财政03-2表

编制单位： 年 月/ 旬 单位：元

项目	本月（旬）数	本年（月）累计数
政府性基金预算本级收入		
10301 政府性基金收入		
1030102 农网还贷资金收入		
103010201 中央农网还贷资金收入		
……		
政府性基金预算本级支出		
206 科学技术支出		
20610 核电站乏燃料处理处置基金支出		
2061001 乏燃料运输		
……		

政府性基金预算执行情况表的编制说明如下。

1）“政府性基金预算本级收入”项目及所属各明细项目，应当根据“政府性基金预算本级收入”科目及所属各明细科目的本期发生额填列。

2）“政府性基金预算本级支出”项目及所属各明细项目，应当根据“政府性基金预算本级支出”科目及所属各明细科目的本期发生额填列。

3. 国有资本经营预算执行情况表

国有资本经营预算执行情况表是反映政府财政在某一会计期间国有资本经营预算收支执行结果的报表，按照《2018年政府收支分类科目》中国有资本经营预算收支科目列示。国有资本经营预算执行情况表的一般格式如表9.7所示。

表9.7 国有资本经营预算执行情况表

会财政03-3表

编制单位： 年 月/ 旬 单位：元

项目	本月（旬）数	本年（月）累计数
国有资本经营预算本级收入		
10306 国有资本经营收入		
1030601 利润收入		

续表

项目	本月（旬）数	本年（月）累计数
103060103 烟草企业利润收入		
……		
国有资本经营预算本级支出		
208 社会保障和就业支出		
20804 补充全国社会保障基金		
2080451 国有资本经营预算补充社保基金支出		
……		

国有资本经营预算执行情况表的编制说明如下。

1）“国有资本经营预算本级收入”项目及所属各明细项目，应当根据“国有资本经营预算本级收入”科目及所属各明细科目的本期发生额填列。

2）“国有资本经营预算本级支出”项目及所属各明细项目，应当根据“国有资本经营预算本级支出”科目及所属各明细科目的本期发生额填列。

4. 财政专户管理资金收支情况表

财政专户管理资金收支情况表是反映政府财政在某一会计期间纳入财政专户管理的财政专户管理资金全部收支情况的报表，按照相关政府收支分类科目列示。财政专户管理资金收支情况表的一般格式如表 9.8 所示。

表 9.8 财政专户管理资金收支情况表

会财政 04 表

编制单位： 年 月 单位：元

项目	本月数	本年累计数
财政专户管理资金收入		
财政专户管理资金支出		

财政专户管理资金收支情况表的编制说明如下。

1）“财政专户管理资金收入”项目及所属各明细项目，应当根据“财政专户管理资金收入”科目及所属各明细科目的本期发生额填列。

2）“财政专户管理资金支出”项目及所属各明细项目，应当根据“财政专户管理资金支出”科目及所属各明细科目的本期发生额填列。

5. 专用基金收支情况表

专用基金收支情况表是反映政府财政在某一会计期间专用基金全部收支情况的报表，按照不同类型的专用基金分别列示。专用基金收支情况表的一般格式如表 9.9 所示。

表 9.9 专用基金收支情况表

会财政 05 表

编制单位： 年 月 单位：元

项目	本月数	本年累计数
专用基金收入		
粮食风险基金		
……		
专用基金支出		
粮食风险基金		
……		

专用基金收支情况表的编制说明如下。

1）“专用基金收入”项目及所属各明细项目，应当根据“专用基金收入”科目及所属各明细科目的本期发生额填列。

2）“专用基金支出”项目及所属各明细项目，应当根据“专用基金支出”科目及所属各明细科目的本期发生额填列。

四、附注

总会计报表附注应当至少披露下列内容。

1）遵循《财政总预算会计制度》的声明。

2）本级政府财政预算执行情况和财务状况的说明。

3）会计报表中列示的重要项目的进一步说明，包括其主要构成、增减变动情况等。

4）或有负债情况的说明。

5）有助于理解和分析会计报表的其他需要说明的事项。

第三节 财政总预算会计报表的审核、汇总与分析

一、财政总预算会计报表的审核

为了保证财政总预算会计报表的质量，如实反映预算执行情况，各级财政部门必须对已编制完成的会计报表，特别是决算报表进行认真审核。审核的内容主要分为两个方面，即政策性审核和技术性审核。

1. 政策性审核

政策性审核是指审核各项收支是否符合政策、制度，有无违反财经纪律的现象，主要从以下几点进行审核。

1）审核全部预算收入是否严格按国家政策的规定及时、足额地缴入各级国库，有无违反政策，有无多收或少收，是否存在截留、挪用、拖欠国库收入，是否将应缴的收入以暂存款挂在往来款账上。

2）各级总预算之间的收入划分是否正确，下级财政有无挤占上级财政收入，应上解上级财政的款项是否按规定足额上解。

3）审核一般预算收入、基金预算收入、专用基金收入是否划分清楚。

4）审核一般预算收入退库是否符合国家规定的退库范围，对应列作预算支出或改列预算支出的款项，有无继续办理退库，有无未经批准的退库事项，退库项目是否超越退库的审批权限。

5）审核决算报表中的收入款项是否与金库年报一致，有无错列现象，若有应查明原因，进行更正。

6）审核列入本年决算的支出是否符合规定的年度，预算支出中有无下年度的预拨现象。

7）审核预算支出是否按照规定的口径列报，是否编列齐全，有无漏报现象。

8）审核预算支出数是否超过批准的预算，有无违反财经纪律的现象，有关支出项目之间是否存在违反政策规定的挤占现象，是否做到专款专用。

2. 技术性审核

技术性审核的内容主要包括以下几个方面。

1）会计报表之间的有关数字是否一致。

2）上下年度有关数字是否一致。

3）财政总预算会计报表的有关数字和各业务部门的数字是否一致。

4）上下级财政总决算之间、财政部门决算与单位决算之间有关上解、补助、暂收、暂付往来和拨款数字是否一致。

5）财政决算报表的有关数字和有关部门的税收年报与国库年报的有关数字是否一致。

经过上述审核，达到保证报表的真实性、完整性、及时性与正确性的目的。

二、财政总预算会计报表的汇总

财政总预算会计报表审核无误后，县以上各级总预算会计还要根据本级报表和所属各级上报的会计报表进行汇总，汇编汇总会计报表。在填列汇总会计报表时，应将上下级之间对应科目的数字予以冲销，以免重复计列收入和支出。例如，将本级报表中的“补助支出”和所属下级报表中的“上级补助收入”冲销；本级报表中的“下级上解收入”与所属下级报表中的“上解支出”冲销；本级报表中的“与下级往来”与所属下级报表中的“与上级往来”冲销。只有本级财政在汇总时将这些项目予以冲销，才不致虚增收支数字。

财政总预算会计报表要从基层单位开始逐级层层汇总编报，不得估列代编。

单位预算会计报表是财政总预算会计报表的一个重要组成部分，必须从基层单位产生，由主管部门逐级汇总后，报同级财政机关，汇入财政总预算会计报表。

参与组织预算执行的国库、中国建设银行，以及办理和监督拨款的国家银行的预算收支执行报表，是财政总预算会计记账和报账的重要组成部分，必须由这些机构逐级汇总后报同级财政机关，汇入财政总预算会计报表。

地（市）以上财政总会计除编制本级报表外，还要连同所属总预算会计报表，一并汇总为全省或全地区的财政总预算会计报表。

全国的财政总预算会计报表由县（市）财政总会计、省（自治区、直辖市）总会计逐级汇总编制，每月全国的财政总预算会计报表由财政部汇总编报，年终财政部汇编的全国总预算会计报表即构成国家决算。

三、财政总预算会计报表的分析

财政总预算会计报表分析是以总预算会计报表为主要依据，并参考其他有关资料，对一定时期的预算执行情况进行比较、分析、研究和评价，查明完成或未完成预算收支任务的原因，进而总结经验、吸取教训、采取措施、改进工作的一种方法。

（一）财政总预算会计报表分析的内容

总预算会计报表集中反映了一定时期的财政预算执行数字，但还不能把预算收支的完成或未完成的原因直接地反映出来，若要查明原因，就需要进行会计报表的分析，这也是加强预算管理工作的重要环节。

财政总预算会计报表分析采用的资料有各种会计报表、国民经济计划和社会发展计划执行情况、往年的历史资料及调查研究资料等。

财政总预算会计报表分析的主要内容有预算收支完成总情况分析、预算收入完成情况分析、预算支出完成情况分析。

1. 预算收支完成总情况分析

预算收支完成总情况分析主要从总体上分析预算收入和支出的完成情况，以及收支的平衡情况。进行这种分析时，可将有关数字资料加工整理出来，编制出分析表，揭示出预算收支的增减变化情况。

2. 预算收入完成情况分析

预算收入完成情况分析主要包括：分析某一时期的预算收入完成情况，可将本期预算收入实际入库数与当年预算数对比，便于分析检查预算收入进度是否与时间进度相一致和完成预算的可能性；与上年实际完成数对比，可分析收支各项目增减数额的变化和原因；与同类型地区对比，可以看出工作上的差距，学习外地的先进经验，改进工作。在分析时，可按预算收入的类、款编制预算收入完成情况分析表进行分析。

3. 预算支出完成情况分析

预算支出完成情况分析主要是分析支出预算的执行情况及其原因，分析预算支出进度同国民经济和社会发展计划及事业行政计划的完成情况是否适应。分析时，要结合事业发展、工程进度、人员编制等分析预算支出效果及其原因，可按预算支出的类、款编制预算支出完成情况分析表进行分析。

（二）财政总预算会计报表分析的方法

1. 比较分析法

比较分析法是将两个或两个以上的相关指标（可比指标）进行对比，测算出相互间的差异，从中进行分析、比较，找出产生差异的主要原因的一种分析方法。财政总预算会计主要从三个方面进行比较：①本期实际执行与本期计划进行比较；②本期实际执行与历史同期进行比较；③本期实际执行与同类单位先进水平进行比较。

比较分析法是总预算会计使用最为普遍的方法。例如，在收入方面，将本期预算收入实际入库数与当年预算数对比，可分析检查预算收入进度是否与时间进度相一致和完成预算的可能性；与上年实际完成数对比，可分析收支各项目增减数额的变化和原因；与同类地区对比，可以看出工作之间的差距，吸收先进经验，改进本级工作。

2. 因素分析法

因素分析法，又称为连环替代法，总预算会计利用此法进行报表分析，要结合其核算和监督的内容进行。

3. 差额分析法

差额分析法是以各个因素实际数与计划数之间的差额为基础，按照因素分析法的排列和替换顺序直接计算各个因素的变动差额对经济指标影响程度的一种分析方法。

4. 比率分析法

比率分析法是根据各种比率来分析财政总预算会计单位的财务状况、偿债能力等的一种方法。

复 习 题

请扫描二维码，下载复习题进行练习。

第九章复习题

第三篇

政府财务会计

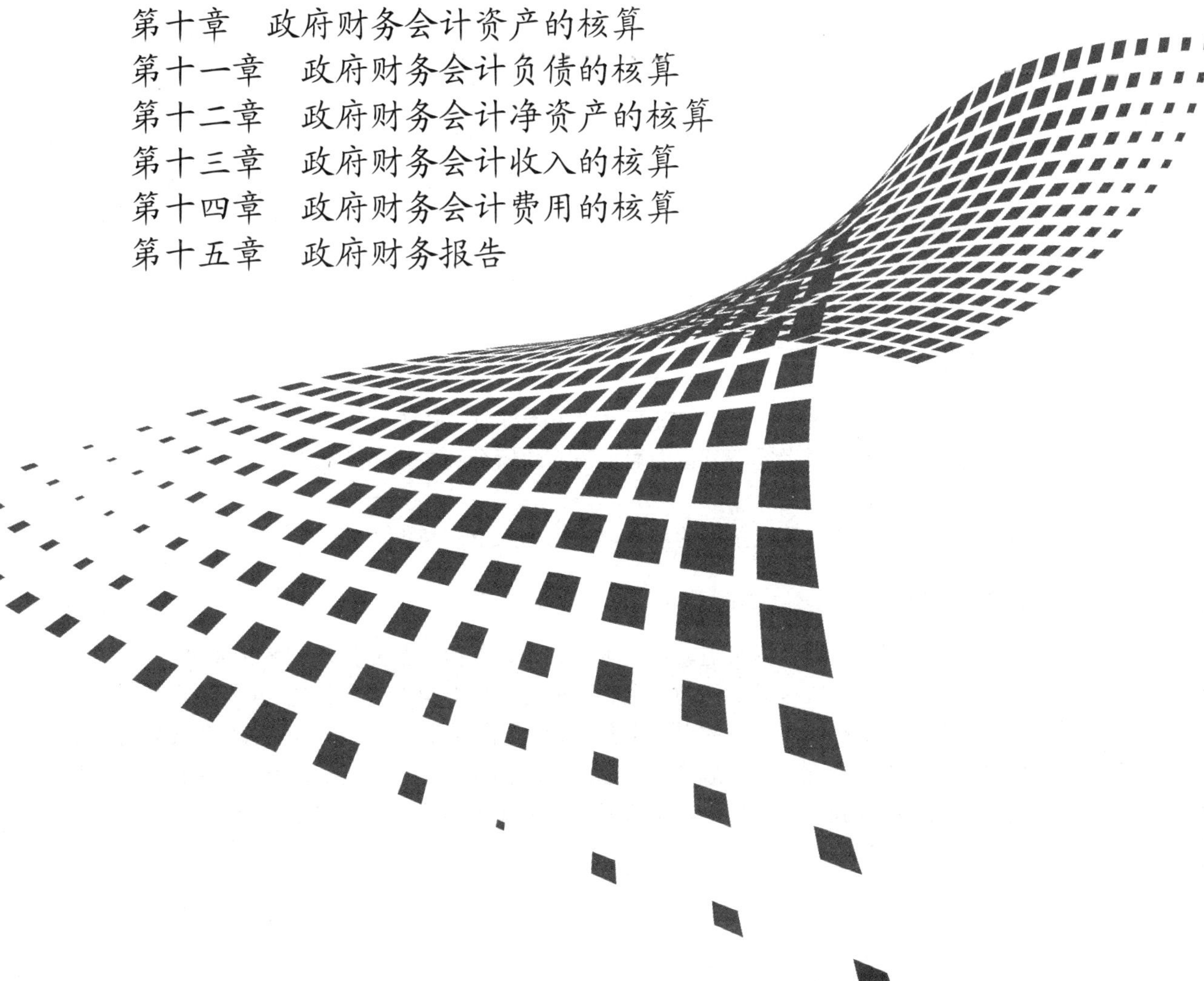

第十章　政府财务会计资产的核算

第十章 PPT

☞ 学习内容与要求

本章主要介绍政府财务会计资产的核算。通过学习，学生应理解政府财务会计资产的定义、分类、确认和计量，理解政府财务会计资产的管理要求，明确政府财务会计资产的核算科目，掌握政府财务会计资产的业务核算。

第一节　资 产 概 述

一、资产的定义

资产是指政府会计主体过去的经济业务或者事项形成的，由政府会计主体控制的，预期能够产生服务潜力或者带来经济利益流入的经济资源。

服务潜力是指政府会计主体利用资产提供公共产品和服务以履行政府职能的潜在能力。

经济利益流入表现为现金及现金等价物的流入，或者现金及现金等价物流出的减少。

二、资产的分类

政府会计主体的资产按照流动性，分为流动资产和非流动资产。

流动资产是指预计在 1 年内（含 1 年）耗用或者可以变现的资产，包括货币资金、短期投资、应收及预付款项、存货等。

非流动资产是指流动资产以外的资产，包括固定资产、在建工程、无形资产、长期投资、公共基础设施、政府储备资产、文物文化资产、保障性住房和自然资源资产等。

三、资产的确认

符合资产定义的经济资源，在同时满足以下条件时，确认为资产：①与该经济资源相关的服务潜力很可能实现或者经济利益很可能流入政府会计主体；②该经济资源的成本或者价值能够可靠地计量。

符合资产定义和资产确认条件的项目，应当列入资产负债表。

四、资产的计量

资产的计量属性主要包括历史成本、重置成本、现值、公允价值和名义金额。

历史成本是指资产取得时支付的现金金额或者支付对价的公允价值。重置成本是指现在购买相同或者相似资产所需支付的现金金额。现值是指预计从资产持续使用和最终处置中所产生的未来净现金流入量的折现金额。公允价值是指市场参与者在计量日发生的有序交易中，出售资产所能收到的价格计量。无法采用上述计量属性的，采用名义金额（即人民币 1 元）计量。

政府会计主体在对资产进行计量时，一般应当采用历史成本。采用重置成本、现值、公允价值计量的，应当保证所确定的资产金额能够持续、可靠地计量。

第二节 流动资产

一、货币资金

货币资金是以货币形态存在的资产，包括库存现金、银行存款、零余额账户用款额度等。为了管好货币资金，在我国主要通过国家银行制定一整套现金管理制度和结算制度等对货币资金的收付和保管进行调节与控制。

（一）库存现金

库存现金是指存放于单位内部、用于满足单位日常开支的货币资金。现金是流动性最强的一种货币性资产，可以立即投入流通领域，既可随时用于购买物品、支付费用、偿还债务，也可随时存入银行。因此，对于现金的核算及管理就显得十分重要。

现金的收付必须严格遵守国家关于现金管理的各项规定，加强和健全对现金的内部控制制度，确保现金的安全，提高现金的使用效率。有关现金管理，国家有关条例作了相应规定。例如，企事业单位、各级行政单位都必须根据国务院《现金管理暂行条例》规定的现金使用范围支付现金、钱账分管、不准超过库存现金限额、不准坐支现金、如实反映现金库存等。

为了核算单位库存现金的收支及其结存情况，应设置“库存现金”总账科目。本科目属于资产类，其借方登记库存现金的增加，贷方登记库存现金的减少，期末借方余额反映单位实际持有的库存现金。本科目应当设置“受托代理资产”明细科目，核算单位受托代理、代管的现金。

1. 现金收支的核算

收到现金时，按照实际金额借记“库存现金”科目，贷记“银行存款”“零余额账户用款额度”“事业收入”“应收账款”等相关科目；提取或支付现金时，按照实际金额借记“银行存款”“零余额账户用款额度”“其他应收款”“业务活动费用”“单位管理费用”“其他费用”“库存物品”等相关科目，贷记“库存现金”科目。

收到受托代理、代管的现金，按照实际收到的金额，借记“库存现金——受托代理资产”科目，贷记“受托代理负债”科目；支付受托代理、代管的现金，按照实际支付的金额，借记“受托代理负债”科目，贷记“库存现金——受托代理资产”科目。

【例 10.1】某单位发生下列现金收支业务。

1）开出现金支票，从银行提取现金 2 000 元。

借：库存现金	2 000	
贷：银行存款		2 000

2）单位职工李明因公出差，经批准借差旅费 5 000 元，经批准用现金支付。

借：其他应收款——李明	5 000	
贷：库存现金		5 000

3）李明出差回来，报销差旅费 4 500 元并交回多余款 500 元。

借：业务活动费用　　4 500

　　库存现金　　500

　　贷：其他应收款——李明　　5 000

借：事业支出　　4 500

　　贷：资金结存——货币资金　　4 500

4）用现金购买办公用品 500 元。

借：库存物品　　500

　　贷：库存现金　　500

借：事业支出　　500

　　贷：资金结存——货币资金　　500

5）收到某公司委托代理货币捐赠 100 000 元，用于资助贫困地区的学生上学。

借：库存现金——受托代理资产　　100 000

　　贷：受托代理负债　　100 000

6）将本日超库存现金 420 元送交银行。

借：银行存款　　420

　　贷：库存现金　　420

单位发生的每一笔现金收入和现金支出业务，都必须根据审核无误的原始凭证编制记账凭证，然后据以记账，单位应当设置“库存现金日记账”，由出纳人员根据收付款凭证，按照业务发生顺序逐笔登记。每日终了，应当计算当日的现金收入合计数、现金支出合计数和结余数，并将结余数与实际库存数相核对，做到账款相符。现金收入业务繁多、单独设有收款部门的单位，收款部门的收款员应当将每天所收现金连同收款凭据一并交财务部门核收记账，或者将每天所收现金直接送存开户银行后，将收款凭据及向银行送存现金的凭证等一并交财务部门核收记账。单位有外币现金的，应当分别按照人民币、外币种类设置“库存现金日记账”进行明细核算。有关外币现金业务的账务处理参见“银行存款”科目的相关规定。

2. 现金清查的核算

作为流动性极强的一项资产，单位应该定期或者不定期地对现金进行清查，从而保证现金安全。现金清查的方法主要有两种：①出纳人员每日工作结束后进行的清点和核对，这属于定期清查；②由单位的财务及有关部门组成专门的清查小组，不定期地对现金进行突击检查，这属于不定期清查。需要注意的是：定期清查要与不定期清查相结合进行。对于现金的盘亏和盘盈都要查明原因，并且按照相关规定处理。

每日账款核对中发现现金短缺或溢余，若属于现金短缺，应按照实际短缺的金额，借记“待处理财产损溢”科目，贷记“库存现金”科目；若属于现金溢余，应按照实际溢余的金额，借记“库存现金”科目，贷记“待处理财产损溢”科目。如为现金短缺，属于应由责任人赔偿或向有关人员追回的，借记“其他应收款”科目，贷记“待处理财产损溢”科目；属于无法查明原因的，报经批准核销时，借记“资产处置费用”科目，贷记“待处理财产损溢”科目。如为现金溢余，属于应支付给有关人员或单位的，借记“待处理财产损溢”科目，贷记“其他应付款”科目；属于无法查明原因的，报经批准后，借记“待处理财产损溢”科目，贷记“其他收入”科目。

【例 10.2】某单位发生下列现金清查业务。

1）现金的实际数比账面数少 300 元。经查发现盘亏的 300 元现金有 200 元为出纳人员错付现金所致，由相应的责任人赔偿，其余 100 元无法查明原因。

借：待处理财产损溢　　300
　　贷：库存现金　　300
借：其他支出　　300
　　贷：资金结存——货币资金　　300
借：其他应收款——某责任人　　200
　　资产处置费用　　100
　　贷：待处理财产损溢　　300

收到责任人赔款时：

借：库存现金　　200
　　贷：其他应收款——某责任人　　200
借：资金结存——货币资金　　200
　　贷：其他支出　　200

2）现金的实际数比账面数多出 200 元。经查，其中 135 元属于应支付给有关人员或单位的，其余 65 元无法查明原因。

借：库存现金　　200
　　贷：待处理财产损溢　　200
借：资金结存——货币资金　　200
　　贷：其他预算收入　　200
借：待处理财产损溢　　200
　　贷：其他应付款　　135
　　　　其他收入　　65

实际支付给有关人员或单位时：

借：其他应付款　　135
　　贷：库存现金　　135
借：其他预算收入　　135
　　贷：资金结存——货币资金　　135

（二）银行存款

1. 银行存款概述

银行存款是指单位存入银行或其他金融机构的货币资金。按照相关规定，单位应在银行和非银行金融机构开立存款账户。基本存款账户是单位办理日常转账结算和现金收付的账户，工资、奖金等现金的支取只能通过基本存款账户办理。除另有规定者外，单位只能在银行开立一个基本存款账户。单位附属的非独立核算的单位，根据需要可以开设一般存款账户、临时存款账户和专用存款账户。

单位在银行开立账户后，可以向开户银行购买各种同银行往来使用的凭证（如送款簿、进账单、现金支票、转账支票等）。用以办理银行存款的收付款项，除了按规定留存的库存现金以外，所有货币资金都必须存入银行。会计主体单位与其他单位之间的一切收付款项，除制度规定可用现金支付部分外，都必须通过银行办理转账结算，即由银行按照事先规定的结算方式，将款项从付款单位的账户划出，转入收款单位的账户。因此，单位不仅要在银行开立账户，而且账户内必须有可供支付的存款。凡是在银行开立存款账户的单位，都必须遵守相关规定，遵守结算纪律。不准出租、出借账户；不准签发空头支票和远期支票；不准套取银行信用。

为加强对开立账户的管理，应特别注意以下几个问题。

1）单位内部各部门取得的收入，都应按规定纳入单位财务部门的统一监管之下，原则上应由单位财务部门开立账户，单位其他非独立核算部门一般不得另设账户。

2）单位要本着相对集中、利于管理的原则开立账户，防止和杜绝开立账户过多过滥的现象。

3）单位必须在经国家有关部门正式批准的银行或非银行金融机构开立账户及办理有关存款、取款和转账结算业务。

目前，现行银行结算方式包括银行汇票、商业汇票、银行本票、支票、汇兑、委托收款、异地托收承付共七种结算方式。

2. 银行存款的核算

为了核算单位存入银行或者其他金融机构的各种存款，应设置“银行存款”总账科目。本科目属于资产类，其借方登记收入的存款数额，贷方登记付出的存款数额，期末借方余额反映单位实际存放在银行或其他金融机构的款项。单位发生外币业务的，应当按照业务发生当日的即期汇率，将外币金额折算为人民币金额记账，并登记外币金额和汇率。期末，各种外币账户的期末余额，应当按照期末的即期汇率折算为人民币，作为外币账户期末人民币余额。调整后的各种外币账户人民币余额与原账面余额的差额，作为汇兑损益计入当期费用。本科目期末借方余额，反映单位实际存放在银行或其他金融机构的款项。本科目应当设置“受托代理资产”明细科目，核算单位受托代理、代管的银行存款。

银行存款的主要账务处理如下。

1）将款项存入银行或者其他金融机构，按照实际存入的金额，借记本科目，贷记“库存现金”“应收账款”“事业收入”“经营收入”“其他收入”等相关科目。涉及增值税业务的，相关账务处理参见“应交增值税”科目。

2）收到银行存款利息，按照实际收到的金额，借记本科目，贷记“利息收入”科目。收到受托代理、代管的银行存款，按照实际收到的金额，借记“银行存款——受托代理资产”科目，贷记“受托代理负债”科目；支付受托代理、代管的银行存款，按照实际支付的金额，借记“受托代理负债”科目，贷记“银行存款——受托代理资产”科目。

3）从银行等金融机构提取现金，按照实际提取的金额，借记“库存现金”科目，贷记本科目。以银行存款支付相关费用，按照实际支付的金额，借记“业务活动费用”“单位管理费用”“其他费用”等相关科目，贷记本科目。涉及增值税业务的，相关账务处理参见“应交增值税”科目。以银行存款对外捐赠，按照实际捐出的金额，借记“其他费用”科目，贷记本科目。

【例 10.3】某事业单位 2018 年 6 月发生下列银行存款收支业务。

1）收到上级拨入事业经费 500 000 元。

借：银行存款　500 000
　　贷：上级补助收入　500 000
借：资金结存——货币资金　500 000
　　贷：上级补助预算收入　500 000

2）销售产品收到货款 20 000 元，增值税税率为 16%[①]，款项已收到。

借：银行存款　23 200
　　贷：经营收入　20 000
　　　　应交增值税——应交税金（销项税额）　3 200
借：资金结存——货币资金　23 200
　　贷：经营预算收入　23 200

3）收回应收账款 50 000 元。

借：银行存款　50 000
　　贷：应收账款　50 000
借：资金结存——货币资金　50 000
　　贷：事业预算收入　50 000

4）开出转账支票一张，拨付所属单位待核销的经费 200 000 元。

借：业务活动经费　200 000
　　贷：银行存款　200 000
借：事业支出　200 000
　　贷：资金结存——货币资金　200 000

5）开出转账支票一张，支付所欠材料款 4 640 元。

借：应付账款　4 640
　　贷：银行存款　4 640
借：经营支出　4 640
　　贷：资金结存——货币资金　4 640

6）开出转账支票一张，支付所购办公用品款 3 300 元。

借：库存物品　3 300
　　贷：银行存款　3 300
借：事业支出　3 300
　　贷：资金结存——货币资金　3 300

【例 10.4】某行政单位发生下列现金收支业务。

1）开出转账支票一张支付所购办公用品款 3 000 元。

借：库存物品　3 000
　　贷：银行存款　3 000

① 本书涉及增值税税率的，由于相关业务发生时间为 2018 年，故采用 16%的增值税税率。在实际工作中，请参照国家最新的相关规定。

借：行政支出　　3 000

　　贷：资金结存——货币资金　　3 000

2）收到银行存款利息 5 000 元。

借：银行存款　　5 000

　　贷：利息收入　　5 000

借：资金结存——货币资金　　5 000

　　贷：其他预算收入——利息预算收入　　5 000

3）发生外联费用 1 000 元，银行已转账支付。

借：业务活动经费　　1 000

　　贷：银行存款　　1 000

借：行政支出　　1 000

　　贷：资金结存——货币资金　　1 000

以外币购买物资、设备等，按照购入当日的即期汇率将支付的外币或应支付的外币折算为人民币金额，借记“库存物品”等科目，贷记“银行存款”“应付账款”等科目的外币账户。涉及增值税业务的，相关账务处理参见“应交增值税”科目。销售物品、提供服务以外币收取相关款项等，按照收入确认当日的即期汇率将收取的外币或应收取的外币折算为人民币金额，借记“银行存款”“应收账款”等科目的外币账户，贷记“事业收入”等相关科目。期末，根据各外币银行存款账户按照期末汇率调整后的人民币余额与原账面人民币余额的差额，作为汇兑损益，借记或贷记“银行存款”科目，贷记或借记“业务活动费用”“单位管理费用”等科目。“应收账款”“应付账款”等科目有关外币账户期末汇率调整业务的账务处理参照本科目。

【例 10.5】某行政单位 10 月 31 日美元存款账户余额为 500 000 美元，共折合人民币 3 300 000 元；11 月 6 日该单位以 200 000 美元的价格从国外购进一批固定资产，当日的汇率为 1 美元=6.53 元人民币；11 月 30 日的汇率为 1 美元=6.50 元人民币。

1）购进固定资产时：

借：固定资产　　1 306 000

　　贷：银行存款——美元户　　1 306 000

借：行政支出　　1 306 000

　　贷：资金结存——货币资金　　1 306 000

2）月底计算汇兑损益时：

计算汇兑损益前，“银行存款——美元户”的余额=3 300 000−1 306 000=1 994 000（元）

月末美元户余额折合人民币金额=（500 000−200 000）×6.50=1 950 000（元）

11 月汇兑损失=1 994 000−1 950 000=44 000（元）

借：业务活动经费　　44 000

　　贷：银行存款　　44 000

借：行政支出　　44 000

　　贷：资金结存——货币资金　　44 000

单位应当按照开户银行或其他金融机构、存款种类及币种等，分别设置“银行存款日记账”，由出纳人员根据收付款凭证，按照业务的发生顺序逐笔登记，每日终了应结出余额。

"银行存款日记账"应定期与"银行对账单"核对，至少每月核对一次。月度终了，单位银行存款日记账账面余额与银行对账单余额之间如有差额，应当逐笔查明原因并进行处理，按月编制银行存款余额调节表，调节相符。

（三）零余额账户用款额度

1. 零余额账户用款额度概述

纳入国库集中支付制度改革的单位，财政补助收入的取得有两种方式：财政直接支付和财政授权支付。其中，采用财政授权支付的，财政部门为其在商业银行开设单位零余额账户，用于财政部门授权支付。财政部门向单位零余额账户的代理银行下达零余额账户用款额度时，该单位的单位零余额账户用款额度增加。单位可以根据经批准的单位预算和用款计划，自行向单位零余额账户的代理银行开具支付令，从单位零余额账户向收款人支付款项，或从单位零余额账户提取现金。代理银行在将单位开具的支付令与单位的单位预算和用款计划进行核对，并向收款人支付款项后，于当日通过单位的零余额账户与财政国库单一账户进行资金清算。资金清算后，单位零余额账户的余额为零，因此，该账户称为零余额账户。

尽管如此，只要单位从单位零余额账户中支取的款项小于财政部门下达的单位零余额账户用款额度，单位零余额账户的用款额度就会存放在代理银行。单位仍然可以继续通过单位零余额账户使用剩余的用款额度，实现支付。因此，零余额账户用款额度尽管只是一个用款额度，但它是单位可以随时使用的一项特殊的流动资产。

零余额账户实行用款额度管理，并且只能用于财政部门授权单位支付额度内的支付和与国库单一账户及预算外资金财政专户的资金清算。该账户可以办理转账、提取现金等业务。

2. 零余额账户用款额度的核算

为核算实行国库集中支付的事业单位根据财政部门批复的用款计划收到和支用的零余额账户用款额度，应设置"零余额账户用款额度"总账科目。本科目属于资产类，其借方登记财政授权用款额度及购货退回发生的支付额度的退回，贷方登记支用的用款额度和提取现金，期末借方余额反映单位尚未支用的零余额账户用款额度。年末，注销单位零余额账户用款额度后，本科目应无余额。

零余额账户用款额度的财务处理如下。

1）单位收到财政授权支付到账通知书时，应根据通知书所列金额，借记本科目，贷记"财政拨款收入"科目。

2）从零余额账户提取现金或支付日常活动费用时，按照实际金额，借记"库存现金""业务活动费用""单位管理费用"等科目，贷记本科目。购买库存物品或购建固定资产时，按照实际发生的成本，借记"库存物品""固定资产""在建工程"等科目，按照实际支付或应付的金额，贷记"零余额账户用款额度""应付账款"等科目。涉及增值税业务的，相关账务处理参见"应交增值税"科目。因购货退回等发生财政授权支付额度退回的，按照退回的金额，借记本科目，贷记"库存物品"等科目。

3）年末，根据代理银行提供的对账单作注销额度的相关账务处理，借记"财政应返还额度——财政授权支付"科目，贷记本科目。

年末，单位本年度财政授权支付预算指标数大于零余额账户用款额度下达数的，根据未下达的用款额度，借记“财政应返还额度——财政授权支付”科目，贷记“财政拨款收入”科目。

4）下年初，单位根据代理银行提供的上年度注销额度恢复到账通知书作恢复额度的相关账务处理，借记本科目，贷记“财政应返还额度——财政授权支付”科目。单位收到财政部门批复的上年未下达零余额账户用款额度，借记本科目，贷记“财政应返还额度——财政授权支付”科目。

有关年末的账务处理，在本章应收及预付款项中“财政应返还额度”相关内容予以叙述。

【例 10.6】某事业单位发生下列业务。

1）收到代理银行盖章的财政授权支付用款额度到账通知书，通知书所列数额为 200 000 元。

借：零余额账户用款额度　　200 000

　　贷：财政拨款收入　　200 000

借：资金结存——零余额账户用款额度　　200 000

　　贷：财政拨款预算收入　　200 000

2）填写财政资金授权支付凭证，购买开展业务所需要的材料，授权支付金额为 10 000 元。

借：库存物品　　10 000

　　贷：零余额账户用款额度　　10 000

借：事业支出　　10 000

　　贷：资金结存——零余额账户用款额度　　10 000

上述购买材料因质量问题于同年 11 月发生退货时：

借：零余额账户用款额度　　10 000

　　贷：库存物品　　10 000

借：资金结存——零余额账户用款额度　　10 000

　　贷：事业支出　　10 000

3）从零余额账户提取现金 3 000 元。

借：库存现金　　3 000

　　贷：零余额账户用款额度　　3 000

借：资金结存——货币资金　　3 000

　　贷：资金结存——零余额账户用款额度　　3 000

4）通过零余额账户转账支付差旅费支出 5 300 元。

借：业务活动经费　　5 300

　　贷：零余额账户用款额度　　5 300

借：事业支出　　5 300

　　贷：资金结存——零余额账户用款额度　　5 300

（四）其他货币资金

其他货币资金是指除库存现金、银行存款之外的货币资金，包括外埠存款、银行本票存款、银行汇票存款、信用卡存款等。

为了核算单位的各种其他货币资金，应设置“其他货币资金”总账科目。本科目属于资产类，其借方登记收到的其他货币资金，贷方登记支用的其他货币资金，期末借方余额反映单位实际持有的其他货币资金。本科目应设置“外埠存款”“银行本票存款”“银行汇票存款”“信用卡存款”等明细科目，进行明细核算。

其他货币资金的主要账务处理如下。

1）单位将款汇往异地或交存银行取得银行本票、银行汇票、信用卡时，借记本科目，贷记“银行存款”科目。

2）用其他货币资金支付购买货物的款项或费用时，借记“库存物品”“单位管理费用”等科目，贷记本科目。

3）将多余的外埠存款转回本地银行时，根据银行的收账通知，借记“银行存款”科目，贷记本科目。

单位应当加强对其他货币资金的管理，及时办理结算，对于逾期尚未办理结算的银行汇票、银行本票等，应当按照规定及时转回，并按照规定进行相应账务处理。

二、短期投资

投资是指政府会计主体按规定以货币资金、实物资产、无形资产等方式形成的债权或股权投资。投资分为短期投资和长期投资。

（一）短期投资的含义

短期投资是指事业单位按照规定取得的，持有时间不超过 1 年（含 1 年）的投资，包括有价证券及其他投资。事业单位应当严格遵守国家法律、行政法规，以及财政部门、主管部门关于对外投资的有关规定。

（二）短期投资的会计核算

为了核算事业单位短期投资的增减变化，应设置“短期投资”总账科目。本科目属于资产类，其借方登记取得短期投资的成本，贷方登记收回或出售的短期投资的成本，期末借方余额反映事业单位持有的短期投资成本。本科目应当按照投资的种类等进行明细核算。

短期投资的主要账务处理如下。

1）取得短期投资时，应当按照实际成本（包括购买价款和相关税费，下同）作为初始投资成本。实际支付价款中包含的已到付息期但尚未领取的利息，应当于收到时冲减短期投资成本。按照确定的投资成本，借记本科目，贷记“银行存款”等科目。收到取得投资时，实际支付价款中包含的已到付息期但尚未领取的利息，按照实际收到的金额，借记“银行存款”科目，贷记本科目。

2）收到短期投资持有期间的利息，按照实际收到的金额，借记“银行存款”科目，贷记“投资收益”科目。

3）出售短期投资或到期收回短期投资本息，按照实际收到的金额，借记“银行存款”科目；按照出售或收回短期投资的账面余额，贷记本科目；按照其差额，借记或贷记“投资收益”科目。涉及增值税业务的，相关账务处理参见“应交增值税”科目。

【例 10.7】某事业单位发生下列短期投资业务。

1）购入持有时间为半年的国库券，实际支付价款为 5 200 元，其中 200 元为已到付息期但尚未领取的利息。

取得投资时：

借：短期投资 5 200

　　贷：银行存款 5 200

借：投资支出 5 200

　　贷：资金结存——货币资金 5 200

收到 200 元利息时：

借：银行存款 200

　　贷：短期投资 200

借：资金结存——货币资金 200

　　贷：投资支出 200

2）在国库券持有期间收到利息收入 200 元，银行已收讫。

借：银行存款 200

　　贷：投资收益 200

借：资金结存——货币资金 200

　　贷：投资预算收益 200

3）出售持有的国库券，收到价款 6 000 元，其成本为 5 000 元。

借：银行存款 6 000

　　贷：短期投资 5 000

　　　　投资收益 1 000

借：资金结存——货币资金 6 000

　　贷：投资支出 5 000

　　　　投资预算收益 1 000

出售国库券收到的价款为 4 000 元时：

借：银行存款 4 000

　　投资收益 1 000

　　贷：短期投资 5 000

借：资金结存——货币资金 4 000

　　投资预算收益 1 000

　　贷：投资支出 5 000

三、应收及预付款项

应收及预付款项是指单位在开展业务活动中形成的各项债权，包括财政应返还额度、应收票据、应收账款、预付账款、其他应收款等。

（一）财政应返还额度

1. 财政应返还额度概述

实行国库集中支付的单位应收财政返还的资金额度，即单位通过实际支出数与财政下达的预算计划数之间的差额，既有尚未使用的资金额度，又有支付预算指标数大于已收额度的应收资金额度。

在国库集中支付下，包括财政直接支付和财政授权支付两种方式。在不同的支付方式下，财政应返还额度的内涵有所差别。

在财政直接支付下，财政应返还额度是指本年度财政直接支付预算指标数与当年财政直接支付实际支出数的差额，即尚未使用的预算指标数，对于未使用的预算指标，下年年初予以恢复。所以年末单位将未使用的预算指标数作为债权处理。

在财政授权支付下，财政应返还额度有两层含义：①尚未使用的用款额度，即实际支付数小于下达的用款额度。对于尚未使用的额度，财政部门采用先注销后恢复的管理办法，年末先进行注销，次年初再予以恢复，供单位在额度内使用，所以年末单位将未使用的用款额度作为债权处理。②尚未下达的用款额度，即下达的用款额度小于预算指标数。对于尚未下达的用款额度，单位应向财政部门索取，下年收回，所以年末单位将未下达的用款额度也作为债权处理。

需要注意的是：只有在已经纳入财政国库集中支付制度改革的单位才有财政应返还额度的业务，尚未纳入财政国库集中支付制度改革的单位没有这类业务。

2. 财政应返还额度的核算

为了核算实行国库集中支付的单位应收财政返还的资金额度，应设置“财政应返还额度”总账科目。本科目属于资产类，其借方登记应收财政返还的资金额度增加数，贷方登记收回财政返还的资金额度，期末借方余额反映单位应收财政返还的资金额度。本科目应当设置“财政直接支付”“财政授权支付”两个明细科目进行明细核算。

财政应返还额度的主要账务处理如下。

1）在财政直接支付方式下，年末单位根据本年度财政直接支付预算指标数大于当年财政直接支付实际发生数的差额，借记“财政应返还额度——财政直接支付”科目，贷记“财政拨款收入”科目。单位使用以前年度财政直接支付额度支付款项时，借记“业务活动费用”“单位管理费用”等科目，贷记“财政应返还额度——财政直接支付”科目。

2）在财政授权支付方式下，年末单位根据代理银行提供的对账单作注销额度的相关账务处理，借记“财政应返还额度——财政授权支付”科目，贷记“零余额账户用款额度”科目。年末，单位本年度财政授权支付预算指标数大于零余额账户用款额度下达数的，根据未下达的用款额度，借记“财政应返还额度——财政授权支付”科目，贷记“财政拨款收入”科目。下年初，单位根据代理银行提供的上年度注销额度恢复到账通知书作恢复额度的相关账务处理，借记“零余额账户用款额度”科目，贷记“财政应返还额度——财政授权支付”科目。单位收到财政部门批复的上年未下达零余额账户用款额度，借记“零余额账户用款额度”科目，贷记“财政应返还额度——财政授权支付”科目。

【例 10.8】已经纳入财政国库集中支付制度改革的某事业单位发生下列业务。

1）年终，本年度财政直接支付预算指标数为 1 295 000 元，财政直接支付实际支出数 1 251 000 元，两者差额为 44 000 元。

	借方	贷方
借：财政应返还额度——财政直接支付	44 000	
贷：财政拨款收入		44 000
借：资金结存——财政应返还额度	44 000	
贷：财政拨款预算收入		44 000

下年年初，该事业单位使用恢复的财政直接支付额度支付日常业务活动支出 4 000 元。

借：库存物品　4 000

　　贷：财政应返还额度——财政直接支付　4 000

借：事业支出　4 000

　　贷：资金结存——财政应返还额度　4 000

2）年终，本年度财政授权支付预算指标数为 1 250 000 元，单位零余额账户代理银行收到零余额账户用款额度 1 240 000 元，本年度财政授权支付实际支出数为 1 235 000 元。事业单位存在尚未使用的财政授权支付预算额度 5 000 元，存在尚未收到的财政授权支付预算指标 10 000 元。

年末，确认尚未收到的零余额账户用款额度时：

借：财政应返还额度——财政授权支付　10 000

　　贷：财政拨款收入　10 000

借：资金结存——财政应返还额度　10 000

　　贷：财政拨款预算收入　10 000

年末，注销零余额账户余额时：

借：财政应返还额度——财政授权支付　5 000

　　贷：零余额账户用款额度　5 000

借：资金结存——财政应返还额度　5 000

　　贷：资金结存——零余额账户用款额度　5 000

次年年初，收到财政部批复的上年终了未下达的单位零余额账户用款额度 10 000 元。账务处理如下。

借：零余额账户用款额度　10 000

　　贷：财政应返还额度——财政授权支付　10 000

借：资金结存——零余额账户用款额度　10 000

　　贷：资金结存——财政应返还额度　10 000

次年年初，收到代理银行提供的额度恢复到账通知书，恢复财政授权支付额度 5 000 元。账务处理如下。

借：零余额账户用款额度　5 000

　　贷：财政应返还额度——财政授权支付　5 000

借：资金结存——零余额账户用款额度　5 000

　　贷：资金结存——财政应返还额度　5 000

（二）应收票据

1. 应收票据概述

应收票据是指事业单位因从事经营活动销售产品而收到的商业汇票。商业汇票是指由收款人或付款人或承兑申请人签发，由承兑人承兑并于到期日向收款人或背书人支付款项的票据。它是交易双方以商品购销业务为基础而使用的一种信用凭证。

应收票据按承兑人的不同，可分为商业承兑汇票和银行承兑汇票。商业承兑汇票是由收

款人签发，经付款人承兑，或由付款人签发并承兑的票据。银行承兑汇票是由收款人或承兑申请人签发，并由承兑申请人向银行申请，由银行审查并承兑的票据。

应收票据按是否计息可分为带息票据和不带息票据。带息票据是指注明利率及付息日期的票据，短期票据可在票据到期时一次付息。不带息票据是指到期只按面额支付，无须支付利息的票据。

2. 应收票据的核算

为了核算事业单位因开展经营活动销售产品、提供服务等而收到的商业汇票，包括银行承兑汇票和商业承兑汇票，应设置“应收票据”总账科目。本科目属于资产类，其借方登记收到的商业汇票票面金额，贷方登记到期收回、已背书转让或者已经贴现的商业汇票的票面金额，期末借方余额反映事业单位持有的商业汇票票面金额。本科目应当按照开出、承兑商业汇票的单位等进行明细核算。

应收票据的主要账务处理如下。

1）因销售产品、提供服务等收到商业汇票，按照商业汇票的票面金额，借记本科目；按照确认的收入金额，贷记“经营收入”等科目。涉及增值税业务的，相关账务处理参见“应交增值税”科目。

2）持未到期的商业汇票向银行贴现，按照实际收到的金额（即扣除贴现利息后的净额），借记“银行存款”科目；按照贴现利息金额，借记“经营费用”等科目；按照商业汇票的票面金额，贷记本科目（无追索权）或“短期借款”科目（有追索权）。附追索权的商业汇票到期未发生追索事项的，应按照商业汇票的票面金额，借记“短期借款”科目，贷记本科目。

3）将持有的商业汇票背书转让以取得所需物资时，按照取得物资的成本，借记“库存物品”等科目；按照商业汇票的票面金额，贷记本科目。如有差额，借记或贷记“银行存款”等科目。涉及增值税业务的，相关账务处理参见“应交增值税”科目。

4）商业汇票到期时，应当分别按以下情况处理：①收回票款时，按照实际收到的商业汇票票面金额，借记“银行存款”科目，贷记本科目；②因付款人无力支付票款，收到银行退回的商业承兑汇票、委托收款凭证、未付票款通知书或拒付款证明等，按照商业汇票的票面金额，借记“应收账款”科目，贷记本科目。

【例 10.9】某事业单位发生下列应收票据业务。

1）2018 年 6 月 20 日，销售甲产品给中华公司，货已发出，其不含税价格为 10 000 元，增值税税率为 16%，按合同约定收到中华公司签发并承兑的面值为 11 600 元、期限为 30 天的商业汇票一张。

分录	借方	贷方
借：应收票据	11 600	
贷：经营收入		10 000
应交增值税——应交税金（销项税额）		1 600

上述商业汇票到期，中华公司如期付款，收回 11 600 元时：

分录	借方	贷方
借：银行存款	11 600	
贷：应收票据		11 600
借：资金结存——货币资金	11 600	
贷：经营预算收入		11 600

该票据到期，中华公司无力付款时：

借：应收账款　　11 600

　　贷：应收票据　　11 600

2）若该事业单位为小规模纳税人，按3%的征收率计征增值税，其他条件相同。

借：应收票据　　10 300

　　贷：经营收入　　10 000

　　　　应交增值税——应交税金　　300

3）2018年7月1日收到面值为50 000元、3个月不带息的银行承兑汇票，当年8月1日向银行申请贴现，贴现率为12%。该票据的贴现利息和贴现净额计算如下。

贴现利息=50 000×12%×2/12=1 000（元）

贴现净额=50 000−1 000=49 000（元）

收到票据时：

借：应收票据　　50 000

　　贷：经营收入　　50 000

贴现时：

借：银行存款　　49 000

　　经营费用　　1 000

　　贷：应收票据　　50 000

借：资金结存——货币资金　　49 000

　　贷：经营预算收入　　49 000

事业单位应当设置“应收票据备查簿”，逐笔登记每一应收票据的种类、号数、出票日期、到期日、票面金额、交易合同号和付款人、承兑人、背书人姓名或单位名称、背书转让日、贴现日期、贴现率和贴现净额、收款日期、收回金额和退票情况等。应收票据到期结清票款或退票后，应当在备查簿内逐笔注销。

（三）应收账款

1. 应收账款概述

应收账款是指事业单位提供服务、销售产品等应收取的款项，以及单位因出租资产、出售物资等应收取的款项，包括应收销售货物和提供劳务的价款、代垫的运杂费及销项税额。不包括借出款、备用金、应向职工收取的各种垫付款等。

应收账款在资产负债表中列作流动资产。应收账款的预计正常回收期不超过1年。

2. 应收账款的核算

为了反映和监督因事业单位提供服务、销售产品等应收取的款项，以及单位因出租资产、出售物资等应收取的款项，应设置“应收账款”总账科目。本科目属于资产类，其借方登记事业单位应收的款项，贷方登记已收回的各项款项，期末借方余额反映单位尚未收回的应收账款。本科目应当按照债务单位（或个人）进行明细核算。

应收账款的主要账务处理如下。

1）应收账款收回后需上缴财政的，单位出租资产发生应收未收租金款项时，按照应收未收金额，借记本科目，贷记“应缴财政款”科目；收回应收账款时，按照实际收到的金额，借记“银行存款”等科目，贷记本科目。应收账款收回后不需上缴财政的，单位发生应收账款时，按照应收未收金额，借记本科目，贷记“事业收入”“经营收入”“租金收入”“其他收入”等科目。涉及增值税业务的，相关账务处理参见“应交增值税”科目。收回应收账款时，按照实际收到的金额，借记“银行存款”等科目，贷记本科目。

2）单位出售物资发生应收未收款项时，按照应收未收金额，借记本科目，贷记“应缴财政款”科目。收回应收账款时，按照实际收到的金额，借记“银行存款”等科目，贷记本科目。涉及增值税业务的，相关账务处理参见“应交增值税”科目。

3）事业单位应当于每年年末，对收回后不需上缴财政的应收账款进行全面检查，如发生不能收回的迹象，应当计提坏账准备。①对于账龄超过规定年限、确认无法收回的应收账款，按照规定报经批准后予以核销。按照核销金额，借记“坏账准备”科目，贷记本科目。核销的应收账款应在备查簿中保留登记。②已核销的应收账款在以后期间又收回的，按照实际收回金额，借记本科目，贷记“坏账准备”科目；同时，借记“银行存款”等科目，贷记本科目。对收回后应当上缴财政的应收账款进行全面检查。对于账龄超过规定年限、确认无法收回的应收账款，按照规定报经批准后予以核销。按照核销金额，借记“应缴财政款”科目，贷记本科目。核销的应收账款应当在备查簿中保留登记。已核销的应收账款在以后期间又收回的，按照实际收回金额，借记“银行存款”等科目，贷记“应缴财政款”科目。

【例 10.10】某事业单位发生下列应收账款业务。

1）事业单位为一般纳税人，出租闲置房屋，当月租金为 10 000 元，租金尚未收到。该款项收回应上缴财政。

借：应收账款　　10 000
　　贷：应缴财政款　　10 000

收到租金时：

借：银行存款　　10 000
　　贷：应收账款　　10 000

实际上缴财政时：

借：应缴财政款　　10 000
　　贷：银行存款　　10 000

2）某小规模纳税人事业单位向乙单位提供劳务获得不含税收入 10 000 元，按合同规定，这笔款项应在下月收取（按 3%的税率计征增值税）。

借：应收账款　　10 300
　　贷：经营收入　　10 000
　　　　应交增值税——应交税金（销项税额）　　300

下月实际收到款项时：

借：银行存款　　10 300
　　贷：应收账款　　10 300

借：资金结存——货币资金　　10 300
　　贷：经营预算收入　　10 300

3）2019 年 10 月 3 日，向 B 公司提供专业业务活动服务，应收取服务费 60 000 元，款

项尚未收到，该款项收回后不需要上缴财政，单位记作事业收入。

借：应收账款——B公司　60 000

　　贷：事业收入　60 000

收到B公司的服务费60 000元，已经通过银行办理转账。

借：银行存款　60 000

　　贷：应收账款——B公司　60 000

借：资金结存——货币资金　60 000

　　贷：事业预算收入　60 000

4）收回后，需要上缴财政的应收某单位租金30 000元逾期3年，有确凿证据表明确实无法收回，申请核销。

借：应缴财政款　30 000

　　贷：应收账款　30 000

同时，在备查账簿登记申请核销的应收账款。

核销后又收回该款项时：

借：银行存款　30 000

　　贷：应缴财政款　30 000

5）收回后，不需要上缴财政的应收C公司款项20 000元逾期3年，有确凿证据表明确实无法收回，申请核销。

借：坏账准备　20 000

　　贷：应收账款——C公司　20 000

同时，在备查账簿登记申请核销的应收账款。

核销后又收回该款项时：

借：应收账款　20 000

　　贷：坏账准备　20 000

借：银行存款　20 000

　　贷：应收账款　20 000

借：资金结存——货币资金　20 000

　　贷：财政拨转结余（注：因收回为以前年度账款）　20 000

6）年末，对收回后不需要上缴财政的应收账款进行检查，应收账款余额为200 000元，按应收账款余额百分比法计提坏账准备，计提比率为5‰，坏账准备账户期初余额为0。

当期应计提坏账准备金额=200 000×5‰=1 000（元）

借：其他费用　1 000

　　贷：坏账准备　1 000

（四）预付账款

预付账款是指单位按照购货、服务合同或协议规定预付给供应单位（或个人）的款项，以及按照合同规定向承包工程的施工企业预付的备料款和工程款。

为了反映和监督预付账款的支出和结算情况，应设置“预付账款”总账科目。本科目属于资产类，其借方登记单位预付的款项，贷方登记结算的各项预付款项，期末借方余额反映单位实际预付但尚未结算的款项。本科目应当按照供应单位（或个人）及具体项目进行明细核算；对于基本建设项目发生的预付账款，还应当在本科目下设置“预付备料款”“预付工程款”“其他预付款”等明细科目，进行明细核算。

预付账款的主要账务处理如下。

1）根据购货、服务合同或协议规定预付款项时，按照预付金额，借记本科目，贷记“财政拨款收入”“零余额账户用款额度”“银行存款”等科目。

2）收到所购资产或服务时，按照购入资产或服务的成本，借记“库存物品”“固定资产”“无形资产”“业务活动费用”等相关科目；按照相关预付账款的账面余额，贷记本科目；按照实际补付的金额，贷记“财政拨款收入”“零余额账户用款额度”“银行存款”等科目。涉及增值税业务的，相关账务处理参见“应交增值税”科目。根据工程进度结算工程价款及备料款时，按照结算金额，借记“在建工程”科目；按照相关预付账款的账面余额，贷记本科目；按照实际补付的金额，贷记“财政拨款收入”“零余额账户用款额度”“银行存款”等科目。

3）发生预付账款退回的，按照实际退回金额，借记“财政拨款收入”[本年直接支付]、“财政应返还额度”[以前年度直接支付]、“零余额账户用款额度”、“银行存款”等科目，贷记本科目。

4）单位应当于每年年末，对预付账款进行全面检查。有确凿证据表明预付账款不再符合预付款项性质，或者因供应单位破产、撤销等原因可能无法收到所购货物、服务的，应当先将其转入其他应收款，再按照规定进行处理。将预付账款账面余额转入其他应收款时，借记“其他应收款”科目，贷记本科目。

【例 10.11】某行政单位发生下列预付账款业务。

向甲公司订购办公用品，双方约定该行政单位预付 50 000 元定金，采用财政授权方式通过单位零余额账户支付。3 天后，收到甲公司发来的办公用品及发票，含增值税的价款为 65 000 元。开出转账支票，补足货款 15 000 元。

1）预付货款时：

科目	借方	贷方
借：预付账款	50 000	
贷：零余额账户用款额度		50 000
借：行政支出	50 000	
贷：资金结存——零余额账户用款额度		50 000

2）收到材料时：

科目	借方	贷方
借：库存物品	65 000	
贷：预付账款		65 000

3）补付货款时：

科目	借方	贷方
借：预付账款	15 000	
贷：银行存款		15 000
借：行政支出	15 000	
贷：资金结存——货币资金		15 000

（五）其他应收款

其他应收款是指单位除财政应返还额度、应收票据、应收账款、预付账款、应收股利、应收利息以外的其他各项应收及暂付款项，如职工预借的差旅费、已经偿还银行尚未报销的本单位公务卡欠款、拨付给内部有关部门的备用金、应向职工收取的各种垫付款项、支付的可以收回的订金或押金、应收的上级补助和附属单位上缴款项等。

为了反映和监督其他应收款的发生和结存情况，应设置“其他应收款”总账科目。本科目属于资产类，其借方登记单位应收的其他应收款项，贷方登记已收回的各项款项，期末借方余额反映单位尚未收回的其他应收款。本科目应当按照其他应收款的类别及债务单位（或个人）进行明细核算。

其他应收款的主要账务处理如下。

1）发生其他各种应收及暂付款项时，按照实际发生金额，借记本科目，贷记“零余额账户用款额度”“银行存款”“库存现金”“上级补助收入”“附属单位上缴收入”等科目。涉及增值税业务的，相关账务处理参见“应交增值税”科目。

2）收回其他各种应收及暂付款项时，按照收回的金额，借记“库存现金”“银行存款”等科目，贷记本科目。偿还尚未报销的本单位公务卡欠款时，按照偿还的款项，借记本科目，贷记“零余额账户用款额度”“银行存款”等科目；持卡人报销时，按照报销金额，借记“业务活动费用”“单位管理费用”等科目，贷记本科目。

3）单位内部实行备用金制度的，有关部门使用备用金以后应当及时到财务部门报销并补足备用金。财务部门核定并发放备用金时，按照实际发放金额，借记本科目，贷记“库存现金”等科目。根据报销金额用现金补足备用金定额时，借记“业务活动费用”“单位管理费用”等科目，贷记“库存现金”等科目，报销数和拨补数都不再通过本科目核算。

4）事业单位应当于每年年末，对其他应收款进行全面检查，如发生不能收回的迹象，应当计提坏账准备。①对于账龄超过规定年限、确认无法收回的其他应收款，按照规定报经批准后予以核销。按照核销金额，借记“坏账准备”科目，贷记本科目。核销的其他应收款应当在备查簿中保留登记。②已核销的其他应收款在以后期间又收回的，按照实际收回金额，借记本科目，贷记“坏账准备”科目；同时，借记“银行存款”等科目，贷记本科目。

5）行政单位应当于每年年末，对其他应收款进行全面检查。对于超过规定年限、确认无法收回的其他应收款，应当按照有关规定报经批准后予以核销。核销的其他应收款应在备查簿中保留登记。①经批准核销其他应收款时，按照核销金额，借记“资产处置费用”科目，贷记本科目。②已核销的其他应收款在以后期间又收回的，按照收回金额，借记“银行存款”等科目，贷记“其他收入”科目。

将预付账款账面余额转入其他应收款时，借记本科目，贷记“预付账款”科目。具体说明参见“预付账款”科目。

【例 10.12】某事业单位发生下列其他应收款业务。

1）收到保险公司赔偿款 10 000 元。

借：银行存款	10 000	
贷：其他应收款——保险公司		10 000
借：资金结存——货币资金	10 000	
贷：其他预算收入		10 000

2）职工王明出差，预借差旅费现金 1 000 元。

借：其他应收款——王明	1 000	

贷：库存现金 1 000

王明出差归来报账，报销差旅费 850 元，交回现金 150。

借：库存现金 150

业务活动经费 850

贷：其他应收款——王明 1 000

借：事业支出 850

贷：资金结存——货币资金 850

3）财务部门向内部某部门发放备用金 2 000 元。

借：其他应收款——备用金 2 000

贷：库存现金 2 000

4）应收回的押金 20 000 元逾期 3 年，有确凿证据表明确实无法收回，申请核销。

借：坏账准备 20 000

贷：其他应收款 20 000

同时，在备查账簿登记申请核销的其他应收款。

核销后又收回该款项时：

借：其他应收款 20 000

贷：坏账准备 20 000

借：银行存款 20 000

贷：其他应收款 20 000

借：资金结存——货币资金 20 000

贷：其他预算收入 20 000

【例 10.13】某行政单位发生下列其他应收款业务。

1）为职工代垫水电费 20 000 元，之后从职工工资中扣除该代垫款项。

代垫水电费时：

借：其他应收款 20 000

贷：银行存款 20 000

从职工工资中扣除代垫款项时：

借：应付职工薪酬 20 000

贷：其他应收款 20 000

借：行政支出 20 000

贷：资金结存——货币资金 20 000

2）应收回的押金 10 000 元逾期 3 年，有确凿证据表明确实无法收回，申请核销。

借：资产处置费用 10 000

贷：其他应收款 10 000

同时，在备查账簿登记申请核销的其他应收款。

核销后又收回该款项时：

借：银行存款 10 000

贷：其他收入 10 000

借：资金结存——货币资金 10 000

贷：其他预算收入 10 000

四、存货

（一）存货的概念

存货是指单位在开展业务活动及其他活动中为耗用或出售而储存的资产，如材料、产品、包装物和低值易耗品等，以及未达到固定资产标准的用具、装具、动植物等。已完成的测绘、地质勘查、设计成果等的成本，也属于存货。

单位随买随用的零星办公用品，可以在购进时直接列作费用，不作为存货核算。

由于这些物品处于经常性的耗用和重置之中，具有明显的流动性特点，因此它们是以实物形式存在的流动资产。其金额往往占流动资产的相当比例，是单位流动资产的重要组成部分。凡是在盘存日，占有权或者使用权属于单位的材料、燃料、包装物和低值易耗品等，不管其存放地点如何，都属于单位的存货。相反，如果上述物品的占有权或者使用权已经转移，即使这些物品还放置在单位的仓库内，也不能作为该单位的存货。单位控制的政府储备物资，属于政府储备物资，不属于存货；单位受托存储保管的物资和受托转赠的物资，属于受托代理资产，不属于存货；单位为在建工程购买和使用的材料物资，属于工程物资，不属于存货。

（二）存货的确认

符合存货概念，同时满足以下两个条件的资产，应当确认为存货：①与该存货有关的服务潜力很可能实现或者经济利益很可能流入单位；②该存货的成本或者价值能够可靠地计量。

（三）存货的初始计量

存货取得时应当按照成本进行初始计量。

为了核算单位采购材料等物资时货款已付或已开出商业汇票但尚未验收入库的在途物品的采购成本，应设置“在途物品”总账科目。本科目属于资产类，其借方登记单位已付款或已开出商业汇票但尚未验收入库的存货的采购成本，贷方登记已验收入库的存货的采购成本，期末借方余额反映单位在途物品的采购成本。本科目可按照供应单位和物品种类进行明细核算。

为了核算单位在开展业务活动及其他活动中为耗用或出售而储存的各种材料、产品、包装物、低值易耗品，以及达不到固定资产标准的用具、装具、动植物等的成本，应设置“库存物品”总账科目。本科目属于资产类，其借方登记单位已验收入库的存货的采购成本，贷方登记发出存货的采购成本，期末借方余额反映单位库存物品的实际成本。本科目应当按照库存物品的种类、规格、保管地点等进行明细核算。单位储存的低值易耗品、包装物较多的，可以在本科目（低值易耗品、包装物）下按照“在库”“在用”“摊销”等进行明细核算。

为了核算单位自制或委托外单位加工的各种物品的实际成本，应设置“加工物品”总账科目。本科目属于资产类，其借方登记单位正在加工存货的实际成本，贷方登记加工完成存货的实际成本，期末借方余额反映单位自制或委托外单位加工但尚未完工的各种物品的实际成本。本科目应当设置“自制物品”“委托加工物品”两个一级明细科目，并按照物品类别、品种、项目等设置明细账，进行明细核算。未完成的测绘、地质勘查、设计成果的实际成本，也通过本科目核算。

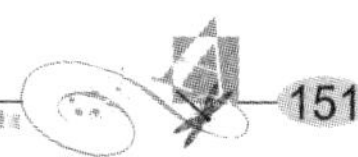

存货的取得方式不同，成本包含的内容也不同。

1）购入的存货，其成本包括购买价款、相关税费、运输费、装卸费、保险费，以及使存货达到目前场所和状态所发生的归属于存货成本的其他支出。

单位购入材料等物品，按照确定的物品采购成本的金额，借记“在途物品”科目，按照实际支付的金额，贷记“财政拨款收入”“零余额账户用款额度”“银行存款”等科目。涉及增值税业务的，相关账务处理参见“应交增值税”科目。所购材料等物品到达验收入库，按照确定的库存物品成本金额，借记“库存物品”科目；按照物品采购成本金额，贷记“在途物品”科目；按照使入库物品达到目前场所和状态所发生的其他支出，贷记“银行存款”等科目。

2）自行加工的存货，其成本包括耗用的直接材料费用、发生的直接人工费用和按照一定方法分配的与存货加工有关的间接费用。

为自制物品领用材料等，按照材料成本，借记“加工物品——自制物品（直接材料）”科目，贷记“库存物品”科目。专门从事物品制造的人员发生的直接人工费用，按照实际发生的金额，借记“加工物品——自制物品（直接人工）”科目，贷记“应付职工薪酬”科目。为自制物品发生的其他直接费用，按照实际发生的金额，借记“加工物品——自制物品（其他直接费用）”科目，贷记“零余额账户用款额度”“银行存款”等科目。为自制物品发生的间接费用，按照实际发生的金额，借记“加工物品——自制物品（间接费用）”科目，贷记“零余额账户用款额度”“银行存款”“应付职工薪酬”“固定资产累计折旧”“无形资产累计摊销”等科目。已经制造完成并验收入库的物品，按照所发生的实际成本（包括耗用的直接材料费用、直接人工费用、其他直接费用和分配的间接费用），借记“库存物品”科目，贷记“加工物品——自制物品”科目。

间接费用一般按照生产人员工资、生产人员工时、机器工时、耗用材料的数量或成本、直接费用（直接材料和直接人工）或产品产量等进行分配。单位可根据具体情况自行选择间接费用的分配方法。分配方法一经确定，不得随意变更。

3）委托加工的存货，其成本包括委托加工前存货成本、委托加工的成本（如委托加工费及按规定应计入委托加工存货成本的相关税费等），以及使存货达到目前场所和状态所发生的归属于存货成本的其他支出。

发给外单位加工的材料等，按照其实际成本，借记“加工物品——委托加工物品”科目，贷记“库存物品”科目。支付加工费、运输费等费用，按照实际支付的金额，借记“加工物品——委托加工物品”科目，贷记“零余额账户用款额度”“银行存款”等科目。涉及增值税业务的，相关账务处理参见“应交增值税”科目。委托加工完成的材料等验收入库，按照加工前发出材料的成本和加工、运输成本等，借记“库存物品”等科目，贷记“加工物品——委托加工物品”科目。

需要注意的是：下列各项应当在发生时确认为当期费用，不计入存货成本：①非正常消耗的直接材料、直接人工和间接费用；②仓储费用（不包括在加工过程中为达到下一个加工阶段所必需的费用）；③不能归属于使存货达到目前场所和状态所发生的其他支出。

4）接受捐赠的存货，其成本按照有关凭据注明的金额加上相关税费、运输费等确定；没有相关凭据可供取得，但按规定经过资产评估的，其成本按照评估价值加上相关税费、运输费等确定；没有相关凭据可供取得也未经资产评估的，其成本比照同类或类似资产的市场价格加上相关税费、运输费等确定；没有相关凭据且未经资产评估、同类或类似资产的市场价格也无法可靠取得的，按照名义金额入账，相关税费、运输费等计入当期费用。

5）无偿调入的存货，其成本按照调出方账面价值加上相关税费、运输费等确定。

无偿调入的库存物品验收入库，按照确定的成本，借记“库存物品”科目；按照发生的相关税费、运输费等，贷记“银行存款”等科目；按照其差额，贷记“无偿调拨净资产”科目。

6）通过置换取得的存货，其成本按照换出资产的评估价值，加上支付的补价或减去收到的补价，加上为换入存货发生的其他相关支出确定。

置换换入的库存物品验收入库，按照确定的成本，借记“库存物品”科目；按照换出资产的账面余额加支付的补价或减收到的补价，贷记相关资产科目；按照置换过程中发生的其他相关支出，贷记“银行存款”等科目；按照借贷方差额，借记“资产处置费用”科目或贷记“其他收入”科目。涉及补价的，还要加上或减去补价。

7）盘盈的存货，按规定经过资产评估的，其成本按照评估价值确定；未经资产评估的，其成本按照重置成本确定。

单位随买随用的零星办公用品，可以在购进时直接列作费用。单位控制的政府储备物资，应当通过“政府储备物资”科目核算；单位受托存储保管的物资和受托转赠的物资，应当通过“受托代理资产”科目核算；单位为在建工程购买和使用的材料物资，应当通过“工程物资”科目核算，不通过存货核算。

【例 10.14】某事业单位发生下列存货取得业务。

1）属于增值税一般纳税人，购入非自用甲材料 500 千克，单价 100 元，增值税税款为 8 000 元，保险费 100 元，款项已通过银行付讫，材料尚未到达。

借：在途物品——甲材料　　50 100
　　应交增值税——应交税金（进项税额）　　8 000
　　贷：银行存款　　58 100
借：经营支出　　58 100
　　贷：资金结存——货币资金　　58 100

2）购入自用甲材料一批，款项 4 000 元（含税价），运费 50 元，款项已通过零余额账户付讫，材料已验收入库。

借：库存物品——甲材料　　4 050
　　贷：零余额账户用款额度　　4 050
借：事业支出　　4 050
　　贷：资金结存——零余额账户用款额度　　4 050

3）以政府集中采购的方式购入自用乙材料一批，款项 28 550 元（含税价），运费 250 元，都已通过财政直接支付方式，材料已由供应商交付事业单位。

借：库存物品——乙材料　　28 800
　　贷：财政拨款收入　　28 800
借：事业支出　　28 800
　　贷：财政拨款预算收入　　28 800

4）单位自行加工所用产品，该单位仅生产一种产品，生产过程中发生的费用：耗用材料 20 000 元，均为直接材料费用；耗用人工费用 50 000 元，其中直接人工 40 000 元，间接人工 10 000 元；用银行存款支付各项费用 10 000 元，其中直接费用 8 000 元，间接费用 2 000 元。期初无在产品，本期生产的产品全部生产完工入库。

发生材料费用时：

借：加工物品——自制物品（直接材料） 20 000

　　贷：库存物品 20 000

发生人工费用时：

借：加工物品——自制物品（直接人工） 40 000

　　　　　　——自制物品（间接费用） 10 000

　　贷：应付职工薪酬 50 000

发生其他费用时：

借：加工物品——自制物品（其他直接费用） 8 000

　　　　　　——自制物品（间接费用） 2 000

　　贷：银行存款 10 000

借：其他支出 10 000

　　贷：资金结存——货币资金 10 000

产品完工入库时：

借：库存物品 80 000

　　贷：加工物品——自制物品 80 000

5）接受某企业捐助一批材料物资，捐赠方提供的发票上注明的价值为 200 000 元，该事业单位支付运杂费 1 000 元，材料已经验收入库。

借：库存物品 201 000

　　贷：银行存款 1 000

　　　　捐赠收入 200 000

借：其他支出 1 000

　　贷：资金结存——货币资金 1 000

该批材料以名义金额（人民币 1 元）计量时：

借：库存物品 1

　　贷：捐赠收入 1

借：其他费用 1 000

　　贷：银行存款 1 000

借：其他支出 1 000

　　贷：资金结存——货币资金 1 000

6）无偿调入一批材料物资，对方提供的发票上注明的价值为 20 000 元，该事业单位支付运杂费 200 元，材料已经验收入库。

借：库存物品 20 200

　　贷：银行存款 200

　　　　无偿调拨净资产 20 000

借：其他支出 200

　　贷：资金结存——货币资金 200

7）置换换入一批材料物资，换出的固定资产原值为200 000元，已提折旧150 000元，该固定资产的评估价格为45 000元，另收到补价10 000元 ，支付相关费用500元。

借：库存物品 35 500
　　固定资产累计折旧 150 000
　　资产处置费用 14 500
　　银行存款 10 000
　　贷：固定资产 200 000
　　　　应缴财政款 9 500
　　　　银行存款 500
借：其他支出 500
　　贷：资金结存——货币资金 500

假定其他条件不变，事业单位支付补价10 000元时：

借：库存物品 55 500
　　固定资产累计折旧 150 000
　　资产处置费用 5 000
　　贷：固定资产 200 000
　　　　银行存款 10 500
借：其他支出 10 500
　　贷：资金结存——货币资金 10 500

（四）存货的后续计量

1. 存货的发出

存货在发出时，应当根据实际情况采用先进先出法、加权平均法或者个别计价法确定发出存货的实际成本。计价方法一经确定，不得随意变更。对于性质和用途相似的存货，应当采用相同的成本计价方法确定发出存货的成本。对于不能替代使用的存货、为特定项目专门购入或加工的存货，通常采用个别计价法确定发出存货的成本。低值易耗品、包装物的成本可以采用一次摊销法或五五摊销法。

按照领用、出售等发出物品的实际成本，借记“业务活动费用”“单位管理费用”“经营费用”“加工物品”等科目，贷记“库存物品”科目。

采用一次转销法摊销低值易耗品、包装物的，在首次领用时将其账面余额一次性摊销计入有关成本费用，借记有关科目，贷记“库存物品”科目。采用五五摊销法摊销低值易耗品、包装物的，首次领用时，将其账面余额的50%摊销计入有关成本费用，借记有关科目，贷记“库存物品”科目；使用完后，将剩余的账面余额转销计入有关成本费用，借记有关科目，贷记“库存物品”科目。

2. 存货的处置

存货等资产处置的形式按照规定包括无偿调拨、出售、出让、转让、置换、对外捐赠、报废、毁损及货币性资产损失核销等。

单位开展业务活动等领用、按照规定自主出售发出或加工发出库存物品，按照领用、出售等发出物品的实际成本，借记“业务活动费用”“单位管理费用”“经营费用”“加工物品”等科目，贷记“库存物品”科目。

经批准对外出售的库存物品（不含可自主出售的库存物品）发出时，按照库存物品的账面余额，借记“资产处置费用”科目，贷记“库存物品”科目；同时，按照收到的价款，借记“银行存款”等科目，按照处置过程中发生的相关费用，贷记“银行存款”等科目；按照其差额，贷记“应缴财政款”科目。

经批准对外捐赠的库存物品发出时，按照库存物品的账面余额和对外捐赠过程中发生的归属于捐出方的相关费用合计数，借记“资产处置费用”科目；按照库存物品账面余额，贷记“库存物品”科目；按照对外捐赠过程中发生的归属于捐出方的相关费用，贷记“银行存款”等科目。

经批准无偿调出的库存物品发出时，按照库存物品的账面余额，借记“无偿调拨净资产”科目，贷记“库存物品”科目；同时，按照无偿调出过程中发生的归属于调出方的相关费用，借记“资产处置费用”科目，贷记“银行存款”等科目。

经批准置换换出的库存物品，参照本科目有关置换换入库存物品的规定进行账务处理。

3. 存货的清查

单位应当定期对库存物品进行清查盘点，每年至少盘点一次。对于发生的库存物品盘盈、盘亏或者报废、毁损，应当先记入“待处理财产损溢”科目，按照规定报经批准后及时进行后续账务处理。

1）盘盈的库存物品，其成本按照有关凭据注明的金额确定；没有相关凭据但按照规定经过资产评估的，其成本按照评估价值确定；没有相关凭据也未经过评估的，其成本按照重置成本确定。无法采用上述方法确定盘盈的库存物品成本的，按照名义金额入账。盘盈的库存物品，按照确定的入账成本，借记“库存物品”科目，贷记“待处理财产损溢”科目。

2）盘亏或者毁损、报废的库存物品，按照待处理库存物品的账面余额，借记“待处理财产损溢”科目，贷记“库存物品”科目。

属于增值税一般纳税人的单位，若因非正常原因导致的库存物品盘亏或毁损，还应当将与该库存物品相关的增值税进项税额转出，按照其增值税进项税额，借记“待处理财产损溢”科目，贷记“应交增值税——应交税金（进项税额转出）”科目。

【例 10.15】某事业单位发生下列存货发出和处置业务。

1）领用材料 15 000 元用于专业业务活动。

	借方	贷方
借：业务活动经费	15 000	
贷：库存物品		15 000

2）自主出售一批库存物品，账面价值为 8 000 元，销售价格为 10 000 元，增值税税率为 3%，款项已收到。

	借方	贷方
借：银行存款	10 300	
贷：经营收入		10 000
应交增值税——应交税金（销项税额）		300
借：资金结存——货币资金	10 300	

贷：经营预算收入　10 300

借：经营费用　8 000

贷：库存物品　8 000

3）经批准对外出售一批材料，账面价值为4 000元，市场价格为5 000元。

借：资产处置费用　4 000

贷：库存物品　4 000

借：银行存款　5 000

贷：应缴财政款　5 000

4）经批准对外捐赠一批材料，账面价值为3 000元，捐赠方应负担的税费为300元，由银行存款账户转账支付。

借：资产处置费用　3 300

贷：库存物品　3 000

银行存款　300

借：其他支出　300

贷：资金结存——货币资金　300

5）无偿调出一批材料物资，发票上注明的价值为100 000元，材料已发出。

借：无偿调拨净资产　100 000

贷：库存物品　100 000

（五）存货的披露

单位应当在附注中披露与存货有关的下列信息：①各类存货的期初和期末账面余额；②确定发出存货成本所采用的方法；③以名义金额计量的存货名称、数量，以及以名义金额计量的理由；④其他有关存货变动的重要信息。

五、待摊费用

待摊费用是指单位已经支付，但应当由本期和以后各期分别负担的分摊期在1年以内（含1年）的各项费用，如预付航空保险费、预付租金等。

（一）待摊费用的科目设置

为了核算单位已经支付，但应当由本期和以后各期分别负担的各项费用，应设置“待摊费用”总账科目。本科目属于资产类，其借方登记已经支付尚未分摊的费用，贷方登记实际分摊的费用，期末借方余额反映单位各种已支付但尚未摊销的分摊期在1年以内（含1年）的费用。本科目应当按照待摊费用种类进行明细核算。

摊销期限在1年以上的租入固定资产改良支出和其他费用，应当通过“长期待摊费用”科目核算，不通过本科目核算。

（二）待摊费用的核算

待摊费用应当在其受益期限内分期平均摊销，如预付航空保险费应在保险期的有效期内、预付租金应在租赁期内分期平均摊销，计入当期费用。

待摊费用的主要账务处理如下。

1）发生待摊费用时，按照实际预付的金额，借记本科目，贷记“财政拨款收入”“零余额账户用款额度”“银行存款”等科目。

2）按照受益期限分期平均摊销时，按照摊销金额，借记“业务活动费用”“单位管理费用”“经营费用”等科目，贷记本科目。

3）如果某项待摊费用已经不能使单位受益，应当将其摊余金额一次全部转入当期费用。按照摊销金额，借记“业务活动费用”“单位管理费用”“经营费用”等科目，贷记本科目。

【例 10.16】某行政单位发生下列待摊费用业务。

1）预付下一年报刊费 12 000 元，通过零余额账户转账支付。

借：待摊费用　　12 000

　　贷：零余额账户用款额度　　12 000

借：行政支出　　12 000

　　贷：资金结存——零余额账户用款额度　　12 000

2）次年 1 月末，摊销当月报刊费 1 000 元。

借：业务活动经费　　1 000

　　贷：待摊费用　　1 000

第二节　非流动资产

非流动资产是指流动资产以外的资产，包括固定资产、在建工程、无形资产、长期投资，以及其他资产（政府储备物资、公共基础设施、保障性住房、文物文化资产、受托代理资产、长期待摊费用和待处理财产损溢等）。

一、固定资产

（一）固定资产的概念和分类

1. 概念

固定资产是指单位为满足自身开展业务活动或其他活动需要而控制的，使用年限超过 1 年（不含 1 年），单位价值在规定标准以上，并在使用过程中基本保持原有物质形态的资产，一般包括房屋及构筑物、专用设备、通用设备等。

单位价值虽未达到规定标准，但是使用年限超过 1 年（不含 1 年）的大批同类物资，如图书、家具、用具、装具等，应当确认为固定资产。

固定资产的概念包括以下三层含义：①固定资产的单位价值要在规定标准以上。固定资产的单位价值历来都是由国家进行统一规定的。相关财务规则中规定的固定资产标准：通用设备单位价值 1 000 元，专用设备单位价值 1 500 元。单位价值虽未达到规定标准，但耐用时间在 1 年以上的大批同类物资，作为固定资产管理。②固定资产的使用期限要在 1 年以上。与流动资产中的一次性消耗的材料和 1 年内转变为现金的其他流动资产项目不同，固定资产能够多次进行使用，且使用期限比较长，规定的使用期限要在 1 年以上，属于持久、耐用性的资产。③固定资产在使用过程中要基本保持原有物质形态。与流动资产在使用中不断改变原有物质形态，且价值一次消耗、转移或者实现不同，固定资产在使用过程中能够基本保持原有的物质形态，其价值在多次的使用中，随着固定资产的磨损程度而逐步地或者多次地消耗、转移或者实现。

2. 分类

固定资产一般分为六类：房屋及构筑物，专用设备，通用设备，文物和陈列品，图书、档案，家具、用具、装具及动植物。

1）房屋及构筑物。它是指单位拥有占有权和使用权的房屋、建筑物及其附属设施。其中，房屋包括办公用房、业务用房、库房、食堂、锅炉房等。建筑物是指房屋以外的建筑，包括各种塔、池、井、棚、场、路、围墙等。附属设施是指安装在房屋和建筑物内部的，与房屋和建筑物不可分割的各种配套设施，如电梯、水暖管道、除尘通风设备、通信设施、输电线路等。

2）专用设备。它是指单位根据业务工作的实际需要而购置或通过其他方式获得的各种具有专门性能和专业用途的设备，如学校的教学仪器、科研单位的科研设备、医院的医疗器械等。

3）通用设备。它是指单位用于业务工作的通用性、一般性设备，如服务器、台式机、防火墙、软件等计算机设备及软件，交通工具及复印机、传真机、电话机等办公设备等。

4）文物和陈列品。它是指博物馆、展览馆、纪念馆、科技馆等单位的各种文物和陈列品、展品，如古玩、字画、纪念物品、科普展品等。

5）图书、档案。它是指专业图书馆、文化馆、档案馆储藏的书籍、档案，以及单位储藏的统一管理和使用的图书与档案。具体包括各种藏书、期刊、档案、特种文献资料、缩微资料、视听资料、磁盘、光盘等。

6）家具、用具、装具及动植物。它是指单位购置或通过其他方式获得的各种家具、被服装具和特种用途动植物等，如办公桌椅、沙发、文件柜等办公家具，厨卫用具，实验用动物，警用或助残动物，名贵树木花卉等。

（二）固定资产的确认

1. 确认条件

符合固定资产概念，同时满足以下两个条件的资产，应当确认为固定资产：①与该固定资产有关的服务潜力很可能实现或者经济利益很可能流入单位；②该固定资产的成本或者价值能够可靠地计量。

通常情况下，购入、换入、接受捐赠、无偿调入不需安装的固定资产，在固定资产验收合格时确认；购入、换入、接受捐赠、无偿调入需要安装的固定资产，在固定资产安装完成交付使用时确认；自行建造、改建、扩建的固定资产，在建造完成交付使用时确认。

2. 确认固定资产应当考虑的情况

1）固定资产的各组成部分具有不同使用年限或者以不同方式为政府会计主体实现服务

潜力或提供经济利益，适用不同折旧率或折旧方法且可以分别确定各自原价的，应当分别将各组成部分确认为单项固定资产。

2）应用软件构成相关硬件不可缺少的组成部分的，应当将该软件的价值包括在所属的硬件价值中，一并确认为固定资产；不构成相关硬件不可缺少的组成部分的，应当将该软件确认为无形资产。

3）购建房屋及构筑物时，不能分清购建成本中的房屋及构筑物部分与土地使用权部分的，应当全部确认为固定资产；能够分清购建成本中的房屋及构筑物部分与土地使用权部分的，应当将其中的房屋及构筑物部分确认为固定资产，将其中的土地使用权部分确认为无形资产。

3. 后续支出的确认

固定资产在使用过程中发生的后续支出，符合确认条件的，应当计入固定资产成本；不符合确认条件的，应当在发生时计入当期费用或者相关资产成本。将发生的固定资产后续支出计入固定资产成本的，应当同时从固定资产账面价值中扣除被替换部分的账面价值。

（三）固定资产的初始计量

取得固定资产时，应当按照成本进行初始计量。

为了系统、全面地核算固定资产的增减变动和结存情况，应设置“固定资产”总账科目。本科目属于资产类，其借方登记增加固定资产的原值，贷方登记减少固定资产的原值，期末借方余额反映单位固定资产的原值。本科目应当按照固定资产类别设置二级账，按照固定资产的项目设三级账进行明细核算。

固定资产的主要账务处理如下。

1）外购的固定资产，其成本包括购买价款、相关税费，以及固定资产交付使用前所发生的可归属于该项资产的运输费、装卸费、安装费和专业人员服务费等。

以一笔款项购入多项没有单独标价的固定资产，应当按照各项固定资产同类或类似资产市场价格的比例对总成本进行分配，分别确定各项固定资产的成本。

① 购入不需安装的固定资产验收合格时，按照确定的固定资产成本，借记本科目，贷记“财政拨款收入”“零余额账户用款额度”“应付账款”“银行存款”等科目。

② 购入需要安装的固定资产，在安装完毕交付使用前通过“在建工程”科目核算，安装完毕交付使用时再转入本科目。

③ 购入固定资产扣留质量保证金的，应当在取得固定资产时，按照确定的固定资产成本，借记本科目[不需安装]或“在建工程”科目[需要安装]；按照实际支付或应付的金额，贷记“财政拨款收入”、“零余额账户用款额度”、“应付账款”[不含质量保证金]、“银行存款”等科目；按照扣留的质量保证金数额，贷记“其他应付款”[扣留期在1年以内（含1年）]或“长期应付款”[扣留期超过1年]科目。质保期满支付质量保证金时，借记“其他应付款”“长期应付款”科目，贷记“财政拨款收入”“零余额账户用款额度”“银行存款”等科目。

2）自行建造的固定资产，其成本包括该项资产至交付使用前所发生的全部必要支出。在原有固定资产基础上进行改建、扩建、修缮后的固定资产，其成本按照原固定资产账面价值加上改建、扩建、修缮发生的支出，再扣除固定资产被替换部分的账面价值后的金额确定。

为建造固定资产借入的专门借款的利息，属于建设期间发生的，计入在建工程成本；不属于建设期间发生的，计入当期费用。

已交付使用但尚未办理竣工决算手续的固定资产，应当按照估计价值入账，待办理竣工决算后再按照实际成本调整原来的暂估价值。

自行建造的固定资产交付使用时，按照在建工程成本，借记本科目，贷记“在建工程”科目。

3）接受捐赠的固定资产，其成本按照有关凭据注明的金额加上相关税费、运输费等确定；没有相关凭据可供取得，但按规定经过资产评估的，其成本按照评估价值加上相关税费、运输费等确定；没有相关凭据可供取得也未经资产评估的，其成本比照同类或类似资产的市场价格加上相关税费、运输费等确定；没有相关凭据且未经资产评估、同类或类似资产的市场价格也无法可靠取得的，按照名义金额入账，相关税费、运输费等计入当期费用。

例如，受赠的系旧的固定资产，在确定其初始入账成本时应当考虑该项资产的新旧程度。

接受捐赠的固定资产，按照确定的固定资产成本，借记本科目[不需安装]或“在建工程”科目[需安装]；按照发生的相关税费、运输费等，贷记“零余额账户用款额度”“银行存款”等科目；按照其差额，贷记“捐赠收入”科目。

接受捐赠的固定资产按照名义金额入账的，按照名义金额，借记本科目，贷记“捐赠收入”科目；按照发生的相关税费、运输费等，借记“其他费用”科目，贷记“零余额账户用款额度”“银行存款”等科目。

4）无偿调入的固定资产，其成本按照调出方账面价值加上相关税费、运输费等确定。

无偿调入的固定资产，按照确定的固定资产成本，借记本科目[不需安装]或“在建工程”科目[需安装]；按照发生的相关税费、运输费等，贷记“零余额账户用款额度”“银行存款”等科目；按照其差额，贷记“无偿调拨净资产”科目。

5）通过置换取得的固定资产，其成本按照换出资产的评估价值加上支付的补价或减去收到的补价，加上换入固定资产发生的其他相关支出确定。

置换换入的固定资产，按照确定的成本，借记本科目；按照换出资产的账面余额加支付的补价或减收到的补价，贷记相关资产科目；按照置换过程中发生的其他相关支出，贷记“银行存款”等科目；按照借贷方差额，借记“资产处置费用”科目或贷记“其他收入”科目。

6）盘盈的固定资产，按规定经过资产评估的，其成本按照评估价值确定；未经资产评估的，其成本按照重置成本确定。

7）融资租入固定资产的成本，按照租赁协议或者合同确定的租赁价款、相关税费，以及固定资产交付使用前所发生的可归属于该项资产的运输费、途中保险费、安装调试费等确定。

融资租入的固定资产，按照确定的成本，借记本科目[不需安装]或“在建工程”科目[需安装]；按照租赁协议或者合同确定的租赁付款额，贷记“长期应付款”科目；按照支付的运输费、途中保险费、安装调试费等金额，贷记“财政拨款收入”“零余额账户用款额度”“银行存款”等科目。

定期支付租金时，按照实际支付金额，借记“长期应付款”科目，贷记“财政拨款收入”“零余额账户用款额度”“银行存款”等科目。

按照规定跨年度分期付款购入固定资产的账务处理，参照融资租入固定资产。

【例 10.17】某事业单位发生下列固定资产业务。

1）购买展览品，价税合计 400 000 元，已列于当期预算，由财政直接支付。

借：固定资产　　400 000

　　贷：财政拨款收入　　400 000

借：事业支出　　400 000

　　贷：财政拨款预算收入　　400 000

2）购入需要安装的设备，用于经营活动，价税合计 400 000 元，运费 10 000 元，安装调试费 20 000 元，款项以银行存款支付；设备安装完毕投入使用。

购入时：

借：在建工程——设备投资　　410 000

　　贷：银行存款　　410 000

借：经营支出　　410 000

　　贷：资金结存——货币资金　　410 000

支付安装费用时：

借：在建工程——设备投资　　20 000

　　贷：银行存款　　20 000

借：经营支出　　20 000

　　贷：资金结存——货币资金　　20 000

安装完成交付使用时：

借：固定资产　　430 000

　　贷：在建工程——设备安装　　430 000

3）年初购入不需要安装的专用设备，用于专业业务活动，价税合计 1000 000 元，采用财政直接支付方式，根据协议支付时扣除 5%的质量保证金，如果设备在 1 年内没有质量问题，年末应向供应方支付质量保证金款项。取得设备时，根据协议支付 95%的买价，发票金额不含质量保证金。设备在年内未出现质量问题，于年末向供应商支付质量保证金。

取得设备时：

借：固定资产　　1 000 000

　　贷：财政拨款收入　　950 000

　　　　其他应付款　　50 000

借：事业支出　　950 000

　　贷：财政拨款预算收入　　950 000

年末，支付质量保证金时：

借：其他应付款　　50 000

　　贷：财政拨款收入　　50 000

借：事业支出　　50 000

　　贷：财政拨款预算收入　　50 000

4）融资租入大型设备用于经营活动，租期 10 年，租赁价款为 5 000 000 元，租赁协议约定每年年末支付租金 500 000 元。另支付运杂费 1 000 元，通过银行存款转账支付。

取得固定资产时：

借：固定资产　　5 001 000

科目	借方	贷方
贷：长期应付款		5 000 000
银行存款		1 000
借：经营支出	1 000	
贷：资金结存——货币资金		1 000

每期支付租金时：

科目	借方	贷方
借：长期应付款	500 000	
贷：银行存款		500 000
借：经营支出	500 000	
贷：资金结存——货币资金		500 000

5）接受捐赠专业图书一批，捐赠方提供的发票上注明的价值为20 000元，通过零余额账户支付运杂费200元，图书已收到。

科目	借方	贷方
借：固定资产	20 200	
贷：零余额账户用款额度		200
捐赠收入		20 000
借：其他支出	200	
贷：资金结存——零余额账户用款额度		200

该批图书以名义金额（人民币1元）计量时：

科目	借方	贷方
借：固定资产	1	
贷：捐赠收入		1
借：其他费用	200	
贷：银行存款		200
借：其他支出	200	
贷：资金结存——零余额账户用款额度		200

6）无偿调入轿车3辆，调出方的账面余额为600 000元。

科目	借方	贷方
借：固定资产	600 000	
贷：无偿调拨净资产		600 000

7）置换换入一批专业设备，换出的一项自用专利权为500 000元，已提摊销300 000元，该无形资产的评估价格为220 000元，置换过程中收到补价10 000元。

科目	借方	贷方
借：固定资产	210 000	
无形资产累计摊销	300 000	
银行存款	10 000	
贷：无形资产——专利权		500 000
应缴财政款		10 000
其他收入		10 000

（四）固定资产的后续计量

1. 固定资产的折旧

固定资产的折旧是指在固定资产的预计使用年限内，按照确定的方法对应计的折旧额进行系统分摊。单位应当对除下列各项资产以外的其他固定资产计提折旧：文物和陈列品，动植物，图书、档案，以名义金额计量的固定资产。

固定资产应计的折旧额为其成本，计提固定资产折旧时不考虑预计净残值。

单位应当对暂估入账的固定资产计提折旧，实际成本确定后不需调整原已计提的折旧额。

单位应当根据固定资产的性质和实际使用情况，合理确定其折旧年限。应当根据相关规定及固定资产的性质和使用情况，合理确定固定资产的使用年限。固定资产的使用年限一经确定，不得随意变更。省级以上财政部门、主管部门对单位固定资产折旧年限作出规定的，从其规定。确定固定资产使用年限，应当考虑下列因素：预计实现服务潜力或提供经济利益的期限、预计有形损耗和无形损耗、法律或者类似规定对资产使用的限制。固定资产因改建、扩建或修缮等原因而延长其使用年限的，应当按照重新确定的固定资产的成本及重新确定的折旧年限，重新计算折旧额。盘盈、无偿调入、接受捐赠及置换的固定资产，应当考虑该项资产的新旧程度，按照其尚可使用的年限计提折旧。

单位一般应当采用年限平均法或工作量法计提固定资产折旧。在确定固定资产的折旧方法时，应当考虑与固定资产相关的服务潜力或经济利益的预期实现方式。固定资产折旧方法一经确定，不得随意变更。

单位固定资产应当按月计提折旧，当月增加的固定资产，当月开始计提折旧；当月减少的固定资产，当月不再计提折旧。固定资产提足折旧后，无论能否继续使用，均不再计提折旧；提前报废的固定资产，也不再补提折旧。已提足折旧的固定资产，可以继续使用的，应当继续使用，规范实物管理。

为了核算单位计提的固定资产累计折旧，应当设置“固定资产累计折旧”总账科目。本科目属于资产类，其借方登记减少固定资产的累计折旧，贷方登记当期计提的固定资产累计折旧，期末贷方余额反映单位计提的固定资产折旧累计数。本科目应当按照所对应固定资产的明细分类进行明细核算。

按月计提固定资产折旧时，按照应计提折旧金额，借记“业务活动费用”“单位管理费用”“经营费用”“加工物品”“在建工程”等科目，贷记本科目。

2. 固定资产的后续支出

固定资产的后续支出是指固定资产在使用过程中发生的更新改造支出、修理费用等。

固定资产在使用过程中发生的后续支出，符合确认条件的，应当计入固定资产成本；不符合《政府会计准则第3号——固定资产》第四条规定的确认条件的，应当在发生时计入当期费用或者相关资产成本。将发生的固定资产后续支出计入固定资产成本的，应当同时从固定资产账面价值中扣除被替换部分的账面价值。

符合固定资产确认条件的后续支出，通常情况下，将固定资产转入改建、扩建时，按照固定资产的账面价值，借记“在建工程”科目，按照固定资产已计提折旧，借记“固定资产累计折旧”科目，按照固定资产的账面余额，贷记“固定资产”科目。

为增加固定资产使用效能或延长其使用年限而发生的改建、扩建等后续支出，借记“在建工程”科目，贷记“财政拨款收入”“零余额账户用款额度”“银行存款”等科目。固定资产改建、扩建等完成交付使用时，按照在建工程成本，借记本科目，贷记“在建工程”科目。

不符合固定资产确认条件的后续支出，为保证固定资产正常使用发生的日常维修等支出，借记“业务活动费用”“单位管理费用”等科目，贷记“财政拨款收入”“零余额账户用款额度”“银行存款”等科目。

3. 固定资产的处置

固定资产的处置是指按规定报经批准出售、转让、对外捐赠、无偿调出、置换换出的固定资产。

报经批准出售、转让的固定资产，按照被出售、转让固定资产的账面价值，借记“资产处置费用”科目，按照固定资产已计提的折旧，借记“固定资产累计折旧”科目，按照固定资产账面余额，贷记“固定资产”科目；同时，按照收到的价款，借记“银行存款”等科目，按照处置过程中发生的相关费用，贷记“银行存款”等科目，按照其差额，贷记“应缴财政款”科目。

报经批准对外捐赠固定资产，按照固定资产已计提的折旧，借记“固定资产累计折旧”科目，按照被处置固定资产账面余额，贷记“固定资产”科目，按照捐赠过程中发生的归属于捐出方的相关费用，贷记“银行存款”等科目，按照其差额，借记“资产处置费用”科目。

报经批准无偿调出固定资产，按照固定资产已计提的折旧，借记“固定资产累计折旧”科目，按照被处置固定资产账面余额，贷记“固定资产”科目，按照其差额，借记“无偿调拨净资产”科目；同时，按照无偿调出过程中发生的归属于调出方的相关费用，借记“资产处置费用”科目，贷记“银行存款”等科目。

报经批准置换换出固定资产，参照“库存物品”中置换换入库存物品的规定进行账务处理。固定资产处置时涉及增值税业务的，相关账务处理参见“应交增值税”科目。

4. 固定资产的清查

单位应当定期对固定资产进行清查盘点，每年至少盘点一次。对于发生的固定资产盘盈、盘亏或毁损、报废，应当先记入“待处理财产损溢”科目，按照规定报经批准后及时进行后续账务处理。

1）盘盈的固定资产，其成本按照有关凭据注明的金额确定；没有相关凭据但按照规定经过资产评估的，其成本按照评估价值确定；没有相关凭据也未经过评估的，其成本按照重置成本确定。如果无法采用上述方法确定盘盈固定资产成本的，则按照名义金额（人民币1元）入账。盘盈的固定资产，按照确定的入账成本，借记“固定资产”科目，贷记“待处理财产损溢”科目。

2）盘亏、毁损或报废的固定资产，按照待处理固定资产的账面价值，借记“待处理财产损溢”科目；按照已计提折旧，借记“固定资产累计折旧”科目；按照固定资产的账面余额，贷记“固定资产”科目。

【例 10.18】某事业单位发生下列固定资产的后续计量业务。

1）计提当月固定资产折旧 500 000 元，其中业务部门折旧费 260 000 元，行政部门及后勤折旧费 200 000 元，经营活动折旧费 40 000 元。

借：业务活动经费	260 000	
单位管理经费	200 000	
经营经费	40 000	
贷：固定资产累计折旧		500 000

2）单位对其下面的一厂房进行扩建，该厂房用于经营活动，厂房原账面价值1 000 000元，已计提折旧400 000元；扩建过程中共支付相关费用800 000元。该厂房扩建达到预定可使用状态后，可以大大地提高生产能力，延长使用年限。

将厂房转入扩建工程时：

借：在建工程 600 000
　　固定资产累计折旧 400 000
　　贷：固定资产 1 000 000

固定资产后续支出发生时：

借：在建工程 800 000
　　贷：银行存款 800 000

借：经营支出 800 000
　　贷：资金结存——货币资金 800 000

厂房达到预定可使用状态，交付使用时：

借：固定资产 1 400 000
　　贷：在建工程 1 400 000

3）单位将一台计算机出售，该计算机原价为18 000元，已提折旧10 000元。双方议定售价为9 000元，取得款项存入银行，需要缴纳180元的税费。

转入待处置资产时：

借：资产处置费用 8 000
　　固定资产累计折旧 10 000
　　贷：固定资产 18 000

实际出售时：

借：银行存款 9 000
　　贷：应缴财政款 8 820
　　　　银行存款 180

借：其他支出 180
　　贷：资金结存——货币资金 180

（五）固定资产的披露

政府会计主体应当在附注中披露与固定资产有关的下列信息：①固定资产的分类和折旧方法；②各类固定资产的使用年限、折旧率；③各类固定资产账面余额，累计折旧额，账面价值的期初、期末数及其本期变动情况；④以名义金额计量的固定资产名称、数量，以及以名义金额计量的理由；⑤已提足折旧的固定资产名称、数量等情况；⑥接受捐赠、无偿调入的固定资产名称、数量等情况；⑦出租、出借固定资产及以固定资产投资的情况；⑧固定资产对外捐赠、无偿调出、毁损等重要资产处置的情况；⑨暂估入账的固定资产账面价值变动情况。

二、在建工程

在建工程是指单位已经发生必要支出，但尚未完工交付使用的各种在建的建设项目工程，包括新建、改建、扩建、修缮及设备安装工程等。

（一）在建工程的科目设置

为了核算单位为在建工程准备的各种物资的成本，包括工程用材料、设备等，应设置“工程物资”总账科目。本科目属于资产类，其借方登记取得工程物资的成本，贷方登记发出工程物资的成本，期末借方余额反映单位为在建工程准备的各种物资的成本。本科目应当按照“库存材料”“库存设备”等工程物资类别进行明细核算。

为了核算在建工程，单位应设置“在建工程”总账科目。本科目属于资产类，其借方登记在建工程成本的增加，贷方登记因工程完工交付使用而结转的工程成本，期末借方余额反映单位尚未完工的建设项目工程发生的实际成本。本科目应当设置“建筑安装工程投资”“设备投资”“待摊投资”“其他投资”“待核销基建支出”“基建转出投资”等明细科目，并按照具体项目进行明细核算。

（二）在建工程的核算

1. 建筑安装工程投资

1）将固定资产等资产转入改建、扩建等时，按照固定资产等资产的账面价值，借记“在建工程——建筑安装工程投资”科目；按照已计提的折旧或摊销，借记“固定资产累计折旧”等科目；按照固定资产等资产的原值，贷记“固定资产”等科目。固定资产等资产改建、扩建过程中涉及替换（或拆除）原资产的某些组成部分的，按照被替换（或拆除）部分的账面价值，借记“待处理财产损溢”科目，贷记“在建工程——建筑安装工程投资”科目。

2）单位对于发包建筑安装工程，根据建筑安装工程价款结算账单与施工企业结算工程价款时，按照应承付的工程价款，借记“在建工程——建筑安装工程投资”科目；按照预付工程款余额，贷记“预付账款”科目；按照其差额，贷记“财政拨款收入”“零余额账户用款额度”“银行存款”“应付账款”等科目。

3）单位自行施工的小型建筑安装工程，按照发生的各项支出金额，借记“在建工程——建筑安装工程投资”科目，贷记“工程物资”“零余额账户用款额度”“银行存款”“应付职工薪酬”等科目。

4）工程竣工，办妥竣工验收交接手续交付使用时，按照建筑安装工程成本（含应分摊的待摊投资），借记“固定资产”等科目，贷记“在建工程——建筑安装工程投资”科目。

2. 设备投资

1）购入设备时，按照购入成本，借记“在建工程——设备投资”科目，贷记“财政拨款收入”“零余额账户用款额度”“银行存款”等科目；采用预付款方式购入设备的，有关预付款的账务处理参照本科目有关“建筑安装工程投资”明细科目的规定。

2）设备安装完毕，办妥竣工验收交接手续交付使用时，按照设备投资成本（含设备安装工程成本和分摊的待摊投资），借记“固定资产”等科目，贷记“在建工程——设备投资、建筑安装工程投资——安装工程”科目。

将不需要安装的设备和达不到固定资产标准的工具、器具交付使用时，按照相关设备、

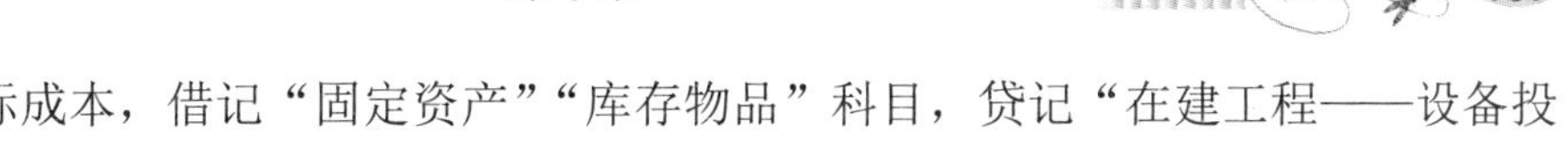

工具、器具的实际成本，借记“固定资产”“库存物品”科目，贷记“在建工程——设备投资”科目。

3. 待摊投资

建设工程发生的构成建设项目实际支出的、按照规定应当分摊计入有关工程成本和设备成本的各项间接费用和税费支出，先在本明细科目中归集；建设工程办妥竣工验收手续交付使用时，按照合理的分配方法，摊入相关工程成本、在安装设备成本等。

1）单位发生的构成待摊投资的各类费用，按照实际发生金额，借记“在建工程——待摊投资”科目，贷记“财政拨款收入”“零余额账户用款额度”“银行存款”“应付利息”“长期借款”“其他应交税费”“固定资产累计折旧”“无形资产累计摊销”等科目。

2）对于建设过程中试生产、设备调试等产生的收入，按照取得的收入金额，借记“银行存款”等科目；按照依据有关规定应当冲减建设工程成本的部分，贷记“在建工程——待摊投资”科目；按照其差额贷记“应缴财政款”或“其他收入”科目。

3）由于自然灾害、管理不善等原因造成的单项工程或单位工程报废或毁损，扣除残料价值和过失人或保险公司等赔款后的净损失，报经批准后计入继续施工的工程成本的，按照工程成本扣除残料价值和过失人或保险公司等赔款后的净损失，借记“在建工程——待摊投资”科目；按照残料变价收入、过失人或保险公司赔款等，借记“银行存款”“其他应收款”等科目；按照报废或毁损的工程成本，贷记“在建工程——建筑安装工程投资”科目。

4）工程交付使用时，按照合理的分配方法分配待摊投资，借记“在建工程——建筑安装工程投资、设备投资”科目，贷记“在建工程——待摊投资”科目。

4. 其他投资

1）单位为建设工程发生的房屋购置支出，基本畜禽、林木等的购置、饲养、培育支出，办公生活用家具、器具购置支出，软件研发和不能计入设备投资的软件购置等支出，按照实际发生金额，借记“在建工程——其他投资”科目，贷记“财政拨款收入”“零余额账户用款额度”“银行存款”等科目。

2）工程完成将形成的房屋、基本畜禽、林木等各种财产及无形资产交付使用时，按照其实际成本，借记“固定资产”“无形资产”等科目，贷记“在建工程——其他投资”科目。

5. 待核销基建支出

1）建设项目发生的江河清障、航道清淤、飞播造林、补助群众造林、水土保持、城市绿化等不能形成资产的各类待核销基建支出，按照实际发生金额，借记“在建工程——待核销基建支出”科目，贷记“财政拨款收入”“零余额账户用款额度”“银行存款”等科目。

2）取消的建设项目发生的可行性研究费，按照实际发生金额，借记“在建工程——待核销基建支出”科目，贷记“在建工程——待摊投资”科目。

3）由于自然灾害等原因发生的建设项目整体报废所形成的净损失，报经批准后转入待核销基建支出，按照项目整体报废所形成的净损失，借记“在建工程——待核销基建支出”科目；按照报废工程回收的残料变价收入、保险公司赔款等，借记“银行存款”“其他应收款”等科目；按照报废的工程成本，贷记“在建工程——建筑安装工程投资”等科目。

4）建设项目竣工验收交付使用时，对发生的待核销基建支出进行冲销，借记“资产处置费用”科目，贷记“在建工程——待核销基建支出”科目。

6. 基建转出投资

为建设项目配套而建成的、产权不归属本单位的专用设施，在项目竣工验收交付使用时，按照转出的专用设施的成本，借记“在建工程——基建转出投资”科目，贷记“在建工程——建筑安装工程投资”科目；同时，借记“无偿调拨净资产”科目，贷记“在建工程——基建转出投资”科目。

【例 10.19】某事业单位发生下列在建工程业务：单位与某建筑公司签订协议，由其承包为单位的办公楼进行修缮。办公楼的账面余额为 3 100 000 元，已提折旧 1 240 000 元，账面价值 1 860 000 元。按规定与施工企业结算工程价款，应付工程款共计 650 000 元。经过申请，工程款已经由财政部门通过直接支付方式拨付施工企业。办公楼修缮工程完成，通过工程验收。

将办公楼转入修缮时，按照办公楼的账面价值：

	借方	贷方
借：在建工程	1 860 000	
固定资产累计折旧	1 240 000	
贷：固定资产		3 100 000

与施工企业结算工程价款：

	借方	贷方
借：在建工程	650 000	
贷：财政拨款收入		650 000
借：事业支出	650 000	
贷：财政拨款预算收入		650 000

工程完工交付使用时，按照建筑工程所发生的实际成本：

	借方	贷方
借：固定资产	2 510 000	
贷：在建工程		2 510 000

三、无形资产

（一）无形资产的概念和特征

无形资产是指政府会计主体控制的没有实物形态的可辨认非货币性资产，如专利权、商标权、著作权、土地使用权、非专利技术等。

资产满足下列条件之一的，符合无形资产定义中的可辨认性标准：①能够从政府会计主体中分离或者划分出来，并能单独或者与相关合同、资产或负债一起，用于出售、转移、授予许可、租赁或者交换；②源自合同性权利或其他法定权利，无论这些权利是否可以从政府会计主体或其他权利和义务中转移或者分离。

1）专利权。专利权是指经国家专利机关审定并授予发明者在一定年限内，对其发明创造的使用和转让的权利。专利权一般包括发明专利权、实用新型专利权和外观设计专利权。专利权受法律保护，在某项专利权的有效期内，该项专利权的非持有者如需使用与之相同的原理、结构和技术用于经营，应征得该项专利持有者的同意并支付专利使用费，否则就构成侵权。

2）商标权。商标权是指在专门的某类指定商品或产品上使用特定名称或图案的权利。商标经注册登记，就获得法律上的保护。商标权及类似的商号标记等对取得消费者对某种商品的接受具有重要的意义。

3）著作权。著作权又称为版权，是指著作者或作品创造者及出版商享有在一定年限内发表、制作、出版和发行其作品的专用权利，包括发表权、署名权、修改权、保护作品完整权、使用权和获得报酬权。著作权受法律保护，未经著作权所有人许可，他人不得占有使用。

4）土地使用权。土地使用权是指土地使用者依法取得的国有土地在一定期限内享有的开发、利用、经营等活动的权利。

5）非专利技术。非专利技术是指运用先进的、未公开的，未申请专利但可以带来经济效益的技术或资料。非专利技术又称为专有技术、技术秘密、技术诀窍，它不受专利法保护，主要靠发明人自我保密的方式来维持其独占权，是一种事实上的专利权，非专利技术可以转让投资。

（二）无形资产的确认

1. 确认条件

符合无形资产概念，同时满足以下两个条件的资产，应当确认为无形资产：①与该无形资产有关的服务潜力很可能实现或者经济利益很可能流入单位；②该无形资产的成本或者价值能够可靠地计量。

在判断无形资产的服务潜力或经济利益是否很可能实现或流入时，应当对无形资产在预计使用年限内可能存在的各种社会、经济、科技因素作出合理估计，并且应当有确凿的证据支持。

政府会计主体购入的不构成相关硬件不可缺少组成部分的软件，应当确认为无形资产。

2. 自行研发无形资产的确认

单位自行研究开发项目的支出，应当区分研究阶段支出与开发阶段支出。研究是指为获取并理解新的科学或技术知识而进行的独创性的有计划调查。开发是指在进行生产或使用前，将研究成果或其他知识应用于某项计划或设计，以生产出新的或具有实质性改进的材料、装置、产品等。政府会计主体自行研究开发项目研究阶段的支出，应当于发生时计入当期费用。政府会计主体自行研究开发项目开发阶段的支出，先按合理方法进行归集，最终形成无形资产的，应当确认为无形资产；最终未形成无形资产的，应当计入当期费用。

政府会计主体自行研究开发项目尚未进入开发阶段，或者确实无法区分研究阶段支出和开发阶段支出，但按法律程序已申请取得无形资产的，应当将依法取得时发生的注册费、聘请律师费等费用确认为无形资产。

政府会计主体自创商誉及内部产生的品牌、报刊名等，不应确认为无形资产。

3. 无形资产后续支出的确认

与无形资产有关的后续支出，符合无形资产确认条件的，应当计入无形资产成本；不符合无形资产确认条件的，应当在发生时计入当期费用或者相关资产成本。

（三）无形资产的初始计量

无形资产在取得时，应当按照成本进行初始计量。

1）外购的无形资产，其成本包括购买价款、相关税费，以及可归属于该项资产达到预定用途前所发生的其他支出。

为了系统、全面地核算无形资产的增减变动和结存情况，应设置“无形资产”总账科目。本科目属于资产类，其借方登记增加无形资产的原值，贷方登记减少无形资产的原值，期末借方余额反映单位无形资产的成本。本科目应当按照无形资产的类别、项目等进行明细核算。

外购的无形资产，按照确定的成本，借记“无形资产”科目，贷记“财政拨款收入”“零余额账户用款额度”“应付账款”“银行存款”等科目。

非大批量购入、单价小于 1 000 元的无形资产，可以于购买的当期将其成本直接计入当期费用。

2）委托软件公司开发的软件，视同外购无形资产确定其成本。

合同中约定预付开发费用的，按照预付金额，借记“预付账款”科目，贷记“财政拨款收入”“零余额账户用款额度”“银行存款”等科目。软件开发完成交付使用并支付剩余或全部软件开发费用时，按照软件开发费用总额，借记“无形资产”科目；按照相关预付账款金额，贷记“预付账款”科目；按照支付的剩余金额，贷记“财政拨款收入”“零余额账户用款额度”“银行存款”等科目。

3）自行研究开发的无形资产，其成本包括自该项目进入开发阶段后至达到预定用途前所发生的支出总额。

为了核算自行研究无形资产开发项目研究阶段和开发阶段发生的各项支出，应设置“研发支出”总账科目。本科目属于资产类，其借方登记增加自行研发无形资产过程中发生的支出，贷方登记转出的研发支出，期末借方余额反映单位预计能达到预定用途的研究开发项目在开发阶段发生的累计支出数。本科目应当按照自行研究开发项目，分别“研究支出”“开发支出”进行明细核算。建设项目中的软件研发支出，应当通过“在建工程”科目核算，不通过本科目核算。

自行研究开发项目研究阶段的支出，借记“研发支出——研究支出”科目，贷记“应付职工薪酬”“库存物品”“财政拨款收入”“零余额账户用款额度”“固定资产累计折旧”“银行存款”等科目。期（月）末，应当将“研发支出”科目归集的研究阶段的支出金额转入当期费用，借记“业务活动费用”等科目，贷记“研发支出——研究支出”科目。

自行研究开发项目开发阶段的支出，借记“研发支出——开发支出”科目，贷记“应付职工薪酬”“库存物品”“财政拨款收入”“零余额账户用款额度”“固定资产累计折旧”“银行存款”等科目。自行研究开发项目完成，达到预定用途形成无形资产的，按照本科目归集的开发阶段的支出金额，借记“无形资产”科目，贷记“研发支出——开发支出”科目。

自行研究开发项目尚未进入开发阶段，或者确实无法区分研究阶段支出和开发阶段支出，但按照法律程序已申请取得无形资产的，按照依法取得时发生的注册费、聘请律师费等费用，借记“无形资产”科目，贷记“财政拨款收入”“零余额账户用款额度”“银行存款”等科目；按照依法取得前所发生的研究开发支出，借记“业务活动费用”等科目，贷记“研发支出”科目。

4）通过置换取得的无形资产，其成本按照换出资产的评估价值加上支付的补价或减去收到的补价，加上换入无形资产发生的其他相关支出确定。

置换取得的无形资产，参照“库存物品”科目中置换取得库存物品的相关规定进行账务处理。无形资产取得时涉及增值税业务的，相关账务处理参见“应交增值税”科目。

5）接受捐赠的无形资产，其成本按照有关凭据注明的金额加上相关税费确定；没有相关凭据可供取得，但按规定经过资产评估的，其成本按照评估价值加上相关税费确定；没有相关凭据可供取得也未经资产评估的，其成本比照同类或类似资产的市场价格加上相关税费确定；没有相关凭据且未经资产评估、同类或类似资产的市场价格也无法可靠取得的，按照名义金额入账，相关税费计入当期费用。

确定接受捐赠无形资产的初始入账成本时，应当考虑该项资产尚可为政府会计主体带来服务潜力或经济利益的能力。

接受捐赠的无形资产，按照确定的无形资产成本，借记“无形资产”科目，按照发生的相关税费等，贷记“零余额账户用款额度”“银行存款”等科目，按照其差额，贷记“捐赠收入”科目。接受捐赠的无形资产按照名义金额入账的，按照名义金额，借记“无形资产”科目，贷记“捐赠收入”科目；同时，按照发生的相关税费等，借记“其他费用”科目，贷记“零余额账户用款额度”“银行存款”等科目。

6）无偿调入的无形资产，其成本按照调出方账面价值加上相关税费确定。

无偿调入的无形资产，按照确定的无形资产成本，借记“无形资产”科目，按照发生的相关税费等，贷记“零余额账户用款额度”“银行存款”等科目，按照其差额，贷记“无偿调拨净资产”科目。

【例 10.20】某事业单位发生下列无形资产取得业务。

1）购入一项专利技术，用于专业业务活动，价款为 30 000 元，以零余额账户支付。

借：无形资产——专利权　　30 000

　　贷：零余额账户用款额度　　30 000

借：事业支出　　30 000

　　贷：资金结存——零余额账户用款额度　　30 000

2）为专业业务活动自行研制成功并依法申请取得了一项专利技术，与其他项目一起研发，研究阶段共发生支出为 600 000 元，开发阶段发生的支出为 300 000 元，开发阶段的支出全部符合资本化条件，款项由零余额账户支付。在申请专利过程中发生专利登记费 10 000 元、律师费 5 000 元，以银行存款支付。

研发过程中发生相关费用：

借：研发支出——研究支出　　600 000

　　　　　　——开发支出　　300 000

　　贷：零余额账户用款额度　　900 000

借：事业支出　　900 000

　　贷：资金结存——零余额账户用款额度　　900 000

研究阶段支出，月末转入当期费用：

借：业务活动费用　　600 000

　　贷：研发支出——研究支出　　600 000

开发阶段完成后转入无形资产：

借：无形资产——专利权　　300 000

　　贷：研发支出——开发支出　　300 000

申请专利过程中发生专利登记费和律师费时：

借：无形资产——专利权　　15 000

　　贷：银行存款　　15 000

借：事业支出　　15 000

　　贷：资金结存——货币资金　　15 000

3）接受专家捐赠一项专利技术，该专利技术的评估价格为20 000元，支付相关税费1 200元，通过银行转账支付。

借：无形资产——专利权　　21 200

　　贷：银行存款　　1 200

　　　　捐赠收入　　20 000

借：其他支出　　1 200

　　贷：资金结存——货币资金　　1 200

（四）无形资产的后续计量

1. 无形资产的摊销

摊销是指在无形资产使用年限内，按照确定的方法对应摊销金额进行系统分摊。

单位应当于取得或形成无形资产时合理确定其使用年限。无形资产的使用年限为有限的，应当估计该使用年限。无法预见无形资产为政府会计主体提供服务潜力或者带来经济利益期限的，应当视为使用年限不确定的无形资产。

单位应当对使用年限有限的无形资产进行摊销，但已摊销完毕仍继续使用的无形资产和以名义金额计量的无形资产除外。使用年限不确定的无形资产不应摊销。

对于使用年限有限的无形资产，政府会计主体应当按照以下原则确定无形资产的摊销年限：①法律规定了有效年限的，按照法律规定的有效年限作为摊销年限；②法律没有规定有效年限的，按照相关合同或单位申请书中的受益年限作为摊销年限；③法律没有规定有效年限、相关合同或单位申请书也没有规定受益年限的，应当根据无形资产为政府会计主体带来服务潜力或经济利益的实际情况，预计其使用年限；④非大批量购入、单价小于1 000元的无形资产，可以于购买的当期将其成本一次性全部转销。

单位应当按月对使用年限有限的无形资产进行摊销，并根据用途计入当期费用或者相关资产成本。应当采用年限平均法或者工作量法对无形资产进行摊销，应摊销金额为其成本，不考虑预计残值。

因发生后续支出而增加无形资产成本的，对于使用年限有限的无形资产，应当按照重新确定的无形资产成本及重新确定的摊销年限计算摊销额。

为了核算单位对使用年限有限的无形资产计提的累计摊销，应设置“无形资产累计摊销”总账科目。本科目属于资产类，是“无形资产”科目的抵减科目，其借方登记按月计提的摊销，贷方登记减少无形资产而转销的摊销，期末贷方余额反映单位计提的无形资产摊销累计

数。本科目应当按照所对应无形资产的明细分类进行明细核算。

按月对无形资产进行摊销时，按照应摊销金额，借记“业务活动费用”“单位管理费用”“加工物品”“在建工程”等科目，贷记本科目。

2. 无形资产的后续支出

无形资产的后续支出是指无形资产在使用过程中发生的增加无形资产使用效能的升级改造、扩展功能或日常维护等。

与无形资产有关的后续支出，应分别以下情况处理。

（1）符合无形资产确认条件的后续支出

为增加无形资产的使用效能对其进行升级改造或扩展其功能时，如需暂停对无形资产进行摊销的，则按照无形资产的账面价值，借记“在建工程”科目，按照无形资产已摊销金额，借记“无形资产累计摊销”科目，按照无形资产的账面余额，贷记“无形资产”科目。

无形资产后续支出符合无形资产确认条件的，按照支出的金额，借记“无形资产”科目[无须暂停摊销的]或“在建工程”科目[需暂停摊销的]，贷记“财政拨款收入”“零余额账户用款额度”“银行存款”等科目。

暂停摊销的无形资产升级改造或扩展功能等完成交付使用时，按照在建工程成本，借记“无形资产”科目，贷记“在建工程”科目。

（2）不符合无形资产确认条件的后续支出

为保证无形资产正常使用发生的日常维护等支出，借记“业务活动费用”“单位管理费用”等科目，贷记“财政拨款收入”“零余额账户用款额度”“银行存款”等科目。

3. 无形资产的处置

无形资产的处置是指按规定报经批准出售、转让、对外捐赠、无偿调出、置换换出的无形资产。

按照规定报经批准处置的无形资产，应当分别以下情况处理。

1）报经批准出售、转让无形资产，按照被出售、转让无形资产的账面价值，借记“资产处置费用”科目，按照无形资产已计提的摊销，借记“无形资产累计摊销”科目，按照无形资产账面余额，贷记“无形资产”科目；同时，按照收到的价款，借记“银行存款”等科目，按照处置过程中发生的相关费用，贷记“银行存款”等科目，按照其差额，贷记“应缴财政款”[按照规定应上缴无形资产转让净收入的]或“其他收入”[按照规定将无形资产转让收入纳入本单位预算管理的]科目。

2）报经批准对外捐赠无形资产，按照无形资产已计提的摊销，借记“无形资产累计摊销”科目；按照被处置无形资产账面余额，贷记“无形资产”科目；按照捐赠过程中发生的归属于捐出方的相关费用，贷记“银行存款”等科目；按照其差额，借记“资产处置费用”科目。

3）报经批准无偿调出无形资产，按照无形资产已计提的摊销，借记“无形资产累计摊销”科目；按照被处置无形资产账面余额，贷记“无形资产”科目；按照其差额，借记“无偿调拨净资产”科目。同时，按照无偿调出过程中发生的归属于调出方的相关费用，借记“资产处置费用”科目，贷记“银行存款”等科目。

4）报经批准置换换出无形资产，参照“库存物品”科目中置换换入库存物品的规定进行账务处理。

4. 无形资产的转销

无形资产预期不能为单位带来服务潜力或者经济利益的，应当在报经批准后将该无形资产的账面价值予以转销。

无形资产按照规定报经批准核销时，按照待核销无形资产的账面价值，借记“资产处置费用”科目，按照已计提摊销，借记“无形资产累计摊销”科目，按照无形资产的账面余额，贷记“无形资产”科目。

无形资产处置时涉及增值税业务的，相关账务处理参见“应交增值税”科目。

【例 10.21】某事业单位发生下列无形资产取得业务。

1）专业活动用专利权一项，原值为 360 000 元，预计有效年限为 10 年，按月计提摊销。

无形资产年摊销额=360 000/10= 36 000（元）

无形资产月摊销额= 36 000/12=3 000（元）

借：业务活动经费　　3 000

　　贷：无形资产累计摊销　　3 000

2）对一款办公用软件进行系统升级改造，升级过程不影响正常使用，通过零余额账户支付费用 200 000 元，符合无形资产确认条件。

借：无形资产　　200 000

　　贷：零余额账户用款额度　　200 000

借：事业支出　　200 000

　　贷：资金结存——零余额账户用款额度　　200 000

3）出售一项专利权，原值为 120 000 元，有效期限为 5 年，已使用 3 年。售价为 110 000 元，相关税费为 3 300 元，收取的价款已存入银行，转让收入按规定纳入本单位预算。

借：资产处置费用　　72 000

　　无形资产累计摊销　　48 000

　　贷：无形资产　　120 000

借：银行存款　　110 000

　　贷：其他收入　　106 700

　　　　银行存款　　3 300

借：资金结存——货币资金　　106 700

　　贷：其他预算收入　　106 700

4）单位 8 年前购买的特许权，原价为 18 000 元，已提摊销 14 400 元，预计未来不能为单位带来服务潜力，应予以核销。

借：资产处置费用　　3 600

　　无形资产累计摊销　　14 400

　　贷：无形资产　　18 000

（五）无形资产的披露

单位应当按照无形资产的类别在附注中披露与无形资产有关的下列信息：①无形资产账面余额，累计摊销额，账面价值的期初、期末数及其本期变动情况；②自行开发无形资产的名称、数量，以及账面余额和累计摊销额的变动情况；③以名义金额计量的无形资产名称、数量，以及以名义金额计量的理由；④接受捐赠、无偿调入无形资产的名称、数量等情况；⑤使用年限有限的无形资产，其使用年限的估计情况；使用年限不确定的无形资产，其使用年限不确定的依据；⑥无形资产出售、对外投资等重要资产处置的情况。

四、长期投资

长期投资是指事业单位依法取得的除短期投资以外的债券和股权性质的投资。长期投资分为长期债券投资和长期股权投资。

事业单位应当严格遵守国家法律、行政法规，以及财政部、主管部门有关事业单位对外投资的规定。《事业单位财务规则》规定：事业单位应当严格控制对外投资；在保证单位正常运转和事业发展的前提下，按照国家有关规定可以对外投资的，应当履行相关审批程序。事业单位不得使用财政拨款及其结余进行对外投资，不得从事股票、期货、基金、企业债券等投资，国家另有规定的除外。事业单位以非货币性资产对外投资的，应当按照国家有关规定进行资产评估，合理确定资产价值。

（一）长期债券投资

长期债券投资是指事业单位按照规定取得的，持有时间超过 1 年（不含 1 年）的债券投资。

为了核算事业单位长期债券投资成本的增减结存变化，应设置“长期债券投资”总账科目。本科目属于资产类，其借方登记取得长期债券投资的成本，贷方登记到期收回、提前转让长期债券投资的成本，期末借方余额反映事业单位持有的长期债券投资的价值。本科目应当设置“成本”和“应计利息”明细科目，并按照债券投资的种类进行明细核算。

1. 长期债券投资的取得

长期债券投资在取得时，应当按照其实际成本作为初始投资成本。

实际支付价款中包含的已到付息期但尚未领取的债券利息，应当单独确认为应收利息，不计入长期债券投资初始投资成本。

取得的长期债券投资，按照确定的投资成本，借记“长期债券投资——成本”科目；按照支付的价款中包含的已到付息期但尚未领取的利息，借记“应收利息”科目；按照实际支付的金额，贷记“银行存款”等科目。

实际收到取得债券时所支付价款中包含的已到付息期但尚未领取的利息时，借记“银行存款”科目，贷记“应收利息”科目。

2. 长期债券投资持有期间

长期债券投资持有期间，应当按期以票面金额与票面利率计算确认利息收入。对于分期付息、一次还本的长期债券投资，应当将计算确定的应收未收利息确认为应收利息，计入投资收益；对于一次还本付息的长期债券投资，应当将计算确定的应收未收利息计入投资收益，并增加长期债券投资的账面余额。

按期以债券票面金额与票面利率计算确认利息收入时，如为到期一次还本付息的债券投资，借记“长期债券投资——应计利息”科目，贷记“投资收益”科目；如为分期付息、到期一次还本的债券投资，借记“应收利息”科目，贷记“投资收益”科目。收到分期支付的利息时，按照实收的金额，借记“银行存款”等科目，贷记“应收利息”科目。

3. 出售/到期收回长期债券

按规定出售或到期收回长期债券投资，应当将实际收到的价款扣除长期债券投资账面余额和相关税费后的差额计入投资损益。

到期收回长期债券投资，按照实际收到的金额，借记“银行存款”科目；按照长期债券投资的账面余额，贷记“长期债券投资”科目；按照相关应收利息金额，贷记“应收利息”科目；按照其差额，贷记“投资收益”科目。

对外出售长期债券投资，按照实际收到的金额，借记“银行存款”科目；按照长期债券投资的账面余额，贷记“长期债券投资”科目；按照已记入“应收利息”科目但尚未收取的金额，贷记“应收利息”科目；按照其差额，贷记或借记“投资收益”科目。涉及增值税业务的，相关账务处理参见“应交增值税”科目。

事业单位进行除债券以外的其他债权投资，参照长期债券投资进行会计处理。

【例 10.22】某事业单位于 2019 年 1 月 1 日用银行存款购入 5 年期国库券 100 张，每张债券的面值为 1 000 元，票面利率为 6%，另支付手续费 200 元。该国库券每半年于利息到期后 10 天内付息一次，到期归还本金并支付最后一期利息。

购买时：

借：长期债券投资——成本　　100 200

　　贷：银行存款　　100 200

同时，按照投资成本金额：

借：投资支出　　100 200

　　贷：资金结存——货币资金　　100 200

2019 年 6 月 30 日确认利息收入：

$$利息收入=100\times1\ 000\times6\%\times6/12=3\ 000（元）$$

借：应收利息　　3 000

　　贷：投资收益　　3 000

收到利息时：

借：银行存款　　3 000

　　贷：应收利息　　3 000

借：资金结存——货币资金　　3 000

　　贷：投资预算收益　　3 000

2023 年 12 月 31 确认最后一期利息收入：

借：应收利息　　3 000

贷：投资收益 3 000

2024 年 1 月 10 日到期日收回本金和最后一期利息：

借：银行存款 103 000

投资收益 200

贷：长期债券投资——成本 100 200

应收利息 3 000

借：资金结存——货币资金 103 000

贷：投资支出 100 200

投资预算收益 2 800

（二）长期股权投资

长期股权投资是指事业单位按照规定取得的，持有时间超过 1 年（不含 1 年）的股权性质的投资。

为了核算长期股权投资成本的增减结存变化，应设置“长期股权投资”总账科目。本科目属于资产类，其借方登记取得长期股权投资的成本，贷方登记处置转出长期股权投资的成本，期末借方余额反映事业单位持有的长期股权投资的价值。本科目应当按照被投资单位和长期股权投资取得方式等进行明细核算。长期股权投资采用权益法核算的，还应当按照“成本”“损益调整”“其他权益变动”设置明细科目，进行明细核算。

1. 长期股权投资的取得

长期股权投资在取得时，应当按照其实际成本作为初始投资成本。

1）以现金取得的长期股权投资，按照确定的投资成本，借记“长期股权投资”科目或“长期股权投资——成本”科目；按照支付的价款中包含的已宣告但尚未发放的现金股利，借记“应收股利”科目；按照实际支付的全部价款，贷记“银行存款”等科目。

实际收到取得投资时所支付价款中包含的已宣告但尚未发放的现金股利时，借记“银行存款”科目，贷记“应收股利”科目。

2）以现金以外的其他资产置换取得的长期股权投资，其成本按照换出资产的评估价值加上支付的补价或减去收到的补价，加上换入长期股权投资发生的其他相关支出确定。

3）以未入账的无形资产取得的长期股权投资，按照评估价值加相关税费作为投资成本，借记“长期股权投资”科目；按照发生的相关税费，贷记“银行存款”“其他应交税费”等科目；按其差额，贷记“其他收入”科目。

4）接受捐赠的长期股权投资，其成本按照有关凭据注明的金额加上相关税费确定；没有相关凭据可供取得，但按规定经过资产评估的，其成本按照评估价值加上相关税费确定；没有相关凭据可供取得也未经资产评估的，其成本比照同类或类似资产的市场价格加上相关税费确定。

接受捐赠的长期股权投资，按照确定的成本，借记“长期股权投资”或“长期股权投资——成本”科目；按照发生的相关税费，贷记“银行存款”等科目；按照其差额，贷记“捐赠收入”科目。

5）无偿调入的长期股权投资，其成本按照调出方账面价值加上相关税费确定。

无偿调入的长期股权投资，按照确定的投资成本，借记“长期股权投资”或“长期股权投资——成本”科目；按照发生的相关税费，贷记“银行存款”等科目；按照其差额，贷记“无偿调拨净资产”科目。

【例 10.23】某事业单位发生下列长期股权投资业务。

1）2018 年 1 月，以暂时闲置资金 100 000 元投资丁公司作为长期股权投资，占甲公司股份的 5%。

借：长期股权投资——甲公司	100 000	
贷：银行存款		100 000
借：投资支出	100 000	
贷：资金结存——货币资金		100 000

2）将 2019 年 1 月购入的一台使用过的机器设备用于对乙公司的投资，双方协商作价为 900 000 元，购入被投资单位 40%的股权。该机器设备原值为 1 000 000 元，预计使用 5 年，已使用 1 年。同时，该机器的运费 2 000 元由该事业单位承担，用银行存款支付。

借：长期股权投资——乙公司——成本	902 000	
固定资产累计折旧	200 000	
贷：固定资产		10 000 000
银行存款		2 000
其他收入		100 000
借：其他支出	2 000	
贷：资金结存——货币资金		2 000

3）2020 年 1 月，用未入账的专利权对丙公司投资，占丙公司股份的 30%，该专利权的评估价值为 800 000 元，应支付相关税费 1 000 元。

借：长期股权投资——丙公司——成本	801 000	
贷：其他应交税费（或银行存款）		1 000
其他收入		800 000

2. 长期股权投资持有期间

长期股权投资在持有期间，通常应当采用权益法进行核算。单位无权决定被投资单位的财务和经营政策或无权参与被投资单位的财务和经营政策决策的，应当采用成本法进行核算。

（1）成本法

成本法是指投资按照投资成本计量的方法。在成本法下，长期股权投资的账面余额通常保持不变，但追加或收回投资时，应当相应调整其账面余额。

被投资单位宣告发放现金股利或利润时，按照应收的金额，借记“应收股利”科目，贷记“投资收益”科目。收到现金股利或利润时，按照实际收到的金额，借记“银行存款”等科目，贷记“应收股利”科目。

（2）权益法

权益法是指投资最初以投资成本计量，以后根据单位在被投资单位所享有的所有者权益份额的变动对投资的账面余额进行调整的方法。

长期股权投资持有期间，被投资单位宣告分派的现金股利或利润，政府会计主体应当按照宣告分派的现金股利或利润中属于政府会计主体应享有的份额确认为投资收益。

采用权益法的，按照如下原则进行会计处理。

1）政府会计主体取得长期股权投资后，对于被投资单位所有者权益的变动，应当按照下列规定进行处理。

按照应享有或应分担的被投资单位实现的净损益的份额，确认为投资损益，同时调整长期股权投资的账面余额。按照被投资单位宣告分派的现金股利或利润计算应享有的份额，确认为应收股利，同时减少长期股权投资的账面余额。按照被投资单位除净损益和利润分配以外的所有者权益变动的份额，确认为净资产，同时调整长期股权投资的账面余额。

被投资单位实现净利润的，按照应享有的份额，借记“长期股权投资——损益调整”科目，贷记“投资收益”科目。

被投资单位宣告分派现金股利或利润的，按照应享有的份额，借记“应收股利”科目，贷记“长期股权投资——损益调整”科目。

2）政府会计主体确认被投资单位发生的净亏损，应当以长期股权投资的账面余额减记至零为限，单位负有承担额外损失义务的除外。

被投资单位发生净亏损，但以后年度又实现净利润的，单位应当在其收益分享额弥补未确认的亏损分担额等后，恢复确认投资收益。

被投资单位发生净亏损的，按照应分担的份额，借记“投资收益”科目，贷记“长期股权投资——损益调整”科目，但以“长期股权投资”科目的账面余额减记至零为限。发生亏损的被投资单位以后年度又实现净利润的，按照收益分享额弥补未确认的亏损分担额等后的金额，借记“长期股权投资——损益调整”科目，贷记“投资收益”科目。

3）被投资单位发生除净损益和利润分配以外的所有者权益变动的，按照应享有或应分担的份额，借记或贷记“权益法调整”科目，贷记或借记“长期股权投资——其他权益变动”科目。

【例 10.24】某事业单位发生下列长期股权投资业务。

1）持有甲公司 5%的股份，无权决定也无权参与甲公司的财务和经营政策决策。2019 年末收到甲公司宣告并发放的现金股利 50 000 元。

借：应收股利　　50 000

　　贷：投资收益　　50 000

借：银行存款　　50 000

　　贷：应收股利　　50 000

借：资金结存——货币资金　　50 000

　　贷：投资预算收益　　50 000

2）持有乙公司 60%的股份，有权决定乙公司的财务和经营政策决策。2019 年年末乙公司实现净利润 3 000 000 元，除净损益和利润分配以外的所有者权益增加 100 000 元。2020 年 3 月 1 日乙公司宣告分派现金股利 1 000 000 元，4 月 15 日乙公司支付现金股利。

对乙公司实现净利润享有的份额=3 000 000×60%=1 800 000（元）

借：长期股权投资——损益调整　　1 800 000

　　贷：投资收益　　1 800 000

对乙公司除净损益和利润分配以外的所有者权益增加享有的份额=100 000×60%=60 000（元）

借：长期股权投资——其他权益变动　　60 000

　　贷：权益法调整　　60 000

对乙公司宣告发放现金股利享有的份额=1 000 000×60%=600 000（元）

借：应收股利　　600 000

　　贷：长期股权投资——损益调整　　600 000

收到现金股利时：

借：银行存款　　600 000

　　贷：应收股利　　600 000

借：资金结存——货币资金　　600 000

　　贷：投资预算收益　　600 000

3. 出售、转让长期股权投资

单位按规定报经批准处置长期股权投资，应当冲减长期股权投资的账面余额，并按规定将处置价款扣除相关税费后的余额作为应缴款项处理，或者按规定将处置价款扣除相关税费后的余额与长期股权投资账面余额的差额计入当期投资损益。

1）按照规定报经批准出售（转让）长期股权投资时，应当区分长期股权投资取得方式分别进行处理。

① 处置以现金取得的长期股权投资，按照实际取得的价款，借记“银行存款”等科目；按照被处置长期股权投资的账面余额，贷记“长期股权投资”科目；按照尚未领取的现金股利或利润，贷记“应收股利”科目；按照发生的相关税费等支出，贷记“银行存款”等科目，按照借贷方差额，借记或贷记“投资收益”科目。

② 处置以现金以外的其他资产取得的长期股权投资，按照被处置长期股权投资的账面余额，借记“资产处置费用”科目，贷记“长期股权投资”科目。同时，按照实际取得的价款，借记“银行存款”等科目；按照尚未领取的现金股利或利润，贷记“应收股利”科目；按照发生的相关税费等支出，贷记“银行存款”等科目；按照贷方差额，贷记“应缴财政款”科目。按照规定将处置时取得的投资收益纳入本单位预算管理的，应当按照所取得价款大于被处置长期股权投资账面余额、应收股利账面余额和相关税费支出合计的差额，贷记“投资收益”科目。

2）因被投资单位破产清算等原因，有确凿证据表明长期股权投资发生损失，按照规定报经批准后予以核销时，按照予以核销的长期股权投资的账面余额，借记“资产处置费用”科目，贷记“长期股权投资”科目。

3）报经批准置换转出长期股权投资时，参照“库存物品”科目中置换换入库存物品的规定进行账务处理。

4）采用权益法核算的长期股权投资的处置，除进行上述账务处理外，还应结转原直接计入净资产的相关金额，借记或贷记“权益法调整”科目，贷记或借记“投资收益”科目。

4. 成本法与权益法的转换

单位因处置部分长期股权投资等原因无权再决定被投资单位的财务和经营政策或者参

与被投资单位的财务和经营政策决策的，应当对处置后的剩余股权投资改按成本法核算，并以该剩余股权投资在权益法下的账面余额作为按照成本法核算的初始投资成本。其后，被投资单位宣告分派现金股利或利润时，属于已计入投资账面余额的部分，作为成本法下长期股权投资成本的收回，冲减长期股权投资的账面余额。

单位因追加投资等原因对长期股权投资的核算从成本法改为权益法的，应当自有权决定被投资单位的财务和经营政策或者参与被投资单位的财务和经营政策决策时，按成本法下长期股权投资的账面余额加上追加投资的成本作为按照权益法核算的初始投资成本。

【例 10.25】某事业单位发生下列长期股权投资业务。

1）转让对甲公司的长期股权投资，单位无权决定也无权参与甲公司的财务和经营政策决策。账面余额 100 000 元，取得价款 120 000 元，支付相关税费 10 000 元，款项已由银行收妥。

科目	借方	贷方
借：银行存款	120 000	
贷：长期股权投资——甲公司		100 000
银行存款		10 000
投资收益		10 000
借：资金结存——货币资金	110 000	
贷：投资支出		100 000
投资预算收益		10 000

2）出售对丙公司的长期股权投资，单位有权决定参与丙公司的财务和经营政策决策。账面价值为 951 000 元，其中成本为 801 000 元，损益调整为 100 000 元，其他权益变动为 50 000 元。售价 1 000 000 元，款项已由银行收妥。

科目	借方	贷方
借：资产处置费用	951 000	
贷：长期股权投资——丙公司——成本		801 000
——丙公司——损益调整		100 000
——丙公司——其他权益变动		50 000
借：银行存款	1 000 000	
贷：投资收益		49 000
应缴财政款		951 000
借：资金结存——货币资金	49 000	
贷：投资预算收益		49 000

五、其他资产

（一）政府储备物资

1. 概念

政府储备物资是指单位为满足实施国家安全与发展战略、进行抗灾救灾、应对公共突发事件等特定公共需求而控制的，同时具有下列特征的有形资产：①在应对可能发生的特定事件或情形时动用；②其购入、存储保管、更新（轮换）、动用等由政府及相关部门发布的专门管理制度规范。

政府储备物资包括战略及能源物资、抢险救灾物资、农产品、医药物资和其他重要商品物资，通常情况下由政府会计主体委托承储单位存储。

负责采购并拥有储备物资调拨权力的单位（简称采购单位）将政府储备物资交由其他单位（简称代储单位）代为储存的，由采购单位通过本科目核算政府储备物资，代储单位将受托代储的政府储备物资作为受托代理资产核算。

2. 核算

为了核算单位控制的政府储备物资的成本，应设置“政府储备物资”总账科目。本科目属于资产类，其借方登记单位控制的政府储备物资的成本，贷方登记发出的政府储备物资的成本，期末借方余额反映政府储备物资的成本。本科目应当按照政府储备物资的种类、品种、存放地点等进行明细核算。单位根据需要，可在本科目下设置“在库”“发出”等明细科目进行明细核算。

（1）取得的核算

政府储备物资取得时，应当按照其成本入账。购入的政府储备物资验收入库，按照确定的成本，借记“政府储备物资”科目，贷记“财政拨款收入”“零余额账户用款额度”“银行存款”等科目。涉及委托加工政府储备物资业务的，相关账务处理参照“加工物品”科目。接受捐赠的政府储备物资验收入库，按照确定的成本，借记“政府储备物资”科目；按照单位承担的相关税费、运输费等，贷记“零余额账户用款额度”“银行存款”等科目；按照其差额，贷记“捐赠收入”科目。接受无偿调入的政府储备物资验收入库，按照确定的成本，借记“政府储备物资”科目；按照单位承担的相关税费、运输费等，贷记“零余额账户用款额度”“银行存款”等科目；按照其差额，贷记“无偿调拨净资产”科目。

（2）发出的核算

因动用而发出无须收回的政府储备物资的，按照发出物资的账面余额，借记“业务活动费用”科目，贷记“政府储备物资”科目。因动用而发出需要收回或者预期可能收回的政府储备物资的，在发出物资时，按照发出物资的账面余额，借记“政府储备物资——发出”科目，贷记“政府储备物资——在库”科目。按照规定的质量验收标准收回物资时，按照收回物资原账面余额，借记“政府储备物资——在库”科目；按照未收回物资的原账面余额，借记“业务活动费用”科目；按照物资发出时登记在本科目所属“发出”明细科目中的余额，贷记“政府储备物资——发出”科目。

因行政管理主体变动等原因而将政府储备物资调拨给其他主体的，按照无偿调出政府储备物资的账面余额，借记“无偿调拨净资产”科目，贷记“政府储备物资”科目。

对外销售政府储备物资并将销售收入纳入单位预算统一管理的，发出物资时，按照发出物资的账面余额，借记“业务活动费用”科目，贷记“政府储备物资”科目；实现销售收入时，按照确认的收入金额，借记“银行存款”“应收账款”等科目，贷记“事业收入”等科目。对外销售政府储备物资并按照规定将销售净收入上缴财政的，发出物资时，按照发出物资的账面余额，借记“资产处置费用”科目，贷记“政府储备物资”科目。取得销售价款时，按照实际收到的款项金额，借记“银行存款”等科目；按照发生的相关税费，贷记“银行存款”等科目；按照销售价款大于所承担的相关税费后的差额，贷记“应缴财政款”科目。

（3）清查的核算

单位应当定期对政府储备物资进行清查盘点，每年至少盘点一次。对于发生的政府储备物资盘盈、盘亏或者报废、毁损，应当先记入“待处理财产损溢”科目，按照规定报经批准后及时进行后续账务处理。

盘盈的政府储备物资，按照确定的入账成本，借记“政府储备物资”科目，贷记“待处理财产损溢”科目。

盘亏或者毁损、报废的政府储备物资，按照待处理政府储备物资的账面余额，借记“待处理财产损溢”科目，贷记“政府储备物资”科目。

对政府储备物资不负有行政管理职责但接受委托具体负责执行其存储保管等工作的单位，其受托代储的政府储备物资应当通过“受托代理资产”科目核算，不通过“政府储备物资”科目核算。

【例 10.26】某行政单位发生下列政府储备物资业务。

1）收到政府储备的粮食，成本为 1 000 000 元，通过财政零余额账户直接支付。

借：政府储备物资　　1 000 000

　　贷：财政拨款收入——财政直接支付　　1 000 000

2）因动用需要发出且无须收回的政府储备粮食 300 000 元。

借：业务活动费用　　300 000

　　贷：政府储备物资　　300 000

（二）公共基础设施

1. 概念

公共基础设施是指政府会计主体为满足社会公共需求而控制的，同时具有以下特征的有形资产：①是一个有形资产系统或网络的组成部分；②具有特定用途；③一般不可移动。

公共基础设施主要包括市政基础设施（如城市道路、桥梁、隧道、公交场站、路灯、广场、公园绿地、室外公共健身器材，以及环卫、排水、供水、供电、供气、供热、污水处理、垃圾处理系统等），交通基础设施（如公路、航道、港口等），水利基础设施（如大坝、堤防、水闸、泵站、渠道等）和其他公共基础设施。

2. 核算

为了核算单位控制的公共基础设施的原值，应设置“公共基础设施”总账科目。本科目为资产类科目，其借方登记单位控制的公共基础设施的成本，贷方登记对外捐赠或无偿调出的公共基础设施的成本，期末借方余额反映公共基础设施的原值。本科目应当按照公共基础设施的类别、项目等进行明细核算。

为了核算单位计提的公共基础设施累计折旧和累计摊销，应设置“公共基础设施累计折旧（摊销）”总账科目。本科目属于资产类，是“公共基础设施”科目的抵减科目，其借方登记按月计提的折旧和摊销，贷方登记减少公共基础设施而转销的折旧和摊销，期末贷方余额反映单位计提的公共基础设施折旧和摊销的累计数。本科目应当按照所对应公共基础设施的明细分类进行明细核算。

（1）取得的核算

取得公共基础设施时，应当按照其成本入账。

1）自行建造的公共基础设施完工交付使用时，按照在建工程的成本，借记“公共基础设施”科目，贷记“在建工程”科目。已交付使用但尚未办理竣工决算手续的公共基础设施，按照估计价值入账，待办理竣工决算后再按照实际成本调整原来的暂估价值。

2）接受其他单位无偿调入的公共基础设施，按照确定的成本，借记“公共基础设施”科目，按照发生的归属于调入方的相关费用，贷记“财政拨款收入”“零余额账户用款额度”“银行存款”等科目，按照其差额，贷记“无偿调拨净资产”科目。无偿调入的公共基础设施成本无法可靠取得的，按照发生的相关税费、运输费等金额，借记“其他费用”科目，贷记“财政拨款收入”“零余额账户用款额度”“银行存款”等科目。

3）接受捐赠的公共基础设施，按照确定的成本，借记“公共基础设施”科目；按照发生的相关费用，贷记“财政拨款收入”“零余额账户用款额度”“银行存款”等科目；按照其差额，贷记“捐赠收入”科目。接受捐赠的公共基础设施成本无法可靠取得的，按照发生的相关税费等金额，借记“其他费用”科目，贷记“财政拨款收入”“零余额账户用款额度”“银行存款”等科目。

4）外购的公共基础设施，按照确定的成本，借记“公共基础设施”科目，贷记“财政拨款收入”“零余额账户用款额度”“银行存款”等科目。

5）对于成本无法可靠取得的公共基础设施，单位应当设置备查簿进行登记，待成本能够可靠确定后按照规定及时入账。

（2）折旧与摊销的核算

按月计提公共基础设施折旧时，按照应计提的折旧额，借记“业务活动费用”科目，贷记“公共基础设施累计折旧（摊销）”科目。

按月对确认为公共基础设施的单独计价入账的土地使用权进行摊销时，按照应计提的摊销额，借记“业务活动费用”科目，贷记“公共基础设施累计折旧（摊销）”科目。

（3）与公共基础设施有关的后续支出

将公共基础设施转入改建、扩建时，按照公共基础设施的账面价值，借记“在建工程”科目；按照公共基础设施已计提折旧，借记“公共基础设施累计折旧（摊销）”科目；按照公共基础设施的账面余额，贷记“公共基础设施”科目。

为增加公共基础设施使用效能或延长其使用年限而发生的改建、扩建等后续支出，借记“在建工程”科目，贷记“财政拨款收入”“零余额账户用款额度”“银行存款”等科目。公共基础设施改建、扩建完成，竣工验收交付使用时，按照在建工程成本，借记“公共基础设施”科目，贷记“在建工程”科目。

为保证公共基础设施正常使用发生的日常维修等支出，借记“业务活动费用”“单位管理费用”等科目，贷记“财政拨款收入”“零余额账户用款额度”“银行存款”等科目。

（4）处置的核算

报经批准对外捐赠公共基础设施，按照公共基础设施已计提的折旧或摊销，借记“公共基础设施累计折旧（摊销）”科目；按照被处置公共基础设施账面余额，贷记“公共基础设施”科目；按照捐赠过程中发生的归属于捐出方的相关费用，贷记“银行存款”等科目；按照其差额，借记“资产处置费用”科目。

报经批准无偿调出公共基础设施，按照公共基础设施已计提的折旧或摊销，借记“公共基础设施累计折旧（摊销）”科目；按照被处置公共基础设施账面余额，贷记“公共基础设施”科目；按照其差额，借记“无偿调拨净资产”科目。同时，按照无偿调出过程中发生的归属于调出方的相关费用，借记“资产处置费用”科目，贷记“银行存款”等科目。

（5）清查的核算

应当定期对公共基础设施进行清查盘点。对于发生的公共基础设施盘盈、盘亏、毁损或报废，应当先记入“待处理财产损溢”科目，按照规定报经批准后及时进行后续账务处理。

【例 10.27】某行政单位发生下列公共基础设施业务。

1）根据市政规划自行建造市民广场，该项公共基础设施至交付使用前所完成的必要支出为 3 600 000 元。

	借方	贷方
借：公共基础设施	3 600 000	
贷：在建工程		3 600 000

2）对市民广场计提折旧，当月折旧额为 10 000 元。

	借方	贷方
借：业务活动费用	10 000	
贷：公共基础设施累计折旧（摊销）		10 000

3）按规定将本单位管理的室外健身器材一批无偿调出，该批器材账面余额为 200 000 元，已提折旧 80 000 元，另通过银行转账支付运输费 2 000 元。

	借方	贷方
借：无偿调拨净资产	120 000	
公共基础设施累计折旧（摊销）	80 000	
贷：公共基础设施		200 000
借：资产处置费用	2 000	
贷：银行存款		2 000
借：其他支出	2 000	
贷：资金结存——货币资金		2 000

（三）保障性住房

保障性住房是指单位为满足社会公共需求而控制的保障性住房。

为了核算保障性住房的情况，应设置“保障性住房”总账科目。本科目属于资产类，其借方登记购入、自行建造、接受捐赠、无偿调入等渠道增加的保障性住房的原值，贷方登记经批准无偿调出或出售的保障性住房的原值，期末借方余额反映保障性住房的原值。本科目应当按照保障性住房的类别、项目等进行明细核算。

为了核算单位计提的保障性住房的累计折旧，应设置“保障性住房累计折旧”总账科目。本科目属于资产类，是“保障性住房”科目的抵减科目，其借方登记按月计提的折旧，贷方登记减少保障性住房而转销的折旧，期末贷方余额反映单位计提的保障性住房折旧累计数。本科目应当按照所对应保障性住房的类别进行明细核算。

1）取得的核算。保障性住房在取得时，应当按其成本入账。

外购的保障性住房，其成本包括购买价款、相关税费，以及可归属于该项资产达到预定用途前所发生的其他支出。外购的保障性住房，按照确定的成本，借记“保障性住房”科目，贷记“财政拨款收入”“零余额账户用款额度”“银行存款”等科目。

自行建造的保障性住房交付使用时，按照在建工程成本，借记“保障性住房”科目，贷记“在建工程”科目。已交付使用但尚未办理竣工决算手续的保障性住房，按照估计价值入账，待办理竣工决算后再按照实际成本调整原来的暂估价值。

接受其他单位无偿调入的保障性住房，其成本按照该项资产在调出方的账面价值加上归属于调入方的相关费用确定。无偿调入的保障性住房，按照确定的成本，借记“保障性住房”科目，按照发生的归属于调入方的相关费用，贷记“零余额账户用款额度”“银行存款”等科目，按照其差额，贷记“无偿调拨净资产”科目。

2）折旧的计提。按月计提保障性住房折旧时，按照应计提的折旧额，借记“业务活动费用”科目，贷记“保障性住房累计折旧”科目。

3）与保障性住房有关的后续支出，参照“固定资产”科目相关规定进行处理。

4）按照规定出租保障性住房并将出租收入上缴同级财政，按照收取的租金金额，借“银行存款”等科目，贷记“应缴财政款”科目。

5）按照规定报经批准处置保障性住房，应当分别以下情况处理：

① 报经批准无偿调出保障性住房，按照保障性住房已计提的折旧，借记“保障性住房累计折旧”科目，按照被处置保障性住房账面余额，贷记“保障性住房”科目，按照其差额，借记“无偿调拨净资产”科目；同时，按照无偿调出过程中发生的归属于调出方的相关费用，借记“资产处置费用”科目，贷记“银行存款”等科目。

② 报经批准出售保障性住房，按照被出售保障性住房的账面价值，借记“资产处置费用”科目，按照保障性住房已计提的折旧，借记“保障性住房累计折旧”科目，按照保障性住房账面余额，贷记“保障性住房”科目；同时，按照收到的价款，借记“银行存款”等科目，按照出售过程中发生的相关费用，贷记“银行存款”等科目，按照其差额，贷记“应缴财政款”科目。

（四）文物文化资产

文物文化资产是指单位为满足社会公共需求而控制的文物资产和文化资产。

为了核算单位文物文化资产的情况，应设置“文物文化资产”总账科目。本科目为资产类，借方登记单位控制的文物文化资产的成本，贷方登记经批准对外捐赠或无偿调出文物文化资产的成本，期末借方余额反映文物文化资产的成本。本科目应当按照文物文化资产的类别、项目等进行明细核算。

1）取得文物文化资产时，应当按照其成本入账。

① 外购的文物文化资产，其成本包括购买价款、相关税费，以及可归属于该项资产达到预定用途前所发生的其他支出（如运输费、安装费、装卸费等）。外购的文物文化资产，按照确定的成本，借记“文物文化资产”科目，贷记“财政拨款收入”“零余额账户用款额度”“银行存款”等科目。

② 接受其他单位无偿调入的文物文化资产，其成本按照该项资产在调出方的账面价值加上归属于调入方的相关费用确定。调入的文物文化资产，按照确定的成本，借记“文物文化资产”科目，按照发生的归属于调入方的相关费用，贷记“零余额账户用款额度”“银行存款”等科目，按照其差额，贷记“无偿调拨净资产”科目。无偿调入的文物文化资产成本无法可靠取得的，按照发生的归属于调入方的相关费用，借记“其他费用”科目，贷记“零

余额账户用款额度”“银行存款”等科目。

③ 接受捐赠的文物文化资产，其成本按照有关凭据注明的金额加上相关费用确定；没有相关凭据可供取得，但按照规定经过资产评估的，其成本按照评估价值加上相关费用确定；没有相关凭据可供取得也未经评估的，其成本比照同类或类似资产的市场价格加上相关费用确定。接受捐赠的文物文化资产，按照确定的成本，借记“文物文化资产”科目，按照发生的相关税费、运输费等金额，贷记“零余额账户用款额度”“银行存款”等科目，按照其差额，贷记“捐赠收入”科目。接受捐赠的文物文化资产成本无法可靠取得的，按照发生的相关税费、运输费等金额，借记“其他费用”科目，贷记“零余额账户用款额度”“银行存款”等科目。

④ 对于成本无法可靠取得的文物文化资产，单位应当设置备查簿进行登记，待成本能够可靠确定后按照规定及时入账。

2）与文物文化资产有关的后续支出，参照“公共基础设施”科目相关规定进行处理。

3）按照规定报经批准处置文物文化资产，应当分别以下情况处理：

① 报经批准对外捐赠文物文化资产，按照被处置文物文化资产账面余额和捐赠过程中发生的归属于捐出方的相关费用合计数，借记“资产处置费用”科目，按照被处置文物文化资产账面余额，贷记“文物文化资产”科目，按照捐赠过程中发生的归属于捐出方的相关费用，贷记“银行存款”等科目。

② 报经批准无偿调出文物文化资产，按照被处置文物文化资产账面余额，借记“无偿调拨净资产”科目，贷记“文物文化资产”科目；同时，按照无偿调出过程中发生的归属于调出方的相关费用，借记“资产处置费用”科目，贷记“银行存款”等科目。

4）单位应当定期对文物文化资产进行清查盘点，每年至少盘点一次。对于发生的文物文化资产盘盈、盘亏、毁损或报废等，参照“公共基础设施”科目相关规定进行账务处理。

单位为满足自身开展业务活动或其他活动需要而控制的文物和陈列品，应当通过“固定资产”科目核算，不通过“文物文化资产”科目核算。

（五）受托代理资产

受托代理资产是指单位接受委托方委托管理的各项资产，包括受托指定转赠的物资、受托存储保管的物资、罚没物资等。

为了核算单位受托代理资产的情况，应设置“受托代理资产”总账科目。本科目属于资产类，其借方登记受托代理实物资产的成本，贷方登记发出的受托代理实物资产的成本，期末借方余额反映单位受托代理资产中实物资产的成本。本科目应当按照资产的种类和委托人进行明细核算；属于转赠资产的，还应当按照受赠人进行明细核算。

1. 受托转赠物资的核算

接受委托人委托需要转赠给受赠人的物资，其成本按照有关凭据注明的金额确定。接受委托转赠的物资验收入库，按照确定的成本，借记“受托代理资产”科目，贷记“受托代理负债”科目。受托协议约定由受托方承担相关税费、运输费等的，还应当按照实际支付的相关税费、运输费等金额，借记“其他费用”科目，贷记“银行存款”等科目。

将受托转赠物资交付受赠人时，按照转赠物资的成本，借记“受托代理负债”科目，贷记“受托代理资产”科目。

转赠物资的委托人取消了对捐赠物资的转赠要求，且不再收回捐赠物资的，应当将转赠物资转为单位的存货、固定资产等。按照转赠物资的成本，借记“受托代理负债”科目，贷记“受托代理资产”科目；同时，借记“库存物品”“固定资产”等科目，贷记“其他收入”科目。

2. 受托存储保管物资的核算

接受委托人委托存储保管的物资，其成本按照有关凭据注明的金额确定。接受委托储存的物资验收入库，按照确定的成本，借记“受托代理资产”科目，贷记“受托代理负债”科目。发生由受托单位承担的与受托存储保管的物资相关的运输费、保管费等费用时，按照实际发生的费用金额，借记“其他费用”等科目，贷记“银行存款”等科目。

根据委托人要求交付或发出受托存储保管的物资时，按照发出物资的成本，借记“受托代理负债”科目，贷记“受托代理资产”科目。

3. 罚没物资的核算

取得罚没物资时，其成本按照有关凭据注明的金额确定。罚没物资验收（入库），按照确定的成本，借记“受托代理资产”科目，贷记“受托代理负债”科目。罚没物资成本无法可靠确定的，单位应当设置备查簿进行登记。

按照规定处置或移交罚没物资时，按照罚没物资的成本，借记“受托代理负债”科目，贷记“受托代理资产”科目。处置时取得款项的，按照实际取得的款项金额，借记“银行存款”等科目，贷记“应缴财政款”等科目。

单位受托代理的其他实物资产，参照本科目有关受托转赠物资、受托存储保管物资的规定进行账务处理。单位收到受托代理资产为现金和银行存款的，不通过“受托代理资产”科目核算，应当通过“库存现金”“银行存款”科目进行核算。

（六）长期待摊费用

长期待摊费用是指单位已经支出，但应由本期和以后各期负担的分摊期限在 1 年以上（不含 1 年）的各项费用，如以经营租赁方式租入的固定资产发生的改良支出等。

为了核算单位的长期待摊费用，应设置“长期待摊费用”总账科目。本科目属于资产类，其借方登记已支出但尚未分摊的长期待摊费用，贷方登记当期摊销的费用，期末借方余额反映单位尚未摊销完毕的长期待摊费用。本科目应当按照费用项目进行明细核算。

1）发生长期待摊费用时，按照支出金额，借记“长期待摊费用”科目，贷记“财政拨款收入”“零余额账户用款额度”“银行存款”等科目。

2）按照受益期间摊销长期待摊费用时，按照摊销金额，借记“业务活动费用”“单位管理费用”“经营费用”等科目，贷记“长期待摊费用”科目。

3）如果某项长期待摊费用已经不能使单位受益，应当将其摊余金额一次全部转入当期费用。按照摊销金额，借记“业务活动费用”“单位管理费用”“经营费用”等科目，贷记“长期待摊费用”科目。

（七）待处理财产损溢

待处理财产损溢是指单位在资产清查过程中查明的各种资产盘盈、盘亏和报废、毁损的价值。单位应当定期对各种资产进行清查盘点，每年至少盘点一次。对于发生的各种资产盘盈、盘亏、报废和毁损，应当先记入“待处理财产损溢”科目，按照规定报经批准后及时进行后续账务处理。年末结账前一般应处理完毕。

为了核算单位的待处理财产损溢，应设置“待处理财产损溢”总账科目。本科目属于资产类，其借方登记查明的盘亏、报废和毁损资产的价值及经批准转出盘盈资产的价值，贷方登记查明的盘盈资产的价值及经批准转出盘亏、报废和毁损资产的价值。期末如为借方余额，则反映尚未处理完毕的各种资产的净损失；期末如为贷方余额，则反映尚未处理完毕的各种资产净溢余。年末，经批准处理后，本科目一般应无余额。本科目应当按照待处理的资产项目进行明细核算；对于在资产处理过程中取得收入或发生相关费用的项目，还应当设置“待处理财产价值”“处理净收入”明细科目，进行明细核算。

1. 盘盈的各类资产

1）转入待处理资产时，按照确定的成本，借记“库存物品”“固定资产”“无形资产”“公共基础设施”“政府储备物资”“文物文化资产”“保障性住房”等科目，贷记“待处理财产损溢”科目。

2）按照规定报经批准后处理时，对于盘盈的流动资产，借记“待处理财产损溢”科目，贷记“单位管理费用”[事业单位]或“业务活动费用”[行政单位]科目。对于盘盈的非流动资产，如属于本年度取得的，按照当年新取得相关资产进行账务处理；如属于以前年度取得的，按照前期差错处理，借记“待处理财产损溢”科目，贷记“以前年度盈余调整”科目。

2. 盘亏、毁损和报废的各类资产

1）转入待处理资产时，借记“待处理财产损溢——待处理财产价值”科目[盘亏、毁损、报废固定资产、无形资产、公共基础设施、保障性住房的，还应借记“固定资产累计折旧”“无形资产累计摊销”“公共基础设施累计折旧（摊销）”“保障性住房累计折旧”科目]，贷记“库存物品”“固定资产”“无形资产”“公共基础设施”“政府储备物资”“文物文化资产”“保障性住房”“在建工程”等科目。涉及增值税业务的，相关账务处理参见“应交增值税”科目。报经批准处理时，借记“资产处置费用”科目，贷记“待处理财产损溢——待处理财产价值”科目。

2）处理毁损和报废实物资产过程中取得的残值或残值变价收入、保险理赔和过失人赔偿等，借记“库存现金”“银行存款”“库存物品”“其他应收款”等科目，贷记“待处理财产损溢——处理净收入”科目；处理毁损和报废实物资产过程中发生的相关费用，借记“待处理财产损溢——处理净收入”科目，贷记“库存现金”“银行存款”等科目。处理收支结清，如果处理收入大于相关费用的，按照处理收入减去相关费用后的净收入，借记“待处理财产损溢——处理净收入”科目，贷记“应缴财政款”等科目；如果处理收入小于相关费用的，按照相关费用减去处理收入后的净支出，借记“资产处置费用”科目，贷记“待处理财产损溢——处理净收入”科目。

【例 10.28】某行政单位年末对资产进行全面清查，发现下列账实不符。

1）盘亏办公用计算机一台，原值 100 000 元，已提累计折旧 90 000 元。

盘亏时：

借：待处理财产损溢　　10 000

　　固定资产累计折旧　　90 000

　　贷：固定资产　　100 000

经批准处理时：

借：资产处置费用　　10 000

　　贷：待处理财产损溢　　10 000

2）盘盈业务用材料一批，评估价格为 3 000 元。

盘盈时：

借：库存物品　　3 000

　　贷：待处理财产损溢　　3 000

经批准处理时：

借：待处理财产损溢　　3 000

　　贷：业务活动经费　　3 000

复　习　题

请扫描二维码，下载复习题进行练习。

第十章复习题

拓展阅读

请从财政部及相关部门网站下载以下文件进行学习。

- 《政府会计准则第 1 号——存货》
- 《政府会计准则第 2 号——投资》
- 《政府会计准则第 3 号——固定资产》
- 《政府会计准则第 3 号——固定资产》应用指南
- 《政府会计准则第 4 号——无形资产》
- 《政府会计准则第 5 号——公共基础设施》
- 《政府会计准则第 6 号——政府储备物资》

第十一章　政府财务会计负债的核算

第十一章 PPT

学习内容与要求

本章主要介绍政府财务会计负债的核算。通过学习，学生应理解政府财务会计负债的内容、计量，理解政府财务会计负债的确认，明确政府财务会计负债的核算科目，掌握政府财务会计各项负债的业务核算。

第一节　负 债 概 述

一、负债的含义

负债是指政府会计主体过去的经济业务或者事项形成的，预期会导致经济资源流出政府会计主体的现时义务。

现时义务是指政府会计主体在现行条件下已承担的义务。未来发生的经济业务或者事项形成的义务不属于现时义务，不应当确认为负债。

二、负债的分类

政府会计主体的负债按照流动性，分为流动负债和非流动负债。

流动负债是指预计在 1 年内（含 1 年）偿还的负债，包括短期借款、应付及预收款项、应付职工薪酬、应缴财政款、应交税费、预提费用等。

非流动负债是指流动负债以外的负债，包括长期借款、长期应付款、预计负债等。

三、负债的确认

符合负债定义的义务，在同时满足以下条件时，确认为负债：①履行该义务很可能导致含有服务潜力或者经济利益的经济资源流出政府会计主体；②该义务的金额能够可靠地计量。

符合负债定义和负债确认条件的项目，应当列入资产负债表。

四、负债的计量

负债的计量属性主要包括历史成本、现值和公允价值。

在历史成本计量下，负债按照因承担现时义务而实际收到的款项或者资产的金额，或者承担现时义务的合同金额，或者按照为偿还负债预期需要支付的现金计量。

在现值计量下，负债按照预计期限内需要偿还的未来净现金流出量的折现金额计量。

在公允价值计量下，负债按照市场参与者在计量日发生的有序交易中，转移负债所需支付的价格计量。

政府会计主体在对负债进行计量时，一般应当采用历史成本。采用现值、公允价值计量的，应当保证所确定的负债金额能够持续、可靠地计量。

第二节 流动负债

流动负债是指预计在1年内（含1年）偿还的负债，包括短期借款、应付及预收款项、应付职工薪酬、应缴财政款、应交税费、预提费用等。

一、短期借款

短期借款是指事业单位经批准向银行或其他金融机构等借入的期限在1年内（含1年）的各种借款。

为了核算短期借款本金的增减结存变化，应设置“短期借款”科目。本科目应当按照债权人和借款种类进行明细核算。本科目期末贷方余额反映事业单位尚未偿还的短期借款本金。

短期借款的主要账务处理如下：

1）借入各种短期借款时，按照实际借入的金额，借记“银行存款”科目，贷记本科目。

2）银行承兑汇票到期，本单位无力支付票款的，按照应付票据的账面余额，借记“应付票据”科目，贷记本科目。

3）归还短期借款时，借记本科目，贷记“银行存款”科目。

【例 11.1】某事业单位2019年6月10日向某银行借款50 000元，期限为1年，年利率为11%。

	借方	贷方
借：银行存款	50 000	
贷：短期借款		50 000
借：资金结存——货币资金	50 000	
贷：债务预算收入		50 000

二、应交增值税

应交增值税是指单位销售货物或者提供加工修理修配劳务、服务、无形资产或不动产等活动，按照税法规定当月应该交纳的增值税。按照交税主体不同，分为一般纳税人和小规模纳税人。

（一）应交增值税的科目设置

为了核算增值税缴纳情况，应设置“应交增值税”科目。本科目期末如为贷方余额，则反映单位应交未交的增值税；期末如为借方余额，则反映单位尚未抵扣或多交的增值税。

属于增值税一般纳税人的单位，应当在本科目下设置“应交税金”“未交税金”“预交税金”“待抵扣进项税额”“待认证进项税额”“待转销项税额”“简易计税”“转让金融商品应交增值税”“代扣代交增值税”等明细科目。

1）“应交税金”明细账内应当设置“进项税额”“已交税金”“转出未交增值税”“减免税款”“销项税额”“进项税额转出”“转出多交增值税”等专栏。其中：

①“进项税额”专栏，记录单位购进货物、加工修理修配劳务、服务、无形资产或不动产而支付或负担的准予从当期销项税额中抵扣的增值税税额。

②“已交税金”专栏，记录单位当月已交纳的应交增值税税额。

③“转出未交增值税”和“转出多交增值税”专栏，分别记录一般纳税人月度终了转出当月应交未交或多交的增值税税额。

④“减免税款”专栏，记录单位按照现行增值税制度规定准予减免的增值税税额。

⑤“销项税额”专栏，记录单位销售货物、加工修理修配劳务、服务、无形资产或不动产应收取的增值税税额。

⑥“进项税额转出”专栏，记录单位购进货物、加工修理修配劳务、服务、无形资产或不动产等发生的非正常损失，以及其他原因而不应从销项税额中抵扣、按照规定转出的进项税额。

2)“未交税金”明细科目，核算单位月度终了从“应交税金”或“预交税金”明细科目转入当月应交未交、多交或预缴的增值税税额，以及当月交纳以前期间未交的增值税税额。

3)“预交税金”明细科目，核算单位转让不动产、提供不动产经营租赁服务等，以及其他按照现行增值税制度规定应预缴的增值税税额。

4)“待抵扣进项税额”明细科目，核算单位已取得增值税扣税凭证并经税务机关认证，按照现行增值税制度规定准予以后期间从销项税额中抵扣的进项税额。

5)“待认证进项税额”明细科目，核算单位由于未经税务机关认证而不得从当期销项税额中抵扣的进项税额。包括：一般纳税人已取得增值税扣税凭证并按规定准予从销项税额中抵扣，但尚未经税务机关认证的进项税额；一般纳税人已申请稽核但尚未取得稽核相符结果的海关缴款书进项税额。

6)“待转销项税额”明细科目，核算单位销售货物、加工修理修配劳务、服务、无形资产或不动产，已确认相关收入（或利得）但尚未发生增值税纳税义务而需于以后期间确认为销项税额的增值税税额。

7)“简易计税”明细科目，核算单位采用简易计税方法发生的增值税计提、扣减、预缴、缴纳等业务。

8)“转让金融商品应交增值税”明细科目，核算单位转让金融商品发生的增值税税额。

9)“代扣代交增值税”明细科目，核算单位购进在境内未设经营机构的境外单位或个人在境内的应税行为代扣代缴的增值税。

属于增值税小规模纳税人的单位只需在本科目下设置“转让金融商品应交增值税”“代扣代交增值税”明细科目。

（二）应交增值税的主要账务处理

1. 单位[①]取得资产或接受劳务等业务

(1) 采购等业务进项税额允许抵扣

单位购买用于增值税应税项目的资产或服务等时，按照应计入相关成本费用或资产的金额，借记“业务活动费用”“在途物品”“库存物品”“工程物资”“在建工程”“固定资产”“无形资产”等科目，按照当月已认证的可抵扣增值税税额，借记“应交增值税——应交税金（进项税额）”科目，按照当月未认证的可抵扣增值税税额，借记“应交增值税——待认

① 没有特殊说明的，单位指“增值税一般纳税人”。

证进项税额”科目，按照应付或实际支付的金额，贷记“应付账款”“应付票据”“银行存款”“零余额账户用款额度”等科目。

发生退货的，如原增值税专用发票已作认证，应根据税务机关开具的红字增值税专用发票做相反的会计分录；如原增值税专用发票未作认证，应将发票退回并做相反的会计分录。

小规模纳税人购买资产或服务等时不能抵扣增值税，发生的增值税计入资产成本或相关成本费用。

（2）采购等业务进项税额不得抵扣

单位购进资产或服务等，用于简易计税方法计税项目、免征增值税项目、集体福利或个人消费等，其进项税额按照现行增值税制度规定不得从销项税额中抵扣的，取得增值税专用发票时，应按照增值税发票注明的金额，借记相关成本费用或资产科目；按照待认证的增值税进项税额，借记“应交增值税——待认证进项税额”科目，按照实际支付或应付的金额，贷记“银行存款”“应付账款”“零余额账户用款额度”等科目。

经税务机关认证为不可抵扣进项税时，借记“应交增值税——应交税金（进项税额）”科目，贷记“应交增值税——待认证进项税额”科目；同时，将进项税额转出，借记相关成本费用科目，贷记“应交增值税——应交税金（进项税额转出）”科目。

（3）购进不动产或不动产在建工程按照规定进项税额分年抵扣

单位取得应税项目为不动产或者不动产在建工程，其进项税额按照现行增值税制度规定自取得之日起分 2 年从销项税额中抵扣的，应当按照取得成本，借记“固定资产”“在建工程”等科目；按照当期可抵扣的增值税税额，借记“应交增值税——应交税金（进项税额）”科目，按照以后期间可抵扣的增值税税额，借记“应交增值税——待抵扣进项税额”科目；按照应付或实际支付的金额，贷记“应付账款”“应付票据”“银行存款”“零余额账户用款额度”等科目。尚未抵扣的进项税额待以后期间允许抵扣时，按照允许抵扣的金额，借记“应交增值税——应交税金（进项税额）”科目，贷记“应交增值税——待抵扣进项税额”科目。

（4）进项税额抵扣情况发生改变

单位因发生非正常损失或改变用途等，原已计入进项税额、待抵扣进项税额或待认证进项税额，但按照现行增值税制度规定不得从销项税额中抵扣的，借记“待处理财产损溢”“固定资产”“无形资产”等科目，贷记“应交增值税——应交税金（进项税额转出）”、“应交增值税——待抵扣进项税额”或“应交增值税——待认证进项税额”科目；原不得抵扣且未抵扣进项税额的固定资产、无形资产等，因改变用途等用于允许抵扣进项税额的应税项目的，应按照允许抵扣的进项税额，借记“应交增值税——应交税金（进项税额）”科目，贷记“固定资产”“无形资产”等科目。固定资产、无形资产等经上述调整后，应按照调整后的账面价值在剩余尚可使用年限内计提折旧或摊销。

单位购进时已全额计入进项税额的货物或服务等转用于不动产在建工程的，对于结转以后期间的进项税额，应借记“应交增值税——待抵扣进项税额”科目，贷记“应交增值税——应交税金（进项税额转出）”科目。

（5）购买方作为扣缴义务人

按照现行增值税制度规定，境外单位或个人在境内发生应税行为，在境内未设有经营机构的，以购买方为增值税扣缴义务人。境内一般纳税人购进服务或资产时，按照应计入相关成本费用或资产的金额，借记“业务活动费用”“在途物品”“库存物品”“工程物资”“在建工程”“固定资产”“无形资产”等科目；按照可抵扣的增值税税额，借记“应交增值税——应交税金（进项税额）”[小规模纳税人应借记相关成本费用或资产科目]；按照应付或实际支付的金额，贷记“银行存款”“应付账款”等科目；按照应代扣代缴的增值税税额，贷记“应交增值税——代扣代交增值税”科目。实际缴纳代扣代缴增值税时，按照代扣代缴的增值税税额，借记“应交增值税——代扣代交增值税”科目，贷记“银行存款”“零余额账户用款额度”等科目。

2. 单位销售货物或提供服务及金融商品转让等业务

（1）销售货物或提供服务业务

单位销售货物或提供服务，应当按照应收或已收的金额，借记“应收账款”“应收票据”“银行存款”等科目；按照确认的收入金额，贷记“经营收入”“事业收入”等科目；按照现行增值税制度规定计算的销项税额（或采用简易计税方法计算的应纳增值税税额），贷记“应交增值税——应交税金（销项税额）”或“应交增值税——简易计税”科目[小规模纳税人应贷记本科目]。发生销售退回的，应根据按照规定开具的红字增值税专用发票做相反的会计分录。

按照本制度及相关政府会计准则确认收入的时点早于按照增值税制度确认增值税纳税义务发生时点的，应将相关销项税额计入“应交增值税——待转销项税额”科目，待实际发生纳税义务时再转入“应交增值税——应交税金（销项税额）”或“应交增值税——简易计税”科目。

按照增值税制度确认增值税纳税义务发生时点早于按照本制度及相关政府会计准则确认收入时点的，应按照应纳增值税税额，借记“应收账款”科目，贷记“应交增值税——应交税金（销项税额）”或“应交增值税——简易计税”科目。

（2）金融商品转让按照规定以盈亏相抵后的余额作为销售额

金融商品实际转让月末，如产生转让收益，则按照应纳税额，借记“投资收益”科目，贷记“应交增值税——转让金融商品应交增值税”科目；如产生转让损失，则按照可结转下月抵扣税额，借记“应交增值税——转让金融商品应交增值税”科目，贷记“投资收益”科目。交纳增值税时，应借记“应交增值税——转让金融商品应交增值税”科目，贷记“银行存款”等科目。年末，“应交增值税——转让金融商品应交增值税”科目如有借方余额，则借记“投资收益”科目，贷记“应交增值税——转让金融商品应交增值税”科目。

3. 月末转出多交增值税和未交增值税

月度终了，单位应当将当月应交未交或多交的增值税自“应交税金”明细科目转入“未交税金”明细科目。对于当月应交未交的增值税，借记“应交增值税——应交税金（转出未交增值税）”科目，贷记“应交增值税——未交税金”科目；对于当月多交的增值税，借记“应交增值税——未交税金”科目，贷记“应交增值税——应交税金（转出多交增值税）”科目。

4. 交纳增值税

（1）交纳当月应交增值税

单位交纳当月应交的增值税，借记“应交增值税——应交税金（已交税金）”科目[小规模纳税人借记本科目]，贷记“银行存款”等科目。

（2）交纳以前期间未交增值税

单位交纳以前期间未交的增值税，借记“应交增值税——未交税金”科目[小规模纳税人借记本科目]，贷记“银行存款”等科目。

（3）预交增值税

单位预交增值税时，借记“应交增值税——预交税金”科目，贷记“银行存款”等科目。月末，单位应将“预交税金”明细科目余额转入“未交税金”明细科目，借记“应交增值税——未交税金”科目，贷记“应交增值税——预交税金”科目。

（4）减免增值税

对于当期直接减免的增值税，借记“应交增值税——应交税金（减免税款）”科目，贷记“业务活动费用”“经营费用”等科目。

按照现行增值税制度规定，单位初次购买增值税税控系统专用设备支付的费用，以及缴纳的技术维护费允许在增值税应纳税额中全额抵减的，按照规定抵减的增值税应纳税额，借记“应交增值税——应交税金（减免税款）”科目[小规模纳税人借记本科目]，贷记“业务活动费用”“经营费用”等科目。

【例 11.2】某事业单位为增值税一般纳税人，2018 年 6 月采购物品一批，取得的增值税专用发票上注明的价款为 300 000 元，增值税税额为 48 000 元，款项用银行存款支付，物品已验收入库。增值税专用发票已经经税务机关认证。

借：库存物品　　300 000
　　应交增值税——应交税金（进项税额）　　48 000
　　贷：银行存款　　348 000
借：事业支出　　348 000
　　贷：资金结存——货币资金　　348 000

【例 11.3】某事业单位为增值税一般纳税人，2018 年 6 月采购物品一批拟用于集体福利，取得的增值税专用发票上注明的价款为 500 000 元，增值税税额为 90 000 元，款项未付，物品已验收入库。增值税专用发票尚未经税务机关认证。

借：库存物品　　500 000
　　应交增值税——待认证进项税额　　90 000
　　贷：应付账款　　590 000

2018 年 7 月，上述发票经税务机关认证不得抵扣时的会计处理：

借：应交增值税——应交税金（进项税额）　　90 000
　　贷：应交增值税——待认证进项税额　　90 000

同时，

借：库存物品　　90 000
　　贷：应交增值税——应交税金（进项税额转出）　　90 000

【例 11.4】某事业单位为增值税一般纳税人，2018 年 6 月 10 日购进办公大楼一座，计入固定资产，取得该大楼的增值税专用发票并认证相符，专用发票注明的金额为 10 000 000 元，增值税税额为 1 000 000 元，款项已通过财政直接支付方式进行支付。

购买时：

借：固定资产——办公楼　　10 000 000

应交增值税——应交税金（进项税额） 600 000
应交增值税——待抵扣进项税额 400 000
贷：财政拨款收入 11 000 000
借：事业支出 11 000 000
贷：财政拨款预算收入 11 000 000

剩余的 40%于取得扣税凭证的当月起第 13 个月（2019 年 6 月）抵扣时的会计处理：

借：应交增值税——应交税金（进项税额） 400 000
贷：应交增值税——待抵扣进项税额 400 000

【例 11.5】某事业单位为增值税一般纳税人，开展咨询服务，咨询服务费为 100 000 元，增值税税额为 6 000 元，开出增值税专用发票，款项已经收到。

借：银行存款 106 000
贷：事业收入 100 000
应交增值税——应交税金（销项税额） 6 000
借：资金结存——货币资金 106 000
贷：事业预算收入 106 000

【例 11.6】某事业单位为增值税一般纳税人，2018 年 8 月 3 日按销售合同向 N 公司销售科研中间产品 300 件，售价 1 000 元/件，增值税税率为 16%。按合同规定付款期限为 6 个月，货款分 3 次平均支付。2018 年 9 月为第 1 期产品销售实现月，9 月 30 日开出增值税专用发票：价款 100 000 元、增值税 16 000 元，款项已收到。

1）2018 年 8 月 3 日确认销售时：

借：应收账款 348 000
贷：事业收入 300 000
应交增值税——待转销项税额 48 000

2）在 2018 年 9 月 30 日收到款项时：

借：银行存款 116 000
贷：应收账款 116 000
借：资金结存——货币资金 116 000
贷：事业预算收入 116 000

同时，

借：应交增值税——待转销项税额 16 000
贷：应交增值税——应交税金（销项税额） 16 000

三、其他应交税费

其他应交税费是核算单位按照税法等规定计算应交纳的除增值税以外的各种税费，包括城市维护建设税、教育费附加、地方教育费附加、车船税、房产税、城镇土地使用税和企业所得税等。单位代扣代缴的个人所得税，也通过其他应交税费核算。单位应交纳的印花税不需要预提应交税费，直接通过“业务活动费用”“单位管理费用”“经营费用”等科目核算，不通过其他应交税费核算。

为了核算其他税费（增值税以外）的缴纳情况，应设置“其他应交税费”科目。本科目期末如为贷方余额，反映单位应交未交的除增值税以外的税费金额；期末如为借方余额，反映单位多交纳的除增值税以外的税费金额。本科目应当按照应交纳的税费种类进行明细核算。

其他应交税费的主要账务处理如下。

1）发生城市维护建设税、教育费附加、地方教育费附加、车船税、房产税、城镇土地使用税等纳税义务的，按照税法规定计算的应缴税费金额，借记“业务活动费用”“单位管理费用”“经营费用”等科目，贷记本科目（应交城市维护建设税、应交教育费附加、应交地方教育费附加、应交车船税、应交房产税、应交城镇土地使用税等）。

2）按照税法规定计算应代扣代缴职工（含长期聘用人员）的个人所得税，借记“应付职工薪酬”科目，贷记“其他应交税费——应交个人所得税”科目。

按照税法规定计算应代扣代缴支付给职工（含长期聘用人员）以外人员劳务费的个人所得税，借记“业务活动费用”“单位管理费用”等科目，贷记本科目（应交个人所得税）。

3）发生企业所得税纳税义务的，按照税法规定计算的应交所得税额，借记“所得税费用”科目，贷记“其他应交税费——单位应交所得税”科目。

4）单位实际交纳上述各种税费时，借记本科目（应交城市维护建设税、应交教育费附加、应交地方教育费附加、应交车船税、应交房产税、应交城镇土地使用税、应交个人所得税、单位应交所得税等），贷记“财政拨款收入”“零余额账户用款额度”“银行存款”等科目。

【例 11.7】某事业单位因开展经营活动，本月应缴纳城市维护建设税 1 470 元，应缴纳教育费附加 315 元。

	借方	贷方
借：经营费用	1 785	
贷：其他应交税费——应交城市维护建设税		1 470
——应交教育费附加		315

该单位缴纳上述应缴税费 1 785 元时的会计处理：

	借方	贷方
借：其他应交税费——应交城市维护建设税	1 470	
——应交教育费附加	315	
贷：银行存款		1 785
借：经营支出	1 785	
贷：资金结存——货币资金		1 785

【例 11.8】某行政单位公务用车本年应缴纳车船税 1 250 元。

	借方	贷方
借：业务活动费用	1 250	
贷：其他应交税费——应交车船税		1 250

该行政单位通过零余额账户缴纳上述车船税时的会计处理：

	借方	贷方
借：其他应交税费——应交车船税	1 250	
贷：零余额账户用款额度		1 250
借：行政支出	1 250	
贷：资金结存——零余额账户用款额度		1 250

四、应缴财政款

应缴财政款是指单位取得或应收的按照规定应当上缴财政的款项，包括应缴国库的款项和应缴财政专户的款项，不包括按照国家税法等有关规定应当缴纳的各种税费。

应缴国库的款项是单位按规定取得的应缴入国库的预算款项。应缴国库款项的内容主要包括政府性基金、行政事业性收费、罚没收入、国有资产处置、租金收入，以及其他应纳入预算管理规定应上缴预算管理的各种财政性资金等。

应缴财政专户的款项是单位按规定取得的应缴入财政专户的款项。单位取得的纳入财政专户管理的资金，由财政部门建立的财政专户统一管理，实行“收支两条线”管理方式。收到各项收费时，必须上缴财政专户统一管理；使用这笔资金时，要向财政部门申请，经过审批后通过财政专户返还。应缴财政专户的款项是行政事业单位已经收取了纳入财政专户管理，但尚未上缴财政专户而形成的负债。

为了核算应缴财政款的缴纳情况，应设置“应缴财政款”科目。本科目期末贷方余额，反映单位应当上缴财政但尚未缴纳的款项。年终清缴后，一般应无余额。本科目应当按照应缴财政款项的类别进行明细核算。

应缴财政款的主要账务处理如下。

1）单位取得或应收按照规定应缴财政的款项时，借记“银行存款”“应收账款”等科目，贷记本科目。

2）单位处置资产取得的应上缴财政的处置净收入的账务处理，参见“待处理财产损溢”等科目。

3）单位上缴应缴财政的款项时，按照实际上缴的金额，借记本科目，贷记“银行存款”科目。

【例 11.9】某单位根据其职能要求，开出非税收入缴款书代收政府性基金收费 100 000 元。此款项纳入财政预算管理，需要上缴国库。

借：银行存款	100 000	
贷：应缴财政款——应缴国库款		100 000

单位按规定上缴上述应上缴国库的预算款项时的会计处理：

借：应缴财政款——应缴国库款	100 000	
贷：银行存款		100 000

【例 11.10】某单位收到一项事业性收费 6 700 元，已经存入银行账户。此款项纳入财政专户管理，按规定需要全额上缴财政专户。

借：银行存款	6 700	
贷：应缴财政款——应缴财政专户款		6 700

单位按规定将上述款项缴入财政专户时的会计处理：

借：应缴财政款——应缴财政专户款	6 700	
贷：银行存款		6 700

五、应付职工薪酬

应付职工薪酬核算单位按照有关规定应付给职工（含长期聘用人员）及为职工支付的各种薪酬，包括基本工资、国家统一规定的津贴补贴、规范津贴补贴（绩效工资）、改革性补贴、社会保险费（如职工基本养老保险费、职业年金、基本医疗保险费等）、住房公积金等。

为了核算职工薪酬的支付情况，应设置“应付职工薪酬”科目。本科目期末贷方余额，反映单位应付未付的职工薪酬。本科目应当根据国家有关规定按照“基本工资（含离退休费）”

“国家统一规定的津贴补贴”“规范津贴补贴（绩效工资）”“改革性补贴”“社会保险费”“住房公积金”“其他个人收入”等进行明细核算。其中，“社会保险费”“住房公积金”明细科目核算内容包括单位从职工工资中代扣代缴的社会保险费、住房公积金，以及单位为职工计算缴纳的社会保险费、住房公积金。

应付职工薪酬的主要账务处理如下。

1）计算确认当期应付职工薪酬（含单位为职工计算缴纳的社会保险费、住房公积金）时的账务处理分为以下几种。

① 计提从事专业及其辅助活动人员的职工薪酬，借记“业务活动费用”“单位管理费用”科目，贷记本科目。

② 计提应由在建工程、加工物品、自行研发无形资产负担的职工薪酬，借记“在建工程”“加工物品”“研发支出”等科目，贷记本科目。

③ 计提从事专业及其辅助活动之外的经营活动人员的职工薪酬，借记“经营费用”科目，贷记本科目。

④ 因解除与职工的劳动关系而给予的补偿，借记“单位管理费用”等科目，贷记本科目。

2）向职工支付工资、津贴补贴等薪酬时，按照实际支付的金额，借记本科目，贷记“财政拨款收入”“零余额账户用款额度”“银行存款”等科目。

3）按照税法规定代扣职工个人所得税时，借记“应付职工薪酬——基本工资”科目，贷记“其他应交税费——应交个人所得税”科目。

从应付职工薪酬中代扣为职工垫付的水电费、房租等费用时，按照实际扣除的金额，借记“应付职工薪酬——基本工资”科目，贷记“其他应收款”等科目。

从应付职工薪酬中代扣社会保险费和住房公积金，按照代扣的金额，借记“应付职工薪酬——基本工资”科目，贷记本科目（社会保险费、住房公积金）。

4）按照国家有关规定缴纳职工社会保险费和住房公积金时，按照实际支付的金额，借记本科目（社会保险费、住房公积金），贷记“财政拨款收入”“零余额账户用款额度”“银行存款”等科目。

5）从应付职工薪酬中支付的其他款项，借记本科目，贷记“零余额账户用款额度”“银行存款”等科目。

【例 11.11】某事业单位发生有关应付职工薪酬的业务：单位部分在职职工工资用自有资金发放，该单位从事专业活动在职人员基本工资 100 000 元，津贴补贴 15 000 元，其他个人收入 14 000 元，单位负担的社会保险 2 000 元，住房公积金 11 000 元。单位代扣个人住房公积金 8 000 元、各类社会保险 3 000 元、个人所得税 4 000 元。

1）计提应付职工薪酬时：

借：业务活动费用	142 000	
贷：应付职工薪酬——基本工资（含离退休费）		100 000
——地方津贴补贴		15 000
——其他个人收入		14 000
——社会保险费		2 000
——住房公积金		11 000

2）向职工支付薪酬时：

借：应付职工薪酬——基本工资（含离退休费） 85 000
　　　　　　　　——地方津贴补贴 15 000
　　　　　　　　——其他个人收入 14 000
　贷：银行存款 114 000

借：事业支出 114 000
　贷：资金结存——货币资金 114 000

3）代扣个人应承担的社会保险、住房公积金及个人所得税时：

借：应付职工薪酬——基本工资（含离退休费） 15 000
　贷：应付职工薪酬——住房公积金 8 000
　　　　　　　　　——社会保险费 3 000
　　其他应交税费——应交个人所得税 4 000

4）缴纳住房公积金时：

借：应付职工薪酬——住房公积金 19 000
　贷：银行存款 19 000

借：事业支出 19 000
　贷：资金结存——货币资金 19 000

5）缴纳社会保险金时：

借：应付职工薪酬——社会保险费 5 000
　贷：银行存款 5 000

借：事业支出 5 000
　贷：资金结存——货币资金 5 000

6）缴纳税金时：

借：其他应交税费——应交个人所得税 4 000
　贷：银行存款 4 000

借：事业支出 4 000
　贷：资金结存——货币资金 4 000

六、应付及预收款

应付及预收款是指行政事业单位在开展业务活动中发生的各项债务，包括应付票据、应付账款、预收账款、应付政府补贴款、应付利息、其他应付款等，用于记录单位应付的各个项目的金额。

（一）应付票据

应付票据是指事业单位因购买材料、物资等而开出、承兑的商业汇票，包括银行承兑汇票和商业承兑汇票。按国家有关规定，单位之间只有在商品交易的情况下才能使用商业汇票结算方式。在会计核算中，购买商品在采用商业汇票结算的方式下，如果开出的是商业承兑汇票，则必须由付款方（购买单位）承兑；如果是银行承兑汇票，则必须经出票银行承兑。在商业汇票尚未到期前，视为一笔负债，期末反映在资产负债表上的应付票据项目内。付款单位应在商业汇票到期前，及时将款项足额交存其开户银行，可使银行在到期日凭票将款项划转给收款人、背书人或贴现银行。

为了核算由于商品交易而开出、承兑的商业汇票的实际情况，应设置“应付票据”科目。本科目的性质属于负债类，其贷方登记发生额反映单位因购买材料、商品等而开出、承兑商业汇票金额，借方登记支付或注销商业汇票的金额，期末贷方余额反映事业单位持有的尚未到期支付的应付汇票的金额。本科目应当按照债权人进行明细核算。单位应当设置应付票据备查簿，详细登记每一应付票据的种类、号数、出票日期、到期日、票面金额、交易合同号、收款人姓名或单位名称，以及付款日期和金额等。应付票据到期结清票款后，应当在备查簿内逐笔注销。

应付票据的主要账务处理如下。

1）开出、承兑商业汇票时，借记“库存物品”“固定资产”等科目，贷记本科目。涉及增值税业务的，相关账务处理参见“应交增值税”科目。以商业汇票抵付应付账款时，借记“应付账款”科目，贷记本科目。

2）支付银行承兑汇票的手续费时，借记“业务活动费用”“经营费用”等科目，贷记“银行存款”“零余额账户用款额度”等科目。

3）商业汇票到期时，应当分别以下情况处理：①收到银行支付到期票据的付款通知时，借记本科目，贷记“银行存款”科目；②银行承兑汇票到期，单位无力支付票款的，按照应付票据账面余额，借记本科目，贷记“短期借款”科目；③商业承兑汇票到期，单位无力支付票款的，按照应付票据账面余额，借记本科目，贷记“应付账款”科目。

【例 11.12】某事业单位购入材料一批，价值为 50 000 元，增值税税款为 8 000 元，开出并承兑一张期限 3 个月的不带息商业承兑汇票，金额为 58 000 元。该单位为增值税一般纳税人，取得了增值税专用发票，并经税务机关认证。

购入材料时：

	借方	贷方
借：库存物品	50 000	
应交增值税——应交税金（进项税额）	8 000	
贷：应付票据		58 000

偿还应付票据款项时：

	借方	贷方
借：应付票据	58 000	
贷：银行存款		58 000
借：事业支出	58 000	
贷：资金结存——货币资金		58 000

票据到期不能如期支付票据款时：

	借方	贷方
借：应付票据	58 000	
贷：应付账款		58 000

（二）应付账款

应付账款是指单位因购买物资、接受服务、开展工程建设等而应付的偿还期限在 1 年以内（含 1 年）的款项。

为了核算因购买物资、接受服务等而产生的应付账款及偿还情况，应设置“应付账款”

科目。本科目期末贷方余额，反映单位尚未支付的应付账款金额。本科目应当按照债权人进行明细核算。对于建设项目，还应设置“应付器材款”“应付工程款”等明细科目，并按照具体项目进行明细核算。

应付账款的主要账务处理如下。

1）收到所购材料、物资、设备或服务，以及确认完成工程进度但尚未付款时，根据发票及账单等有关凭证，按照应付未付款项的金额，借记“库存物品”“固定资产”“在建工程”等科目，贷记本科目。涉及增值税业务的，相关账务处理参见“应交增值税”科目。

2）偿付应付账款时，按照实际支付的金额，借记本科目，贷记“财政拨款收入”“零余额账户用款额度”“银行存款”等科目。

3）开出、承兑商业汇票抵付应付账款时，借记本科目，贷记“应付票据”科目。

4）无法偿付或债权人豁免偿还的应付账款，应当按照规定报经批准后进行账务处理。经批准核销时，借记本科目，贷记“其他收入”科目。核销的应付账款应在备查簿中保留登记。

【例 11.13】2018 年 3 月 1 日，某行政单位从丙商场购入 100 000 元办公用品，购入的办公用品已到货并验收入库，货款约定 6 月 1 日支付，取得增值税普通发票。该行政单位财务部门根据有关凭证，编制如下会计分录。

借：库存物品　　100 000

　　贷：应付账款　　100 000

2018 年 6 月 1 日，某行政单位通过单位零余额账户支付 100 000 元货款。该行政单位财务部门根据有关凭证，编制如下会计分录。

借：应付账款　　100 000

　　贷：零余额账户用款额度　　100 000

借：行政支出　　100 000

　　贷：资金结存——零余额账户用款额度　　100 000

（三）应付利息

应付利息是指事业单位按照合同约定应支付的借款利息，包括短期借款、分期付息到期还本的长期借款等应支付的利息。

为了核算因借款产生的利息支付情况，应设置“应付利息”科目。本科目期末贷方余额，反映事业单位应付未付的利息金额。本科目应当按照债权人等进行明细核算。

应付利息的主要账务处理如下。

1）为建造固定资产、公共基础设施等借入的专门借款的利息，属于建设期间发生的，按期计提利息费用时，按照计算确定的金额，借记“在建工程”科目，贷记本科目；不属于建设期间发生的，按期计提利息费用时，按照计算确定的金额，借记“其他费用”科目，贷记本科目。

2）对于其他借款，按期计提利息费用时，按照计算确定的金额，借记“其他费用”科目，贷记本科目。

3）实际支付应付利息时，按照支付的金额，借记本科目，贷记“银行存款”等科目。

【例 11.14】某事业单位向某银行借款 50 000 元，期限为 1 年，年利率为 6%，到期还本付息。

1）借入款项时：

借：银行存款　　50 000

　　贷：短期借款　　50 000

借：资金结存——货币资金　　50 000

　　贷：债务预算收入　　50 000

2）每月计提利息时：

借：其他费用　　250

　　贷：应付利息　　250

3）到期归还本金与利息时：

借：短期借款　　50 000

　　应付利息　　3 000

　　贷：银行存款　　53 000

借：债务还本支出　　50 000

　　其他支出　　3 000

　　贷：资金结存——货币资金　　53 000

（四）应付政府补贴款

应付政府补贴款核算负责发放政府补贴的行政单位，按照规定应当支付给政府补贴接受者的各种政府补贴款，通常包括按照政策规定发放的低保补贴、失独家庭补贴、老人补贴、困难家庭补贴等。应付政府补贴款是行政单位代表政府发放的补贴，属于政府承诺义务。

负责发放政府补贴的行政单位，应设置“应付政府补贴款”科目。本科目期末贷方余额，反映行政单位应付未付的政府补贴金额。本科目应当按照应支付的政府补贴种类进行明细核算。单位还应当根据需要按照补贴接受者进行明细核算，或者建立备查簿对补贴接受者予以登记。

应付政府补贴款的主要账务处理如下。

1）发生应付政府补贴时，按照依规定计算确定的应付政府补贴金额，借记“业务活动费用”科目，贷记本科目。

2）支付应付政府补贴款时，按照支付金额，借记本科目，贷记“零余额账户用款额度”“银行存款”等科目。

【例 11.15】2019 年 3 月 1 日，某行政单位经计算，3 月份应发放各类政府补贴 188 400 元，其中，困难家庭补助 145 000 元、失独家庭补贴 8 400 元、高龄老人补贴 35 000 元。该行政单位财务部门根据有关凭证，编制如下会计分录。

借：业务活动费用　　188 400

　　贷：应付政府补贴款——困难家庭补助　　145 000

　　　　　　　　　　——失独家庭补贴　　8 400

　　　　　　　　　　——高龄老人补贴　　35 000

2019 年 3 月 10 日，该行政单位通过单位零余额账户将应发放的政府补贴 188 400 元转入被补贴人的储蓄存款账户。该行政单位财务部门根据有关凭证，编制如下会计分录。

借：应付政府补贴款——困难家庭补助　145 000
　　　　　　　　——失独家庭补贴　8 400
　　　　　　　　——高龄老人补贴　35 000
　贷：零余额账户用款额度　188 400
借：行政支出　188 400
　贷：资金结存——零余额账户用款额度　188 400

（五）预收账款

预收账款核算事业单位预先收取但尚未结算的款项。

为了核算预先收取款项，应设置“预收账款”科目。本科目期末贷方余额，反映事业单位预收但尚未结算的款项金额。本科目应当按照债权人进行明细核算。

预收账款的主要账务处理如下。

1）从付款方预收款项时，按照实际预收的金额，借记“银行存款”等科目，贷记本科目。

2）确认有关收入时，按照预收账款账面余额，借记本科目，按照应确认的收入金额，贷记“事业收入”“经营收入”等科目，按照付款方补付或退回付款方的金额，借记或贷记“银行存款”等科目。涉及增值税业务的，相关账务处理参见“应交增值税”科目。

3）无法偿付或债权人豁免偿还的预收账款，应当按照规定报经批准后进行账务处理。经批准核销时，借记本科目，贷记“其他收入”科目。核销的预收账款应在备查簿中保留登记。

【例 11.16】某事业单位接受一批订货合同，按合同规定，货款总额为 30 000 元，预计 3 个月完成。订货方预付货款 50%，另 50%待产品完工发出后再支付（假如不考虑增值税）。

根据上述经济业务，应作如下会计处理。

1）收到预付的货款时：

借：银行存款　15 000
　贷：预收账款　15 000
借：资金结存——货币资金　15 000
　贷：经营预算收入　15 000

2）3 个月后产品发出时：

借：预收账款　30 000
　贷：经营收入　30 000

3）订货单位补付货款时：

借：银行存款　15 000
　贷：预收账款　15 000
借：资金结存——货币资金　15 000
　贷：经营预算收入　15 000

（六）其他应付款

其他应付款核算单位除应交增值税、其他应交税费、应缴财政款、应付职工薪酬、应付票据、应付账款、应付政府补贴款、应付利息、预收账款以外，其他各项偿还期限在 1 年内（含 1 年）的应付及暂收款项，如收取的押金、存入保证金、已经报销但尚未偿还银行的本单位公务卡欠款等。

同级政府财政部门预拨的下期预算款和没有纳入预算的暂付款项，以及采用实拨资金方式通过本单位转拨给下属单位的财政拨款，也通过其他应付款核算。

为了核算其他应付及暂收款项的发生及支付情况，应设置“其他应付款”科目。本科目期末贷方余额，反映单位尚未支付的其他应付款金额。本科目应当按照其他应付款的类别及债权人等进行明细核算。

其他应付款的主要账务处理如下。

1）发生其他应付及暂收款项时，借记“银行存款”等科目，贷记本科目。支付（或退回）其他应付及暂收款项时，借记本科目，贷记“银行存款”等科目。将暂收款项转为收入时，借记本科目，贷记“事业收入”等科目。

2）收到同级政府财政部门预拨的下期预算款和没有纳入预算的暂付款项，按照实际收到的金额，借记“银行存款”等科目，贷记本科目；待到下一预算期或批准纳入预算时，借记本科目，贷记“财政拨款收入”科目。

采用实拨资金方式通过本单位转拨给下属单位的财政拨款，按照实际收到的金额，借记“银行存款”科目，贷记本科目；向下属单位转拨财政拨款时，按照转拨的金额，借记本科目，贷记“银行存款”科目。

3）本单位公务卡持卡人报销时，按照审核报销的金额，借记“业务活动费用”“单位管理费用”等科目，贷记本科目；偿还公务卡欠款时，借记本科目，贷记“零余额账户用款额度”等科目。

4）涉及质保金形成其他应付款的，相关账务处理参见“固定资产”科目。

5）无法偿付或债权人豁免偿还的其他应付款项，应当按照规定报经批准后进行账务处理。经批准核销时，借记本科目，贷记“其他收入”科目。核销的其他应付款应在备查簿中保留登记。

【例 11.17】2019 年 3 月 1 日，某行政单位开展业务活动收取申请者押金 10 000 元，收取供应商保证金 20 000 元，银行账户已收到款项。该行政单位财务部门根据有关凭证，编制如下会计分录。

借：银行存款	10 000	
贷：其他应付款——押金		10 000
借：银行存款	20 000	
贷：其他应付款——保证金		20 000

2019 年 4 月 30 日，该行政单位开展业务活动结束，退回申请者押金 9 000 元，退回供应商保证金 20 000 元，银行账户已支付款项。该行政单位财务部门根据有关凭证，编制如下会计分录。

借：其他应付款——押金	9 000	
贷：银行存款		9 000
借：其他应付款——保证金	20 000	
贷：银行存款		20 000

2019 年 4 月 30 日，该行政单位开展业务活动结束。由于一直联系不到申请者，押金 1 000 元无法退回，2022 年经批准留作单位开展其他活动的自筹经费。该行政单位财务部门根据

有关凭证，编制如下会计分录。

借：其他应付款——押金　　1 000
　　贷：其他收入　　1 000
借：资金结存——货币资金　　1 000
　　贷：其他预算收入　　1 000

七、预提费用

预提费用核算单位预先提取的已经发生但尚未支付的费用，如预提租金费用等。事业单位按规定从科研项目收入中提取的项目间接费用或管理费，也通过预提费用核算。事业单位计提的借款利息费用，通过“应付利息”“长期借款”科目核算，不通过预提费用核算。

为了核算单位预先提取的已经发生但尚未支付的费用，应设置“预提费用”科目。本科目期末贷方余额，反映单位已预提但尚未支付的各项费用。本科目应当按照预提费用的种类进行明细核算。对于提取的项目间接费用或管理费，应当在本科目下设置“项目间接费用或管理费”明细科目，并按项目进行明细核算。

预提费用的主要账务处理如下。

1. 项目间接费用或管理费

按规定从科研项目收入中提取项目间接费用或管理费时，按照提取的金额，借记“单位管理费用”科目，贷记“预提费用——项目间接费用或管理费”科目。

实际使用计提的项目间接费用或管理费时，按照实际支付的金额，借记“预提费用——项目间接费用或管理费”科目，贷记“银行存款”“库存现金”等科目。

2. 其他预提费用

按期预提租金等费用时，按照预提的金额，借记“业务活动费用”“单位管理费用”“经营费用”等科目，贷记本科目。

实际支付款项时，按照支付金额，借记本科目，贷记“零余额账户用款额度”“银行存款”等科目。

【例 11.18】某事业单位有关管理办法规定，针对本单位科研项目经费收入收取 5%管理费，2019 年全年科研项目经费收入共计 5 000 000 元。

提取管理费时：

借：单位管理费用　　250 000
　　贷：预提费用——项目间接费用或管理费　　250 000
借：非财政拨款结转——项目间接费用或管理费　　250 000
　　贷：非财政拨款结余——项目间接费用或管理费　　250 000

该单位使用科研项目管理费 219 200 元，款项通过银行支付时：

借：预提费用——项目间接费用或管理费　　219 200
　　贷：银行存款　　219 200
借：事业支出　　219 200
　　贷：资金结存——货币资金　　219 200

第三节　非流动负债的核算

一、长期借款

长期借款核算事业单位经批准向银行或其他金融机构等借入的期限超过1年(不含1年)的各种借款本息。

为了核算长期借款的借入及偿还情况，应设置“长期借款”科目。本科目期末贷方余额，反映事业单位尚未偿还的长期借款本息金额。本科目应当设置“本金”和“应计利息”明细科目，并按照贷款单位和贷款种类进行明细核算。对于建设项目借款，还应按照具体项目进行明细核算。

长期借款的主要账务处理如下。

1）借入各项长期借款时，按照实际借入的金额，借记“银行存款”科目，贷记“长期借款——本金”科目。

2）为建造固定资产、公共基础设施等应支付的专门借款利息，按期计提利息时，分别以下情况处理：①属于工程项目建设期间发生的利息，计入工程成本，按照计算确定的应支付的利息金额，借记“在建工程”科目，贷记“应付利息”科目；②属于工程项目完工交付使用后发生的利息，计入当期费用，按照计算确定的应支付的利息金额，借记“其他费用”科目，贷记“应付利息”科目。

3）按期计提其他长期借款的利息时，按照计算确定的应支付的利息金额，借记“其他费用”科目，贷记“应付利息”科目[分期付息、到期还本借款的利息]或“长期借款——应计利息”科目[到期一次还本付息借款的利息]。

4）到期归还长期借款本金、利息时，借记本科目（本金、应计利息），贷记“银行存款”科目。

【例 11.19】某事业单位向某银行借款 500 000 元，期限为 5 年，年利率为 6%，到期还本付息。

1）借入款项时：

	借方	贷方
借：银行存款	500 000	
贷：长期借款——本金		500 000
借：资金结存——货币资金	500 000	
贷：债务预算收入		500 000

2）每年计提利息时：

	借方	贷方
借：其他费用	30 000	
贷：长期借款——应计利息		30 000

3）到期归还本金与利息时：

	借方	贷方
借：长期借款——本金	500 000	
长期借款——应计利息	150 000	
贷：银行存款		650 000
借：债务还本支出	500 000	

其他支出　　150 000
贷：资金结存——货币资金　　650 000

二、长期应付款

长期应付款核算单位发生的偿还期限超过1年（不含1年）的应付款项，如以融资租赁方式取得固定资产应付的租赁费等。

为了核算偿还期限超过1年（不含1年）的应付款项，应设置"长期应付款"科目。本科目期末贷方余额，反映单位尚未支付的长期应付款金额。本科目应当按照长期应付款的类别及债权人进行明细核算。

长期应付款的主要账务处理如下。

1）发生长期应付款时，借记"固定资产""在建工程"等科目，贷记本科目。

2）支付长期应付款时，按照实际支付的金额，借记本科目，贷记"财政拨款收入""零余额账户用款额度""银行存款"等科目。涉及增值税业务的，相关账务处理参见"应交增值税"科目。

3）无法偿付或债权人豁免偿还的长期应付款，应当按照规定报经批准后进行账务处理。经批准核销时，借记本科目，贷记"其他收入"科目。核销的长期应付款应在备查簿中保留登记。

4）涉及质保金形成长期应付款的，相关账务处理参见"固定资产"科目。

【例 11.20】某事业单位购入一幢办公楼，价值1 500 000元。根据购买合同的约定，事业单位将扣留20%的价款作为质量保证金，扣留时间为18个月。在办公楼交付使用时，事业单位通过财政直接支付给房地产开发商购房款1 200 000元，其余300 000元作为扣留的质量保证金。房地产开发商为事业单位开具了全款发票。

借：固定资产——办公楼　　1 500 000
　贷：财政拨款收入　　1 200 000
　　长期应付款——质量保证金　　300 000
借：事业支出　　1 200 000
　贷：财政拨款预算收入　　1 200 000

办公楼质量保证期满后，事业单位通过财政直接支付给房地产开发商300 000元扣留的质量保证金。

借：长期应付款——质量保证金　　300 000
　贷：财政拨款收入　　300 000
借：事业支出　　300 000
　贷：财政拨款预算收入　　300 000

三、预计负债

预计负债核算单位对因或有事项所产生的现时义务而确认的负债，如对未决诉讼等确认的负债。

为了核算因或有事项产生的现时义务而形成的负债，应设置"预计负债"科目。本科目期末贷方余额，反映单位已确认但尚未支付的预计负债金额。本科目应当按照预计负债的项目进行明细核算。

预计负债的主要账务处理如下。

1）确认预计负债时，按照预计的金额，借记“业务活动费用”“经营费用”“其他费用”等科目，贷记本科目。

2）实际偿付预计负债时，按照偿付的金额，借记本科目，贷记“银行存款”“零余额账户用款额度”等科目。

3）根据确凿证据需要对已确认的预计负债账面余额进行调整的，按照调整增加的金额，借记有关科目，贷记本科目；按照调整减少的金额，借记本科目，贷记有关科目。

【例 11.21】某事业单位其经营活动 2018 年 12 月因违约被提起诉讼，经专业人士预计，可能赔偿 500 000 元。2019 年 5 月，法院最终判决赔偿 350 000 元，该单位接受判决予以支付赔偿款。

1）确认预计负债时：

科目	借方	贷方
借：经营费用	500 000	
贷：预计负债		500 000

2）支付赔偿款时：

科目	借方	贷方
借：预计负债	500 000	
贷：银行存款		350 000
经营费用		150 000
借：经营支出	350 000	
贷：资金结存——货币资金		350 000

四、受托代理负债

受托代理负债核算单位接受委托取得受托代理资产时形成的负债。

为了核算接受委托取得受托管理资产时形成的负债，应设置“受托代理负债”总账科目。本科目属于负债类科目，贷方登记受托代理负债的增加数，借方登记受托代理负债的减少数，期末贷方余额反映单位尚未交付或发出受托代理资产形成的受托代理负债金额。

受托代理负债的主要账务处理如下。

1）单位接受委托人的委托，收到需要转赠物资、受托存储保管物资时，或者收到罚没物资时，借记“受托代理资产”等科目，贷记本科目。

2）单位根据委托人要求交付受托转赠、存储保管的资产或处置罚没物资时，借记本科目，贷记“受托代理资产”等科目。

3）单位收到受托代理、代管的现金或银行存款，按照实际收到的金额，借记“库存现金”或“银行存款——受托代理资产”科目时，贷记本科目；支付受托代理、代管的现金或银行存款时，按照实际支付的金额，借记本科目，贷记“库存现金——受托代理资产”或“银行存款——受托代理资产”科目。

复　习　题

请扫描二维码，下载复习题进行练习。

第十一章复习题

第十二章　政府财务会计净资产的核算

第十二章 PPT

☞ 学习内容与要求

本章主要介绍政府财务会计净资产的核算。通过学习，学生应理解政府财务会计净资产的内容，明确政府财务会计净资产的核算科目，掌握政府财务会计各项净资产的业务核算。

第一节　净资产概述

一、净资产的含义

净资产是指政府会计主体资产扣除负债后的净额。净资产反映国家拥有行政事业单位净资产的所有权。净资产金额取决于资产和负债的计量。

二、净资产的内容

行政事业单位的净资产包括专用基金、盈余资金、其他净资产三类。其中，专用基金是指事业单位按照规定提取或设置的具有专门用途的净资产，主要包括职工福利基金、科技成果转换基金等；盈余资金包括本期盈余、本年盈余分配和累计盈余；其他净资产包括权益法调整、无偿调拨净资产和以前年度盈余调整。

本期盈余是指单位本期各项收入、费用相抵后的余额。

本年盈余分配核算单位本年度盈余分配的情况和结果。

累计盈余是指单位历年实现的盈余扣除盈余分配后滚存的金额，以及因无偿调入调出资产产生的净资产变动额。

权益法调整是指事业单位持有的长期股权投资采用权益法核算时，按照被投资单位除净损益和利润分配以外的所有者权益变动份额调整长期股权投资账面余额而计入净资产的金额。

无偿调拨净资产是指单位无偿调入或调出非现金资产所引起的净资产变动金额。

以前年度盈余调整是指单位本年度发生的调整以前年度盈余的事项，包括本年度发生的重要前期差错更正涉及调整以前年度盈余的事项。

第二节　盈余类净资产

一、本期盈余

为了核算单位本期各项收入和费用相抵后的余额，应设置“本期盈余”科目。本科目属于净资产类科目，贷方登记结转的收入，借方登记结转的费用。本科目期末如为贷方余额，则反映单位自年初至当期期末累计实现的盈余；如为借方余额，则反映单位自年初至当期期末累计发生的亏损。年末结账后，本科目应无余额。

本期盈余的主要账务处理如下。

1）期末，将各类收入科目的本期发生额转入本期盈余，借记“财政拨款收入”“事业收入”“上级补助收入”“附属单位上缴收入”“经营收入”“非同级财政拨款收入”“投资收益”“捐赠收入”“利息收入”“租金收入”“其他收入”科目，贷记本科目；将各类费用科目本期发生额转入本期盈余，借记本科目，贷记“业务活动费用”“单位管理费用”“经营费用”“所得税费用”“资产处置费用”“上缴上级费用”“对附属单位补助费用”“其他费用”科目。

2）年末，完成上述结转后，将本科目余额转入“本年盈余分配”科目，借记或贷记本科目，贷记或借记“本年盈余分配”科目。

【例 12.1】2018 年 12 月，某事业单位“本年盈余”科目期初贷方余额为 370 000 元。其中，各项收入本期发生额：财政拨款收入 820 000 元，事业收入 515 000 元，上级补助收入 129 000 元，附属单位上缴收入 25 000 元，经营收入 30 000 元，投资收益 15 000 元，其他收入 8 400 元。各项费用本期发生额：业务活动费用 910 000 元，单位管理费用 260 000 元，经营费用 21 000 元，对附属单位补助费用 126 000 元，上缴上级费用 81 000 元，资产处置费用 3 000 元，其他费用 3 400 元。

1）结转收入类账户：

借：财政拨款收入	820 000	
事业收入	515 000	
上级补助收入	129 000	
附属单位上缴收入	25 000	
经营收入	30 000	
投资收益	15 000	
其他收入	8 400	
贷：本期盈余		1 542 400

2）结转费用类账户：

借：本期盈余	1 404 400	
贷：业务活动费用		910 000
单位管理费用		260 000
经营费用		21 000
对附属单位补助费用		126 000
上缴上级费用		81 000
资产处置费用		3 000
其他费用		3 400

结转后，“本期盈余”科目贷方余额 =370 000+138 000= 508 000（元）。

3）将“本期盈余”转入“本期盈余分配”科目：

借：本期盈余	508 000	
贷：本期盈余分配		508 000

二、本年盈余分配

为了核算单位本年度盈余分配的情况和结果，应设置“本年盈余分配”科目。本科目属于净资产类科目，贷方登记年末结转的本期盈余，借方登记年末结转的本期亏损，以及计提的福利基金等分配情况；年末，余额转入“累计盈余”科目，转账后本科目无余额。

本年盈余分配的主要账务处理如下。

1）年末，将“本期盈余”科目余额转入本科目，借记或贷记“本期盈余”科目，贷记或借记本科目。

2）年末，根据有关规定从本年度非财政拨款结余或经营结余中提取专用基金的，按照预算会计下计算的提取金额，借记本科目，贷记“专用基金”科目。

3）年末，按照规定完成上述 1）、2）处理后，将本科目余额转入累计盈余，借记或贷记本科目，贷记或借记“累计盈余”科目。

【例 12.2】接例 12.1，根据有关规定，该事业单位 2018 年从本年度非财政拨款结余中计提职工福利基金 26 000 元。

1）计提职工福利基金时：

借：本年盈余分配　　26 000

　　贷：专用基金　　26 000

借：非财政拨款结余分配　　26 000

　　贷：专用结余　　26 000

2）将本年盈余分配转入累计盈余：

借：本年盈余分配　　482 000

　　贷：累计盈余　　482 000

三、累计盈余

为了核算事业单位历年滚存的盈余金额，应设置“累计盈余”科目。本科目属于净资产类科目，贷方登记滚存盈余的增加，借方登记滚存盈余的减少。本科目平时期末余额，反映单位未分配盈余（或未弥补亏损）的累计数及截至上年年末无偿调拨净资产变动的累计数。本科目年末余额，反映单位未分配盈余（或未弥补亏损）及无偿调拨净资产变动的累计数。

按照规定上缴、缴回、单位间调剂结转结余资金产生的净资产变动额，以及对以前年度盈余的调整金额，也通过本科目核算。

累计盈余的主要账务处理如下。

1）年末，将“本年盈余分配”科目的余额转入累计盈余，借记或贷记“本年盈余分配”科目，贷记或借记本科目。

2）年末，将“无偿调拨净资产”科目的余额转入累计盈余，借记或贷记“无偿调拨净资产”科目，贷记或借记本科目。

3）按照规定上缴财政拨款结转结余、缴回非财政拨款结转资金、向其他单位调出财政拨款结转资金时，按照实际上缴、缴回、调出金额，借记本科目，贷记“财政应返还额度”“零余额账户用款额度”“银行存款”等科目。

按照规定从其他单位调入财政拨款结转资金时，按照实际调入金额，借记“零余额账户

用款额度”“银行存款”等科目，贷记本科目。

4）将“以前年度盈余调整”科目的余额转入本科目，借记或贷记“以前年度盈余调整”科目，贷记或借记本科目。

5）按照规定使用专用基金购置固定资产、无形资产的，按照固定资产、无形资产成本金额，借记“固定资产”“无形资产”科目，贷记“银行存款”等科目；同时，按照专用基金使用金额，借记“专用基金”科目，贷记本科目。

【例 12.3】某行政单位 2019 年年末有关科目余额：“本年盈余分配”科目余额 30 000 元；“无偿调拨净资产”科目余额 280 000 元；“以前年度盈余调整”科目余额 100 000 元；另外，该单位 12 月 31 日使用从非财政拨款结余中提取的专用基金，购置固定资产 500 000 元。

该行政单位在 2019 年应编制如下会计分录。

1）年末，将“本年盈余分配”科目余额转入：

借：本年盈余分配　　30 000

　　贷：累计盈余　　30 000

2）年末，将“无偿调拨净资产”科目余额转入：

借：无偿调拨净资产　　280 000

　　贷：累计盈余　　280 000

3）年末，结转“以前年度盈余调整”科目余额：

借：以前年度盈余调整　　100 000

　　贷：累计盈余　　100 000

4）年末，使用专用基金购置固定资产：

借：固定资产　　500 000

　　贷：银行存款　　500 000

借：专用基金　　500 000

　　贷：累计盈余　　500 000

借：专用结余　　500 000

　　贷：资金结存——货币资金　　500 000

第三节　专用基金

一、专用基金的含义

专用基金按规定一般不直接参加业务经营活动，其运动过程具有相对独立的特点：①专用基金的取得，均有专门的规定，如职工福利基金是根据非财政补助结余的一定比例提取转入的；②各项专用基金，都规定有专门用途和使用范围，除财务制度规定可以允许合并使用的以外，专用基金一般不得互相占用、挪用；③专用基金的使用，均属一次消耗，没有循环周转，不得通过专用基金支出直接取得补偿。

专用基金的管理遵循“先提后用、收支平衡、专款专用”的原则。

二、专用基金的核算

为了核算专用基金的提权、使用和结存情况，应设置“专用基金”科目。本科目属于净资产类科目，其贷方登记实际使用的专用基金，借方登记提取的专用基金，期末贷方余额反映事业单位累计提取或设置的尚未使用的专用基金。本科目应当按照专用基金的类别进行明细核算。

（一）专用基金的提取与设置

1）年末，根据有关规定从本年度非财政拨款结余或经营结余中提取专用基金的，按照预算会计下计算的提取金额，借记“本年盈余分配”科目，贷记本科目。

2）根据有关规定从收入中提取专用基金并计入费用的，一般按照预算会计下基于预算收入计算提取的金额，借记“业务活动费用”等科目，贷记本科目。国家另有规定的，从其规定。

3）根据有关规定设置的其他专用基金，按照实际收到的基金金额，借记“银行存款”等科目，贷记本科目。

（二）专用基金的使用

按照规定使用提取的专用基金时，借记本科目，贷记“银行存款”等科目。使用提取的专用基金购置固定资产、无形资产的，按照固定资产、无形资产成本金额，借记“固定资产”“无形资产”科目，贷记“银行存款”等科目；同时，按照专用基金使用金额，借记本科目，贷记“累计盈余”科目。

【例 12.4】某科学事业单位按照事业收入 5%的比例提取科技成果转换基金。本期事业预算收入为 400 000 元。

借：业务活动费用　　20 000

　　贷：专用基金——科技成果转换基金　　20 000

【例 12.5】年终，某事业单位结余分配前，“非财政拨款结余”科目贷方余额为 200 000 元，按 30%的比例从非财政拨款结余中提取职工福利基金 60 000 元。

借：本年盈余分配　　60 000

　　贷：专用基金——职工福利基金　　60 000

借：非财政拨款结余分配　　60 000

　　贷：专用结余　　60 000

【例 12.6】某事业单位用职工福利基金支付职工福利开支 5 000 元，款项以银行存款支付。

借：专用基金——职工福利基金　　5 000

　　贷：银行存款　　5 000

借：专用结余　　5 000

　　贷：资金结存——货币资金　　5 000

【例 12.7】接例 12.6，该科学事业单位用科技成果转换基金购入一台设备，价款 18 500 元，运输费、安装费共计 500 元。增值税不可以抵扣，已经通过银行转账支付上述款项。

借：固定资产——生产设备　　19 000

贷：银行存款 19 000
借：专用基金——科技成果转换基金 19 000
贷：累计盈余 19 000
借：事业支出 19 000
贷：资金结存——货币资金 19 000

第四节 其他净资产

一、权益法调整

为了核算事业单位采用权益法核算的长期股权投资因被投资单位除净损益和利润分配以外的所有者权益变动份额调整而引起净资产变动的情况，应设置“权益法调整”科目。本科目属于净资产类科目，其贷方登记因被投资单位其他权益变动增加引起净资产的变动，借方登记因被投资单位其他权益变动减少引起净资产的变动，期末余额反映事业单位在被投资单位除净损益和利润分配以外的所有者权益变动中累积享有（或分担）的份额。本科目应当按照被投资单位进行明细核算。

权益法调整的主要账务处理如下。

1）年末，按照被投资单位除净损益和利润分配以外的所有者权益变动应享有（或应分担）的份额，借记或贷记“长期股权投资——其他权益变动”科目，贷记或借记本科目。

2）采用权益法核算的长期股权投资，因被投资单位除净损益和利润分配以外的所有者权益变动而将应享有（或应分担）的份额计入单位净资产的，处置该项投资时，按照原计入净资产的相应部分金额，借记或贷记本科目，贷记或借记“投资收益”科目。

【例 12.8】某事业单位 2019 年 12 月 31 日被投资单位实现净利润 100 000 元，除净损益和利润分配以外的其他所有者权益 30 000 元。该被投资单位为事业单位在 2019 年 3 月以银行存款 500 000 元出资联合其他单位共同设立，并持有被投资单位 70%的股权，采用权益法进行核算。

该事业单位应编制如下会计分录。

1）2019 年 3 月，投资时：

借：长期股权投资——成本 500 000
贷：银行存款 500 000
借：投资支出 500 000
贷：资金结存——货币资金 500 000

2）2019 年 12 月 31 日，被投资单位实现利润和其他所有者权益变动时：

借：长期股权投资——损益调整 70 000
——其他权益变动 21 000
贷：投资收益 70 000
权益法调整 21 000

3）2020 年 5 月 10 日，处置该项投资的 20%，处置收入为 130 000 元存入银行，不考虑相关税费，无已宣告尚未发放的股利。相关会计处理如下。

借：银行存款　　130 000
　　贷：长期股权投资——成本　　100 000
　　　　　　　　　——损益调整　　14 000
　　　　　　　　　——其他权益变动　　4 200
　　　　投资收益　　11 800
借：权益法调整　　4 200
　　贷：投资收益　　4 200
借：资金结存——货币资金　　130 000
　　贷：其他结余　　100 000
　　　　投资预算收益　　30 000

二、无偿调拨净资产

为了核算无偿调入或调出非现金资产引起的净资产变动情况，应设置“无偿调拨净资产”科目。本科目属于净资产类科目，其贷方登记无偿调入非现金资产引起的净资产的增加，借方登记无偿调出非现金资产引起的净资产的减少。年末，结账到本年盈余后，本科目应无余额。

无偿调拨净资产的主要账务处理如下。

1）按照规定取得无偿调入的存货、长期股权投资、固定资产、无形资产、公共基础设施、政府储备物资、文物文化资产、保障性住房等，按照确定的成本，借记“库存物品”“长期股权投资”“固定资产”“无形资产”“公共基础设施”“政府储备物资”“文物文化资产”“保障性住房”等科目；按照调入过程中发生的归属于调入方的相关费用，贷记“零余额账户用款额度”“银行存款”等科目；按照其差额，贷记本科目。

2）按照规定经批准无偿调出存货、长期股权投资、固定资产、无形资产、公共基础设施、政府储备物资、文物文化资产、保障性住房等，按照调出资产的账面余额或账面价值，借记本科目，按照固定资产累计折旧、无形资产累计摊销、公共基础设施累计折旧或摊销、保障性住房累计折旧的金额，借记“固定资产累计折旧”“无形资产累计摊销”“公共基础设施累计折旧（摊销）”“保障性住房累计折旧”科目，按照调出资产的账面余额，贷记“库存物品”“长期股权投资”“固定资产”“无形资产”“公共基础设施”“政府储备物资”“文物文化资产”“保障性住房”等科目；同时，按照调出过程中发生的归属于调出方的相关费用，借记“资产处置费用”科目，贷记“零余额账户用款额度”“银行存款”等科目。

3）年末，将本科目余额转入累计盈余，借记或贷记本科目，贷记或借记“累计盈余”科目。

【例 12.9】某事业单位 2019 年 12 月无偿调入一批存货 20 000 元，固定资产 100 000 元；12 月经批准无偿调出无形资产原价 22 000 元，已计提摊销 2 000 元，无偿调出资产发生处置费用 1 000 元，通过零余额账户支付。其会计处理如下。

1）取得无偿调入的净资产时：

借：库存物品　　20 000
　　固定资产　　100 000
　　贷：无偿调拨净资产　　120 000

2）取得无偿调出的净资产时：

借：无偿调拨净资产　　20 000

　　资产处置费用　　1 000

　　无形资产累计摊销　　2 000

　　贷：无形资产　　22 000

　　　　零余额账户用款额度　　1 000

借：其他支出　　1 000

　　贷：资金结存——零余额账户用款额度　　1 000

3）年末，结转“无偿调拨净资产”科目余额时：

借：无偿调拨净资产　　100 000

　　贷：累计盈余　　100 000

三、以前年度盈余调整

为了核算以前年度盈余的调整情况，应设置“以前年度盈余调整”科目。本科目属于净资产类科目，其贷方登记以前年度收入调增和费用调减，借方登记以前年度收入调减和费用调增，年末结转入累计盈余，结转后应无余额。

以前年度盈余调整的主要账务处理如下。

1）调整增加以前年度收入时，按照调整增加的金额，借记有关科目，贷记本科目。调整减少的，做相反会计分录。

2）调整增加以前年度费用时，按照调整增加的金额，借记本科目，贷记有关科目。调整减少的，做相反会计分录。

3）盘盈的各种非流动资产，报经批准后处理时，借记“待处理财产损溢”科目，贷记本科目。

4）经上述调整后，应将本科目的余额转入累计盈余，借记或贷记“累计盈余”科目，贷记或借记本科目。

【例 12.10】某事业单位 2019 年 12 月 31 日进行财产清查，盘盈设备一台。经核查，该设备价值 100 000 元，假定不考虑增值税。

1）转入待处理财产损溢时：

借：固定资产　　100 000

　　贷：待处理财产损溢　　100 000

2）报经批准后处理时：

借：待处理财产损溢　　100 000

　　贷：以前年度盈余调整　　100 000

3）将以前年度盈余调整进行年终结转时：

借：以前年度盈余调整　　100 000

　　贷：累计盈余　　100 000

复 习 题

请扫描二维码，下载复习题进行练习。

第十二章复习题

第十三章　政府财务会计收入的核算

第十三章 PPT

☞ 学习内容与要求

本章主要介绍政府财务会计收入的核算。通过学习，学生应理解政府财务会计收入的分类，理解政府财务会计收入的管理要求，明确政府财务会计收入的核算科目，掌握政府财务会计收入的业务核算。

第一节　收 入 概 述

一、收入的含义和内容

收入是指报告期内导致政府会计主体净资产增加的、含有服务潜力或者经济利益的经济资源的流入。

收入按来源可分为财政拨款收入、非同级财政拨款收入、捐赠收入、利息收入、租金收入、其他收入、事业收入、上级补助收入、附属单位上缴收入、经营收入、投资收益。其中，前六项收入属于行政事业单位共有收入，后五项收入属于事业单位特有的收入。

二、收入的管理

1）加强收入的预算管理。单位应当将各项收入全部纳入单位预算，统一核算，统一管理。单位参考以前年度预算的执行情况，根据预算年度的收入增减因素和措施，以及以前年度结转和结余情况，测算编制收入预算。

2）保证收入的合法性和合理性。单位的各项收入应当依法取得，符合国家有关法律、法规和规章制度的规定，坚持收入的合理性和合法性。收费项目、收费范围、收费标准必须按照法定程序审批，非经批准不得自立章程乱收费。事业单位对按照规定上缴国库或者财政专户的资金，应当按照国库集中收缴的有关规定及时足额上缴，不得隐瞒、滞留、截留、挪用和坐支。

3）正确处理经济效益和社会效益的关系。在市场经济条件下单位应充分利用人才、技术、设备等条件，积极组织收入，扩大财源，提高经费自给率和自我发展能力。但事业单位是公益性社会组织，必须将社会效益放在首位。因此，事业单位在组织收入时，应以社会效益为目的，同时兼顾经济效益，正确处理经济效益和社会效益的关系。

三、收入的内部控制

单位收入控制属于业务层面的内部控制。根据《行政事业单位内部控制规范（试行）》的规定，单位内部控制的主要内容包括以下几个方面。

1）单位应当建立健全收入内部管理制度。单位应当合理设置岗位，明确相关岗位的职责权限，确保收款、会计核算等不相容岗位相互分离。

2）单位的各项收入应当由财会部门归口管理并进行会计核算，严禁设立账外账。业务部门应当在涉及收入的合同协议签订后及时将合同等有关材料提交财会部门作为账务处理依据，确保各项收入应收尽收，及时入账。财会部门应当定期检查收入金额是否与合同约定相符；对应收未收项目应当查明情况，明确责任主体，落实催收责任。

3）有政府非税收入收缴职能的单位，应当按照规定项目和标准征收政府非税收入，按照规定开具财政票据，做到收缴分离、票款一致，并及时、足额上缴国库或财政专户，不得以任何形式截留、挪用或者私分。

四、收入的确认

收入的确认应同时满足以下条件：①与收入相关的含有服务潜力或者经济利益的经济资源很可能流入政府会计主体；②含有服务潜力或者经济利益的经济资源流入会导致政府会计主体资产增加或者负债减少；③流入金额能够可靠地计量。

符合收入定义和收入确认条件的项目，应当列入收入费用表。

第二节 单位共有收入的核算

单位共有收入是指事业单位和行政单位都可能有的财务收入，主要包括拨款收入和其他收入类两项内容。其中，拨款收入包括财政拨款收入和非同级财政拨款收入两部分内容；其他收入类项目主要包括捐赠收入、利息收入、租金收入和其他收入四部分内容。

财政拨款收入是指单位从同级政府财政部门取得的各类财政拨款。

非同级财政拨款收入是指单位从非同级政府财政部门取得的经费拨款，包括从同级政府其他部门取得的横向转拨财政款、从上级或下级政府财政部门取得的经费拨款等。

捐赠收入是指单位接受其他单位或者个人捐赠取得的收入。

利息收入是指单位取得的银行存款利息收入。

租金收入是指单位经批准利用国有资产出租取得并按照规定纳入本单位预算管理的租金收入。

其他收入是指单位取得的除财政拨款收入、事业收入、上级补助收入、附属单位上缴收入、经营收入、非同级财政拨款收入、投资收益、捐赠收入、利息收入、租金收入以外的各项收入。

一、拨款收入的核算

（一）财政拨款收入

为了核算单位从同级政府财政部门取得的各类财政拨款，应设置“财政拨款收入”科目。同级政府财政部门预拨的下期预算款和没有纳入预算的暂付款项，以及采用实拨资金方式通过本单位转拨给下属单位的财政拨款，通过“其他应付款”科目核算，不通过本科目核算。本科目可按照一般公共预算财政拨款、政府性基金预算财政拨款等拨款种类进行明细核算。

财政拨款收入的主要账务处理如下。

1）财政直接支付方式下，根据收到的“财政直接支付入账通知书”及相关原始凭证，按照通知书中的直接支付入账金额，借记“库存物品”“固定资产”“业务活动费用”“单位管理费用”“应付职工薪酬”等科目，贷记本科目。涉及增值税业务的，相关账务处理参见“应交增值税”科目。

年末，根据本年度财政直接支付预算指标数与当年财政直接支付实际支付数的差额，借记“财政应返还额度——财政直接支付”科目，贷记本科目。

2）财政授权支付方式下，根据收到的“财政授权支付额度到账通知书”中的授权支付额度，借记“零余额账户用款额度”科目，贷记本科目。

年末，本年度财政授权支付预算指标数大于零余额账户用款额度下达数的，根据未下达的用款额度，借记“财政应返还额度——财政授权支付”科目，贷记本科目。

3）其他方式下收到财政拨款收入时，按照实际收到的金额，借记“银行存款”等科目，贷记本科目。

4）因差错更正或购货退回等发生国库直接支付款项退回的，属于以前年度支付的款项，按照退回金额，借记“财政应返还额度——财政直接支付”科目，贷记“以前年度盈余调整”“库存物品”等科目；属于本年度支付的款项，按照退回金额，借记本科目，贷记“业务活动费用”“库存物品”等科目。

5）期末，将本科目本期发生额转入本期盈余，借记本科目，贷记“本期盈余”科目。

期末结转后，本科目应无余额。

【例 13.1】某行政单位收到财政国库支付中心委托代理银行转来的财政直接支付入账通知书及有关原始凭证，登记支付文献资料印刷费 5 000 元。

借：业务活动费用　　5 000

　　贷：财政拨款收入　　5 000

【例 13.2】某事业单位根据代理银行转来财政直接支付入账通知书及有关原始凭证，登记购入自用材料一批，价款 3 500 元，材料已验收入库。

借：库存物品　　3 500

　　贷：财政拨款收入　　3 500

【例 13.3】某行政单位根据代理银行转来的“财政直接支付入账通知书”及有关原始凭证，登记购入汽车 600 000 元，汽车已验收合格。

借：固定资产　　600 000

　　贷：财政拨款收入　　600 000

【例 13.4】某行政单位年终依据本年度财政直接支付预算指标（40 000 000 元）与当年财政直接支付实际支出（35 000 000 元）的差额，进行账务处理。

借：财政应返还额度——财政直接支付　　5 000 000

　　贷：财政拨款收入　　5 000 000

【例 13.5】下年度财政直接支付额度直接恢复，不进行账务处理。

在使用预算资金 5 000 000 元时：

借：业务活动费用（库存物品）等　　5 000 000

　　贷：财政应返还额度　　5 000 000

【例 13.6】某事业单位收到代理银行盖章转来的“财政授权支付入账通知书”与分月用款计划核对后，登记授权用款额度 260 000 元。

借：零余额账户用款额度　　260 000
　　贷：财政拨款收入　　260 000

【例 13.7】某事业单位购入自用材料一批，价款 5 000 元，材料已验收入库，款项由零余额账户支付。

借：库存物品　　5 000
　　贷：零余额账户用款额度　　5 000

【例 13.8】年度终了，某事业单位依据代理银行提供的对账单注销授权支付的额度 8 000 000 元。

借：财政应返还额度——财政授权支付　　8 000 000
　　贷：零余额账户用款额度　　8 000 000

【例 13.9】若单位本年度财政授权支付预算指标（60 000 000 元）大于零余额账户用款额度下达数（58 000 000 元），根据两者的差额编制以下会计分录。

借：财政应返还额度——财政授权支付　　2 000 000
　　贷：财政拨款收入　　2 000 000

【例 13.10】下年度恢复额度时，依据代理银行提供的额度恢复到账通知书，编制以下会计分录。

借：零余额账户用款额度　　8 000 000
　　贷：财政应返还额度——财政授权支付　　8 000 000

【例 13.11】若下年度收到财政部门批复的上年未下达零余额账户用款额度，编制以下会计分录。

借：零余额账户用款额度　　2 000 000
　　贷：财政应返还额度——财政授权支付　　2 000 000

（二）非同级财政拨款收入

为了核算单位从非同级政府财政部门取得的经费拨款，包括从同级政府其他部门取得的横向转拨财政款、从上级或下级政府财政部门取得的经费拨款等，应设置“非同级财政拨款收入”科目。事业单位因开展科研及其辅助活动从非同级政府财政部门取得的经费拨款，应当通过“事业收入——非同级财政拨款”科目核算，不通过本科目核算。本科目应当按照本级横向转拨财政款和非本级财政拨款进行明细核算，并按照收入来源进行明细核算。期末结转后，本科目应无余额。

非同级财政拨款收入的主要账务处理如下。

1）确认非同级财政拨款收入时，按照应收或实际收到的金额，借记“其他应收款”“银行存款”等科目，贷记本科目。

2）期末，将本科目本期发生额转入本期盈余，借记本科目，贷记“本期盈余”科目。

【例 13.12】某事业单位收到非同级财政拨款 50 000 元，款项到账。期末，将“非同级财政拨款收入”科目本期发生额 50 000 元转入本期盈余。

收到时：

借：银行存款　　50 000
　　贷：非同级财政拨款收入　　50 000

期末转账时：

借：非同级财政拨款收入　　50 000

　　贷：本期盈余　　50 000

二、其他收入类的核算

（一）捐赠收入

为了核算单位接受其他单位或者个人捐赠取得的收入，应设置“捐赠收入”科目。本科目应当按照捐赠资产的用途和捐赠单位等进行明细核算。期末结转后，本科目应无余额。

捐赠收入的主要账务处理如下。

1）接受捐赠的货币资金，按照实际收到的金额，借记“银行存款”“库存现金”等科目，贷记本科目。

2）接受捐赠的存货、固定资产等非现金资产，按照确定的成本，借记“库存物品”“固定资产”等科目，按照发生的相关税费、运输费等，贷记“银行存款”等科目，按照其差额，贷记本科目。

3）接受捐赠的资产按照名义金额入账的，按照名义金额，借记“库存物品”“固定资产”等科目，贷记本科目；同时，按照发生的相关税费、运输费等，借记“其他费用”科目，贷记“银行存款”等科目。

4）期末，将本科目本期发生额转入本期盈余，借记本科目，贷记“本期盈余”科目。

【例 13.13】某事业单位收到外单位捐款 30 000 元。

借：银行存款　　30 000

　　贷：捐赠收入　　30 000

【例 13.14】某事业单位收到外单位捐赠材料一批，价值 30 000 元，支付相关税费 500 元。

借：库存物品　　30 000

　　贷：银行存款　　500

　　　　捐赠收入　　29 500

（二）利息收入

为了核算单位取得的银行存款利息收入，应设置“利息收入”科目。期末结转后，本科目应无余额。

利息收入的主要账务处理如下。

1）取得银行存款利息时，按照实际收到的金额，借记“银行存款”科目，贷记本科目。

2）期末，将本科目本期发生额转入本期盈余，借记本科目，贷记“本期盈余”科目。

【例 13.15】某事业单位收到银行存款利息 2 000 元。

借：银行存款　　2 000

　　贷：利息收入　　2 000

（三）租金收入

为了核算单位经批准利用国有资产出租取得并按照规定纳入本单位预算管理的租金收入，应设置“租金收入”科目。本科目应当按照出租国有资产类别和收入来源等进行明细核算。期末结转后，本科目应无余额。

租金收入的主要账务处理如下。

1）国有资产出租收入，应当在租赁期内各个期间按照直线法予以确认。

① 采用预收租金方式的，预收租金时，按照收到的金额，借记“银行存款”等科目，贷记“预收账款”科目；分期确认租金收入时，按照各期租金金额，借记“预收账款”科目，贷记本科目。

② 采用后付租金方式的，每期确认租金收入时，按照各期租金金额，借记“应收账款”科目，贷记本科目；收到租金时，按照实际收到的金额，借记“银行存款”等科目，贷记“应收账款”科目。

③ 采用分期收取租金方式的，每期收取租金时，按照租金金额，借记“银行存款”等科目，贷记本科目。

2）涉及增值税业务的，相关账务处理参见“应交增值税”科目。

3）期末，将本科目本期发生额转入本期盈余，借记本科目，贷记“本期盈余”科目。

【例 13.16】某事业单位收取固定资产租金收入 2 000 元。

借：银行存款	2 000	
贷：租金收入		2 000

（四）其他收入

为了核算单位取得的除财政拨款收入、事业收入、上级补助收入、附属单位上缴收入、经营收入、非同级财政拨款收入、投资收益、捐赠收入、利息收入、租金收入以外的各项收入，包括现金盘盈收入、按照规定纳入单位预算管理的科技成果转化收入、行政单位收回已核销的其他应收款、无法偿付的应付及预收款项、置换换出资产评估增值等，应设置“其他收入”科目。本科目应当按照其他收入的类别、来源等进行明细核算。期末结转后，本科目应无余额。

其他收入的主要账务处理如下。

1）每日现金账款核对中发现的现金溢余，属于无法查明原因的部分，报经批准后，借记“待处理财产损溢”科目，贷记本科目。

2）单位科技成果转化所取得的收入，按照规定留归本单位的，按照所取得收入扣除相关费用之后的净收益，借记“银行存款”等科目，贷记本科目。

3）行政单位已核销的其他应收款在以后期间收回的，按照实际收回的金额，借记“银行存款”等科目，贷记本科目。

4）无法偿付或债权人豁免偿还的应付账款、预收账款、其他应付款及长期应付款，借记“应付账款”“预收账款”“其他应付款”“长期应付款”等科目，贷记本科目。

5）资产置换过程中，换出资产评估增值的，按照评估价值高于资产账面价值或账面余额的金额，借记有关科目，贷记本科目。具体账务处理参见“库存物品”等科目。

6）以未入账的无形资产取得的长期股权投资，按照评估价值加相关税费作为投资成本，借记“长期股权投资”科目；按照发生的相关税费，贷记“银行存款”“其他应交税费”等科目；按其差额，贷记本科目。

7）当发生上述情况以外的其他收入时，按照应收或实际收到的金额，借记“其他应收款”“银行存款”“库存现金”等科目，贷记本科目。涉及增值税业务的，相关账务处理参见“应交增值税”科目。

8）期末，将本科目本期发生额转入本期盈余，借记本科目，贷记“本期盈余”科目。

【例 13.17】某事业单位现金溢余 200 元，确实无法查明原因，报经批准后，作“其他收入”处理。

借：库存现金　200

　　贷：待处理财产损溢　200

借：待处理财产损溢　200

　　贷：其他收入　200

第三节　事业单位专有收入的核算

事业单位专有收入是指事业单位自身专有的财务收入，主要包括业务活动收入、调剂性收入和投资收益三部分内容。其中，业务活动收入是指事业收入和经营收入；调剂性收入是指上级补助收入和附属单位上缴收入；投资收益是指事业单位股权投资和债券投资所实现的收益或发生的损失。

事业收入是指事业单位开展专业业务活动及其辅助活动实现的收入，不包括从同级政府财政部门取得的各类财政拨款。

经营收入是指事业单位在专业业务活动及其辅助活动之外开展非独立核算经营活动取得的收入。

上级补助收入是指事业单位从主管部门和上级单位取得的非财政拨款收入。

附属单位上缴收入是指事业单位取得的附属独立核算单位按照有关规定上缴的收入。

一、业务活动收入

（一）事业收入

为了核算事业单位开展专业业务活动及其辅助活动实现的收入，不包括从同级政府财政部门取得的各类财政拨款，应设置“事业收入”科目。本科目应当按照事业收入的类别、来源等进行明细核算。对于因开展科研及其辅助活动从非同级政府财政部门取得的经费拨款，应当在本科目下单设“非同级财政拨款”明细科目进行核算。期末结转后，本科目应无余额。

事业收入的主要账务处理如下。

1）采用财政专户返还方式管理的事业收入。

① 实现应上缴财政专户的事业收入时，按照实际收到或应收的金额，借记“银行存款”“应收账款”等科目，贷记“应缴财政款”科目。

② 向财政专户上缴款项时，按照实际上缴的款项金额，借记“应缴财政款”科目，贷

记“银行存款”等科目。

③ 收到从财政专户返还的事业收入时，按照实际收到的返还金额，借记“银行存款”等科目，贷记本科目。

2）采用预收款方式确认的事业收入。

① 实际收到预收款项时，按照收到的款项金额，借记“银行存款”等科目，贷记“预收账款”科目。

② 以合同完成进度确认事业收入时，按照基于合同完成进度计算的金额，借记“预收账款”科目，贷记本科目。

3）采用应收款方式确认的事业收入。

① 根据合同完成进度计算本期应收的款项，借记“应收账款”科目，贷记本科目。

② 实际收到款项时，借记“银行存款”等科目，贷记“应收账款”科目。

4）其他方式下确认的事业收入，按照实际收到的金额，借记“银行存款”“库存现金”等科目，贷记本科目。

上述情况中涉及增值税业务的，相关账务处理参见“应交增值税”科目。

5）期末，将本科目本期发生额转入本期盈余，借记本科目，贷记“本期盈余”科目。

【例 13.18】某事业单位发生下列业务。

收到一笔应上缴财政专户的资金 580 000 元时：

借：银行存款　　580 000
　　贷：应缴财政款　　580 000

将上述款项缴存财政时：

借：应缴财政款　　580 000
　　贷：银行存款　　580 000

经财政部门审批，从财政专户转回上缴的资金 50 000 元时：

借：银行存款　　50 000
　　贷：事业收入　　50 000

【例 13.19】某事业单位收到业务咨询收入（按简易计税，征收率为 3%）30 000 元，款项存入银行。

借：银行存款　　30 900
　　贷：事业收入　　30 000
　　　　应交增值税——简易计税　　900

【例 13.20】期末，将本科目本期发生额 500 000 元转入本期盈余。

借：事业收入　　500 000
　　贷：本期盈余　　500 000

（二）经营收入

为了核算事业单位在专业业务活动及其辅助活动之外开展非独立核算经营活动取得的收入，应设置“经营收入”科目。本科目应当按照经营活动类别、项目和收入来源等进行明细核算。经营收入应当在提供服务或发出存货，同时收讫价款或者取得索取价款的凭据时，按照实际收到或应收的金额予以确认。期末结转后，本科目应无余额。

经营收入的主要账务处理如下。

1）实现经营收入时，按照确定的收入金额，借记“银行存款”“应收账款”“应收票据”等科目，贷记本科目。涉及增值税业务的，相关账务处理参见“应交增值税”科目。

2）期末，将本科目本期发生额转入本期盈余，借记本科目，贷记“本期盈余”科目。

【例 13.21】某研究院所属非独立核算的车队对外单位提供服务获得收入 20 000 元（不含税）。（税率为 11%）

借：银行存款　　22 200

　　贷：经营收入　　20 000

　　　　应交增值税——应交税金（销项税额）　　2 200

【例 13.22】某事业单位销售产成品一批，不含税售价 100 000 元，增值税 17 000 元。收到转账支票 60 000 元，其余价款尚未收到。

借：银行存款　　60 000

　　应收账款　　57 000

　　贷：经营收入　　100 000

　　　　应交增值税——应交税金（销项税额）　　17 000

【例 13.23】期末，某事业单位将“经营收入”科目本期发生额 300 000 元转入本期盈余。

借：经营收入　　300 000

　　贷：本期盈余　　300 000

二、调剂性收入的核算

（一）上级补助收入

为了核算事业单位从主管部门和上级单位取得的非财政拨款收入，应设置“上级补助收入”科目。本科目应当按照发放补助单位、补助项目等进行明细核算。期末结转后，本科目应无余额。

上级补助收入的主要账务处理如下。

1）确认上级补助收入时，按照应收或实际收到的金额，借记“其他应收款”“银行存款”等科目，贷记本科目。

2）实际收到应收的上级补助款时，按照实际收到的金额，借记“银行存款”等科目，贷记“其他应收款”科目。

3）期末，将本科目本期发生额转入本期盈余，借记本科目，贷记“本期盈余”科目。

【例 13.24】某事业单位收到主管部门用自身开展业务活动所取得的收入拨来补助费 30 000 元。

借：银行存款　　30 000

　　贷：上级补助收入　　30 000

【例 13.25】期末，将“上级补助收入”科目贷方余额 80 000 元转账。

借：上级补助收入　　80 000

　　贷：本期盈余　　80 000

（二）附属单位上缴收入

为了核算事业单位取得的附属独立核算单位按照有关规定上缴的收入，应设置“附属单位上缴收入”科目。本科目应当按照附属单位、缴款项目等进行明细核算。期末结转后，本科目应无余额。

附属单位上缴收入的主要账务处理如下。

1）确认附属单位上缴收入时，按照应收或收到的金额，借记“其他应收款”“银行存款”等科目，贷记本科目。

2）实际收到应收附属单位上缴款时，按照实际收到的金额，借记“银行存款”等科目，贷记“其他应收款”科目。

3）期末，将本科目本期发生额转入本期盈余，借记本科目，贷记“本期盈余”科目。

【例 13.26】学校收到所属独立核算的招待所上缴收入 80 000 元。

借：银行存款　　80 000
　　贷：附属单位上缴收入　　80 000

【例 13.27】年终，结转“附属单位上缴收入”科目余额 30 000 元。

借：附属单位上缴收入　　30 000
　　贷：本期盈余　　30 000

三、投资收益

为了核算事业单位股权投资和债券投资所实现的收益或发生的损失，应设置“投资收益”科目。本科目应当按照投资的种类等进行明细核算。期末结转后，本科目应无余额。

投资收益的主要账务处理如下。

1）收到短期投资持有期间的利息，按照实际收到的金额，借记“银行存款”科目，贷记“投资收益”科目。

2）出售或到期收回短期债券本息，按照实际收到的金额，借记“银行存款”科目；按照出售或收回短期投资的成本，贷记“短期投资”科目；按照其差额，贷记或借记本科目。涉及增值税业务的，相关账务处理参见“应交增值税”科目。

3）持有的分期付息、一次还本的长期债券投资，按期确认利息收入时，按照计算确定的应收未收利息，借记“应收利息”科目，贷记本科目；持有的到期一次还本付息的债券投资，按期确认利息收入时，按照计算确定的应收未收利息，借记“长期债券投资——应计利息”科目，贷记本科目。

4）出售长期债券投资或到期收回长期债券投资本息，按照实际收到的金额，借记“银行存款”等科目，按照债券初始投资成本和已计未收利息金额，贷记“长期债券投资——成本、应计利息”科目[到期一次还本付息债券]或“长期债券投资”“应收利息”科目[分期付息债券]，按照其差额，贷记或借记本科目。涉及增值税业务的，相关账务处理参见“应交增值税”科目。

5）采用成本法核算的长期股权投资持有期间，被投资单位宣告分派现金股利或利润时，按照宣告分派的现金股利或利润中属于单位应享有的份额，借记“应收股利”科目，贷记本科目。

采用权益法核算的长期股权投资持有期间，按照应享有或应分担的被投资单位实现的净损益的份额，借记或贷记“长期股权投资——损益调整”科目，贷记或借记本科目；被投资单位发生净亏损，但以后年度又实现净利润的，单位在其收益分享额弥补未确认的亏损分担额等后，恢复确认投资收益，借记“长期股权投资——损益调整”科目，贷记本科目。

6）按照规定处置长期股权投资时有关投资收益的账务处理，参见“长期股权投资”科目。

7）期末，将本科目本期发生额转入本期盈余，借记或贷记本科目，贷记或借记“本期盈余”科目。

【例 13.28】单位以货币资金对外投资（短期投资），收到投资分红收入 70 000 元。

借：银行存款　　70 000

　　贷：投资收益　　70 000

复 习 题

请扫描二维码，下载复习题进行练习。

第十三章复习题

第十四章　政府财务会计费用的核算

第十四章 PPT

☞ 学习内容与要求

本章主要介绍政府财务会计费用的核算。通过学习，学生应理解政府财务会计费用的分类，明确政府财务会计费用的核算科目，掌握政府财务会计费用的业务核算。

第一节　费 用 概 述

一、费用的含义和内容

费用是指报告期内导致政府会计主体净资产减少的、含有服务潜力或者经济利益的经济资源的流出。

费用可以分为业务活动费、资产处置费、其他费用、单位管理费用、经营费用、上缴上级费用、对附属单位补助费用、所得税费用。其中，前三项属于行政事业单位共有的费用，后五项属于事业单位特有的费用。

二、费用的确认和计量

费用的确认应当同时满足以下条件：①与费用相关的含有服务潜力或者经济利益的经济资源很可能流出政府会计主体；②含有服务潜力或者经济利益的经济资源流出会导致政府会计主体资产减少或者负债增加；③流出金额能够可靠地计量。

符合费用定义和费用确认条件的项目，应当列入收入费用表。

单位的费用应当以权责发生制为基础进行确认，并按照实际发生额进行计量。

第二节　单位共有费用的核算

单位共有费用是指事业单位和行政单位都可能有的费用，主要包括业务活动费用、资产处置费用和其他费用。

业务活动费用是指单位为实现其职能目标，依法履职或开展业务活动及其辅助活动所发生的各项费用。

资产处置费用是指单位经批准处置资产时，如无偿调拨、出售、出让、转让、置换、对外捐赠资产等发生的费用。

其他费用是指除业务活动费用、单位管理费用、经营费用、资产处置费用、上缴上级费用、附属单位补助费用、所得税费用以外的各项费用，包括利息费用、坏账损失、罚没支出、现金资产捐赠支出及相关税费、运输费等。

一、业务活动费用

为了核算单位为实现其职能目标，依法履职或开展专业业务活动及其辅助活动所发生的各项费用，应设置“业务活动费用”科目。本科目应当按照项目、服务或者业务类别、支付对象等进行明细核算。期末结转后，本科目应无余额。

为了满足成本核算需要，本科目下还可按照“工资福利费用”“商品和服务费用”“对个人和家庭的补助费用”“对企业补助费用”“固定资产折旧费”“无形资产摊销费”“公共基础设施折旧（摊销）费”“保障性住房折旧费”“计提专用基金”等成本项目设置明细科目，归集能够直接计入业务活动或采用一定方法计算后计入业务活动的费用。

业务活动费用的主要账务处理如下。

1）为履职或开展业务活动的本单位人员及外部人员计提的薪酬和劳务费，计提时，借记本科目，贷记“应付职工薪酬”“其他应付款”科目。实际支付时，按照代扣代缴个人所得税的金额，借记“应付职工薪酬”“其他应付款”科目，贷记“其他应交税费——应交个人所得税”科目，按照扣税后应付或实际支付的金额，贷记“其他应付款”“财政拨款收入”“零余额账户用款额度”“银行存款”等科目。

2）为履职或开展业务活动领用库存物品，以及动用发出相关政府储备物资，按照领用库存物品或发出相关政府储备物资的账面余额，借记本科目，贷记“库存物品”“政府储备物资”科目。

3）为履职或开展业务活动所使用的固定资产、无形资产，以及为所控制的公共基础设施、保障性住房计提的折旧、摊销，按照计提金额，借记本科目，贷记“固定资产累计折旧”“无形资产累计摊销”“公共基础设施累计折旧（摊销）”“保障性住房累计折旧”科目。

4）为履职或开展业务活动发生的城市维护建设税、教育费附加、地方教育费附加、车船税、房产税、城镇土地使用税等，按照计算确定应交纳的金额，借记本科目，贷记“其他应交税费”等科目。

5）为履职或开展业务活动发生其他各项费用，按照费用确认金额，借记本科目，贷记“财政拨款收入”“零余额账户用款额度”“银行存款”“应付账款”“其他应付款”“其他应收款”等科目。

6）按照规定从收入中提取专用基金并计入费用的，一般按照预算会计下基于预算收入计算提取的金额，借记本科目，贷记“专用基金”科目。国家另有规定的，从其规定。

7）发生当年购货退回等业务，对于已计入本年业务活动费用的，按照收回或应收的金额，借记“财政拨款收入”“零余额账户用款额度”“银行存款”“其他应收款”等科目，贷记本科目。

8）期末，将本科目本期发生额转入本期盈余，借记“本期盈余”科目，贷记本科目。

【例 14.1】某行政单位计提本单位人员工资 6 000 元。

	借方	贷方
借：业务活动费用	6 000	
贷：应付职工薪酬		6 000

【例 14.2】某事业单位开展业务活动领用库存物品一批，价款 30 000 元。

	借方	贷方
借：业务活动费用	30 000	
贷：库存物品		30 000

【例 14.3】某事业单位业务活动及辅助活动使用的办公用房计提折旧 67 800 元。

	借方	贷方
借：业务活动费用	67 800	
贷：固定资产累计折旧		67 800

【例 14.4】期末，将“业务活动费用”科目借方余额 70 000 元转账。

借：本期盈余 70 000

贷：业务活动费用 70 000

二、资产处置费用

为了核算单位经批准处置资产时发生的费用，包括转销的被处置资产价值，以及在处置过程中发生的相关费用或者处置收入小于相关费用形成的净支出，应设置“资产处置费用”科目。资产处置的形式按照规定包括无偿调拨、出售、出让、转让、置换、对外捐赠、报废、毁损及货币性资产损失核销等。

单位在资产清查中查明的资产盘亏、毁损及资产报废等，应当先通过“待处理财产损溢”科目进行核算，再将处理资产价值和处理净支出记入本科目。短期投资、长期股权投资、长期债券投资的处置，按照相关资产科目的规定进行账务处理。本科目应当按照处置资产的类别、资产处置的形式等进行明细核算。期末结转后，本科目应无余额。

资产处置费用的主要账务处理如下。

（一）不通过“待处理财产损溢”科目核算的资产处置

不通过“待处理财产损溢”科目核算的资产包括固定资产、无形资产、公共基础设施、保障性住房等。

1）按照规定报经批准处置资产时，按照处置资产的账面价值，借记本科目[处置固定资产、无形资产、公共基础设施、保障性住房的，还应借记“固定资产累计折旧”“无形资产累计摊销”“公共基础设施累计折旧（摊销）”“保障性住房累计折旧”科目]，按照处置资产的账面余额，贷记“库存物品”“固定资产”“无形资产”“公共基础设施”“政府储备物资”“文物文化资产”“保障性住房”“其他应收款”“在建工程”等科目。

2）处置资产过程中仅发生相关费用的，按照实际发生金额，借记本科目，贷记“银行存款”“库存现金”等科目。

3）处置资产过程中取得收入的，按照取得的价款，借记“库存现金”“银行存款”等科目；按照处置资产过程中发生的相关费用，贷记“银行存款”“库存现金”等科目，按照其差额，借记本科目或贷记“应缴财政款”等科目。涉及增值税业务的，相关账务处理参见“应交增值税”科目。

（二）通过“待处理财产损溢”科目核算的资产处置

1）单位账款核对中发现的现金短缺，属于无法查明原因的，报经批准核销时，借记本科目，贷记“待处理财产损溢”科目。

2）单位资产清查过程中盘亏或者毁损、报废的存货、固定资产、无形资产、公共基础设施、政府储备物资、文物文化资产、保障性住房等，报经批准处理时，按照处理资产价值，借记本科目，贷记“待处理财产损溢——待处理财产价值”科目。处理收支结清时，处理过程中所取得收入小于所发生相关费用的，按照相关费用减去处理收入后的净支出，借记本科目，贷记“待处理财产损溢——处理净收入”科目。

【例 14.5】某行政单位当日账款核对中发现现金短缺 600 元，无法查明原因。

报经批准前：

借：待处理财产损溢 600

　　贷：库存现金 600

报经批准时：

借：资产处置费用 600

　　贷：待处理财产损溢 600

【例 14.6】某事业单位出售一项固定资产，原值是 5 000 元，累计折旧是 2 000 元，在处置过程中发生清理费 670 元，取得收入 3 000 元，存入银行。假设不考虑相关税费。

按照规定报经批准处置资产时：

借：资产处置费用 3 000

　　固定资产累计折旧 2 000

　　贷：固定资产 5 000

取得收入时：

借：银行存款 3 000

　　贷：库存现金 670

　　　　应缴财政款 2 330

三、其他费用

为了核算单位发生的除业务活动费用、单位管理费用、经营费用、资产处置费用、上缴上级费用、附属单位补助费用、所得税费用以外的各项费用，包括利息费用、坏账损失、罚没支出、现金资产捐赠支出及相关税费、运输费等，单位应设置“其他费用”科目。本科目应当按照其他费用的类别等进行明细核算。本科目期末结转后应无余额。单位发生的利息费用较多的，可以单独设置“利息费用”科目。

其他费用的主要账务处理如下。

（一）利息费用

单位支付银行的短期借款、长期借款的利息时，按期计算确认借款利息费用时，按照计算确定的金额，借记“在建工程”科目或本科目，贷记“应付利息”“长期借款——应计利息”科目。

（二）坏账损失

年末，事业单位按照规定对收回后不需上缴财政的应收账款和其他应收款计提坏账准备时，按照计提金额，借记本科目，贷记“坏账准备”科目；冲减多提的坏账准备时，按照冲减金额，借记“坏账准备”科目，贷记本科目。

（三）罚没支出

单位发生罚没支出的，按照实际缴纳或应当缴纳的金额，借记本科目，贷记“银行存款”“库存现金”“其他应付款”等科目。

（四）现金资产捐赠

单位对外捐赠现金资产的，按照实际捐赠的金额，借记本科目，贷记“银行存款”“库存现金”等科目。

（五）其他相关费用

单位接受捐赠（或无偿调入）以名义金额计量的存货、固定资产、无形资产，以及成本无法可靠取得的公共基础设施、文物文化资产等发生的相关税费、运输费等，按照实际支付的金额，借记本科目，贷记“财政拨款收入”“零余额账户用款额度”“银行存款”“库存现金”等科目。

单位发生的与受托代理资产相关的税费、运输费、保管费等，按照实际支付或应付的金额，借记本科目，贷记“零余额账户用款额度”“银行存款”“库存现金”“其他应付款”等科目。

【例 14.7】某事业单位计提银行的短期借款利息 30 000 元。

借：其他费用　　30 000

　　贷：应付利息　　30 000

【例 14.8】某行政单位支付罚没支出 500 元。

借：其他费用　　500

　　贷：银行存款　　500

【例 14.9】某事业单位为支持社会公益事业发展，向某慈善机构捐赠现款 60 000 元。

借：其他费用　　60 000

　　贷：银行存款　　60 000

第三节　事业单位专有费用的核算

事业单位专有费用是指事业单位自身专有的费用，包括单位管理费用、经营费用、调剂性费用和所得税费用。其中，调剂性费用是指上缴上级费用和对附属单位补助费用。

单位管理费用是指事业单位本级行政及后勤管理部门开展管理活动发生的各项费用，包括单位行政及后勤管理部门发生的人员经费、公用经费、资产折旧（摊销）等费用，以及由单位统一负担的离退休人员经费、工会经费、诉讼费、中介费等。

经营费用是指事业单位在专业业务活动及其辅助活动之外开展非独立核算经营活动发生的各项费用。

上缴上级费用是指事业单位按照财政部门和主管部门的规定上缴上级单位款项发生的费用。

对附属单位补助费用是指事业单位用财政拨款收入之外的收入对附属单位补助发生的费用。

所得税费用是指由企业所得税纳税义务的事业单位按规定缴纳企业所得税形成的费用。

一、单位管理费用

为了核算本级行政及后勤管理部门开展管理活动发生的各项费用，应设置“单位管理费用”科目。本科目应当按照项目、费用类别、支付对象等进行明细核算。为了满足成本核算需要，本科目下还可按照“工资福利费用”“商品和服务费用”“对个人和家庭的补助费用”“固定资产折旧费”“无形资产摊销费”等成本项目设置明细科目，归集能够直接计入单位管理活动或采用一定方法计算后计入单位管理活动的费用。本科目期末结转后应当无余额。

单位管理费用的主要账务处理如下。

1）为管理活动人员计提的薪酬，按照计算确定的金额，借记本科目，贷记“应付职工薪酬”科目。为开展管理活动发生的外部人员劳务费，按照计算确定的费用金额，借记本科目，按照代扣代缴个人所得税的金额，贷记“其他应交税费——应交个人所得税”科目，按照扣税后应付或实际支付的金额，贷记“其他应付款”“财政拨款收入”“零余额账户用款额度”“银行存款”等科目。

2）开展管理活动内部领用库存物品，按照领用物品实际成本，借记本科目，贷记“库存物品”科目。

3）为管理活动所使用的固定资产、无形资产计提的折旧、摊销，按照应提折旧、摊销额，借记本科目，贷记“固定资产累计折旧”“无形资产累计摊销”科目。

4）为开展管理活动发生的城市维护建设税、教育费附加、地方教育费附加、车船税、房产税、城镇土地使用税等，按照计算确定应交纳的金额，借记本科目，贷记“其他应交税费”等科目。

5）为开展管理活动发生的其他各项费用，按照费用确认金额，借记“单位管理费用”科目，贷记“财政拨款收入”“零余额账户用款额度”“银行存款”“其他应付款”“其他应收款”等科目。

6）发生当年购货退回等业务，对于已计入本年单位管理费用的，按照收回或应收的金额，借记“财政拨款收入”“零余额账户用款额度”“银行存款”“其他应收款”等科目，贷记本科目。

【例 14.10】某事业单位计提管理活动人员的薪酬 40 000 元。

借：单位管理费用	40 000	
贷：应付职工薪酬		40 000

【例 14.11】某事业单位行政管理部门用固定资产计提折旧 28 000 元。

借：单位管理费用	28 000	
贷：固定资产累计折旧		28 000

【例 14.12】某事业单位为开展管理活动领用库存物品 77 000 元。

借：单位管理费用	77 000	
贷：库存物品		77 000

二、经营费用

为了核算在专业业务活动及其辅助活动之外开展非独立核算经营活动发生的各项费用，应设置“经营费用”科目。本科目应当按照经营活动类别、项目、支付对象等进行明细核算。

为了满足成本核算需要，本科目下还可按照“工资福利费用”“商品和服务费用”“对个人和家庭的补助费用”“固定资产折旧费”“无形资产摊销费”等成本项目设置明细科目，归集能够直接计入单位经营活动或采用一定方法计算后计入单位经营活动的费用。本科目期末结转后无余额。

经营费用的主要账务处理如下。

1）为经营活动人员计提的薪酬，按照计算确定的金额，借记本科目，贷记“应付职工薪酬”科目。

2）开展经营活动领用或发出库存物品，按照物品实际成本，借记本科目，贷记“库存物品”科目。

3）为经营活动所使用的固定资产、无形资产计提的折旧、摊销，按照应提折旧、摊销额，借记本科目，贷记“固定资产累计折旧”“无形资产累计摊销”科目。

4）开展经营活动发生的城市维护建设税、教育费附加、地方教育费附加、车船税、房产税、城镇土地使用税等，按照计算确定应交纳的金额，借记本科目，贷记“其他应交税费”等科目。

5）发生与经营活动相关的其他各项费用时，按照费用确认金额，借记本科目，贷记“银行存款”“其他应付款”“其他应收款”等科目。涉及增值税业务的，相关账务处理参见“应交增值税”科目。

6）发生当年购货退回等业务，对于已计入本年经营费用的，按照收回或应收的金额，借记“银行存款”“其他应收款”等科目，贷记本科目。

【例 14.13】某事业单位计提经营活动人员的薪酬 60 000 元。

借：经营费用　　60 000

　　贷：应付职工薪酬　　60 000

【例 14.14】某事业单位使用的经营用固定资产计提折旧 8 000 元。

借：经营费用　　8 000

　　贷：固定资产累计折旧　　8 000

【例 14.15】某事业单位为开展经营活动领用库存物品 7 000 元。

借：经营费用　　7 000

　　贷：库存物品　　7 000

三、调剂性费用

（一）上缴上级费用

为了核算事业单位按照财政部门和主管部门的规定上缴上级单位款项发生的费用，应设置“上缴上级费用”科目。本科目应当按照收缴款项单位、缴款项目等进行明细核算。本科目期末结转后应无余额。

1）单位发生上缴上级支出的，按照实际上缴的金额或者按照规定计算出应当上缴上级单位的金额，借记本科目，贷记“银行存款”“其他应付款”等科目。

2）期末，将本科目本期发生额转入本期盈余，借记“本期盈余”科目，贷记本科目。

【例 14.16】某事业单位根据体制安排和收入的数额，经计算，本年应上缴上级单位款项 200 000 元。事业单位通过银行转账上缴了款项。

借：上缴上级费用 200 000

贷：银行存款 200 000

【例 14.17】期末，将“上缴上级费用”科目借方余额 90 000 元转账。

借：本期盈余 90 000

贷：上缴上级费用 90 000

（二）对附属单位补助费用

为了核算用财政拨款收入之外的收入对附属单位补助发生的费用，应设置“对附属单位补助费用”科目。本科目应当按照接受补助单位、补助项目等进行明细核算。本科目期末结转后应无余额。

对附属单位补助费用的主要账务处理如下。

1）单位发生对附属单位补助支出的，按照实际补助的金额或者按照规定计算出应当对附属单位补助的金额，借记本科目，贷记“银行存款”“其他应付款”等科目。

2）期末，将本科目本期发生额转入本期盈余，借记“本期盈余”科目，贷记本科目。

【例 14.18】某事业单位用自有经费对所属独立杂志社补助 30 000 元，以银行存款支付。

借：对附属单位补助费用 30 000

贷：银行存款 30 000

【例 14.19】期末，将“对附属单位补助费用”科目借方余额 760 000 元转账。

借：本期盈余 760 000

贷：对附属单位补助费用 760 000

四、所得税费用

为了核算有企业所得税缴纳义务的事业单位按规定缴纳企业所得税所形成的费用，应设置“所得税费用”科目。本科目年末结转后应无余额。

所得税费用的主要账务处理如下。

1）发生企业所得税纳税义务的，按照税法规定计算的应交税金数额，借记本科目，贷记“其他应交税费——单位应交所得税”科目。实际缴纳时，按照缴纳金额，借记“其他应交税费——单位应交所得税”科目，贷记“银行存款”科目。

2）年末，将本科目本年发生额转入本期盈余，借记“本期盈余”科目，贷记“所得税费用”科目。

复　习　题

请扫描二维码，下载复习题进行练习。

第十四章复习题

第十五章　政府财务报告

第十五章 PPT

学习内容与要求

本章主要介绍政府财务报告。通过学习，学生应理解政府财务报告的含义及作用、编制要求，了解现金流量表的含义、作用，重点掌握资产负债表、收入费用表和净资产变动表的作用、结构、内容、编制方法与分析方法。

第一节　政府财务报告概述

一、政府财务报告的含义

政府财务报告是反映政府会计主体某一特定日期的财务状况、某一会计期间的运行情况和现金流量等信息的文件。

财务报告是向财务报告使用者提供与单位财务状况、运行情况、现金流量等有关的会计信息，反映单位受托责任的履行情况，为财务报告使用者合理配置资源、进行社会及经济决策服务。财务报告是编制下年度单位财务收支计划的基础，为行政事业单位加强内部管理提供信息，为财政部门和上级单位了解情况、指导单位财务工作提供重要依据，为社会各界（包括出资者和债权人）了解行政事业单位财务状况提供条件。

二、政府财务报告的内容

政府财务报告应当包括财务报表和其他应当在财务报告中披露的相关信息和资料。

财务报表是对政府会计主体财务状况、运行情况和现金流量等信息的结构性表述。它包括会计报表和附注。

会计报表至少应当包括资产负债表、收入费用表和现金流量表。资产负债表是反映政府会计主体在某一特定日期的财务状况的报表。收入费用表是反映政府会计主体在一定会计期间运行情况的报表。现金流量表是反映政府会计主体在一定会计期间现金及现金等价物流入和流出情况的报表。

附注是对在会计报表中列示的项目所作的进一步说明，以及对未能在会计报表中列示项目的说明。它是财务报表的重要组成部分。凡对报表使用者的决策有重要影响的会计信息，不论本制度是否有明确规定，单位均应充分披露。

会计报表附注的内容：①单位的基本情况；②会计报表编制基础；③遵循政府会计准则、制度的声明；④重要会计政策和会计估计；⑤会计报表重要项目说明；⑥本年盈余与预算结余的差异情况说明；⑦其他重要事项说明；⑧有助于理解和分析会计报表需要说明的其他事项。

政府财务报告的编制主要以权责发生制为基础，以政府财务会计核算生成的数据为准。

三、会计报表的分类

（一）按报表反映内容分类

按报表反映内容，会计报表可分为资产负债表（静态报表）、收入费用表（动态报表）、现金流量表（动态报表）、净资产变动表（动态报表）。

（二）按编报单位分类

按编报单位，会计报表可分为单位报表和合并报表。单位报表是由作为会计主体的单位编制的会计报表。合并报表是由主管部门根据所属单位上报的会计报表。政府财务报告包括政府综合财务报告和政府部门财务报告。

政府综合财务报告是指由政府财政部门编制的，反映各级政府整体财务状况、运行情况和财政中长期可持续性的报告。

政府部门财务报告由纳入部门决算管理范围的行政单位、事业单位和社会团体逐级编制。各单位应当按照规定编制本单位财务报告并报送上级单位；上级单位除编制本单位财务报告外，还应当按照规定对所属单位财务报表进行合并，撰写财务分析，形成合并财务报告。主管部门编制的合并财务报告，即部门财务报告。

（三）按编报时间分类

按编报时间，会计报表分为月度报表和年度报表。月度报表是反映单位截止报告月份资金活动和经费收支情况的报表，一般包括资产负债表、收入费用表。年度报表又称为年度决算，是全面反映单位年度资金活动和经费收支情况的报表，包括资产负债表、收入费用表、净资产变动表、现金流量表和附注。

四、编制会计报表的程序

单位月度报表、年度报表的内容和编制程序基本相同，但年度报表的内容较为详细，其编制程序较为复杂。这里着重说明编制年度报表的程序，包括年终清理、年终结账等。

（一）年终清理

年终清理是指对单位全年收支事项进行全面的清查、核对、整理和结算的工作，主要包括年终清理结算的主要事项，清理、核对年度预算收支数和各项缴拨款项，清理核对各项收支款项和上交下拨款项，清理往来款项，清查货币资金，清理财产物资。

（二）年终结账

年终结账包括年终转账、结清旧账和记入新账。

1）年终转账。在确认全年所有发生的经济业务已经全部登记入账，经核对无误后，首先计算出各账户借方、贷方的 12 月份发生额和全年累计数，结出 12 月末余额。然后，编制结账前的资产负债表。试算平衡后结转各收支账户年终余额。根据各收支账户 12 月 31 日的余额填制记账凭证，按年终冲转办法办理结账冲转。

2）结清旧账。年终，将需要结出本年累计发生额的账户结出全年总累计数，在“摘要”栏内注明“本年累计”字样，并在下面通栏画双红线，表示本账户全部结清。对年终有余额的账户，在“本年累计”下行的“摘要”栏内注明“结转下年”字样，再在下面画双红线，表示年终余额转入新账，结束旧账。

3）记入新账。根据年终结账后各账户余额，编制年终决算的资产负债表和有关明细账户余额表，将表列各账户的余额数直接记入下一会计年度新建有关会计账簿的第一行“余额”栏内，并在“摘要”栏注明“上年结转”字样，以区别新年度发生数额。

第二节　资产负债表

一、资产负债表的含义

资产负债表是反映单位某一特定日期财务状况的报表，反映单位在某一特定日期的全部资产、负债和净资产的情况。它向有关方面提供以下几个方面的信息资料。

1）单位某一日期所掌握的经济资源及这些资源的分布和结构。

2）单位某一日期负债及其结构。

3）单位的净资产情况。

4）通过对资产负债表的分析，可以了解单位的财务实力、短期偿债能力和支付能力，若把前后期的资产负债表加以对照分析，还可以看出单位资产负债变化情况及财务状况的发展趋势。

二、资产负债表的格式

资产负债表的格式如表 15.1 所示。

表 15.1　资产负债表

会政财 01 表

编制单位：　　　　年　月　日　　　　单位：元

资产	期末余额	年初余额	负债和净资产	期末余额	年初余额
流动资产：			流动负债：		
货币资金			短期借款		
短期投资			应交增值税		
财政应返还额度			其他应交税费		
应收票据			应缴财政款		
应收账款净额			应付职工薪酬		
预付账款			应付票据		
应收股利			应付账款		
应收利息			应付政府补贴款		
其他应收款净额			应付利息		
存货			预收账款		
待摊费用			其他应付款		
一年内到期的非流动资产			预提费用		

续表

资产	期末余额	年初余额	负债和净资产	期末余额	年初余额
其他流动资产			一年内到期的非流动负债		
流动资产合计			其他流动负债		
非流动资产：			流动负债合计		
长期股权投资			非流动负债：		
长期债券投资			长期借款		
固定资产原值			长期应付款		
减：固定资产累计折旧			预计负债		
固定资产净值			其他非流动负债		
工程物资			非流动负债合计		
在建工程			受托代理负债		
无形资产原值			负债合计		
减：无形资产累计摊销					
无形资产净值					
研发支出					
公共基础设施原值					
减：公共基础设施累计折旧（摊销）					
公共基础设施净值					
政府储备物资					
文物文化资产					
保障性住房原值					
减：保障性住房累计折旧			净资产：		
保障性住房净值			累计盈余		
长期待摊费用			专用基金		
待处理财产损溢			权益法调整		
其他非流动资产			无偿调拨净资产*		
非流动资产合计			本期盈余*		
受托代理资产			净资产合计		
资产总计			负债和净资产总计		

注："*"表示该项目为月报项目，年报中不需列示。

资产负债表由表首标题和报表主体构成。报表主体部分包括编报项目、栏目及金额。

（一）表首标题

资产负债表的表首标题包括报表名称、编号（会政财 01 表）、编制单位、编表时间和金额单位等内容。资产负债表是静态报表，需要注明是×年×月×日的报表。按编报的时间，资产负债表分为月报资产负债表和年报资产负债表。

（二）编报项目

资产负债表的编报项目包括资产、负债和净资产三个会计要素，按资产（左侧）和负债与净资产（右侧）排列，按"资产=负债+净资产"平衡。资产项目按其流动性分别流动资产、非流动资产排列；负债项目按其流动性分别流动负债、非流动负债排列；净资产项目分别基金净资产、结转（余）净资产排列。

（三）栏目及金额

资产负债表包括“期末余额”和“年初余额”两栏数字。“期末余额”栏数额根据本期各账户的期末余额直接填列，或经过分析、计算后填列；“年初余额”栏的数额根据上年年末资产负债表“期末余额”栏内的数字填列。

三、资产负债表编制说明

如果本年度资产负债表规定的项目的名称和内容同上年度不一致，应当对上年年末资产负债表项目的名称和数字按照本年度的规定进行调整，将调整后数字填入资产负债表“年初余额”栏内。

如果本年度单位发生了因前期差错更正、会计政策变更等调整以前年度盈余的事项，还应当对“年初余额”栏中的有关项目金额进行相应调整。

资产负债表中“资产总计”项目期末（年初）余额应当与“负债和净资产总计”项目期末（年初）余额相等。

资产负债表“期末余额”栏各项目的内容和填列方法如下。

1. 资产类项目

1）“货币资金”项目，反映单位期末库存现金、银行存款、零余额账户用款额度、其他货币资金的合计数。本项目应当根据“库存现金”“银行存款”“零余额账户用款额度”“其他货币资金”科目的期末余额的合计数填列；若单位存在通过“库存现金”“银行存款”科目核算的受托代理资产，还应当按照前述合计数扣减“库存现金”“银行存款”科目下“受托代理资产”明细科目的期末余额后的金额填列。

2）“短期投资”项目，反映事业单位期末持有的短期投资账面余额。本项目应当根据“短期投资”科目的期末余额填列。

3）“财政应返还额度”项目，反映单位期末财政应返还额度的金额。本项目应当根据“财政应返还额度”科目的期末余额填列。

4）“应收票据”项目，反映事业单位期末持有的应收票据的票面金额。本项目应当根据“应收票据”科目的期末余额填列。

5）“应收账款净额”项目，反映单位期末尚未收回的应收账款减去已计提的坏账准备后的净额。本项目应当根据“应收账款”科目的期末余额，减去“坏账准备”科目中对应收账款计提的坏账准备的期末余额后的金额填列。

6）“预付账款”项目，反映单位期末预付给商品或者劳务供应单位的款项。本项目应当根据“预付账款”科目的期末余额填列。

7）“应收股利”项目，反映事业单位期末因股权投资而应收取的现金股利或应当分得的利润。本项目应当根据“应收股利”科目的期末余额填列。

8）“应收利息”项目，反映事业单位期末因债券投资等而应收取的利息。事业单位购入的到期一次还本付息的长期债券投资持有期间应收的利息，不包括在本项目内。本项目应当根据“应收利息”科目的期末余额填列。

9)“其他应收款净额”项目，反映单位期末尚未收回的其他应收款减去已计提的坏账准备后的净额。本项目应当根据“其他应收款”科目的期末余额减去“坏账准备”科目中对其他应收款计提的坏账准备的期末余额后的金额填列。

10)“存货”项目，反映单位期末存储的存货的实际成本。本项目应当根据“在途物品”“库存物品”“加工物品”科目的期末余额的合计数填列。

11)“待摊费用”项目，反映单位期末已经支出但应当由本期和以后各期负担的分摊期在 1 年以内（含 1 年）的各项费用。本项目应当根据“待摊费用”科目的期末余额填列。

12)“一年内到期的非流动资产”项目，反映单位期末非流动资产项目中将在 1 年内（含 1 年）到期的金额，如事业单位将在 1 年内（含 1 年）到期的长期债券投资金额。本项目应当根据“长期债券投资”等科目的明细科目的期末余额分析填列。

13)“其他流动资产”项目，反映单位期末除资产负债表中上述各项之外的其他流动资产的合计金额。本项目应当根据有关科目期末余额的合计数填列。

14)“流动资产合计”项目，反映单位期末流动资产的合计数。本项目应当根据资产负债表中“货币资金”“短期投资”“财政应返还额度”“应收票据”“应收账款净额”“预付账款”“应收股利”“应收利息”“其他应收款净额”“存货”“待摊费用”“一年内到期的非流动资产”“其他流动资产”项目金额的合计数填列。

15)“长期股权投资”项目，反映事业单位期末持有的长期股权投资的账面余额。本项目应当根据“长期股权投资”科目的期末余额填列。

16)“长期债券投资”项目，反映事业单位期末持有的长期债券投资的账面余额。本项目应当根据“长期债券投资”科目的期末余额减去其中将于 1 年内（含 1 年）到期的长期债券投资余额后的金额填列。

17)“固定资产原值”项目，反映单位期末固定资产的原值。本项目应当根据“固定资产”科目的期末余额填列。

“固定资产累计折旧”项目，反映单位期末固定资产已计提的累计折旧金额。本项目应当根据“固定资产累计折旧”科目的期末余额填列。

“固定资产净值”项目，反映单位期末固定资产的账面价值。本项目应当根据“固定资产”科目期末余额减去“固定资产累计折旧”科目期末余额后的金额填列。

18)“工程物资”项目，反映单位期末为在建工程准备的各种物资的实际成本。本项目应当根据“工程物资”科目的期末余额填列。

19)“在建工程”项目，反映单位期末所有的建设项目工程的实际成本。本项目应当根据“在建工程”科目的期末余额填列。

20)“无形资产原值”项目，反映单位期末无形资产的原值。本项目应当根据“无形资产”科目的期末余额填列。

“无形资产累计摊销”项目，反映单位期末无形资产已计提的累计摊销金额。本项目应当根据“无形资产累计摊销”科目的期末余额填列。

“无形资产净值”项目，反映单位期末无形资产的账面价值。本项目应当根据“无形资产”科目期末余额减去“无形资产累计摊销”科目期末余额后的金额填列。

21)“研发支出”项目，反映单位期末正在进行的无形资产开发项目开发阶段发生的累计支出数。本项目应当根据“研发支出”科目的期末余额填列。

22）“公共基础设施原值”项目，反映单位期末控制的公共基础设施的原值。本项目应当根据“公共基础设施”科目的期末余额填列。

“公共基础设施累计折旧（摊销）”项目，反映单位期末控制的公共基础设施已计提的累计折旧和累计摊销金额。本项目应当根据“公共基础设施累计折旧（摊销）”科目的期末余额填列。

“公共基础设施净值”项目，反映单位期末控制的公共基础设施的账面价值。本项目应当根据“公共基础设施”科目期末余额减去“公共基础设施累计折旧（摊销）”科目期末余额后的金额填列。

23）“政府储备物资”项目，反映单位期末控制的政府储备物资的实际成本。本项目应当根据“政府储备物资”科目的期末余额填列。

24）“文物文化资产”项目，反映单位期末控制的文物文化资产的成本。本项目应当根据“文物文化资产”科目的期末余额填列。

25）“保障性住房原值”项目，反映单位期末控制的保障性住房的原值。本项目应当根据“保障性住房”科目的期末余额填列。

“保障性住房累计折旧”项目，反映单位期末控制的保障性住房已计提的累计折旧金额。本项目应当根据“保障性住房累计折旧”科目的期末余额填列。

“保障性住房净值”项目，反映单位期末控制的保障性住房的账面价值。本项目应当根据“保障性住房”科目期末余额减去“保障性住房累计折旧”科目期末余额后的金额填列。

26）“长期待摊费用”项目，反映单位期末已经支出但应由本期和以后各期负担的分摊期限在 1 年以上（不含 1 年）的各项费用。本项目应当根据“长期待摊费用”科目的期末余额填列。

27）“待处理财产损溢”项目，反映单位期末尚未处理完毕的各种资产的净损失或净溢余。本项目应当根据“待处理财产损溢”科目的期末借方余额填列；如“待处理财产损溢”科目期末为贷方余额，以“-”号填列。

28）“其他非流动资产”项目，反映单位期末除资产负债表中上述各项之外的其他非流动资产的合计数。本项目应当根据有关科目的期末余额合计数填列。

29）“非流动资产合计”项目，反映单位期末非流动资产的合计数。本项目应当根据资产负债表中“长期股权投资”“长期债券投资”“固定资产净值”“工程物资”“在建工程”“无形资产净值”“研发支出”“公共基础设施净值”“政府储备物资”“文物文化资产”“保障性住房净值”“长期待摊费用”“待处理财产损溢”“其他非流动资产”项目金额的合计数填列。

30）“受托代理资产”项目，反映单位期末受托代理资产的价值。本项目应当根据“受托代理资产”科目的期末余额与“库存现金”“银行存款”科目下“受托代理资产”明细科目的期末余额的合计数填列。

31）“资产总计”项目，反映单位期末资产的合计数。本项目应当根据资产负债表中“流动资产合计”“非流动资产合计”“受托代理资产”项目金额的合计数填列。

2. 负债类项目

1）“短期借款”项目，反映事业单位期末短期借款的余额。本项目应当根据“短期借款”科目的期末余额填列。

2）“应交增值税”项目，反映单位期末应缴未缴的增值税税额。本项目应当根据“应交增值税”科目的期末余额填列；如“应交增值税”科目期末为借方余额，以“-”号填列。

3）“其他应交税费”项目，反映单位期末应缴未缴的除增值税以外的税费金额。本项目应当根据“其他应交税费”科目的期末余额填列；如“其他应交税费”科目期末为借方余额，以“-”号填列。

4）“应缴财政款”项目，反映单位期末应当上缴财政但尚未缴纳的款项。本项目应当根据“应缴财政款”科目的期末余额填列。

5）“应付职工薪酬”项目，反映单位期末按有关规定应付给职工及为职工支付的各种薪酬。本项目应当根据“应付职工薪酬”科目的期末余额填列。

6）“应付票据”项目，反映事业单位期末应付票据的金额。本项目应当根据“应付票据”科目的期末余额填列。

7）“应付账款”项目，反映单位期末应当支付但尚未支付的偿还期限在 1 年以内（含 1 年）的应付账款的金额。本项目应当根据“应付账款”科目的期末余额填列。

8）“应付政府补贴款”项目，反映负责发放政府补贴的行政单位期末按照规定应当支付给政府补贴接受者的各种政府补贴款余额。本项目应当根据“应付政府补贴款”科目的期末余额填列。

9）“应付利息”项目，反映事业单位期末按照合同约定应支付的借款利息。事业单位到期一次还本付息的长期借款利息不包括在本项目内。本项目应当根据“应付利息”科目的期末余额填列。

10）“预收账款”项目，反映事业单位期末预先收取但尚未确认收入和实际结算的款项余额。本项目应当根据“预收账款”科目的期末余额填列。

11）“其他应付款”项目，反映单位期末其他各项偿还期限在 1 年内（含 1 年）的应付及暂收款项余额。本项目应当根据“其他应付款”科目的期末余额填列。

12）“预提费用”项目，反映单位期末已预先提取的已经发生但尚未支付的各项费用。本项目应当根据“预提费用”科目的期末余额填列。

13）“一年内到期的非流动负债”项目，反映单位期末将于 1 年内（含 1 年）偿还的非流动负债的余额。本项目应当根据“长期应付款”“长期借款”等科目的明细科目的期末余额分析填列。

14）“其他流动负债”项目，反映单位期末除资产负债表中上述各项之外的其他流动负债的合计数。本项目应当根据有关科目的期末余额的合计数填列。

15）“流动负债合计”项目，反映单位期末流动负债合计数。本项目应当根据资产负债表中“短期借款”“应交增值税”“其他应交税费”“应缴财政款”“应付职工薪酬”“应付票据”“应付账款”“应付政府补贴款”“应付利息”“预收账款”“其他应付款”“预提费用”“一年内到期的非流动负债”“其他流动负债”项目金额的合计数填列。

16）“长期借款”项目，反映事业单位期末长期借款的余额。本项目应当根据“长期借款”科目的期末余额减去其中将于 1 年内（含 1 年）到期的长期借款余额后的金额填列。

17）“长期应付款”项目，反映单位期末长期应付款的余额。本项目应当根据“长期应付款”科目的期末余额减去其中将于 1 年内（含 1 年）到期的长期应付款余额后的金额填列。

18）“预计负债”项目，反映单位期末已确认但尚未偿付的预计负债的余额。本项目应当根据“预计负债”科目的期末余额填列。

19）“其他非流动负债”项目，反映单位期末除资产负债表中上述各项之外的其他非流动负债的合计数。本项目应当根据有关科目的期末余额合计数填列。

20）“非流动负债合计”项目，反映单位期末非流动负债合计数。本项目应当根据资产负债表中“长期借款”“长期应付款”“预计负债”“其他非流动负债”项目金额的合计数填列。

21）“受托代理负债”项目，反映单位期末受托代理负债的金额。本项目应当根据“受托代理负债”科目的期末余额填列。

22）“负债合计”项目，反映单位期末负债的合计数。本项目应当根据资产负债表中“流动负债合计”“非流动负债合计”“受托代理负债”项目金额的合计数填列。

3. 净资产类项目

1）“累计盈余”项目，反映单位期末未分配盈余（或未弥补亏损）及无偿调拨净资产变动的累计数。本项目应当根据“累计盈余”科目的期末余额填列。

2）“专用基金”项目，反映事业单位期末累计提取或设置但尚未使用的专用基金余额。本项目应当根据“专用基金”科目的期末余额填列。

3）“权益法调整”项目，反映事业单位期末在被投资单位除净损益和利润分配以外的所有者权益变动中累积享有的份额。本项目应当根据“权益法调整”科目的期末余额填列。如“权益法调整”科目期末为借方余额，以“-”号填列。

4）“无偿调拨净资产”项目，反映单位本年度截至报告期期末无偿调入的非现金资产价值扣减无偿调出的非现金资产价值后的净值。本项目仅在月度报表中列示，年度报表中不列示。月度报表中本项目应当根据“无偿调拨净资产”科目的期末余额填列；“无偿调拨净资产”科目期末为借方余额时，以“-”号填列。

5）“本期盈余”项目，反映单位本年度截至报告期期末实现的累计盈余或亏损。本项目仅在月度报表中列示，年度报表中不列示。

月度报表中本项目应当根据“本期盈余”科目的期末余额填列；“本期盈余”科目期末为借方余额时，以“-”号填列。

6）“净资产合计”项目，反映单位期末净资产合计数。本项目应当根据资产负债表中“累计盈余”“专用基金”“权益法调整”“无偿调拨净资产”[月度报表]、“本期盈余”[月度报表]项目金额的合计数填列。

7）“负债和净资产总计”项目，应当按照资产负债表中“负债合计”“净资产合计”项目金额的合计数填列。

四、资产负债表编制举例

【例 15.1】某事业单位 2019 年年末各资产、负债和净资产账户余额如下（单位：元）：库存现金 8 000 元；银行存款 1 640 000 元；零余额账户用款额度 0 元；应收票据 360 000 元；应收账款净额 280 000 元；其他应收款净额 150 000 元；存货 1 500 000 元；长期债券投资 306 000 元（其中：一年内到期的国库券，150 000 元）；固定资产原值 9 800 000 元；固定资产累计折旧 270 000 元；无形资产原值 790 000 元；无形资产累计摊销 30 000 元；应交增值税 135 200 元；应付票据 96 000 元；应付账款 1 322 000 元；预收账款 300 000 元；其他应付款 174 000 元；应交增值税 135 200 元；长期借款 680 000 元（其中：一年内到期的长期借款 300 000 元）；累计盈余 11 330 960 元；专用基金 345 840 元。

要求：编制该事业单位的资产负债表。

12 月 31 日编制资产负债表（为年末资产负债表）时，“年初余额”栏内各项数字应当根据上年年末资产负债表“期末余额”栏内数字填列。“期末余额”栏内各项数字根据各账户的期末余额直接填列、合并填列或分析填列。主要项目的填列说明如下。

1）货币资金项目。货币资金的数额为库存现金、银行存款和零余额账户用款额度的合计数。

货币资金=8 000+1 640 000+0=1 648 000（元）

2）固定资产净值、无形资产净值项目。固定资产净值、无形资产净值按扣除固定资产累计折旧、无形资产累计摊销的数额填列。

固定资产净值=9 800 000−270 000=9 530 000（元）

无形资产净值=250 000−30 000=220 000（元）

3）长期债券投资 306 000 元。其中，一年内到期的国库券 150 000 元，应列入其他流动资产项目。

一年内到期的非流动资产=150 000（元）

长期债券投资=306 000−150 000=156 000（元）

4）长期借款 680 000 元，将于 1 年内（含 1 年）偿还的借款为 300 000 元，应列入其他流动负债项目。

其他流动负债=300 000（元）

长期借款=680 000−300 000=380 000（元）

5）其他项目。其他各项目均可根据各账户的期末余额直接填列。资产总计、负债合计、净资产合计等项目的数额按其内容汇总后填列。编制完成的年度资产负债表如表 15.2 所示。

表 15.2 资产负债表

会政财 01 表

编制单位： 2019 年 12 月 31 日 单位：元

资产	期末余额	年初余额	负债和净资产	期末余额	年初余额
流动资产：		略	流动负债：		略
货币资金	1 648 000		短期借款		
短期投资			应交增值税	135 200	
财政应返还额度			其他应交税费		
应收票据	360 000		应缴财政款		
应收账款净额	280 000		应付职工薪酬		
预付账款			应付票据	96 000	
应收股利			应付账款	1 322 000	
应收利息			应付政府补贴款		
其他应收款净额	150 000		应付利息		
存货	1 500 000		预收账款	300 000	

续表

资产	期末余额	年初余额	负债和净资产	期末余额	年初余额
待摊费用			其他应付款	174 000	
一年内到期的非流动资产	150 000		预提费用		
其他流动资产			一年内到期的非流动负债	300 000	
流动资产合计	3 938 000		其他流动负债		
非流动资产：			流动负债合计	2 327 200	
长期股权投资			非流动负债：		
长期债券投资	156 000		长期借款	380 000	
固定资产原值	9 800 000		长期应付款		
减：固定资产累计折旧	270 000		预计负债		
固定资产净值	9 530 000		其他非流动负债		
工程物资			非流动负债合计	380 000	
在建工程			受托代理负债		
无形资产原值	790 000		负债合计	2 707 200	
减：无形资产累计摊销	30 000				
无形资产净值	760 000				
研发支出					
公共基础设施原值					
减：公共基础设施累计折旧（摊销）					
公共基础设施净值					
政府储备物资					
文物文化资产					
保障性住房原值					
减：保障性住房累计折旧			净资产：		
保障性住房净值			累计盈余	11 330 960	
长期待摊费用			专用基金	345 840	
待处理财产损溢			权益法调整		
其他非流动资产			无偿调拨净资产*		
非流动资产合计	10 446 000		本期盈余*		
受托代理资产			净资产合计	11 676 800	
资产总计	14 384 000		负债和净资产总计	14 384 000	

注："*"表示该项目为月报项目，年报中不需列示。

第三节　收入费用表

一、收入费用表的结构和内容

收入费用表反映单位在某一会计期间内发生的收入、费用及当期盈余情况。收入费用表的格式如表 15.3 所示。

表 15.3 收入费用表

会政财 02 表

编制单位： 年 月 单位：元

项目	本月数	本年累计数
一、本期收入		
（一）财政拨款收入		
其中：政府性基金收入		
（二）事业收入		
（三）上级补助收入		
（四）附属单位上缴收入		
（五）经营收入		
（六）非同级财政拨款收入		
（七）投资收益		
（八）捐赠收入		
（九）利息收入		
（十）租金收入		
（十一）其他收入		
二、本期费用		
（一）业务活动费用		
（二）单位管理费用		
（三）经营费用		
（四）资产处置费用		
（五）上缴上级费用		
（六）对附属单位补助费用		
（七）所得税费用		
（八）其他费用		
三、本期盈余		

二、收入费用表的编制方法

收入费用表“本月数”栏反映各项目的本月实际发生数。编制年度收入费用表时，应当将本栏改为“本年数”，反映本年度各项目的实际发生数。本表“本年累计数”栏反映各项目自年初至报告期期末的累计实际发生数。编制年度收入费用表时，应当将本栏改为“上年数”，反映上年度各项目的实际发生数，“上年数”栏应当根据上年度收入费用表中“本年数”栏内所列数字填列。

如果本年度收入费用表规定的项目的名称和内容同上年度不一致，应当对上年度收入费用表项目的名称和数字按照本年度的规定进行调整，将调整后的金额填入本年度收入费用表的“上年数”栏内。

如果本年度单位发生了因前期差错更正、会计政策变更等调整以前年度盈余的事项，还应当对年度收入费用表中“上年数”栏中的有关项目金额进行相应调整。

收入费用表“本月数”栏各项目的内容和填列方法如下。

1. 本期收入

“本期收入”项目反映单位本期收入总额。本项目应当根据收入费用表中“财政拨款收入”“事业收入”“上级补助收入”“附属单位上缴收入”“经营收入”“非同级财政拨款收入”“投资收益”“捐赠收入”“利息收入”“租金收入”“其他收入”项目金额的合计数填列。

1)“财政拨款收入”项目，反映单位本期从同级政府财政部门取得的各类财政拨款。本项目应当根据“财政拨款收入”科目的本期发生额填列。

“政府性基金收入”项目，反映单位本期取得的财政拨款收入中属于政府性基金预算拨款的金额。本项目应当根据“财政拨款收入”相关明细科目的本期发生额填列。

2)“事业收入”项目，反映事业单位本期开展专业业务活动及其辅助活动实现的收入。本项目应当根据“事业收入”科目的本期发生额填列。

3)“上级补助收入”项目，反映事业单位本期从主管部门和上级单位收到或应收的非财政拨款收入。本项目应当根据“上级补助收入”科目的本期发生额填列。

4)“附属单位上缴收入”项目，反映事业单位本期收到或应收的独立核算的附属单位按照有关规定上缴的收入。本项目应当根据“附属单位上缴收入”科目的本期发生额填列。

5)“经营收入”项目，反映事业单位本期在专业业务活动及其辅助活动之外开展非独立核算经营活动实现的收入。本项目应当根据“经营收入”科目的本期发生额填列。

6)“非同级财政拨款收入”项目，反映单位本期从非同级政府财政部门取得的财政拨款，不包括事业单位因开展科研及其辅助活动从非同级财政部门取得的经费拨款。本项目应当根据“非同级财政拨款收入”科目的本期发生额填列。

7)“投资收益”项目，反映事业单位本期股权投资和债券投资所实现的收益或发生的损失。本项目应当根据“投资收益”科目的本期发生额填列；如为投资净损失，以“-”号填列。

8)“捐赠收入”项目，反映单位本期接受捐赠取得的收入。本项目应当根据“捐赠收入”科目的本期发生额填列。

9)“利息收入”项目，反映单位本期取得的银行存款利息收入。本项目应当根据“利息收入”科目的本期发生额填列。

10)“租金收入”项目，反映单位本期经批准利用国有资产出租取得并按规定纳入本单位预算管理的租金收入。本项目应当根据“租金收入”科目的本期发生额填列。

11)“其他收入”项目，反映单位本期取得的除以上收入项目外的其他收入的总额。本项目应当根据“其他收入”科目的本期发生额填列。

2. 本期费用

“本期费用”项目反映单位本期费用总额。本项目应当根据收入费用表中“业务活动费用”“单位管理费用”“经营费用”“资产处置费用”“上缴上级费用”“对附属单位补助费用”“所得税费用”“其他费用”项目金额的合计数填列。

1)“业务活动费用”项目，反映单位本期为实现其职能目标，依法履职或开展专业业务活动及其辅助活动所发生的各项费用。本项目应当根据“业务活动费用”科目本期发生额填列。

2）“单位管理费用”项目，反映事业单位本期本级行政及后勤管理部门开展管理活动发生的各项费用，以及由单位统一负担的离退休人员经费、工会经费、诉讼费、中介费等。本项目应当根据“单位管理费用”科目的本期发生额填列。

3）“经营费用”项目，反映事业单位本期在专业业务活动及其辅助活动之外开展非独立核算经营活动发生的各项费用。本项目应当根据“经营费用”科目的本期发生额填列。

4）“资产处置费用”项目，反映单位本期经批准处置资产时转销的资产价值，以及在处置过程中发生的相关费用或者处置收入小于处置费用形成的净支出。本项目应当根据“资产处置费用”科目的本期发生额填列。

5）“上缴上级费用”项目，反映事业单位按照规定上缴上级单位款项发生的费用。本项目应当根据“上缴上级费用”科目的本期发生额填列。

6）“对附属单位补助费用”项目，反映事业单位用财政拨款收入之外的收入对附属单位补助发生的费用。本项目应当根据“对附属单位补助费用”科目的本期发生额填列。

7）“所得税费用”项目，反映有企业所得税缴纳义务的事业单位本期计算应交纳的企业所得税。本项目应当根据“所得税费用”科目的本期发生额填列。

8）“其他费用”项目，反映单位本期发生的除以上费用项目外的其他费用的总额。本项目应当根据“其他费用”科目的本期发生额填列。

3. 本期盈余

“本期盈余”项目，反映单位本期收入扣除本期费用后的净额。本项目应当根据收入费用表中“本期收入”项目金额减去“本期费用”项目金额后的金额填列；如为负数，以“-”号填列。

三、收入费用表编制举例

【例 15.2】某事业单位 2019 年各收入、费用类账户的本年发生额如表 15.4 所示。

表 15.4　2019 年各收入、费用类账户的本年发生额

单位：元

费用类	本年累计数	收入类	本年累计数
业务活动费用	1 000 000	财政拨款收入 其中：政府性基金预算收入	500 000 200 000
单位管理费用	300 000	事业收入	400 000
经营费用	200 000	上级补助收入	200 000
资产处置费用	100 000	附属单位上缴收入	200 000
上缴上级费用	100 000	经营收入	300 000
对附属单位补助费用	100 000	非同级财政拨款收入	300 000
所得税费用	50 000	投资收益	100 000
其他费用	100 000	捐赠收入	100 000
		利息收入	50 000
		租金收入	50 000
		其他收入	100 000
费用合计	1 950 000	收入合计	2 300 000

编制2019年度收入费用表时，省略了“上年数”栏，“本年数”栏内数字填列说明如下。

1）本期收入=500 000+400 000+200 000+200 000+300 000+300 000+100 000+100 000+50 000+50 000+100 000=2 300 000（元）。

2）本期费用=1 000 000+300 000+200 000+100 000+100 000+100 000+50 000+100 000=1 950 000（元）。

3）本期盈余=2 300 000−1 950 000=350 000（元）。

编制的收入费用表如表15.5所示。

表15.5 收入费用表

会政财02表

编制单位： 年 月 单位：元

项目	上年数（略）	本年累计数
一、本期收入		2 300 000
（一）财政拨款收入		500 000
其中：政府性基金收入		200 000
（二）事业收入		400 000
（三）上级补助收入		200 000
（四）附属单位上缴收入		200 000
（五）经营收入		300 000
（六）非同级财政拨款收入		300 000
（七）投资收益		100 000
（八）捐赠收入		100 000
（九）利息收入		50 000
（十）租金收入		50 000
（十一）其他收入		100 000
二、本期费用		1 950 000
（一）业务活动费用		1 000 000
（二）单位管理费用		300 000
（三）经营费用		200 000
（四）资产处置费用		100 000
（五）上缴上级费用		100 000
（六）对附属单位补助费用		100 000
（七）所得税费用		50 000
（八）其他费用		100 000
三、本期盈余		350 000

第四节 净资产变动表

一、净资产变动表的含义

净资产变动表是反映单位在某一会计年度内净资产项目的变动情况的报表。

二、净资产变动表的格式

净资产变动表的格式如表 15.6 所示。

表 15.6 净资产变动表

会政财 03 表

编制单位： 年 月 单位：元

项目	本年数				上年数			
	累计盈余	专用基金	权益法调整	净资产合计	累计盈余	专用基金	权益法调整	净资产合计
一、上年年末余额								
二、以前年度盈余调整（减少以“-”号填列）		—	—			—	—	
三、本年年初余额								
四、本年变动金额（减少以“-”号填列）								
（一）本年盈余		—	—			—	—	
（二）无偿调拨净资产		—	—			—	—	
（三）归集调整预算结转结余		—	—			—	—	
（四）提取或设置专用基金			—				—	
其中：从预算收入中提取	—		—		—		—	
从预算结余中提取			—				—	
设置的专用基金	—		—		—		—	
（五）使用专用基金			—				—	
（六）权益法调整	—	—			—	—		
五、本年年末余额								

注：“—”表示单元格不需填列。

三、净资产变动表编制说明

净资产变动表“本年数”栏反映本年度各项目的实际变动数。本表“上年数”栏反映上年度各项目的实际变动数，应当根据上年度净资产变动表中“本年数”栏内所列数字填列。

如果上年度净资产变动表规定的项目的名称和内容与本年度不一致，应对上年度净资产变动表项目的名称和数字按照本年度的规定进行调整，将调整后金额填入本年度净资产变动表“上年数”栏内。

净资产变动表“本年数”栏各项目的内容和填列方法如下。

1）“上年年末余额”行，反映单位净资产各项目上年年末的余额。本行各项目应当根据“累计盈余”“专用基金”“权益法调整”科目上年年末余额填列。

2）“以前年度盈余调整”行，反映单位本年度调整以前年度盈余的事项对累计盈余进行调整的金额。本行“累计盈余”项目应当根据本年度“以前年度盈余调整”科目转入“累计盈余”科目的金额填列；如调整减少累计盈余，以“-”号填列。

3）“本年年初余额”行，反映经过以前年度盈余调整后，单位净资产各项目的本年年初余额。本行“累计盈余”“专用基金”“权益法调整”项目应当根据其各自在“上年年末余额”

和“以前年度盈余调整”行对应项目金额的合计数填列。

4）“本年变动金额”行，反映单位净资产各项目本年变动总金额。本行“累计盈余”“专用基金”“权益法调整”项目应当根据其各自在“本年盈余”“无偿调拨净资产”“归集调整预算结转结余”“提取或设置专用基金”“使用专用基金”“权益法调整”行对应项目金额的合计数填列。

5）“本年盈余”行，反映单位本年发生的收入、费用对净资产的影响。本行“累计盈余”项目应当根据年末由“本期盈余”科目转入“本年盈余分配”科目的金额填列；如转入时借记“本年盈余分配”科目，则以“-”号填列。

6）“无偿调拨净资产”行，反映单位本年无偿调入、调出非现金资产事项对净资产的影响。本行“累计盈余”项目应当根据年末由“无偿调拨净资产”科目转入“累计盈余”科目的金额填列；如转入时借记“累计盈余”科目，则以“-”号填列。

7）“归集调整预算结转结余”行，反映单位本年财政拨款结转结余资金归集调入、归集上缴或调出，以及非财政拨款结转资金缴回对净资产的影响。本行“累计盈余”项目应当根据“累计盈余”科目明细账记录分析填列；如归集调整减少预算结转结余，则以“-”号填列。

8）“提取或设置专用基金”行，反映单位本年提取或设置专用基金对净资产的影响。本行“累计盈余”项目应当根据“从预算结余中提取”行“累计盈余”项目的金额填列。本行“专用基金”项目应当根据“从预算收入中提取”“从预算结余中提取”“设置的专用基金”行“专用基金”项目金额的合计数填列。

“从预算收入中提取”行，反映单位本年从预算收入中提取专用基金对净资产的影响。本行“专用基金”项目应当通过对“专用基金”科目明细账记录的分析，根据本年按有关规定从预算收入中提取基金的金额填列。

“从预算结余中提取”行，反映单位本年根据有关规定从本年度非财政拨款结余或经营结余中提取专用基金对净资产的影响。本行“累计盈余”“专用基金”项目应当通过对“专用基金”科目明细账记录的分析，根据本年按有关规定从本年度非财政拨款结余或经营结余中提取专用基金的金额填列；本行“累计盈余”项目以“-”号填列。

“设置的专用基金”行，反映单位本年根据有关规定设置的其他专用基金对净资产的影响。本行“专用基金”项目应当通过对“专用基金”科目明细账记录的分析，根据本年按有关规定设置的其他专用基金的金额填列。

9）“使用专用基金”行，反映单位本年按规定使用专用基金对净资产的影响。本行“累计盈余”“专用基金”项目应当通过对“专用基金”科目明细账记录的分析，根据本年按规定使用专用基金的金额填列；本行“专用基金”项目以“-”号填列。

10）“权益法调整”行，反映单位本年按照被投资单位除净损益和利润分配以外的所有者权益变动份额而调整长期股权投资账面余额对净资产的影响。本行“权益法调整”项目应当根据“权益法调整”科目本年发生额填列；若本年净发生额为借方，则以“-”号填列。

11）“本年年末余额”行，反映单位本年各净资产项目的年末余额。本行“累计盈余”“专用基金”“权益法调整”项目应当根据其各自在“本年年初余额”“本年变动金额”行对应项目金额的合计数填列。

12）净资产变动表各行“净资产合计”项目，应当根据所在行“累计盈余”“专用基金”

“权益法调整”项目金额的合计数填列。

四、净资产变动表编制举例

【例 15.3】某事业单位 2018 年年末“累计盈余”科目贷方余额 1 000 000 元、“专用基金”科目贷方余额 800 000 元、“权益法调整”科目贷方余额 6 000 元。

2019 年 12 月 31 日，本年运营增加的累计盈余 106 000 元。其中：本年盈余为 100 000 元，无偿调拨净资产为 6 000 元，政府下拨的专用基金为 200 000 元，购买的长期股权投资除净损益和利润分配以外的所有者权益变动份额而调整长期股权投资账面余额为 22 000 元。

要求：根据上述资料，编制该单位 2019 年年末的净资产变动表（表 15.7）。（填列“本年数”栏）

表 15.7 净资产变动表

会政财 03 表

编制单位：××事业单位 2019 年 12 月 单位：元

项目	本年数				上年数			
	累计盈余	专用基金	权益法调整	净资产合计	累计盈余	专用基金	权益法调整	净资产合计
一、上年年末余额	1 000 000	800 000	6 000	1 806 000				
二、以前年度盈余调整（减少以“-”号填列）	0	—	—			—	—	
三、本年年初余额	1 000 000	800 000	6 000	1 806 000				
四、本年变动金额（减少以“-”号填列）	106 000		22 000	328 000				
（一）本年盈余	100 000	—	—	100 000		—	—	
（二）无偿调拨净资产	6 000	—	—	6 000		—	—	
（三）归集调整预算结转结余	0	—	—	0		—	—	
（四）提取或设置专用基金	0	200 000	—	200 000			—	
其中：从预算收入中提取	—	0	—	0	—		—	
从预算结余中提取	0	0	—	0			—	
设置的专用基金	—	200 000	—	200 000	—		—	
（五）使用专用基金	0	0	—	0			—	
（六）权益法调整	—	—	22 000	22 000	—	—		
五、本年年末余额	1 106 000	1 000 000	28 000	2 134 000				

注：“—”表示单元格不需填列。

第五节 现金流量表

一、现金流量表的含义

现金流量表是反映政府会计主体在一定会计期间（一般为一个会计年度）现金及现金等价物流入、流出情况的报表。

二、现金流量表的格式

现金流量表的格式如表 15.8 所示。

表 15.8 现金流量表

会政财 04 表

编制单位： 年 月 单位：元

一、日常活动产生的现金流量	本年金额	上年金额
财政基本支出拨款收到的现金		
财政非资本性项目拨款收到的现金		
事业活动收到的除财政拨款以外的现金		
收到的其他与日常活动有关的现金		
日常活动的现金流入小计		
购买商品、接受劳务支付的现金		
支付给职工以及为职工支付的现金		
支付的各项税费		
支付的其他与日常活动有关的现金		
日常活动的现金流出小计		
日常活动产生的现金流量净额		
二、投资活动产生的现金流量		
收回投资收到的现金		
取得投资收益收到的现金		
处置固定资产、无形资产、公共基础设施等收回的现金净额		
收到的其他与投资活动有关的现金		
投资活动的现金流入小计		
购建固定资产、无形资产、公共基础设施等支付的现金		
对外投资支付的现金		
上缴处置固定资产、无形资产、公共基础设施等净收入支付的现金		
支付的其他与投资活动有关的现金		
投资活动的现金流出小计		
投资活动产生的现金流量净额		
三、筹资活动产生的现金流量		
财政资本性项目拨款收到的现金		
取得借款收到的现金		
收到的其他与筹资活动有关的现金		
筹资活动的现金流入小计		
偿还借款支付的现金		
偿还利息支付的现金		
支付的其他与筹资活动有关的现金		
筹资活动的现金流出小计		
筹资活动产生的现金流量净额		
四、汇率变动对现金的影响额		
五、现金净增加额		

三、现金流量表编制说明

现金流量表所指的现金，是指单位的库存现金及其他可以随时用于支付的款项，包括库存现金、可以随时用于支付的银行存款、其他货币资金、零余额账户用款额度、财政应返还额度，以及通过财政直接支付方式支付的款项。

现金流量表应当按照日常活动、投资活动、筹资活动的现金流量分别反映。本表所指的现金流量，是指现金的流入和流出。本表“本年金额”栏反映各项目的本年实际发生数。本表“上年金额”栏反映各项目的上年实际发生数，应当根据上年现金流量表中“本年金额”栏内所列数字填列。

单位应当采用直接法编制现金流量表。

现金流量表“本年金额”栏各项目的填列方法如下。

1. 日常活动产生的现金流量

1)“财政基本支出拨款收到的现金”项目，反映单位本年接受财政基本支出拨款取得的现金。本项目应当根据“零余额账户用款额度”“财政拨款收入”“银行存款”等科目及其所属明细科目的记录分析填列。

2)“财政非资本性项目拨款收到的现金”项目，反映单位本年接受除用于购建固定资产、无形资产、公共基础设施等资本性项目以外的财政项目拨款取得的现金。本项目应当根据“银行存款”“零余额账户用款额度”“财政拨款收入”等科目及其所属明细科目的记录分析填列。

3)“事业活动收到的除财政拨款以外的现金”项目，反映事业单位本年开展专业业务活动及其辅助活动取得的除财政拨款以外的现金。本项目应当根据“库存现金”“银行存款”“其他货币资金”“应收账款”“应收票据”“预收账款”“事业收入”等科目及其所属明细科目的记录分析填列。

4)“收到的其他与日常活动有关的现金”项目，反映单位本年收到的除以上项目之外的与日常活动有关的现金。本项目应当根据“库存现金”“银行存款”“其他货币资金”“上级补助收入”“附属单位上缴收入”“经营收入”“非同级财政拨款收入”“捐赠收入”“利息收入”“租金收入”“其他收入”等科目及其所属明细科目的记录分析填列。

5)“日常活动的现金流入小计”项目，反映单位本年日常活动产生的现金流入的合计数。本项目应当根据现金流量表中“财政基本支出拨款收到的现金”“财政非资本性项目拨款收到的现金”“事业活动收到的除财政拨款以外的现金”“收到的其他与日常活动有关的现金”项目金额的合计数填列。

6)“购买商品、接受劳务支付的现金”项目，反映单位本年在日常活动中用于购买商品、接受劳务支付的现金。本项目应当根据“库存现金”“银行存款”“财政拨款收入”“零余额账户用款额度”“预付账款”“在途物品”“库存物品”“应付账款”“应付票据”“业务活动费用”“单位管理费用”“经营费用”等科目及其所属明细科目的记录分析填列。

7)“支付给职工以及为职工支付的现金”项目，反映单位本年支付给职工以及为职工支付的现金。本项目应当根据“库存现金”“银行存款”“零余额账户用款额度”“财政拨款收入”“应付职工薪酬”“业务活动费用”“单位管理费用”“经营费用”等科目及其所属明细科目的记录分析填列。

8）“支付的各项税费”项目，反映单位本年用于缴纳日常活动相关税费而支付的现金。本项目应当根据“库存现金”“银行存款”“零余额账户用款额度”“应交增值税”“其他应交税费”“业务活动费用”“单位管理费用”“经营费用”“所得税费用”等科目及其所属明细科目的记录分析填列。

9）“支付的其他与日常活动有关的现金”项目，反映单位本年支付的除上述项目之外与日常活动有关的现金。本项目应当根据“库存现金”“银行存款”“零余额账户用款额度”“财政拨款收入”“其他应付款”“业务活动费用”“单位管理费用”“经营费用”“其他费用”等科目及其所属明细科目的记录分析填列。

10）“日常活动的现金流出小计”项目，反映单位本年日常活动产生的现金流出的合计数。本项目应当根据现金流量表中“购买商品、接受劳务支付的现金”“支付给职工以及为职工支付的现金”“支付的各项税费”“支付的其他与日常活动有关的现金”项目金额的合计数填列。

11）“日常活动产生的现金流量净额”项目，应当按照现金流量表中“日常活动的现金流入小计”项目金额减去“日常活动的现金流出小计”项目金额后的金额填列；如为负数，以“-”号填列。

2. 投资活动产生的现金流量

1）“收回投资收到的现金”项目，反映单位本年出售、转让或者收回投资收到的现金。本项目应该根据“库存现金”“银行存款”“短期投资”“长期股权投资”“长期债券投资”等科目的记录分析填列。

2）“取得投资收益收到的现金”项目，反映单位本年因对外投资而收到被投资单位分配的股利或利润，以及收到投资利息而取得的现金。本项目应当根据“库存现金”“银行存款”“应收股利”“应收利息”“投资收益”等科目的记录分析填列。

3）“处置固定资产、无形资产、公共基础设施等收回的现金净额”项目，反映单位本年处置固定资产、无形资产、公共基础设施等非流动资产所取得的现金，减去为处置这些资产而支付的有关费用之后的净额。自然灾害造成的固定资产等长期资产损失而收到的保险赔款收入，也在本项目反映。本项目应当根据“库存现金”“银行存款”“待处理财产损溢”等科目的记录分析填列。

4）“收到的其他与投资活动有关的现金”项目，反映单位本年收到的除上述项目之外与投资活动有关的现金。对于金额较大的现金流入，应当单列项目反映。本项目应当根据“库存现金”“银行存款”等有关科目的记录分析填列。

5）“投资活动的现金流入小计”项目，反映单位本年投资活动产生的现金流入的合计数。本项目应当根据现金流量表中“收回投资收到的现金”“取得投资收益收到的现金”“处置固定资产、无形资产、公共基础设施等收回的现金净额”“收到的其他与投资活动有关的现金”项目金额的合计数填列。

6）“购建固定资产、无形资产、公共基础设施等支付的现金”项目，反映单位本年购买和建造固定资产、无形资产、公共基础设施等非流动资产所支付的现金；融资租入固定资产支付的租赁费不在本项目中反映，在筹资活动的现金流量中反映。本项目应当根据“库存现金”“银行存款”“固定资产”“工程物资”“在建工程”“无形资产”“研发支出”“公共基础设施”“保障性住房”等科目的记录分析填列。

7）“对外投资支付的现金”项目，反映单位本年为取得短期投资、长期股权投资、长期债券投资而支付的现金。本项目应当根据“库存现金”“银行存款”“短期投资”“长期股权投资”“长期债券投资”等科目的记录分析填列。

8）“上缴处置固定资产、无形资产、公共基础设施等净收入支付的现金”项目，反映本年单位将处置固定资产、无形资产、公共基础设施等非流动资产所收回的现金净额予以上缴财政所支付的现金。本项目应当根据“库存现金”“银行存款”“应缴财政款”等科目的记录分析填列。

9）“支付的其他与投资活动有关的现金”项目，反映单位本年支付的除上述项目之外与投资活动有关的现金。对于金额较大的现金流出，应当单列项目反映。本项目应当根据“库存现金”“银行存款”等有关科目的记录分析填列。

10）“投资活动的现金流出小计”项目，反映单位本年投资活动产生的现金流出的合计数。本项目应当根据现金流量表中“购建固定资产、无形资产、公共基础设施等支付的现金”“对外投资支付的现金”“上缴处置固定资产、无形资产、公共基础设施等净收入支付的现金”“支付的其他与投资活动有关的现金”项目金额的合计数填列。

11）“投资活动产生的现金流量净额”项目，应当按照现金流量表中“投资活动的现金流入小计”项目金额减去“投资活动的现金流出小计”项目金额后的金额填列；如为负数，以“-”号填列。

3. 筹资活动产生的现金流量

1）“财政资本性项目拨款收到的现金”项目，反映单位本年接受用于购建固定资产、无形资产、公共基础设施等资本性项目的财政项目拨款取得的现金。本项目应当根据“银行存款”“零余额账户用款额度”“财政拨款收入”等科目及其所属明细科目的记录分析填列。

2）“取得借款收到的现金”项目，反映事业单位本年举借短期借款、长期借款所收到的现金。本项目应当根据“库存现金”“银行存款”“短期借款”“长期借款”等科目记录分析填列。

3）“收到的其他与筹资活动有关的现金”项目，反映单位本年收到的除上述项目之外与筹资活动有关的现金。对于金额较大的现金流入，应当单列项目反映。本项目应当根据“库存现金”“银行存款”等有关科目的记录分析填列。

4）“筹资活动的现金流入小计”项目，反映单位本年筹资活动产生的现金流入的合计数。本项目应当根据现金流量表中“财政资本性项目拨款收到的现金”“取得借款收到的现金”“收到的其他与筹资活动有关的现金”项目金额的合计数填列。

5）“偿还借款支付的现金”项目，反映事业单位本年偿还借款本金所支付的现金。本项目应当根据“库存现金”“银行存款”“短期借款”“长期借款”等科目的记录分析填列。

6）“偿付利息支付的现金”项目，反映事业单位本年支付的借款利息等。本项目应当根据“库存现金”“银行存款”“应付利息”“长期借款”等科目的记录分析填列。

7）“支付的其他与筹资活动有关的现金”项目，反映单位本年支付的除上述项目之外与筹资活动有关的现金，如融资租入固定资产所支付的租赁费。本项目应当根据“库存现金”“银行存款”“长期应付款”等科目的记录分析填列。

8)“筹资活动的现金流出小计”项目，反映单位本年筹资活动产生的现金流出的合计数。本项目应当根据现金流量表中“偿还借款支付的现金”“偿还利息支付的现金”“支付的其他与筹资活动有关的现金”项目金额的合计数填列。

9)“筹资活动产生的现金流量净额”项目，应当按照现金流量表中“筹资活动的现金流入小计”项目金额减去“筹资活动的现金流出小计”金额后的金额填列；如为负数，以“-”号填列。

4. 汇率变动对现金的影响额

“汇率变动对现金的影响额”项目，反映单位本年外币现金流量折算为人民币时，所采用的现金流量发生日的汇率折算的人民币金额与外币现金流量净额按期末汇率折算的人民币金额之间的差额。

5. 现金净增加额

“现金净增加额”项目，反映单位本年现金变动的净额。本项目应当根据现金流量表中“日常活动产生的现金流量净额”“投资活动产生的现金流量净额”“筹资活动产生的现金流量净额”“汇率变动对现金的影响额”项目金额的合计数填列；如为负数，以“-”号填列。

复 习 题

请扫描二维码，下载复习题进行练习。

第十五章复习题

第四篇

政府预算会计

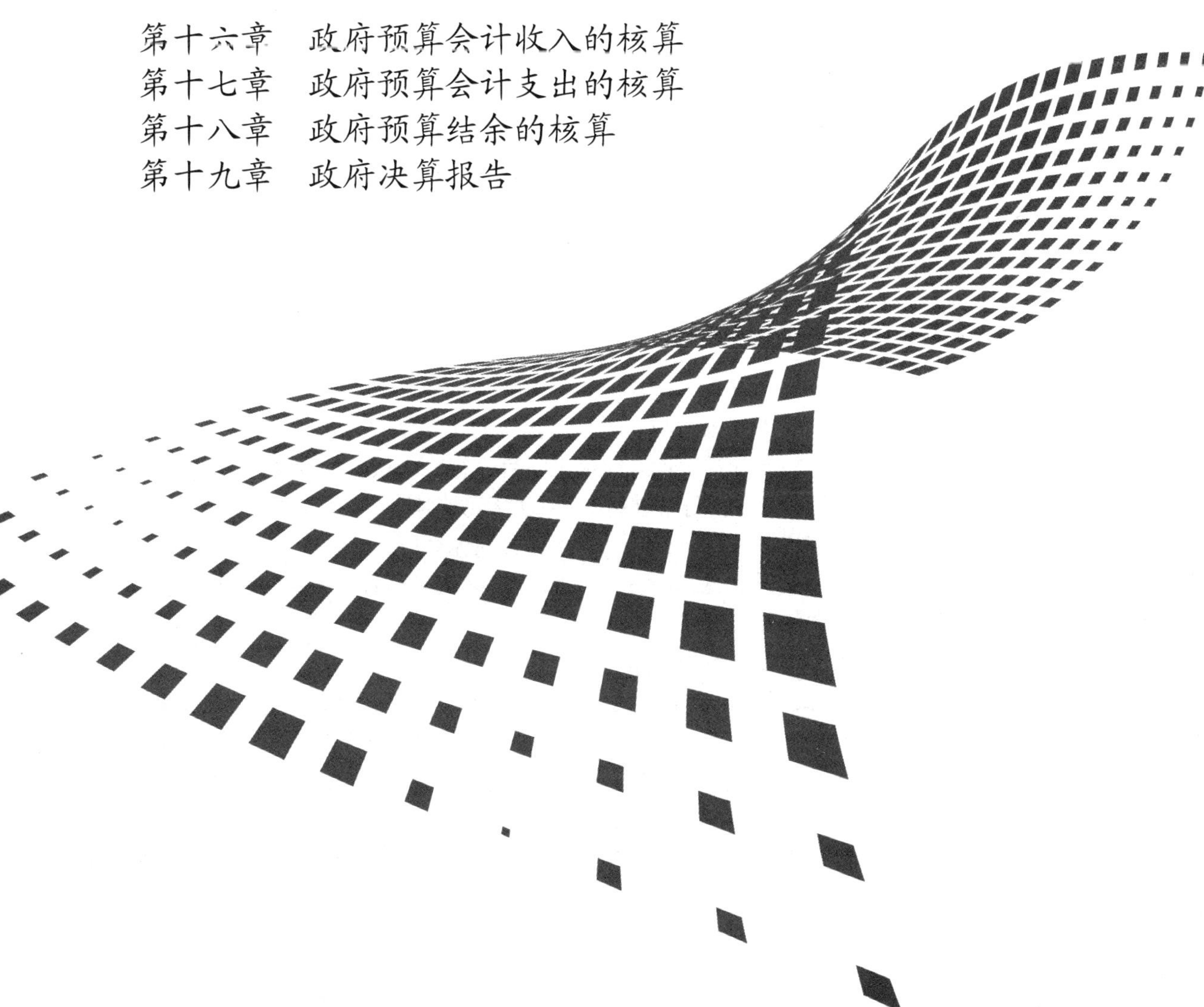

第十六章　政府预算会计收入的核算

第十六章 PPT

学习内容与要求

本章主要介绍政府预算会计收入的核算。通过学习，学生应理解政府预算会计收入的分类，理解政府预算会计收入的管理要求，明确政府预算会计收入的核算科目，掌握政府预算会计收入的业务核算。

第一节　单位共有预算收入的核算

单位共有预算收入是指事业单位和行政单位都可能有的预算收入，主要包括拨款预算收入和其他预算收入两项内容。其中，拨款预算收入包括财政拨款预算收入和非同级财政拨款预算收入两部分内容。

财政拨款预算收入是指单位从同级政府财政部门取得的各类财政拨款。

非同级财政拨款预算收入是指单位从非同级政府财政部门取得的财政拨款，包括本级横向转拨财政款和非本级财政拨款。

其他预算收入是指单位除财政拨款预算收入、事业预算收入、上级补助预算收入、附属单位上缴预算收入、经营预算收入、债务预算收入、非同级财政拨款预算收入、投资预算收益之外的纳入部门预算管理的现金流入，包括捐赠预算收入、利息预算收入、租金预算收入、现金盘盈收入等。

一、拨款预算收入的核算

（一）财政拨款预算收入

为了核算单位从同级政府财政部门取得的各类财政拨款，应设置“财政拨款预算收入”科目。本科目应当设置“基本支出”和“项目支出”两个明细科目，并按照《2018 年政府收支分类科目》中“支出功能分类科目”的项级科目进行明细核算；同时，在“基本支出”明细科目下按照“人员经费”和“日常公用经费”进行明细核算，在“项目支出”明细科目下按照具体项目进行明细核算。年末结转后，本科目应无余额。

有一般公共预算财政拨款、政府性基金预算财政拨款等两种或两种以上财政拨款的单位，还应当按照财政拨款的种类进行明细核算。

财政拨款预算收入的主要账务处理如下。

1）财政直接支付方式下，单位根据收到的“财政直接支付入账通知书”及相关原始凭证，按照通知书中的直接支付金额，借记“行政支出”“事业支出”等科目，贷记本科目。

年末，根据本年度财政直接支付预算指标数与当年财政直接支付实际支出数的差额，借记“资金结存——财政应返还额度”科目，贷记本科目。

2）财政授权支付方式下，单位根据收到的“财政授权支付额度到账通知书”中的授权支付额度，借记“资金结存——零余额账户用款额度”科目，贷记本科目。

年末，单位本年度财政授权支付预算指标数大于零余额账户用款额度下达数的，按照两者差额，借记“资金结存——财政应返还额度”科目，贷记本科目。

3）其他方式下，单位按照本期预算收到财政拨款预算收入时，按照实际收到的金额，借记“资金结存——货币资金”科目，贷记本科目。

单位收到下期预算的财政预拨款，应当在下个预算期，按照预收的金额，借记“资金结存——货币资金”科目，贷记本科目。

4）因差错更正、购货退回等发生国库直接支付款项退回的，属于本年度支付的款项，按照退回金额，借记本科目，贷记“行政支出”“事业支出”等科目。

5）年末，将本科目本年发生额转入财政拨款结转，借记本科目，贷记“财政拨款结转——本年收支结转”科目。

【例 16.1】某行政单位收到财政国库支付中心委托代理银行转来的“财政直接支付入账通知书”及有关原始凭证，登记支付文献资料印刷费 5 000 元。

	借方	贷方
借：业务活动费用	5 000	
贷：财政拨款收入		5 000
借：行政支出	5 000	
贷：财政拨款预算收入		5 000

【例 16.2】事业单位根据代理银行转来的“财政直接支付入账通知书”及有关原始凭证，登记购入自用材料一批，价款 3 500 元，材料已验收入库。

	借方	贷方
借：库存物品	3 500	
贷：财政拨款收入		3 500
借：事业支出	3 500	
贷：财政拨款预算收入		3 500

【例 16.3】某事业单位通过财政直接支付本单位职工薪酬 400 000 元，为开展管理活动支付外部人员劳务费 30 000 元，本单位职工薪酬中含业务人员工资 300 000 元，行政及后勤人员工资 100 000 元。（假设不考虑个人所得税）

计提时，按照计算的金额：

	借方	贷方
借：业务活动费用	300 000	
单位管理费用	130 000	
贷：应付职工薪酬		400 000
其他应付款		30 000

实际支付给职工和外部人员劳务费时：

	借方	贷方
借：应付职工薪酬	400 000	
其他应付款	30 000	
贷：财政拨款收入		430 000
借：事业支出	430 000	
贷：财政拨款预算收入		430 000

【例 16.4】期末，某事业单位根据财政直接支付预算指标数大于实际直接支付 5 000 000 元的差额，进行账务处理。

借：财政应返还额度——直接支付 5 000 000

  贷：财政拨款收入 5 000 000

借：资金结存——财政应返还额度 5 000 000

  贷：财政拨款预算收入 5 000 000

【例 16.5】承例 16.4，下年度财政直接支付额度直接恢复，不进行账务处理。

在使用预算资金 5 000 000 元时：

借：库存物品等 5 000 000

  贷：财政应返还额度——直接支付 5 000 000

借：行政支出等 5 000 000

  贷：资金结存——财政应返还额度 5 000 000

【例 16.6】行政单位收到代理银行盖章转来的“财政授权支付入账通知书”与分月用款计划核对后，登记授权用款额度 260 000 元。

借：零余额账户用款额度 260 000

  贷：财政拨款收入 260 000

借：资金结存——零余额账户用款额度 260 000

  贷：财政拨款预算收入 260 000

【例 16.7】事业单位购入自用材料一批，价款 5 000 元，材料已验收入库，款项由零余额账户支付。

借：库存物品 5 000

  贷：零余额账户用款额度 5 000

借：事业支出 5 000

  贷：资金结存——零余额账户用款额度 5 000

【例 16.8】年度终了，某事业单位依据代理银行提供的授权支付对账单注销额度 8 000 000 元。

借：财政应返还额度——授权支付 8 000 000

  贷：零余额账户用款额度 8 00 0000

借：资金结存——财政应返还额度 8 000 000

  贷：资金结存——零余额账户用款额度 8 000 000

【例 16.9】下年度恢复额度时，依据代理银行提供的额度恢复到账通知书。

借：零余额账户用款额度 8 000 000

  贷：财政应返还额度——授权支付 8 000 000

借：资金结存——零余额账户用款额度 8 000 000

  贷：资金结存——财政应返还额度 8 000 000

【例 16.10】若某单位本年度财政授权支付预算指标 60 000 000 元大于零余额账户用款额度下达数 58 000 000 元，根据两者的差额 2 000 000 元编制如下会计分录。

借：财政应返还额度——授权支付 2 000 000

  贷：财政拨款收入 2 000 000

借：资金结存——财政应返还额度 2 000 000

  贷：财政拨款预算收入 2 000 000

【例 16.11】若下年度收到财政部门批复的上年末下达零余额账户用款额度，则编制如下会计分录。

借：零余额账户用款额度　　2 000 000
　　贷：财政应返还额度　　2 000 000
借：资金结存——零余额账户用款额度　　2 000 000
　　贷：资金结存——财政应返还额度　　2 000 000

（二）非同级财政拨款预算收入

为了核算单位从非同级政府财政部门取得的财政拨款，包括从同级政府其他部门取得的横向转拨财政款、从上级或下级政府财政部门取得的财政拨款等，应设置“非同级财政拨款预算收入”科目。对于因开展科研及其辅助活动从非同级政府财政部门取得的经费拨款，应当通过“事业预算收入——非同级财政拨款”科目进行核算，不通过本科目核算。

本科目应当按照非同级财政拨款预算收入的类别、来源、《2018 年政府收支分类科目》中“支出功能分类科目”的项级科目等进行明细核算。非同级财政拨款预算收入中如有专项资金收入，还应按照具体项目进行明细核算。年末结转后，本科目应无余额。

非同级财政拨款预算收入的主要账务处理如下。

1）取得非同级财政拨款预算收入时，按照实际收到的金额，借记“资金结存——货币资金”科目，贷记本科目。

2）年末，将本科目本年发生额中的专项资金收入转入非财政拨款结转，借记本科目下各专项资金收入明细科目，贷记“非财政拨款结转——本年收支结转”科目；将本科目本年发生额中的非专项资金收入转入其他结余，借记本科目下各非专项资金收入明细科目，贷记“其他结余”科目。

【例 16.12】某市级事业单位取得省财政厅的一笔经费拨款 50 000 元。

借：银行存款　　50 000
　　贷：非同级财政拨款收入　　50 000
借：资金结存——货币资金　　50 000
　　贷：非同级财政拨款预算收入　　50 000

【例 16.13】年末，将“非同级财政拨款预算收入”科目本期非专项资金发生额 30 000 元转入其他结余，专项资金发生额 20 000 元转入非财政拨款结转。

借：非同级财政拨款预算收入　　50 000
　　贷：其他结余　　30 000
　　　　非财政拨款结转——本年收支结转　　20 000

二、其他预算收入的核算

为了核算单位取得的除财政拨款预算收入、事业预算收入、上级补助预算收入、附属单位上缴预算收入、经营预算收入、债务预算收入、非同级财政拨款预算收入、投资预算收益之外的纳入部门预算管理的现金流入，包括捐赠预算收入、利息预算收入、租金预算收入、现金盘盈收入等，应设置“其他预算收入”科目。本科目应当按照其他收入类别、《2018 年政府收支分类科目》中“支出功能分类科目”的项级科目等进行明细核算。其他预算收入中如有专项资金收入，还应按照具体项目进行明细核算。年末结转后，本科目应无余额。

单位发生的捐赠预算收入、利息预算收入、租金预算收入金额较大或业务较多的，可单独设置“捐赠预算收入”“利息预算收入”“租金预算收入”等科目。

其他预算收入的主要账务处理如下。

1）接受捐赠现金资产、收到银行存款利息、收到资产承租人支付的租金时，按照实际收到的金额，借记“资金结存——货币资金”科目，贷记本科目。

2）每日现金账款核对中如发现现金溢余，按照溢余的现金金额，借记“资金结存——货币资金”科目，贷记本科目。经核实，属于应支付给有关个人和单位的部分，按照实际支付的金额，借记本科目，贷记“资金结存——货币资金”科目。

3）收到其他预算收入时，按照收到的金额，借记“资金结存——货币资金”科目，贷记本科目。

4）年末，将本科目本年发生额中的专项资金收入转入非财政拨款结转，借记本科目下各专项资金收入明细科目，贷记“非财政拨款结转——本年收支结转”科目；将本科目本年发生额中的非专项资金收入转入其他结余，借记本科目下各非专项资金收入明细科目，贷记“其他结余”科目。

【例 16.14】收到外单位捐款 30 000 元。

借：银行存款　　30 000

　　贷：捐赠收入　　30 000

借：资金结存——货币资金　　30 000

　　贷：其他预算收入　　30 000

【例 16.15】收到银行存款利息 2 000 元。

借：银行存款　　2 000

　　贷：利息收入　　2 000

借：资金结存——货币资金　　2 000

　　贷：其他预算收入　　20 00

【例 16.16】收取固定资产租金收入 2 000 元。

借：银行存款　　2 000

　　贷：租金收入　　2 000

借：资金结存——货币资金　　2 000

　　贷：其他预算收入　　2 000

【例 16.17】现金溢余 200 元，确实无法查明原因，报经批准后，作为其他收入处理。

借：库存现金　　200

　　贷：待处理财产损溢　　200

借：资金结存——货币资金　　200

　　贷：其他预算收入　　200

借：待处理财产损溢　　200

　　贷：其他收入　　200

【例 16.18】年末“其他预算收入”科目贷方发生额 300 000 元，进行年末结转，其中 100 000 元为专项资金。

借：其他预算收入　　300 000
　　贷：非财政拨款结转——本年收支结转　　100 000
　　　　其他结余　　200 000

第二节　事业单位专有预算收入的核算

事业单位专有预算收入是指事业单位自身专有的预算收入，主要包括业务活动预算收入、调剂性预算收入、投资预算收益和债务预算收入四部分内容。其中，业务活动预算收入是指事业预算收入和经营预算收入；调剂性预算收入是指上级补助预算收入和附属单位上缴预算收入。

一、业务活动预算收入

（一）事业预算收入

为了核算事业单位开展专业业务活动及其辅助活动取得的现金流入，应设置“事业预算收入”科目。事业单位因开展科研及其辅助活动从非同级政府财政部门取得的经费拨款，也通过本科目核算。本科目应当按照事业预算收入类别、项目、来源、《2018年政府收支分类科目》中“支出功能分类科目”项级科目等进行明细核算。对于因开展科研及其辅助活动从非同级政府财政部门取得的经费拨款，应当在本科目下单设“非同级财政拨款”明细科目进行明细核算；事业预算收入中如有专项资金收入，还应按照具体项目进行明细核算。年末结转后，本科目应无余额。

事业预算收入的主要账务处理如下。

1）采用财政专户返还方式管理的事业预算收入，收到从财政专户返还的事业预算收入时，按照实际收到的返还金额，借记“资金结存——货币资金”科目，贷记本科目。

2）收到其他事业预算收入时，按照实际收到的款项金额，借记“资金结存——货币资金”科目，贷记本科目。

3）年末，将本科目本年发生额中的专项资金收入转入非财政拨款结转，借记本科目下各专项资金收入明细科目，贷记“非财政拨款结转——本年收支结转”科目；将本科目本年发生额中的非专项资金收入转入其他结余，借记本科目下各非专项资金收入明细科目，贷记“其他结余”科目。

【例16.19】某事业单位经财政部门审批，从财政专户转回上缴的资金50 000元。

借：银行存款　　50 000
　　贷：事业收入　　50 000
借：资金结存——货币资金　　50 000
　　贷：事业预算收入　　50 000

【例16.20】某事业单位收到业务咨询收入60 000元，款项存入银行。

借：银行存款　　60 000
　　贷：事业收入　　60 000
借：资金结存——货币资金　　60 000

贷：事业预算收入 60 000

【例 16.21】年末，将“事业预算收入”科目本期非专项资金发生额 500 000 元转入其他结余。

借：事业预算收入 500 000

贷：其他结余 500 000

（二）经营预算收入

为了核算事业单位在专业业务活动及其辅助活动之外开展非独立核算经营活动取得的现金流入，应设置“经营预算收入”科目。本科目应当按照经营活动类别、项目、《2018 年政府收支分类科目》中“支出功能分类科目”的项级科目等进行明细核算。年末结转后，本科目应无余额。

经营预算收入的主要账务处理如下。

1）收到经营预算收入时，按照实际收到的金额，借记“资金结存——货币资金”科目，贷记本科目。

2）年末，将本科目本年发生额转入经营结余，借记本科目，贷记“经营结余”科目。

【例 16.22】某研究院所属非独立核算的车队对外单位提供服务获得收入 20 000 元（不含税）。

借：银行存款 20 000

贷：经营收入 20 000

借：资金结存——货币资金 20 000

贷：经营预算收入 20 000

【例 16.23】某事业单位所属非独立核算的研究所于 2018 年 8 月销售产成品一批，不含税售价为 100 000 元，增值税税率为 16%，收到转账支票 60 000 元，其余价款尚未收到。

借：银行存款 60 000

应收账款 56 000

贷：经营收入 100 000

应交增值税——应交税金（销项税额） 16 000

借：资金结存——货币资金 60 000

贷：经营预算收入 60 000

【例 16.24】年末，将“经营预算收入”科目本期发生额 300 000 元转入“经营结余”科目。

借：经营预算收入 300 000

贷：经营结余 300 000

二、调剂性预算收入的核算

（一）上级补助预算收入

为了核算事业单位从主管部门和上级单位取得的非财政补助现金流入，应设置“上级补助预算收入”科目。本科目应当按照发放补助单位、补助项目、《2018 年政府收支分类科目》中“支出功能分类科目”的项级科目等进行明细核算。上级补助预算收入中如有专项资金收入，还应按照具体项目进行明细核算。年末结转后，本科目应无余额。

上级补助预算收入的主要账务处理如下。

1）收到上级补助预算收入时，按照实际收到的金额，借记“资金结存——货币资金”科目，贷记本科目。

2）年末，将本科目本年发生额中的专项资金收入转入非财政拨款结转，借记本科目下各专项资金收入明细科目，贷记“非财政拨款结转——本年收支结转”科目；将本科目本年发生额中的非专项资金收入转入其他结余，借记本科目下各非专项资金收入明细科目，贷记“其他结余”科目。

【例 16.25】某事业单位收到主管部门用自身开展业务活动所取得的收入拨来补助费30 000元。

借：银行存款	30 000	
贷：上级补助收入		30 000
借：资金结存——货币资金	30 000	
贷：上级补助预算收入		30 000

【例 16.26】年末，将“上级补助预算收入——专项资金收入”贷方发生额50 000元、“上级补助预算收入——非专项资金收入”贷方发生额30 000元进行年终转账。

借：上级补助预算收入——专项资金收入	50 000	
上级补助预算收入——非专项资金收入	30 000	
贷：其他结余		50 000
非财政拨款结转——本年收支结转		30 000

（二）附属单位上缴预算收入

为了核算事业单位取得的附属独立核算单位按照有关规定上缴的现金流入，应设置“附属单位上缴预算收入”科目。本科目应当按照附属单位、缴款项目、《2018年政府收支分类科目》中“支出功能分类科目”的项级科目等进行明细核算。附属单位上缴预算收入中如有专项资金收入，还应按照具体项目进行明细核算。年末结转后，本科目应无余额。

附属单位上缴预算收入的主要账务处理如下。

1）收到附属单位缴来款项时，按照实际收到的金额，借记“资金结存——货币资金”科目，贷记本科目。

2）年末，将本科目本年发生额中的专项资金收入转入非财政拨款结转，借记本科目下各专项资金收入明细科目，贷记“非财政拨款结转——本年收支结转”科目；将本科目本年发生额中的非专项资金收入转入其他结余，借记本科目下各非专项资金收入明细科目，贷记“其他结余”科目。

【例 16.27】学校收到所属独立核算的招待所上缴款项80 000元。

借：银行存款	80 000	
贷：附属单位上缴收入		80 000
借：资金结存——货币资金	80 000	
贷：附属单位上缴预算收入		80 000

【例 16.28】年终结转“附属单位上缴预算收入”科目余额 30 000 元（非专项）。

借：附属单位上缴预算收入——非专项资金收入 30 000

　　贷：其他结余 30 000

三、投资预算收益

为了核算事业单位取得的按照规定纳入部门预算管理的属于投资收益性质的现金流入，包括股权投资收益、出售或收回债券投资所取得的收益和债券投资利息收入，应设置“投资预算收益”科目。本科目应当按照《2018 年政府收支分类科目》中“支出功能分类科目”的项级科目等进行明细核算。年末结转后，本科目应无余额。

投资预算收益的主要账务处理如下。

1）出售或到期收回本年度取得的短期、长期债券，按照实际取得的价款或实际收到的本息金额，借记“资金结存——货币资金”科目，按照取得债券时“投资支出”科目的发生额，贷记“投资支出”科目，按照其差额，贷记或借记本科目。

出售或到期收回以前年度取得的短期、长期债券，按照实际取得的价款或实际收到的本息金额，借记“资金结存——货币资金”科目，按照取得债券时“投资支出”科目的发生额，贷记“其他结余”科目，按照其差额，贷记或借记本科目。

出售、转让以货币资金取得的长期股权投资的，其账务处理参照出售或到期收回债券投资。

2）持有的短期投资及分期付息、一次还本的长期债券投资收到利息时，按照实际收到的金额，借记“资金结存——货币资金”科目，贷记本科目。

3）持有长期股权投资取得被投资单位分派的现金股利或利润时，按照实际收到的金额，借记“资金结存——货币资金”科目，贷记本科目。

4）出售、转让以非货币性资产取得的长期股权投资时，按照实际取得的价款扣减支付的相关费用和应缴财政款后的余额（按照规定纳入单位预算管理的），借记“资金结存——货币资金”科目，贷记本科目。

5）年末，将本科目本年发生额转入其他结余，借记或贷记本科目，贷记或借记“其他结余”科目。

【例 16.29】某事业单位 2018 年 1 月 1 日将闲置资金 600 000 元购买了 3 年期国债，该债券每年 1 月 2 日付息一次，年利率为 3%，到期一次还本。该事业单位的账务处理如下。

2018 年 1 月 1 日取得国债时：

借：长期债券投资——成本 600 000

　　贷：银行存款 600 000

借：投资支出 600 000

　　贷：资金结存——货币资金 600 000

持有期间每月确认利息收入=600 000×3%×1/12=1 500（元）

借：应收利息 1 500

　　贷：投资收益 1 500

每年 1 月 2 日收到利息时：

借：银行存款 18 000

贷：应收利息　18 000

借：资金结存——货币资金　18 000

贷：投资预算收益　18 000

以后每年收到利息的会计分录同上。

2021 年 1 月 1 日，到期收回本金和最后一期利息时：

借：银行存款　618 000

贷：长期债券投资——成本　600 000

应收利息　18 000

借：资金结存——货币资金　618 000

贷：其他结余　600 000

投资预算收益　18 000

2021 年年末，将“投资预算收益”科目本年发生额 18 000 元转入“其他结余”科目时：

借：投资预算收益　18 000

贷：其他结余　18 000

四、债务预算收入

为了核算事业单位按照规定从银行和其他金融机构等借入的、纳入部门预算管理的、不以财政资金作为偿还来源的债务本金，应设置“债务预算收入”科目。本科目应当按照贷款单位、贷款种类、《2018 年政府收支分类科目》中“支出功能分类科目”的项级科目等进行明细核算。债务预算收入中如有专项资金收入，还应按照具体项目进行明细核算。年末结转后，本科目应无余额。

债务预算收入的主要账务处理如下。

1）借入各项短期或长期借款时，按照实际借入的金额，借记“资金结存——货币资金”科目，贷记本科目。

2）年末，将本科目本年发生额中的专项资金收入转入非财政拨款结转，借记本科目下各专项资金收入明细科目，贷记“非财政拨款结转——本年收支结转”科目；将本科目本年发生额中的非专项资金收入转入其他结余，借记本科目下各非专项资金收入明细科目，贷记“其他结余”科目。

【例 16.30】某事业单位为发展需要于 2018 年 9 月从中国建设银行借入资金 200 000 元，期限为 10 个月，年利率为 6%。

借：银行存款　200 000

贷：短期借款　200 000

借：资金结存　200 000

贷：债务预算收入　200 000

【例 16.31】年末，将该单位“债务预算收入”科目本期发生额 200 000 元转入“其他结余”科目。

借：债务预算收入　200 000

贷：其他结余　200 000

复 习 题

请扫描二维码，下载复习题进行练习。

第十六章复习题

第十七章　政府预算会计支出的核算

第十七章 PPT

☞ 学习内容与要求

本章主要介绍政府预算会计支出的核算。通过学习，学生应理解政府预算会计支出的分类，明确政府预算会计支出的核算科目，掌握政府预算会计支出的业务核算。

第一节　预算支出概述

一、预算支出的含义和内容

预算支出是指政府会计主体在预算年度内依法发生并纳入预算管理的现金流出。

预算支出分为行政支出、事业支出、经营支出、上缴上级支出、对附属单位补助支出、投资支出、债务还本支出、其他支出。其中，行政支出属于行政单位专有支出，事业支出、经营支出、上缴上级支出、对附属单位补助支出、投资支出、债务还本支出属于事业单位专有支出，其他支出属于行政事业单位共有支出。

预算支出一般在实际支付时予以确认，以实际支付的金额计量。

二、预算支出的管理规定

1）单位应当将各项支出全部纳入单位预算，建立健全支出管理制度，并且应当严格执行国家规定的开支范围及开支标准。

2）单位从财政部门或者上级预算或者主管部门取得的项目资金，应当按照批准的项目和用途使用，专款专用，单独核算，并按照规定向同级财政部门或者上级预算单位或者主管部门报告资金使用情况，接受财政部门、上级预算单位和主管部门的检查监督。

项目完成后，单位应当向同级财政部门或者上级预算单位或者主管部门报送项目支出决算和使用效果的书面报告，接受检查、监督和验收。

3）单位应当严格执行国库集中支付制度和政府采购制度等规定。

4）单位应当依法加强各类票据管理，确保票据来源合法、内容真实、使用正确，不得使用虚假票据。

第二节　行政单位专有预算支出的核算

行政支出是指行政单位履行其职责实际发生的各项现金流出。

一、行政单位支出的科目设置

为了核算行政单位履行其职责实际发生的各项现金流出，应设置“行政单位支出”科目。本科目应当分别按照“财政拨款支出”“非财政专项资金支出”“其他资金支出”“基本支出”

“项目支出”等进行明细核算，并按照《2018年政府收支分类科目》中“支出功能分类科目”的项级科目进行明细核算；“基本支出”和“项目支出”明细科目下应当按照《2018年政府收支分类科目》中“部门预算支出经济分类科目”的款级科目进行明细核算，同时在“项目支出”明细科目下按照具体项目进行明细核算。年末结转后，本科目应无余额。

有一般公共预算财政拨款、政府性基金预算财政拨款等两种或两种以上财政拨款的行政单位，还应当在“财政拨款支出”明细科目下按照财政拨款的种类进行明细核算。对于预付款项，可通过在本科目下设置“待处理”明细科目进行核算，待确认具体支出项目后再转入本科目下相关明细科目。年末结账前，应将本科目下的“待处理”明细科目余额全部转入本科目下相关明细科目。

二、行政支出的主要账务处理

行政支出的主要账务处理如下。

1）支付单位职工薪酬与外部人员劳务费。向单位职工个人与外部人员个人支付薪酬时，按照实际支付的金额，借记本科目，贷记“财政拨款预算收入”“资金结存”科目。按照规定代扣代缴个人所得税，以及代扣代缴或为职工缴纳职工社会保险费、住房公积金等时，按照实际缴纳的金额，借记本科目，贷记“财政拨款预算收入”“资金结存”科目。

2）为购买存货、固定资产、无形资产等及在建工程支付相关款项。按照实际支付的金额，借记本科目，贷记“财政拨款预算收入”“资金结存”科目。

3）发生预付账款。按照实际支付的金额，借记本科目，贷记“财政拨款预算收入”“资金结存”科目。对于暂付款项，在支付款项时可不做预算会计处理，待结算或报销时，按照结算或报销的金额，借记本科目，贷记“资金结存”科目。

4）发生其他各项支出。按照实际支付的金额，借记本科目，贷记“财政拨款预算收入”“资金结存”科目。

5）因购货退回等发生款项退回，或者发生差错更正。属于当年支出收回的，按照收回或更正金额，借记“财政拨款预算收入”“资金结存”科目，贷记本科目。

6）年末，将本科目本年发生额中的财政拨款支出转入财政拨款结转，借记“财政拨款结转——本年收支结转”科目，贷记本科目下各财政拨款支出明细科目；将本科目本年发生额中的非财政专项资金支出转入非财政拨款结转，借记“非财政拨款结转——本年收支结转”科目，贷记本科目下各非财政专项资金支出明细科目；将本科目本年发生额中的其他资金支出（非财政非专项资金支出）转入其他结余，借记“其他结余”科目，贷记本科目下其他资金支出明细科目。

【例17.1】某行政单位收到财政国库支付中心委托代理银行转来的“财政直接支付入账通知书”及有关原始凭证，登记向单位职工支付的薪酬70 000元。

借：应付职工薪酬	70 000	
贷：财政拨款收入		70 000
借：行政支出	70 000	
贷：财政拨款预算收入		70 000

【例17.2】某行政单位根据代理银行转来的“财政直接支付入账通知书”及有关原始凭证，登记购入自用固定资产，价款350 000元，不考虑相关税费。

借：固定资产　　350 000
　　贷：财政拨款收入　　350 000
借：行政支出　　350 000
　　贷：财政拨款预算收入　　350 000

第三节　事业单位专有预算支出的核算

事业单位专有预算支出是指事业单位自身专有的预算支出，主要包括事业支出、经营支出、调剂性支出、投资支出、债务还本支出。其中，调剂性支出包括上缴上级支出和对附属单位补助支出。

事业支出是指事业单位开展专业业务活动及其辅助活动实际发生的各项现金流出。

经营支出是指事业单位在专业业务活动及其辅助活动之外开展非独立核算经营活动实际发生的各项现金流出。

上缴上级支出是指事业单位按照财政部门和主管部门的规定上缴上级单位款项发生的现金流出。

对附属单位补助支出是指事业单位用财政拨款预算收入之外的收入对附属单位补助发生的现金流出。

投资支出是指事业单位以货币资金对外投资发生的现金流出。

债务还本支出是指事业单位偿还自身承担的纳入预算管理的从金融机构举借的债务本金的现金流出。

一、事业支出

（一）事业支出的科目设置

为了核算事业单位开展专业业务活动及其辅助活动实际发生的各项现金流出，应设置“事业支出”科目。单位发生教育、科研、医疗、行政管理、后勤保障等活动的，可在本科目下设置相应的明细科目进行核算，或单设“教育支出”“科研支出”“医疗支出”“行政管理支出”“后勤保障支出”等一级会计科目进行核算。

本科目应当分别按照“财政拨款支出”“非财政专项资金支出”“其他资金支出”“基本支出”“项目支出”等进行明细核算，并按照《2018年政府收支分类科目》中“支出功能分类科目”的项级科目进行明细核算；“基本支出”和“项目支出”明细科目下应当按照《2018年政府收支分类科目》中“部门预算支出经济分类科目”的款级科目进行明细核算，同时在“项目支出”明细科目下按照具体项目进行明细核算。年末结转后，本科目应无余额。

有一般公共预算财政拨款、政府性基金预算财政拨款等两种或两种以上财政拨款的事业单位，还应当在“财政拨款支出”明细科目下按照财政拨款的种类进行明细核算。对于预付款项，可通过在本科目下设置“待处理”明细科目进行明细核算，待确认具体支出项目后再转入本科目下相关明细科目。年末结账前，应将本科目“待处理”明细科目余额全部转入本科目下相关明细科目。

（二）事业支出的主要账务处理

事业支出的主要账务处理如下。

1）支付单位职工（经营部门职工除外）薪酬。向单位职工个人支付薪酬时，按照实际支付的数额，借记“事业支出”科目，贷记“财政拨款预算收入”“资金结存”科目。按照规定代扣代缴个人所得税，以及代扣代缴或为职工缴纳职工社会保险费、住房公积金等时，按照实际缴纳的金额，借记本科目，贷记“财政拨款预算收入”“资金结存”科目。

2）为专业业务活动及其辅助活动支付外部人员劳务费。按照实际支付给外部人员个人的金额，借记本科目，贷记“财政拨款预算收入”“资金结存”科目。按照规定代扣代缴个人所得税时，按照实际缴纳的金额，借记本科目，贷记“财政拨款预算收入”“资金结存”科目。

3）开展专业业务活动及其辅助活动过程中为购买存货、固定资产、无形资产等及在建工程支付相关款项。按照实际支付的金额，借记本科目，贷记“财政拨款预算收入”“资金结存”科目。

4）开展专业业务活动及其辅助活动过程中发生预付账款。按照实际支付的金额，借记本科目，贷记“财政拨款预算收入”“资金结存”科目。对于暂付款项，在支付款项时可不作预算会计处理，待结算或报销时，按照结算或报销的金额，借记本科目，贷记“资金结存”科目。

5）开展专业业务活动及其辅助活动过程中缴纳的相关税费及发生的其他各项支出。按照实际支付的金额，借记本科目，贷记“财政拨款预算收入”“资金结存”科目。

6）开展专业业务活动及其辅助活动过程中因购货退回等发生款项退回，或者发生差错更正。属于当年支出收回的，按照收回或更正金额，借记“财政拨款预算收入”“资金结存”科目，贷记本科目。

7）年末，将“事业支出”科目本年发生额中的财政拨款支出转入财政拨款结转，借记“财政拨款结转——本年收支结转”科目，贷记本科目下各财政拨款支出明细科目；将本科目本年发生额中的非财政专项资金支出转入非财政拨款结转，借记“非财政拨款结转——本年收支结转”科目，贷记本科目下各非财政专项资金支出明细科目；将本科目本年发生额中的其他资金支出（非财政非专项资金支出）转入其他结余，借记“其他结余”科目，贷记本科目下其他资金支出明细科目。

【例 17.3】某事业单位租用某宾馆综合厅举办工作会议，发生会议费 10 000 元，以银行存款支付。

	借方	贷方
借：业务活动费用	10 000	
贷：银行存款		10 000
借：事业支出	10 000	
贷：资金结存——货币资金		10 000

【例 17.4】某事业单位用事业收入支付一笔公务接待费用 2 800 元，款项以银行存款支付。

	借方	贷方
借：业务活动费用	2 800	
贷：银行存款		2 800
借：事业支出	2 800	

贷：资金结存——货币资金 2 800

【例 17.5】某事业单位使用上级主管部门拨入的课题研究经费（非财政专项资金），以银行转账方式支付项目调研费 6 000 元。

借：业务活动费用 6 000
  贷：银行存款 6 000
借：事业支出 6 000
  贷：资金结存——货币资金 6 000

【例 17.6】某事业单位收到国库支付执行机构委托代理银行转来的“财政直接支付入账通知书”及原始凭证，事业单位的新招聘人员业务培训费 36 000 元已经由财政直接支付给培训机构。

借：业务活动费用 36 000
  贷：财政拨款收入 36 000
借：事业支出 36 000
  贷：财政拨款预算收入——基本支出 36 000

【例 17.7】某事业单位为公共医疗卫生事业单位，从单位的零余额账户用款额度中支出 9 200 元，用于支付甲型流感的预防项目工作人员的特殊岗位津贴。

借：业务活动费用 9 200
  贷：零余额账户用款额度 9 200
借：事业支出 9 200
  贷：资金结存——零余额账户用款额度 9 200

二、经营支出

（一）经营支出的科目设置

为了核算事业单位在专业业务活动及其辅助活动之外开展非独立核算经营活动实际发生的各项现金流出，应设置“经营支出”科目。本科目应当按照经营活动类别、项目、《2018 年政府收支分类科目》中“支出功能分类科目”的项级科目和“部门预算支出经济分类科目”的款级科目等进行明细核算。年末结转后，本科目应无余额。

对于预付款项，可通过在本科目下设置“待处理”明细科目进行明细核算，待确认具体支出项目后再转入本科目下相关明细科目。年末结账前，应将本科目“待处理”明细科目余额全部转入本科目下相关明细科目。

（二）经营支出的主要账务处理

经营支出的主要账务处理如下。

1）支付经营部门职工薪酬。向职工个人支付薪酬时，按照实际的金额，借记本科目，贷记“资金结存”科目。按照规定代扣代缴个人所得税，以及代扣代缴或为职工缴纳职工社会保险费、住房公积金时，按照实际缴纳的金额，借记本科目，贷记“资金结存”科目。

2）为经营活动支付外部人员劳务费。按照实际支付给外部人员个人的金额，借记本科目，贷记“资金结存”科目。按照规定代扣代缴个人所得税时，按照实际缴纳的金额，借记本科目，贷记“资金结存”科目。

3）开展经营活动过程中为购买存货、固定资产、无形资产及在建工程支付相关款项。按照实际支付的金额，借记本科目，贷记“资金结存”科目。

4）开展经营活动过程中发生预付账款。按照实际支付的金额，借记本科目，贷记“资金结存”科目。对于暂付款项，在支付款项时可不作预算会计处理，待结算或报销时，按照结算或报销的金额，借记本科目，贷记“资金结存”科目。

5）因开展经营活动缴纳的相关税费及发生的其他各项支出。按照实际支付的金额，借记本科目，贷记“资金结存”科目。

6）开展经营活动中因购货退回等发生款项退回，或者发生差错更正。属于当年支出收回的，按照收回或更正金额，借记“资金结存”科目，贷记本科目。

7）年末，将“经营支出”科目本年发生额转入经营结余，借记“经营结余”科目，贷记本科目。

【例 17.8】某档案管理事业单位，下设复印服务部为客户服务，支付本月临时聘用人员劳务费用 5 600 元。

借：其他应付款	5 600	
贷：银行存款		5 600
借：经营支出	5 600	
贷：资金结存——货币资金		5 600

【例 17.9】某文化事业单位对外出租演出场地及相关设备，支付缴纳相关税费 1 800 元。

借：经营费用	1 800	
贷：银行存款		1 800
借：经营支出	1 800	
贷：资金结存——货币资金		1 800

三、调剂性支出

（一）上缴上级支出

为了核算事业单位按照财政部门和主管部门的规定上缴上级单位款项发生的现金流出，应设置“上缴上级支出”科目。本科目应当按照收缴款项单位、缴款项目、《2018 年政府收支分类科目》中“支出功能分类科目”的项级科目和“部门预算支出经济分类科目”的款级科目等进行明细核算。年末结转后，本科目应无余额。

上缴上级支出的主要账务处理如下。

1）按照规定将款项上缴上级单位的，按照实际上缴的金额，借记本科目，贷记“资金结存”科目。

2）年末，将本科目本年发生额转入其他结余，借记“其他结余”科目，贷记本科目。

（二）对附属单位补助支出

为了核算事业单位用财政拨款预算收入之外的收入对附属单位补助发生的现金流出，应设置“对附属单位补助支出”科目。本科目应当按照接受补助单位、补助项目、《2018 年政府收支分类科目》中“支出功能分类科目”的项级科目和“部门预算支出经济分类科目”的款级科目等进行明细核算。年末结转后，本科目应无余额。

对附属单位补助支出的主要财务处理如下。

1）发生对附属单位补助支出的，按照实际补助的金额，借记本科目，贷记“资金结存”科目。

2）年末，将本科目本年发生额转入其他结余，借记“其他结余”科目，贷记本科目。

【例 17.10】某事业单位根据体制安排和本年事业收入的数额，经计算，本年应上缴上级单位款项 200 000 元。事业单位通过银行转账上缴了款项。

借：上缴上级费用——上级单位	200 000	
贷：银行存款		200 000
借：上缴上级支出——上级单位	200 000	
贷：资金结存——货币资金		200 000

【例 17.11】某事业单位用自有经费对所属独立核算杂志社补助 350 000 元，以银行存款支付。

借：对附属单位补助费用——杂志社	350 000	
贷：银行存款		350 000
借：对附属单位补助支出——杂志社	350 000	
贷：资金结存——货币资金		350 000

四、投资支出

为了核算以货币资金对外投资发生的现金流出，应设置“投资支出”科目。本科目应当按照投资类型、投资对象、《2018 年政府收支分类科目》中“支出功能分类科目”的项级科目和“部门预算支出经济分类科目”的款级科目等进行明细核算。年末结转后，本科目应无余额。

投资支出的主要账务处理如下。

1）以货币资金对外投资时，按照投资金额和所支付的相关税费金额的合计数，借记本科目，贷记“资金结存”科目。

2）出售、对外转让或到期收回本年度以货币资金取得的对外投资的，如果按规定将投资收益纳入单位预算，按照实际收到的金额，借记“资金结存”科目；按照取得投资时本科目的发生额，贷记“投资支出”科目；按照其差额，贷记或借记“投资预算收益”科目。如果按规定将投资收益上缴财政的，按照取得投资时本科目的发生额，借记“资金结存”科目，贷记本科目。

出售、对外转让或到期收回以前年度以货币资金取得的对外投资的，如果按规定将投资收益纳入单位预算，按照实际收到的金额，借记“资金结存”科目；按照取得投资时本科目的发生额，贷记“其他结余”科目；按照其差额，贷记或借记“投资预算收益”科目。如果按规定将投资收益上缴财政的，按照取得投资时本科目的发生额，借记“资金结存”科目，贷记“其他结余”科目。

3）年末，将本科目本年发生额转入其他结余，借记“其他结余”科目，贷记本科目。

【例 17.12】某事业单位购入持有时间为半年的国库券，以银行存款实际支付价款

5 000 元。

借：短期投资　　5 000
　　贷：银行存款　　5 000
借：投资支出　　5 000
　　贷：资金结存——货币资金　　5 000

【例 17.13】出售持有的半年期的国库券，收到价款 6 000 元，其成本为 5 000 元。

按规定将投资收益纳入单位预算时：

借：银行存款　　6 000
　　贷：短期投资　　5 000
　　　　投资收益　　1 000
借：资金结存——货币资金　　6 000
　　贷：投资支出　　5 000
　　　　投资预算收益　　1 000

出售国库券收到的价款为 4 000 元时：

借：银行存款　　4 000
　　投资收益　　1 000
　　贷：短期投资　　5 000
借：资金结存——货币资金　　4 000
　　投资预算收益　　1 000
　　贷：投资支出　　5 000

五、债务还本支出

为了核算偿还自身承担的纳入预算管理的从金融机构举借的债务本金的现金流出，应设置“债务还本支出”科目。本科目应当按照贷款单位、贷款种类、《2018 年政府收支分类科目》中“支出功能分类科目”的项级科目和“部门预算支出经济分类科目”的款级科目等进行明细核算。年末结转后，本科目应无余额。

债务还本支出的主要账务处理如下。

1）偿还各项短期或长期借款时，按照偿还的借款本金，借记本科目，贷记“资金结存”科目。

2）年末，将本科目本年发生额转入其他结余，借记“其他结余”科目，贷记本科目。

【例 17.14】某事业单位向银行归还短期借款，本金是 100 000 元，并支付利息 4 000 元（已计提）。

借：短期借款　　100 000
　　应付利息　　4 000
　　贷：银行存款　　104 000
借：债务还本支出　　100 000
　　其他支出——利息支出　　4 000
　　贷：资金结存——货币资金　　104 000

第四节 单位共有支出的核算

单位共有支出是指事业单位和行政单位都可能有的预算支出，即其他支出。其他支出是指单位除行政支出、事业支出、经营支出、上缴上级支出、对附属单位补助支出、投资支出、债务还本支出以外的各项现金流出，包括利息支出、对外捐赠现金支出、现金盘亏损失、接受捐赠（调入）和对外捐赠（调出）非现金资产发生的税费支出、资产置换过程中发生的相关税费支出、罚没支出等。

一、单位共有支出的科目设置

为了核算单位除行政支出、事业支出、经营支出、上缴上级支出、对附属单位补助支出、投资支出、债务还本支出以外的各项现金流出，包括利息支出、对外捐赠现金支出、现金盘亏损失、接受捐赠（调入）和对外捐赠（调出）非现金资产发生的税费支出、资产置换过程中发生的相关税费支出、罚没支出等，应设置“其他支出”科目。本科目应当按照其他支出的类别，“财政拨款支出”“非财政专项资金支出”“其他资金支出”科目，《2018 年政府收支分类科目》中“支出功能分类科目”的项级科目和“部门预算支出经济分类科目”的款级科目等进行明细核算。其他支出中如有专项资金支出，还应按照具体项目进行明细核算。年末结转后，本科目应无余额。

有一般公共预算财政拨款、政府性基金预算财政拨款等两种或两种以上财政拨款的事业单位，还应当在“财政拨款支出”明细科目下按照财政拨款的种类进行明细核算。单位发生利息支出、捐赠支出等其他支出金额较大或业务较多的，可单独设置“利息支出”“捐赠支出”等科目。

二、其他支出的主要账务处理

其他支出的主要账务处理如下。

1）利息支出。支付银行借款利息时，按照实际支付金额，借记本科目，贷记“资金结存”科目。

2）对外捐赠现金资产。对外捐赠现金资产时，按照捐赠金额，借记本科目，贷记“资金结存——货币资金”科目。

3）现金盘亏损失。每日现金账款核对中如发现现金短缺，按照短缺的现金金额，借记本科目，贷记“资金结存——货币资金”科目。经核实，属于应当由有关人员赔偿的，按照收到的赔偿金额，借记“资金结存——货币资金”科目，贷记本科目。

4）接受捐赠（无偿调入）和对外捐赠（无偿调出）非现金资产发生的税费支出。接受捐赠（无偿调入）非现金资产发生的归属于捐入方（调入方）的相关税费、运输费等，以及对外捐赠（无偿调出）非现金资产发生的归属于捐出方（调出方）的相关税费、运输费等，按照实际支付金额，借记本科目，贷记“资金结存”科目。

5）资产置换过程中发生的相关税费支出。资产置换过程中发生的相关税费，按照实际支付金额，借记本科目，贷记“资金结存”科目。

6）其他支出。发生罚没等其他支出时，按照实际支出金额，借记本科目，贷记“资金结存”科目。

7）年末结转。将本科目本年发生额中的财政拨款支出转入财政拨款结转，借记“财政拨款结转——本年收支结转”科目，贷记本科目下各财政拨款支出明细科目；将本科目本年发生额中的非财政专项资金支出转入非财政拨款结转，借记“非财政拨款结转——本年收支结转”科目，贷记本科目下各非财政专项资金支出明细科目；将本科目本年发生额中的其他资金支出（非财政非专项资金支出）转入其他结余，借记“其他结余”科目，贷记本科目下各其他资金支出明细科目。

【例 17.15】某单位因专业业务发展的需要，从银行借入了一笔 3 年期的长期借款，按规定支付本期借款利息 12 400 元。

	借方	贷方
借：应付利息	12 400	
贷：银行存款		12 400
借：其他支出	12 400	
贷：资金结存——货币资金		12 400

【例 17.16】某单位为支持社会公益事业发展，向某慈善机构捐赠现款 60 000 元。

	借方	贷方
借：其他支出——捐赠支出	60 000	
贷：资金结存——货币资金		60 000
借：其他费用——捐赠费用	60 000	
贷：银行存款		60 000

【例 17.17】某单位当日现金账款核对中发现短缺 25 元，无法查明原因。经批准予以核销。

	借方	贷方
借：待处理财产损溢	25	
贷：库存现金		25
借：其他支出——现金盘亏损失	25	
贷：资金结存——货币资金		25
借：资产处置费用	25	
贷：待处理财产损溢		25

复习题

请扫描二维码，下载复习题进行练习。

第十七章复习题

第十八章 政府预算结余的核算

第十八章 PPT

☞ 学习内容与要求

本章主要介绍政府预算结余的核算。通过学习，学生应理解政府预算结余的分类，理解政府预算结余的管理要求，明确政府预算结余的核算科目，掌握政府预算结余的业务核算。

第一节 预算结余概述

一、预算结余的含义

预算结余是指政府会计主体预算年度内预算收入扣除预算支出后的资金余额，以及历年滚存的资金余额。

二、预算结余的内容

单位的预算结余包括资金结存、财政拨款结转、财政拨款结余、非财政拨款结转、非财政拨款结余、专用结余、经营结余、其他结余、非财政拨款结余分配等。

资金结存是单位纳入部门预算管理的资金流入、流出、调整和滚存等情况。

财政拨款结转是单位取得的同级财政拨款结转资金的调整、结转和滚存情况。

财政拨款结余是单位取得的同级财政拨款项目支出结余资金的调整、结转和滚存情况。

非财政拨款结转是单位除财政拨款收支、经营收支以外各非同级财政拨款专项资金的调整、结转和滚存情况。

非财政拨款结余是单位历年滚存的非限定用途的非同级财政拨款结余资金，主要是非财政拨款结余扣除结余分配后滚存的金额。

专用结余是事业单位按照规定从非财政拨款结余中提取的具有专门用途的资金变动和滚存情况。

经营结余是事业单位本年度经营活动收支相抵后余额弥补以前年度经营亏损后的余额。

其他结余是单位本年度除财政拨款收支、非同级财政专项资金收支和经营收支以外各项收支相抵后的余额。

非财政拨款结余分配是事业单位本年度非财政拨款结余分配的情况和结果。

第二节 资 金 结 存

一、资金结存的科目设置

为了核算单位纳入部门预算管理的资金的流入、流出、调整和滚存等情况，应设置“资金结存”科目。本科目年末借方余额，反映单位预算资金的累计滚存情况。本科目应当设置下列明细科目。

1）“零余额账户用款额度”明细科目，核算实行国库集中支付的单位根据财政部门批复的用款计划收到和支用的零余额账户用款额度。年末结账后，本明细科目应无余额。

2）“货币资金”明细科目，核算单位以库存现金、银行存款、其他货币资金形态存在的资金。本明细科目年末借方余额，反映单位尚未使用的货币资金。

3）“财政应返还额度”明细科目，核算实行国库集中支付的单位可以使用的以前年度财政直接支付资金额度和财政应返还的财政授权支付资金额度。本明细科目下可设置“财政直接支付”“财政授权支付”两个明细科目进行明细核算。本明细科目年末借方余额，反映单位应收财政返还的资金额度。

二、资金结存的主要财务处理

资金结存的主要账务处理如下。

1）财政授权支付方式下，单位根据代理银行转来的“财政授权支付额度到账通知书”中的授权支付额度，借记“资金结存——零余额账户用款额度”科目，贷记“财政拨款预算收入”科目。

以国库集中支付以外的其他支付方式取得预算收入时，按照实际收到的金额，借记“资金结存——货币资金”科目，贷记“财政拨款预算收入”“事业预算收入”“经营预算收入”等科目。

2）财政授权支付方式下，发生相关支出时，按照实际支付的金额，借记“行政支出”“事业支出”等科目，贷记“资金结存——零余额账户用款额度”科目。

从零余额账户提取现金时，借记“资金结存——货币资金”科目，贷记“资金结存——零余额账户用款额度”科目。退回现金时，做相反会计分录。

使用以前年度财政直接支付额度发生支出时，按照实际支付金额，借记“行政支出”“事业支出”等科目，贷记“资金结存——财政应返还额度”科目。

国库集中支付以外的其他支付方式下，发生相关支出时，按照实际支付的金额，借记“事业支出”“经营支出”等科目，贷记“资金结存——货币资金”科目。

3）按照规定上缴财政拨款结转结余资金或注销财政拨款结转结余资金额度的，按照实际上缴资金数额或注销的资金额度数额，借记“财政拨款结转——归集上缴”或“财政拨款结余——归集上缴”科目，贷记本科目（财政应返还额度、零余额账户用款额度、货币资金）。

按规定向原资金拨入单位缴回非财政拨款结转资金的，按照实际缴回资金数额，借记“非财政拨款结转——缴回资金”科目，贷记“资金结存——货币资金”科目。

收到从其他单位调入的财政拨款结转资金的，按照实际调入资金数额，借记本科目（财政应返还额度、零余额账户用款额度、货币资金），贷记“财政拨款结转——归集调入”科目。

4）按照规定使用专用基金时，按照实际支付金额，借记“专用结余”科目[从非财政拨款结余中提取的专用基金]或“事业支出”等科目[从预算收入中计提的专用基金]，贷记“资金结存——货币资金”科目。

5）因购货退回、发生差错更正等退回国库直接支付、授权支付款项，或者收回货币资金的，属于本年度支付的，借记“财政拨款预算收入”科目或本科目（零余额账户用款额度、货币资金），贷记相关支出科目；属于以前年度支付的，借记本科目（财政应返还额度、零余额账户用款额度、货币资金），贷记“财政拨款结转”“财政拨款结余”“非财政拨款结转”“非财政拨款结余”科目。

6）有企业所得税缴纳义务的事业单位缴纳所得税时，按照实际缴纳金额，借记“非财政拨款结余——累计结余”科目，贷记“资金结存——货币资金”科目。

7）年末，根据本年度财政直接支付预算指标数与当年财政直接支付实际支出数的差额，借记“资金结存——财政应返还额度”科目，贷记“财政拨款预算收入”科目。

8）年末，单位依据代理银行提供的对账单作注销额度的相关账务处理，借记“资金结存——财政应返还额度”科目，贷记“资金结存——零余额账户用款额度”科目；本年度财政授权支付预算指标数大于零余额账户用款额度下达数的，根据未下达的用款额度，借记“资金结存——财政应返还额度”科目，贷记“财政拨款预算收入”科目。

下年初，单位依据代理银行提供的额度恢复到账通知书作恢复额度的相关账务处理，借记“资金结存——零余额账户用款额度”科目，贷记“资金结存——财政应返还额度”科目。单位收到财政部门批复的上年年末未下达零余额账户用款额度的，借记“资金结存——零余额账户用款额度”科目，贷记“资金结存——财政应返还额度”科目。

【例 18.1】某行政单位本年度取得财政授权支付下的预算收入 2 000 000 元。

借：零余额账户用款额度 2 000 000
　　贷：财政拨款预算收入 2 000 000
借：资金结存——零余额账户用款额度 2 000 000
　　贷：财政拨款预算收入 2 000 000

【例 18.2】某事业单位财政授权支付方式下，发生购买固定资产支出 600 000 元。

借：固定资产 600 000
　　贷：零余额账户用款额度 600 000
借：事业支出 600 000
　　贷：资金结存——零余额账户用款额度 600 000

【例 18.3】某事业单位本年度按规定通过零余额账户上缴财政拨款结转资金 2 000 000 元，通过银行账户上缴非财政拨款结转资金 150 000 元。

借：累计盈余 2 000 000
　　贷：零余额账户用款额度 2 000 000
借：财政拨款结转——归集上缴 2 000 000
　　贷：资金结存——货币资金 2 000 000
借：累计盈余 150 000
　　贷：银行存款 150 000
借：非财政拨款结转——归集上缴 150 000
　　贷：资金结存——货币资金 150 000

【例 18.4】某事业单位使用从非财政拨款结余中提取的专用基金购置价值 1 600 000 元的固定资产。

借：固定资产 1 600 000
　　贷：银行存款 1 600 000
借：专用基金 1 600 000

贷：累计盈余 1 600 000

借：专用结余 1 600 000

贷：资金结存——货币资金 1 600 000

【例 18.5】某事业单位按规定应缴所得税为 220 000 元。

借：其他应交税费——应交所得税 220 000

贷：银行存款 220 000

借：非财政拨款结余——累计结余 220 000

贷：资金结存——货币资金 220 000

【例 18.6】某事业单位年末注销零余额账户用款额度 2 500 000 元。

借：财政应返还额度 2 500 000

贷：零余额账户用款额度 2 500 000

借：资金结存——财政应返还额度 2 500 000

贷：资金结存——零余额账户用款额度 2 500 000

【例 18.7】某单位财政直接支付年末预算数大于实际支付数 660 000 元。

借：财政应返还额度 660 000

贷：财政拨款收入 660 000

借：资金结存——财政应返还额度 660 000

贷：财政拨款预算收入 660 000

第三节 专用结余

为了核算事业单位按照规定从非财政拨款结余中提取的具有专门用途的资金的变动和滚存情况，应设置“专用结余”科目。本科目应当按照专用结余的类别进行明细核算。本科目年末贷方余额，反映事业单位从非同级财政拨款结余中提取的专用基金的累计滚存数额。

专用结余的主要账务处理如下。

1）根据有关规定从本年度非财政拨款结余或经营结余中提取基金的，按照提取金额，借记“非财政拨款结余分配”科目，贷记本科目。

2）根据规定使用从非财政拨款结余或经营结余中提取的专用基金时，按照使用金额，借记本科目，贷记“资金结存——货币资金”科目。

【例 18.8】某单位从本年度非财政拨款结余中提取专用职工福利基金 130 000 元，某日使用 30 000 元用于支付职工福利开支。

提取时：

借：本年盈余分配 130 000

贷：专用基金 130 000

借：非财政拨款结余分配 130 000

贷：专用结余 130 000

使用时：

借：专用基金 30 000

贷：银行存款 30 000

借：专用结余 30 000

贷：资金结存——货币资金 30 000

第四节 结转结余与结余分配

结转结余分为财政拨款结转结余和非财政拨款结转结余。财政拨款结转结余分为财政拨款结转和财政拨款结余两部分内容。非财政拨款结转结余分为非财政拨款结转和非财政拨款结余两部分内容。结余分配是指对非财政拨款结余的分配。

一、财政拨款结转结余

（一）财政拨款结转

1. 财政拨款结转的科目设置

为了核算单位取得的同级财政拨款结转资金的调整、结转和滚存情况，应设置“财政拨款结转”科目。本科目年末贷方余额，反映单位滚存的财政拨款结转资金数额。本科目应当设置下列明细科目。

（1）与会计差错更正、以前年度支出收回相关的明细科目

“年初余额调整”明细科目，核算因发生会计差错更正、以前年度支出收回等原因，需要调整财政拨款结转的金额。年末结账后，本明细科目应无余额。

（2）与财政拨款调拨业务相关的明细科目

1）“归集调入”明细科目，核算按照规定从其他单位调入财政拨款结转资金时，实际调增的额度数额或调入的资金数额。年末结账后，本明细科目应无余额。

2）“归集调出”明细科目，核算按照规定向其他单位调出财政拨款结转资金时，实际调减的额度数额或调出的资金数额。年末结账后，本明细科目应无余额。

3）“归集上缴”明细科目，核算按照规定上缴财政拨款结转资金时，实际核销的额度数额或上缴的资金数额。年末结账后，本明细科目应无余额。

4）“单位内部调剂”明细科目，核算经财政部门批准对财政拨款结余资金改变用途，调整用于本单位其他未完成项目等的调整金额。年末结账后，本明细科目应无余额。

（3）与年末财政拨款结转业务相关的明细科目

1）“本年收支结转”明细科目，核算单位本年度财政拨款收支相抵后的余额。年末结账后，本明细科目应无余额。

2）“累计结转”明细科目，核算单位滚存的财政拨款结转资金。本明细科目年末贷方余额，反映单位财政拨款滚存的结转资金数额。

本科目还应当设置“基本支出结转”“项目支出结转”两个明细科目，并在“基本支出结转”明细科目下按照“人员经费”“日常公用经费”进行明细核算，在“项目支出结转”明细科目下按照具体项目进行明细核算；同时，本科目还应按照《2018 年政府收支分类科目》中“支出功能分类科目”的相关科目进行明细核算。

有一般公共预算财政拨款、政府性基金预算财政拨款等两种或两种以上财政拨款的，还应当在本科目下按照财政拨款的种类进行明细核算。

2. 财政拨款结转的主要账务处理

财政拨款结转的主要账务处理如下。

（1）与会计差错更正、以前年度支出收回相关的账务处理

1）因发生会计差错更正退回以前年度国库直接支付、授权支付款项或财政性货币资金，或者因发生会计差错更正增加以前年度国库直接支付、授权支付支出或财政性货币资金支出，属于以前年度财政拨款结转资金的，借记或贷记“资金结存——财政应返还额度、零余额账户用款额度、货币资金”科目，贷记或借记“财政拨款结转——年初余额调整”科目。

2）因购货退回、预付款项收回等发生以前年度支出又收回国库直接支付、授权支付款项或收回财政性货币资金，属于以前年度财政拨款结转资金的，借记“资金结存——财政应返还额度、零余额账户用款额度、货币资金”科目，贷记“财政拨款结转——年初余额调整”科目。

（2）与财政拨款结转结余资金调整业务相关的账务处理

1）按照规定从其他单位调入财政拨款结转资金的，按照实际调增的额度数额或调入的资金数额，借记“资金结存——财政应返还额度、零余额账户用款额度、货币资金”科目，贷记“财政拨款结转——归集调入”科目。

2）按照规定向其他单位调出财政拨款结转资金的，按照实际调减的额度数额或调出的资金数额，借记“财政拨款结转——归集调出”科目，贷记“资金结存——财政应返还额度、零余额账户用款额度、货币资金”科目。

3）按照规定上缴财政拨款结转资金或注销财政拨款结转资金额度的，按照实际上缴资金数额或注销的资金额度数额，借记“财政拨款结转——归集上缴”科目，贷记“资金结存——财政应返还额度、零余额账户用款额度、货币资金”科目。

4）经财政部门批准对财政拨款结余资金改变用途，调整用于本单位基本支出或其他未完成项目支出的，按照批准调剂的金额，借记“财政拨款结余——单位内部调剂”科目，贷记“财政拨款结转——单位内部调剂”科目。

（3）与年末财政拨款结转和结余业务相关的账务处理

1）年末，将财政拨款预算收入本年发生额转入本科目，借记“财政拨款预算收入”科目，贷记“财政拨款结转——本年收支结转”科目；将各项支出中财政拨款支出本年发生额转入本科目，借记“财政拨款结转——本年收支结转”科目，贷记各项支出（财政拨款支出）科目。

2）年末冲销有关明细科目余额。将本科目（本年收支结转、年初余额调整、归集调入、归集调出、归集上缴、单位内部调剂）余额转入本科目（累计结转）。结转后，本科目除“累计结转”明细科目外，其他明细科目应无余额。

3）年末完成上述结转后，应当对财政拨款结转各明细项目执行情况进行分析，按照有关规定将符合财政拨款结余性质的项目余额转入财政拨款结余，借记“财政拨款结转——累计结转”科目，贷记“财政拨款结余——结转转入”科目。

【例 18.9】某事业单位将以前预收的 300 000 元货款退回给对方，该款项属于以前年度

结转资金。

借：预收账款 300 000
　　贷：银行存款 300 000
借：财政拨款结转——年初余额调整 300 000
　　贷：资金结存——货币资金 300 000

【例 18.10】某事业单位从其他单位调入财政授权结转资金 500 000 元。

借：零余额账户用款额度 500 000
　　贷：累计盈余 500 000
借：资金结存——零余额账户用款额度 500 000
　　贷：财政拨款结转——归集调入 500 000

（二）财政拨款结余

1. 财政拨款结余的科目设置

为了核算单位取得的同级财政拨款项目支出结余资金的调整、结转和滚存情况，应设置“财政拨款结余”科目。本科目年末贷方余额，反映单位滚存的财政拨款结余资金数额。本科目应当设置下列明细科目。

（1）与会计差错更正、以前年度支出收回相关的明细科目

“年初余额调整”明细科目，核算因发生会计差错更正、以前年度支出收回等原因，需要调整财政拨款结余的金额。年末结账后，本明细科目应无余额。

（2）与财政拨款结余资金调整业务相关的明细科目

1）“归集上缴”明细科目，核算按照规定上缴财政拨款结余资金时，实际核销的额度数额或上缴的资金数额。年末结账后，本明细科目应无余额。

2）“单位内部调剂”明细科目，核算经财政部门批准对财政拨款结余资金改变用途，调整用于本单位其他未完成项目等的调整金额。年末结账后，本明细科目应无余额。

（3）与年末财政拨款结余业务相关的明细科目

1）“结转转入”明细科目，核算单位按照规定转入财政拨款结余的财政拨款结转资金。年末结账后，本明细科目应无余额。

2）“累计结余”明细科目，核算单位滚存的财政拨款结余资金。本明细科目年末贷方余额，反映单位财政拨款滚存的结余资金数额。

本科目还应当按照具体项目、《2018 年政府收支分类科目》中“支出功能分类科目”的相关科目等进行明细核算。

有一般公共预算财政拨款、政府性基金预算财政拨款等两种或两种以上财政拨款的，还应当在本科目下按照财政拨款的种类进行明细核算。

2. 财政拨款结余的主要账务处理

财政拨款结余的主要账务处理如下。

（1）与会计差错更正、以前年度支出收回相关的账务处理

1）因发生会计差错更正退回以前年度国库直接支付、授权支付款项或财政性货币资金，

或者因发生会计差错更正增加以前年度国库直接支付、授权支付支出或财政性货币资金支出，属于以前年度财政拨款结余资金的，借记或贷记“资金结存——财政应返还额度、零余额账户用款额度、货币资金”科目，贷记或借记“财政拨款结余——年初余额调整”科目。

2）因购货退回、预付款项收回等发生以前年度支出又收回国库直接支付、授权支付款项或收回财政性货币资金，属于以前年度财政拨款结余资金的，借记“资金结存——财政应返还额度、零余额账户用款额度、货币资金”科目，贷记“财政拨款结余——年初余额调整”科目。

（2）与财政拨款结余资金调整业务相关的账务处理

1）经财政部门批准对财政拨款结余资金改变用途，调整用于本单位基本支出或其他未完成项目支出的，按照批准调剂的金额，借记“财政拨款结余——单位内部调剂”科目，贷记“财政拨款结转——单位内部调剂”科目。

2）按照规定上缴财政拨款结余资金或注销财政拨款结余资金额度的，按照实际上缴资金数额或注销的资金额度数额，借记“财政拨款结余——归集上缴”科目，贷记“资金结存——财政应返还额度、零余额账户用款额度、货币资金”科目。

（3）与年末财政拨款结转和结余业务相关的账务处理

1）年末，对财政拨款结转各明细项目执行情况进行分析，按照有关规定将符合财政拨款结余性质的项目余额转入财政拨款结余，借记“财政拨款结转——累计结转”科目，贷记“财政拨款结余——结转转入”科目。

2）年末冲销有关明细科目余额。将本科目（年初余额调整、归集上缴、单位内部调剂、结转转入）余额转入本科目（累计结余）。结转后，本科目除“累计结余”明细科目外，其他明细科目应无余额。

【例 18.11】某事业单位年初收回以前年度的预付账款 200 000 元，该款项已退回零余额账户，资金属于以前年度的结余资金。

	借方	贷方
借：零余额账户用款额度	200 000	
贷：以前年度盈余调整		200 000
借：资金结存——零余额账户用款额度	200 000	
贷：财政拨款结余——年初余额调整		200 000

【例 18.12】某事业单位按照规定通过零余额账户上缴本年度财政拨款结余资金 300 000 元。

	借方	贷方
借：累计盈余	300 000	
贷：零余额账户用款额度		300 000
借：财政拨款结余——归集上缴	300 000	
贷：资金结存——零余额账户用款额度		300 000

二、非财政拨款结转结余

（一）非财政拨款结转

1. 非财政拨款结转的科目设置

为了核算单位除财政拨款收支、经营收支以外各非同级财政拨款专项资金的调整、结转和滚存情况，应设置“非财政拨款结转”科目。本科目年末贷方余额，反映单位滚存的非同级财政拨款专项结转资金数额。本科目应当设置下列明细科目。

1）“年初余额调整”明细科目，核算因发生会计差错更正、以前年度支出收回等原因，需要调整非财政拨款结转的资金。年末结账后，本明细科目应无余额。

2）“缴回资金”明细科目，核算按照规定缴回非财政拨款结转资金时，实际缴回的资金数额。年末结账后，本明细科目应无余额。

3）“项目间接费用或管理费”明细科目，核算单位取得的科研项目预算收入中，按照规定计提项目间接费用或管理费的数额。年末结账后，本明细科目应无余额。

4）“本年收支结转”明细科目，核算单位本年度非同级财政拨款专项收支相抵后的余额。年末结账后，本明细科目应无余额。

5）“累计结转”明细科目，核算单位滚存的非同级财政拨款专项结转资金。本明细科目年末贷方余额，反映单位非同级财政拨款滚存的专项结转资金数额。

本科目还应当按照具体项目、《2018年政府收支分类科目》中“支出功能分类科目”的相关科目等进行明细核算。

2. 非财政拨款结转的主要财务处理

非财政拨款结转的主要账务处理如下。

1）按照规定从科研项目预算收入中提取项目管理费或间接费时，按照提取金额，借记“非财政拨款结转——项目间接费用或管理费”科目，贷记“非财政拨款结余——项目间接费用或管理费”科目。

2）因会计差错更正收到或支出非同级财政拨款货币资金，属于非财政拨款结转资金的，按照收到或支出的金额，借记或贷记“资金结存——货币资金”科目，贷记或借记“非财政拨款结转——年初余额调整”科目。

因收回以前年度支出等收到非同级财政拨款货币资金，属于非财政拨款结转资金的，按照收到的金额，借记“资金结存——货币资金”科目，贷记“非财政拨款结转——年初余额调整”科目。

3）按照规定缴回非财政拨款结转资金的，按照实际缴回资金数额，借记“非财政拨款结转——缴回资金”科目，贷记“资金结存——货币资金”科目。

4）年末，将事业预算收入、上级补助预算收入、附属单位上缴预算收入、非同级财政拨款预算收入、债务预算收入、其他预算收入本年发生额中的专项资金收入转入本科目，借记“事业预算收入”“上级补助预算收入”“附属单位上缴预算收入”“非同级财政拨款预算收入”“债务预算收入”“其他预算收入”科目下各专项资金收入明细科目，贷记“非财政拨款结转——本年收支结转”科目；将行政支出、事业支出、其他支出本年发生额中的非财政拨款专项资金支出转入本科目，借记“非财政拨款结转——本年收支结转”科目，贷记“行政支出”“事业支出”“其他支出”科目下各非财政拨款专项资金支出明细科目。

5）年末冲销有关明细科目余额。将本科目（年初余额调整、项目间接费用或管理费、缴回资金、本年收支结转）余额转入本科目（累计结转）。结转后，本科目除“累计结转”明细科目外，其他明细科目应无余额。

6）年末完成上述结转后，应当对非财政拨款专项结转资金各项目情况进行分析，将留归本单位使用的非财政拨款专项（项目已完成）剩余资金转入非财政拨款结余，借记“非财政拨款结转——累计结转”科目，贷记“非财政拨款结余——结转转入”科目。

【例 18.13】某单位从科研项目预算收入中提取项目管理费 400 000 元。

借：单位管理费用 400 000

贷：预提费用——项目间接费用或管理费 400 000

借：非财政拨款结转——项目间接费用或管理费 400 000

贷：非财政拨款结余——项目间接费用或管理费 400 000

【例 18.14】某单位按规定缴回非同级财政拨款的科研基金 150 000 元。

借：累计盈余 150 000

贷：银行存款 150 000

借：非财政拨款结转——缴回资金 150 000

贷：资金结存——货币资金 150 000

【例 18.15】某单位年末结转非财政拨款结转以下明细科目：“年初余额调整”科目贷方 100 000 元，“项目间接费用或管理费”科目借方 50 000 元，“本年收支结转”科目贷方 150 000 元。

借：非财政拨款结转——年末余额调整 100 000

——本年收支结转 150 000

贷：非财政拨款结转——累计结转 250 000

借：非财政拨款结转——累计结转 50 000

贷：非财政拨款结转——项目间接费用或管理费 50 000

（二）非财政拨款结余

1. 非财政拨款结余的科目设置

为了核算单位历年滚存的非限定用途的非同级财政拨款结余资金，主要为非财政拨款结余扣除结余非配后滚存的金额，应设置“非财政拨款结余”科目。本科目年末贷方余额，反映单位非同级财政拨款结余资金的累计滚存数额。本科目应当设置下列明细科目。

1）“年初余额调整”明细科目，核算因发生会计差错更正、以前年度支出收回等原因，需要调整非财政拨款结余的资金。年末结账后，本明细科目应无余额。

2）“项目间接费用或管理费”明细科目，核算单位取得的科研项目预算收入中，按照规定计提的项目间接费用或管理费数额。年末结账后，本明细科目应无余额。

3）“结转转入”明细科目，核算按照规定留归单位使用，由单位统筹调配，纳入单位非财政拨款结余的非同级财政拨款专项剩余资金。年末结账后，本明细科目应无余额。

4）“累计结余”明细科目，核算单位历年滚存的非同级财政拨款、非专项结余资金。本明细科目年末贷方余额，反映单位非同级财政拨款滚存的非专项结余资金数额。

本科目还应当按照《2018 年政府收支分类科目》中“支出功能分类科目”的相关科目进行明细核算。

2. 非财政拨款结余的主要账务处理

非财政拨款结余的主要账务处理如下。

1）按照规定从科研项目预算收入中提取项目管理费或间接费时，借记“非财政拨款结转——项目间接费用或管理费”科目，贷记“非财政拨款结余——项目间接费用或管理费”科目。

2）有企业所得税缴纳义务的事业单位实际缴纳企业所得税时，按照缴纳金额，借记“非财政拨款结余——累计结余”科目，贷记“资金结存——货币资金”科目。

3）因会计差错更正收到或支出非同级财政拨款货币资金，属于非财政拨款结余资金的，按照收到或支出的金额，借记或贷记“资金结存——货币资金”科目，贷记或借记“非财政拨款结余——年初余额调整”科目。

因收回以前年度支出等收到非同级财政拨款货币资金，属于非财政拨款结余资金的，按照收到的金额，借记“资金结存——货币资金”科目，贷记“非财政拨款结余——年初余额调整”科目。

4）年末，将留归本单位使用的非财政拨款专项（项目已完成）剩余资金转入本科目，借记“非财政拨款结转——累计结转”科目，贷记“非财政拨款结余——结转转入”科目。

5）年末，冲销有关明细科目余额。将本科目（年初余额调整、项目间接费用或管理费、结转转入）余额结转入本科目（累计结余）。结转后，本科目除“累计结余”明细科目外，其他明细科目应无余额。

6）年末，事业单位将“非财政拨款结余分配”科目余额转入非财政拨款结余。“非财政拨款结余分配”科目为借方余额的，借记“非财政拨款结余——累计结余”科目，贷记“非财政拨款结余分配”科目；“非财政拨款结余分配”科目为贷方余额的，借记“非财政拨款结余分配”科目，贷记“非财政拨款结余——累计结余”科目。

年末，行政单位将“其他结余”科目余额转入非财政拨款结余。“其他结余”科目为借方余额的，借记“非财政拨款结余——累计结余”科目，贷记“其他结余”科目；“其他结余”科目为贷方余额的，借记“其他结余”科目，贷记“非财政拨款结余——累计结余”科目。

【例 18.16】某事业单位年末实际缴纳所得税 200 000 元。

借：其他应交税费——应交所得税 200 000
　　贷：银行存款 200 000
借：非财政拨款结余——累计结余 200 000
　　贷：资金结存——货币资金 200 000

三、经营结余

为了核算事业单位本年度经营活动收支相抵后余额弥补以前年度经营亏损后的余额，应设置“经营结余”科目。年末结账后，本科目一般无余额；如为借方余额，反映事业单位累计发生的经营亏损。本科目可以按照经营活动类别进行明细核算。

经营结余的主要账务处理如下。

1）年末，将经营预算收入本年发生额转入本科目，借记“经营预算收入”科目，贷记本科目；将经营支出本年发生额转入本科目，借记本科目，贷记“经营支出”科目。

2）年末，完成上述 1）结转后，如本科目为贷方余额，将本科目贷方余额转入“非财政拨款结余分配”科目，借记本科目，贷记“非财政拨款结余分配”科目；如本科目为借方余额，为经营亏损，则不予结转。

【例 18.17】年末，某事业单位将“经营预算收入”科目贷方发生额 3 000 000 元、“经营支出”科目借方发生额 1 000 000 元进行结转。

借：经营预算收入　　3 000 000

　　贷：经营结余　　30 000 000

借：经营结余　　1 000 000

　　贷：经营支出　　1 000 000

四、其他结余

为了核算单位本年度除财政拨款收支、非同级财政专项资金收支和经营收支以外各项收支相抵后的余额，应设置“其他结余”科目。年末结账后，本科目应无余额。

其他结余的主要账务处理如下。

1）年末，将事业预算收入、上级补助预算收入、附属单位上缴预算收入、非同级财政拨款预算收入、债务预算收入、其他预算收入本年发生额中的非专项资金收入及投资预算收益本年发生额转入本科目，借记“事业预算收入”“上级补助预算收入”“附属单位上缴预算收入”“非同级财政拨款预算收入”“债务预算收入”“其他预算收入”科目下各非专项资金收入明细科目和“投资预算收益”科目，贷记本科目（当“投资预算收益”科目本年发生额为借方净额时，借记本科目，贷记“投资预算收益”科目）；将行政支出、事业支出、其他支出本年发生额中的非同级财政、非专项资金支出，以及上缴上级支出、对附属单位补助支出、投资支出、债务还本支出本年发生额转入本科目，借记本科目，贷记“行政支出”“事业支出”“其他支出”科目下各非同级财政、非专项资金支出明细科目和“上缴上级支出”“对附属单位补助支出”“投资支出”“债务还本支出”科目。

2）年末，完成上述 1）结转后，行政单位将本科目余额转入“非财政拨款结余——累计结余”科目；事业单位将本科目余额转入“非财政拨款结余分配”科目。当本科目为贷方余额时，借记本科目，贷记“非财政拨款结余——累计结余”或“非财政拨款结余分配”科目；当本科目为借方余额时，借记“非财政拨款结余——累计结余”或“非财政拨款结余分配”科目，贷记本科目。

【例 18.18】年末，某事业单位将事业预算收入 30 000 000 元、上级补助预算收入 15 000 000 元、附属单位上缴预算收入 300 000 元、非同级财政拨款预算收入 250 000 元、债务预算收入 5 000 000 元、其他预算收入 100 000 元、投资预算收益 50 000 元进行结转，将事业支出 25 000 000 元、其他支出 15 000 000 元、上缴上级支出 300 000 元、对附属单位补助支出 200 000 元、投资支出 500 000 元、债务还本支出 5 000 000 元进行结转。结转完成后将其他结余科目余额进行结转。

1）结转收入类科目时：

借：事业预算收入　　30 000 000

　　上级补助预算收入　　15 000 000

　　附属单位上缴预算收入　　300 000

　　非同级财政拨款预算收入　　250 000

　　债务预算收入　　5 000 000

其他预算收入 100 000
投资预算收益 50 000
贷：其他结余 50 700 000

2）结转支出类科目时：

借：其他结余 46 000 000
贷：事业支出 25 000 000
其他支出 15 000 000
上缴上级支出 300 000
对附属单位补助支出 200 000
投资支出 500 000
债务还本支出 5 000 000

3）将其他结余科目余额进行结转时：

借：其他结余 9 650 000
贷：非财政拨款结余分配 9 650 000

【例 18.19】年末将某行政单位其他结余科目贷方余额 300 000 元进行结转。

借：其他结余 300 000
贷：非财政拨款结余——累计结余 300 000

五、非财政拨款结余分配

为了核算事业单位本年度非财政拨款结余分配的情况和结果，应设置“非财政拨款结余分配”科目。年末结账后，本科目应无余额。

非财政拨款结余分配的主要账务处理如下。

1）年末，将“其他结余”科目余额转入本科目，当“其他结余”科目为贷方余额时，借记“其他结余”科目，贷记本科目；当“其他结余”科目为借方余额时，借记本科目，贷记“其他结余”科目。

年末，将“经营结余”科目贷方余额转入本科目，借记“经营结余”科目，贷记本科目。

2）根据有关规定提取专用基金的，按照提取的金额，借记本科目，贷记“专用结余”科目。

3）年末，按照规定完成上述 1）和 2）处理后，将本科目余额转入非财政拨款结余。当本科目为借方余额时，借记“非财政拨款结余——累计结余”科目，贷记本科目；当本科目为贷方余额时，借记本科目，贷记“非财政拨款结余——累计结余”科目。

【例 18.20】某事业单位年末从非财政拨款结余中提取专用基金 130 000 元。

借：本年盈余分配 130 000
贷：专用基金 130 000
借：非财政拨款结余分配 130 000
贷：专用结余 130 000

复习题

请扫描二维码，下载复习题进行练习。

第十八章复习题

第十九章　政府决算报告

第十九章 PPT

☞ 学习内容与要求

本章主要介绍政府决算报告。通过学习，学生应理解政府决算报告的含义及作用、编制要求，重点掌握预算收入支出表、预算结转结余变动表和财政拨款预算收入支出表的作用、结构、内容、编制方法与分析方法。

第一节　政府决算报告概述

一、政府决算报告的含义

政府决算报告是综合反映政府会计主体年度预算收支执行结果的文件。

决算报告是向决算报告使用者提供与政府预算执行情况有关的信息，综合反映政府会计主体预算收支的年度执行结果，有助于决算报告使用者进行监督和管理，并为编制后续年度预算提供参考和依据。政府决算报告是编制下年度单位财务收支计划的基础，为行政事业单位加强内部管理提供信息；为财政部门和上级单位了解情况、指导单位财务工作提供重要依据；为社会各界了解行政事业单位预算执行情况提供条件。

二、政府决算报告的内容

政府决算报告应当包括决算报表和其他应当在决算报告中反映的相关信息和资料。

决算报表由会计报表及其附注构成。会计报表一般包括预算收入支出表、预算结转结余变动表、财政拨款预算收入支出表。附注是对在会计报表中列示的项目所作的进一步说明，以及对未能在会计报表中列示项目的说明。附注是财务报表的重要组成部分。凡对报表使用者的决策有重要影响的会计信息，不论本制度是否有明确规定，单位均应当充分披露。

附注主要包括下列内容：①单位的基本情况；②会计报表编制基础；③遵循政府会计准则、制度的声明；④重要会计政策和会计估计；⑤会计报表重要项目说明；⑥本年盈余与预算结余的差异情况说明；⑦其他重要事项说明；⑧有助于理解和分析会计报表需要说明的其他事项。

政府决算报告的编制主要以收付实现制为基础，以预算会计核算生成的数据为准。

第二节　预算收入支出表

一、预算收入支出表的含义

预算收入支出表是反映单位在某一会计年度内各项预算收入、预算支出和预算收支差额的情况。

预算收入支出表是单位会计报表的重要组成部分，可以提供一定期间单位预算收入总额及构成情况、预算支出总额及构成情况，以及预算收支差额的数额会计信息。单位应当定期编制预算收入支出表，披露单位在一定会计期间的预算情况。

二、预算收入支出表的格式

预算收入支出表的格式如表19.1所示。

表19.1 预算收入支出表

会政预01表

编制单位： 年 单位：元

项目	本年数	上年数
一、本年预算收入		
（一）财政拨款预算收入		
其中：政府性基金收入		
（二）事业预算收入		
（三）上级补助预算收入		
（四）附属单位上缴预算收入		
（五）经营预算收入		
（六）债务预算收入		
（七）非同级财政拨款预算收入		
（八）投资预算收益		
（九）其他预算收入		
其中：利息预算收入		
捐赠预算收入		
租金预算收入		
二、本年预算支出		
（一）行政支出		
（二）事业支出		
（三）经营支出		
（四）上缴上级支出		
（五）对附属单位补助支出		
（六）投资支出		
（七）债务还本支出		
（八）其他支出		
其中：利息支出		
捐赠支出		
三、本年预算收支差额		

三、预算收入支出表编制说明

预算收入支出表“本年数”栏反映各项目的本年实际发生数。本表“上年数”栏反映各项目上年度的实际发生数，应当根据上年度预算收入支出表中“本年数”栏内所列数字填列。

如果本年度预算收入支出表规定的项目的名称和内容同上年度不一致，应当对上年度预算收入支出表项目的名称和数字按照本年度的规定进行调整，将调整后金额填入本年度预算收入支出表的“上年数”栏。

预算收入支出表“本年数”栏各项目的内容和填列方法如下。

1. 本年预算收入

“本年预算收入”项目反映单位本年预算收入总额。本项目应当根据预算收入支出表中“财政拨款预算收入”“事业预算收入”“上级补助预算收入”“附属单位上缴预算收入”“经营预算收入”“债务预算收入”“非同级财政拨款预算收入”“投资预算收益”“其他预算收入”项目金额的合计数填列。

1)“财政拨款预算收入”项目，反映单位本年从同级政府财政部门取得的各类财政拨款。本项目应当根据“财政拨款预算收入”科目的本年发生额填列。

“政府性基金收入”项目，反映单位本年取得的财政拨款收入中属于政府性基金预算拨款的金额。本项目应当根据“财政拨款预算收入”相关明细科目的本年发生额填列。

2)“事业预算收入”项目，反映事业单位本年开展专业业务活动及其辅助活动取得的预算收入。本项目应当根据“事业预算收入”科目的本年发生额填列。

3)“上级补助预算收入”项目，反映事业单位本年从主管部门和上级单位取得的非财政补助预算收入。本项目应当根据“上级补助预算收入”科目的本年发生额填列。

4)“附属单位上缴预算收入”项目，反映事业单位本年收到的独立核算的附属单位按照有关规定上缴的预算收入。本项目应当根据“附属单位上缴预算收入”科目的本年发生额填列。

5)“经营预算收入”项目，反映事业单位本年在专业业务活动及其辅助活动之外开展非独立核算经营活动取得的预算收入。本项目应当根据“经营预算收入”科目的本年发生额填列。

6)“债务预算收入”项目，反映事业单位本年按照规定从金融机构等借入的、纳入部门预算管理的债务预算收入。本项目应当根据“债务预算收入”的本年发生额填列。

7)“非同级财政拨款预算收入”项目，反映单位本年从非同级政府财政部门取得的财政拨款。本项目应当根据“非同级财政拨款预算收入”科目的本年发生额填列。

8)“投资预算收益”项目，反映事业单位本年取得的按规定纳入单位预算管理的投资收益。本项目应当根据“投资预算收益”科目的本年发生额填列。

9)“其他预算收入”项目，反映单位本年取得的除上述收入以外的纳入单位预算管理的各项预算收入。本项目应当根据“其他预算收入”科目的本年发生额填列。其中：

“利息预算收入”项目，反映单位本年取得的利息预算收入。本项目应当根据“其他预算收入”科目的明细记录分析填列。单位单设“利息预算收入”科目的，应当根据“利息预算收入”科目的本年发生额填列。

“捐赠预算收入”项目，反映单位本年取得的捐赠预算收入。本项目应当根据“其他预算收入”科目的明细记录分析填列。单位单设“捐赠预算收入”科目的，应当根据“捐赠预算收入”科目的本年发生额填列。

“租金预算收入”项目，反映单位本年取得的租金预算收入。本项目应当根据“其他预算收入”科目的明细记录分析填列。单位单设“租金预算收入”科目的，应当根据“租金预算收入”科目的本年发生额填列。

2. 本年预算支出

"本年预算支出"项目反映单位本年预算支出总额。本项目应当根据预算收入支出表中"行政支出""事业支出""经营支出""上缴上级支出""对附属单位补助支出""投资支出""债务还本支出""其他支出"项目金额的合计数填列。

1)"行政支出"项目，反映行政单位本年履行职责实际发生的支出。本项目应当根据"行政支出"科目的本年发生额填列。

2)"事业支出"项目，反映事业单位本年开展专业业务活动及其辅助活动发生的支出。本项目应当根据"事业支出"科目的本年发生额填列。

3)"经营支出"项目，反映事业单位本年在专业业务活动及其辅助活动之外开展非独立核算经营活动发生的支出。本项目应当根据"经营支出"科目的本年发生额填列。

4)"上缴上级支出"项目，反映事业单位本年按照财政部门和主管部门的规定上缴上级单位的支出。本项目应当根据"上缴上级支出"科目的本年发生额填列。

5)"对附属单位补助支出"项目，反映事业单位本年用财政拨款收入之外的收入对附属单位补助发生的支出。本项目应当根据"对附属单位补助支出"科目的本年发生额填列。

6)"投资支出"项目，反映事业单位本年以货币资金对外投资发生的支出。本项目应当根据"投资支出"科目的本年发生额填列。

7)"债务还本支出"项目，反映事业单位本年偿还自身承担的纳入预算管理的从金融机构举借的债务本金的支出。本项目应当根据"债务还本支出"科目的本年发生额填列。

8)"其他支出"项目，反映单位本年除以上支出以外的各项支出。本项目应当根据"其他支出"科目的本年发生额填列。其中：

"利息支出"项目，反映单位本年发生的利息支出。本项目应当根据"其他支出"科目的明细记录分析填列。单位单设"利息支出"科目的，应当根据"利息支出"科目的本年发生额填列。

"捐赠支出"项目，反映单位本年发生的捐赠支出。本项目应当根据"其他支出"科目的明细记录分析填列。单位单设"捐赠支出"科目的，应当根据"捐赠支出"科目的本年发生额填列。

3. 本年预算收支差额

"本年预算收支差额"项目，反映单位本年各项预算收支相抵后的差额。本项目应当根据预算收入支出表中"本期预算收入"项目金额减去"本期预算支出"项目金额后的金额填列；如相减后金额为负数，以"-"号填列。

四、预算收入支出表编制举例

【例 19.1】某事业单位 2019 年结账前预算收入、预算支出类科目累计发生额如表 19.2 所示。

表 19.2　2019 年结账前预算收入、预算支出类科目累计发生额

单位：元

科目名称	金额	科目名称	金额
预算支出类		预算收入类	
事业支出——财政拨款支出	105 000	财政拨款预算收入	200 000
事业支出——非财政拨款专项支出	108 000	其中：政府性基金预算收入	10 000
事业支出——其他资金支出	110 000	事业预算收入——专项资金收入	165 000
其他支出——非财政拨款专项支出	10 000	事业预算收入——非专项资金收入	238 000
其他支出——其他资金支出	1 700	非同级财政拨款预算收入——专项资金收入	10 000
对附属单位补助支出	65 000	债务预算收入——专项资金收入	25 000
		其他预算收入——专项资金收入	1 800
		其他预算收入——非专项资金收入	4 200

要求：根据上述资料，编制该事业单位 2019 年度的预算收入支出表。

编制该事业单位的 2019 年预算收入支出表时，省略了“上年数”一列数字。“本年数”栏主要项目的填列说明如下。

1）本年预算收入=200 000+403 000+25 000+10 000+6 000=644 000（元）。

2）本年预算支出=323 000+65 000+11 700=399 700（元）。

3）本年预算收支差额=644 000−399 700=244 300（元）。

编制完成的事业单位 2019 年度预算收入支出表如表 19.3 所示。

表 19.3　预算收入支出表

会政预 01 表

编制单位：　　　　2019 年　　　　单位：元

项目	本年数	上年数（略）
一、本年预算收入	644 000	
（一）财政拨款预算收入	200 000	
其中：政府性基金收入	10 000	
（二）事业预算收入	403 000	
（三）上级补助预算收入		
（四）附属单位上缴预算收入		
（五）经营预算收入		
（六）债务预算收入	25 000	
（七）非同级财政拨款预算收入	10 000	
（八）投资预算收益		
（九）其他预算收入	6 000	
其中：利息预算收入		
捐赠预算收入		
租金预算收入		
二、本年预算支出	399 700	
（一）行政支出		
（二）事业支出	323 000	

续表

项目	本年数	上年数（略）
（三）经营支出		
（四）上缴上级支出		
（五）对附属单位补助支出	65 000	
（六）投资支出		
（七）债务还本支出		
（八）其他支出	11 700	
其中：利息支出		
捐赠支出		
三、本年预算收支差额	244 300	

第三节　预算结转结余变动表

一、预算结转结余变动表的含义

预算结转结余变动表是反映单位在某一会计年度内预算结转结余的变动情况的报表。

预算结转结余变动表是行政事业单位会计报表的重要组成部分，可以提供一定时期行政事业单位预算结转结余各个组成项目金额的变动情况。行政事业单位应当定期编制预算结转结余变动表，披露行政事业单位在一定会计期间的预算结转结存状况。

二、预算结转结余变动表的格式

预算结转结余变动表的格式如表 19.4 所示。

表 19.4　预算结转结余变动表

会政预 02 表

编制单位：　　　　年　　　　单位：元

项目	本年数	上年数
一、年初预算结转结余		
（一）财政拨款结转结余		
（二）其他资金结转结余		
二、年初余额调整（减少以“-”号填列）		
（一）财政拨款结转结余		
（二）其他资金结转结余		
三、本年变动金额（减少以“-”号填列）		
（一）财政拨款结转结余		
1．本年收支差额		
2．归集调入		
3．归集上缴或调出		
（二）其他资金结转结余		
1．本年收支差额		
2．缴回资金		

续表

项目	本年数	上年数
3．使用专用结余		
4．支付所得税		
四、年末预算结转结余		
（一）财政拨款结转结余		
1．财政拨款结转		
2．财政拨款结余		
（二）其他资金结转结余		
1．非财政拨款结转		
2．非财政拨款结余		
3．专用结余		
4．经营结余（如有余额，以“-”号填列）		

三、预算结转结余变动表编制说明

预算结转结余变动表“本年数”栏反映各项目的本年实际发生数。本表“上年数”栏反映各项目的上年实际发生数，应当根据上年度预算结转结余变动表中“本年数”栏内所列数字填列。

如果本年度预算结转结余变动表规定的项目的名称和内容同上年度不一致，应当对上年度预算结转结余变动表项目的名称和数字按照本年度的规定进行调整，将调整后金额填入本年度预算结转结余变动表的“上年数”栏。

预算结转结余变动表中“年末预算结转结余”项目金额等于“年初预算结转结余”“年初余额调整”“本年变动金额”三个项目的合计数。

预算结转结余变动表“本年数”栏各项目的内容和填列方法如下。

1．年初预算结转结余

“年初预算结转结余”项目，反映单位本年预算结转结余的年初余额。本项目应当根据本项目下“财政拨款结转结余”“其他资金结转结余”项目金额的合计数填列。

1）“财政拨款结转结余”项目，反映单位本年财政拨款结转结余资金的年初余额。本项目应当根据“财政拨款结转”“财政拨款结余”科目本年年初余额合计数填列。

2）“其他资金结转结余”项目，反映单位本年其他资金结转结余的年初余额。本项目应当根据“非财政拨款结转”“非财政拨款结余”“专用结余”“经营结余”科目本年年初余额的合计数填列。

2．年初余额调整

“年初余额调整”项目，反映单位本年预算结转结余年初余额调整的金额。本项目应当根据本项目下“财政拨款结转结余”“其他资金结转结余”项目金额的合计数填列。

1）“财政拨款结转结余”项目，反映单位本年财政拨款结转结余资金的年初余额调整金额。本项目应当根据“财政拨款结转”“财政拨款结余”科目下“年初余额调整”明细科目的本年发生额的合计数填列；如调整减少年初财政拨款结转结余，以“-”号填列。

2）“其他资金结转结余”项目，反映单位本年其他资金结转结余的年初余额调整金额。本项目应当根据“非财政拨款结转”“非财政拨款结余”科目下“年初余额调整”明细科目的本年发生额的合计数填列；如调整减少年初其他资金结转结余，以“-”号填列。

3. 本年变动金额

“本年变动金额”项目，反映单位本年预算结转结余变动的金额。本项目应当根据本项目下“财政拨款结转结余”“其他资金结转结余”项目金额的合计数填列。

1）“财政拨款结转结余”项目，反映单位本年财政拨款结转结余资金的变动。本项目应当根据本项目下“本年收支差额”“归集调入”“归集上缴或调出”项目金额的合计数填列。

①“本年收支差额”项目，反映单位本年财政拨款资金收支相抵后的差额。本项目应当根据“财政拨款结转”科目下“本年收支结转”明细科目本年转入的预算收入与预算支出的差额填列；差额为负数的，以“-”号填列。

②“归集调入”项目，反映单位本年按照规定从其他单位归集调入的财政拨款结转资金。本项目应当根据“财政拨款结转”科目下“归集调入”明细科目的本年发生额填列。

③“归集上缴或调出”项目，反映单位本年按照规定上缴的财政拨款结转结余资金及按照规定向其他单位调出的财政拨款结转资金。本项目应当根据“财政拨款结转”“财政拨款结余”科目下“归集上缴”明细科目，以及“财政拨款结转”科目下“归集调出”明细科目本年发生额的合计数填列，以“-”号填列。

2）“其他资金结转结余”项目，反映单位本年其他资金结转结余的变动。本项目应当根据本项目下“本年收支差额”“缴回资金”“使用专用结余”“支付所得税”项目金额的合计数填列。

①“本年收支差额”项目，反映单位本年除财政拨款外的其他资金收支相抵后的差额。本项目应当根据“非财政拨款结转”科目下“本年收支结转”明细科目、“其他结余”科目、“经营结余”科目本年转入的预算收入与预算支出的差额的合计数填列；如为负数，以“-”号填列。

②“缴回资金”项目，反映单位本年按照规定缴回的非财政拨款结转资金。本项目应当根据“非财政拨款结转”科目下“缴回资金”明细科目本年发生额的合计数填列，以“-”号填列。

③“使用专用结余”项目，反映本年事业单位根据规定使用从非财政拨款结余或经营结余中提取的专用基金的金额。本项目应当根据“专用结余”科目明细账中本年使用专用结余业务的发生额填列，以“-”号填列。

④“支付所得税”项目，反映有企业所得税缴纳义务的事业单位本年实际缴纳的企业所得税金额。本项目应当根据“非财政拨款结余”明细账中本年实际缴纳企业所得税业务的发生额填列，以“-”号填列。

4. 年末预算结转结余

“年末预算结转结余”项目，反映单位本年预算结转结余的年末余额。本项目应当根据本项目下“财政拨款结转结余”“其他资金结转结余”项目金额的合计数填列。

1）“财政拨款结转结余”项目，反映单位本年财政拨款结转结余的年末余额。本项目应当根据本项目下“财政拨款结转”“财政拨款结余”项目金额的合计数填列。

本项目下“财政拨款结转”“财政拨款结余”项目，应当分别根据“财政拨款结转”“财政拨款结余”科目的本年年末余额填列。

2）“其他资金结转结余”项目，反映单位本年其他资金结转结余的年末余额。本项目应当根据本项目下“非财政拨款结转”“非财政拨款结余”“专用结余”“经营结余”项目金额的合计数填列。

本项目下“非财政拨款结转”“非财政拨款结余”“专用结余”“经营结余”项目，应当分别根据“非财政拨款结转”“非财政拨款结余”“专用结余”“经营结余”科目的本年年末余额填列。

四、预算结转结余变动表编制举例

【例 19.2】 某事业单位 2019 年 12 月 31 日结账前有关科目总账及明细账科目年初、年末余额如表 19.5 所示。

表 19.5 2019 年 12 月 31 日结账前有关科目总账及明细账科目年初、年末余额

金额单位：元

科目名称	年初余额	年末余额	科目名称	年初余额	年末余额
财政拨款结转			财政拨款结余		
——年初余额调整			——年初余额调整		100 000
——归集调入		275 000	——归集上缴		
——归集调出		10 000	——单位内部调剂		
——归集上缴		15 000	——结转转入		
——本年收支结转			——累计结转	400 000	500 000
——累计结转	300 000	550 000			
非财政拨款结转			非财政拨款结余		
——年初余额调整		5 000	——年初余额调整		65 000
——缴回资金		5 000	——项目间接费用或管理费		
——项目间接费用或管理费			——结转转入		
——归集上缴			——累计结转	125 000	190 000
——本年收支结转		25 000			
——累计结转	50 000	75 000			
专用结余	50 000	60 000			
经营结余	200 000	100 000			
其他结余	50 000	60 000			

表 19.5 中，“专用结余”“经营结余”“其他结余”科目的本年变动额均未涉及预算收入与预算支出的差额，各项目均可根据各账户的期末余额、发生额分析填列。

要求：根据上述资料，编制该事业单位预算结转结余变动表（表 19.6）。

表 19.6 预算结转结余变动表

会政预 02 表

编制单位： 2019 年 单位：元

项目	本年数	上年数
一、年初预算结转结余	875 000	略
（一）财政拨款结转结余	700 000	
（二）其他资金结转结余	175 000	
二、年初余额调整（减少以“-”号填列）	170 000	
（一）财政拨款结转结余	100 000	
（二）其他资金结转结余	70 000	
三、本年变动金额（减少以“-”号填列）	270 000	
（一）财政拨款结转结余	250 000	
1．本年收支差额		
2．归集调入	275 000	
3．归集上缴或调出	-25 000	
（二）其他资金结转结余	20 000	
1．本年收支差额	25 000	
2．缴回资金	-5 000	
3．使用专用结余		
4．支付所得税		
四、年末预算结转结余	1 315 000	
（一）财政拨款结转结余	1 050 000	
1．财政拨款结转	550 000	
2．财政拨款结余	500 000	
（二）其他资金结转结余	265 000	
1．非财政拨款结转	75 000	
2．非财政拨款结余	190 000	
3．专用结余		
4．经营结余（如有余额，以“-”号填列）		

第四节 财政拨款预算收入支出表

一、财政拨款预算收入支出表的含义

财政拨款预算收入支出表是反映单位本年财政拨款预算资金收入、支出及相关变动具体情况的报表。

财政拨款预算收入支出表是行政事业单位会计报表的重要组成部分，可以提供一定时期行政事业单位财政拨款收入支出各个组成项目金额的变动情况。行政事业单位应当定期编制财政拨款预算收入支出表，披露行政事业单位在一定会计期间的财政拨款收入支出的变动状况。

二、财政拨款预算收入支出表的格式

财政拨款预算收入支出表的格式如表 19.7 所示。

表 19.7 财政拨款预算收入支出表

会政预 03 表

编制单位： 年 单位：元

项目	年初财政拨款结转结余		调整年初财政拨款结转结余	本年归集调入	本年归集上缴或调出	单位内部调剂		本年财政拨款收入	本年财政拨款支出	年末财政拨款结转结余	
	结转	结余				结转	结余			结转	结余
一、一般公共预算财政拨款											
（一）基本支出											
1．人员经费											
2．日常公用经费											
（二）项目支出											
1．××项目											
2．××项目											
……											
二、政府性基金预算财政拨款											
（一）基本支出											
1．人员经费											
2．日常公用经费											
（二）项目支出											
1．××项目											
2．××项目											
……											
总计											

三、财政拨款预算收入支出表编制说明

财政拨款预算收入支出表“项目”栏内各项目，应当根据单位取得的财政拨款种类分项设置。其中“项目支出”项目下，根据每个项目设置；单位取得除一般公共财政预算拨款和政府性基金预算拨款以外的其他财政拨款的，应当按照财政拨款种类增加相应的资金项目及其明细项目。

财政拨款预算收入支出表各栏及其对应项目的内容和填列方法如下。

1）“年初财政拨款结转结余”栏中各项目，反映单位年初各项财政拨款结转结余的金额。各项目应当根据“财政拨款结转”“财政拨款结余”及其明细科目的年初余额填列。本栏中各项目的数额应当与上年度财政拨款预算收入支出表中“年末财政拨款结转结余”栏中各项目的数额相等。

2）“调整年初财政拨款结转结余”栏中各项目，反映单位对年初财政拨款结转结余的调整金额。各项目应当根据“财政拨款结转”“财政拨款结余”科目下“年初余额调整”明细

科目及其所属明细科目的本年发生额填列；如调整减少年初财政拨款结转结余，以“-”号填列。

3）“本年归集调入”栏中各项目，反映单位本年按规定从其他单位调入的财政拨款结转资金金额。各项目应当根据“财政拨款结转”科目下“归集调入”明细科目及其所属明细科目的本年发生额填列。

4）“本年归集上缴或调出”栏中各项目，反映单位本年按规定实际上缴的财政拨款结转结余资金，以及按照规定向其他单位调出的财政拨款结转资金金额。各项目应当根据“财政拨款结转”“财政拨款结余”科目下“归集上缴”科目和“财政拨款结转”科目下“归集调出”明细科目及其所属明细科目的本年发生额填列，以“-”号填列。

5）“单位内部调剂”栏中各项目，反映单位本年财政拨款结转结余资金在单位内部不同项目等之间的调剂金额。各项目应当根据“财政拨款结转”和“财政拨款结余”科目下的“单位内部调剂”明细科目及其所属明细科目的本年发生额填列；对单位内部调剂减少的财政拨款结余金额，以“-”号填列。

6）“本年财政拨款收入”栏中各项目，反映单位本年从同级财政部门取得的各类财政预算拨款金额。各项目应当根据“财政拨款预算收入”科目及其所属明细科目的本年发生额填列。

7）“本年财政拨款支出”栏中各项目，反映单位本年发生的财政拨款支出金额。各项目应当根据“行政支出”“事业支出”等科目及其所属明细科目本年发生额中的财政拨款支出数的合计数填列。

8）“年末财政拨款结转结余”栏中各项目，反映单位年末财政拨款结转结余的金额。各项目应当根据“财政拨款结转”“财政拨款结余”科目及其所属明细科目的年末余额填列。

第五节　附　　注

一、附注的含义

附注是对在会计报表中列示的项目所作的进一步说明，以及对未能在会计报表中列示项目的说明。附注是财务报表的重要组成部分。凡对报表使用者的决策有重要影响的会计信息，不论本制度是否有明确规定，单位均应当充分披露。

二、附注的内容

附注主要包括下列内容。

1）单位的基本情况。单位应当简要披露其基本情况，包括单位主要职能、主要业务活动、所在地、预算管理关系等。

2）会计报表编制基础。

3）遵循政府会计准则、制度的声明。

4）重要会计政策和会计估计。单位应当采用与其业务特点相适应的具体会计政策，并充分披露报告期内采用的重要会计政策和会计估计。主要包括以下内容：①会计期间；②记账本位币、外币折算汇率；③坏账准备的计提方法；④存货类别、发出存货的计价方法、存货的盘存制度，以及低值易耗品和包装物的摊销方法；⑤长期股权投资的核算方法；⑥固定资产分类、折旧方法、折旧年限和年折旧率，融资租入固定资产的计价和折旧方法；⑦无形资产的计价方法，使用寿命有限的无形资产的使用寿命估计情况，使用寿命不确定的无形资产的使用寿命不确定的判断依据，单位内部研究开发项目划分研究阶段和开发阶段的具体标准；⑧公共基础设施的分类、折旧（摊销）方法、折旧（摊销）年限及其确定依据；⑨政府储备物资分类，以及确定其发出成本所采用的方法；⑩保障性住房的分类、折旧方法、折旧年限；⑪其他重要的会计政策和会计估计；⑫本期发生重要会计政策和会计估计变更的，变更的内容和原因、受其重要影响的报表项目名称和金额、相关审批程序，以及会计估计变更开始适用的时点。

三、会计报表重要项目说明

单位应当按照资产负债表和收入费用表项目列示顺序，采用文字和数据描述相结合的方式披露重要项目的明细信息。报表重要项目的明细金额合计，应当与报表项目金额相衔接。报表重要项目说明应包括但不限于下列内容。

1. 货币资金的披露格式

货币资金的披露格式如表 19.8 所示。

表 19.8 货币资金的披露格式

项目	期末余额	年初余额
库存现金		
银行存款		
其他货币资金		
合计		

2. 应收账款按照债务人类别披露的格式

应收账款按照债务人类别披露的格式如表 19.9 所示。

表 19.9 应收账款按照债务人类别披露的格式

债务人类别	期末余额	年初余额
政府会计主体：		
部门内部单位		
单位 1		
……		
部门外部单位		
单位 1		
……		
其他：		
单位 1		
……		
合计		

注："部门内部单位"是指纳入单位所属部门财务报告合并范围的单位（下同）；有应收票据、预付账款、其他应收款的，可比照应收账款进行披露。

3. 存货的披露格式

存货的披露格式如表 19.10 所示。

表 19.10　存货的披露格式

存货种类	期末余额	年初余额
1.		
……		
合计		

4. 其他流动资产的披露格式

其他流动资产的披露格式如表 19.11 所示。

表 19.11　其他流动资产的披露格式

项目	期末余额	年初余额
1.		
……		
合计		

注：有长期待摊费用、其他非流动资产的，可比照其他流动资产进行披露。

5. 长期投资的披露格式

1）长期债券投资的披露格式如表 19.12 所示。

表 19.12　长期债券投资的披露格式

债券发行主体	年初余额	本期增加额	本期减少额	期末余额
1.				
……				
合计				

注：有短期投资的，可比照长期债券投资进行披露。

2）长期股权投资的披露格式如表 19.13 所示。

表 19.13　长期股权投资的披露格式

被投资单位	核算方法	年初余额	本期增加额	本期减少额	期末余额
1.					
……					
合计					

3）当期发生的重大投资净损益项目、金额及原因。

6. 固定资产的披露格式

1）固定资产的披露格式如表 19.14 所示。

表 19.14 固定资产的披露格式

项目	年初余额	本期增加额	本期减少额	期末余额
一、原值合计				
其中：房屋及构筑物				
通用设备				
专用设备				
文物和陈列品				
图书、档案				
家具、用具、装具及动植物				
二、累计折旧合计				
其中：房屋及构筑物				
通用设备				
专用设备				
家具、用具、装具及动植物				
三. 账面价值合计				
其中：房屋及构筑物				
通用设备				
专用设备				
文物和陈列品				
图书、档案				
家具、用具、装具及动植物				

2）已提足折旧的固定资产名称、数量等情况。

3）出租、出借固定资产及固定资产对外投资等情况。

7. 在建工程的披露格式

在建工程的披露格式如表 19.15 所示。

表 19.15 在建工程的披露格式

项目	年初余额	本期增加额	本期减少额	期末余额
1.				
……				
合计				

8. 无形资产的披露格式

1）各类无形资产的披露格式如表 19.16 所示。

表 19.16　各类无形资产的披露格式

项目	年初余额	本期增加额	本期减少额	期末余额
一、原值合计				
1.				
……				
二、累计摊销合计				
1.				
……				
三、账面价值合计				
1.				
……				

2）计入当期损益的研发支出金额、确认为无形资产的研发支出金额。

3）无形资产出售、对外投资等处置情况。

9. 公共基础设施的披露格式

1）公共基础设施的披露格式如表 19.17 所示。

表 19.17　公共基础设施的披露格式

项目	年初余额	本期增加额	本期减少额	期末余额
原值合计				
市政基础设施				
1.				
……				
交通基础设施				
1.				
……				
水利基础设施				
1.				
……				
其他				
……				
累计折旧合计				
市政基础设施				
1.				
……				
交通基础设施				
1.				
……				
水利基础设施				
1.				
……				

续表

项目	年初余额	本期增加额	本期减少额	期末余额
其他				
……				
账面价值合计				
市政基础设施				
1.				
……				
交通基础设施				
1.				
……				
水利基础设施				
1.				
……				
其他				
……				

2）确认为公共基础设施的单独计价入账的土地使用权的账面余额、累计摊销额及变动情况。

3）已提取折旧继续使用的公共基础设施的名称、数量等。

10. 政府储备物资的披露格式

政府储备物资的披露格式如表 19.18 所示。

表 19.18 政府储备物资的披露格式

物资类别	年初余额	本期增加额	本期减少额	期末余额
1.				
……				
合计				

注：如单位有因动用而发出需要收回或者预期可能收回但期末尚未收回的政府储备物资，应当单独披露其期末账面余额。

11. 受托代理资产的披露格式

受托代理资产的披露格式如表 19.19 所示。

表 19.19 受托代理资产的披露格式

资产类别	年初余额	本期增加额	本期减少额	期末余额
货币资金				
受托转赠物资				
受托存储保管物资				
罚没物资				
其他				
合计				

12. 应付账款按照债权人类别披露的格式

应付账款按照债权人类别披露的格式如表19.20所示。

表19.20 应付账款按照债权人类别披露的格式

债权人类别	期末余额	年初余额
政府会计主体：		
部门内部单位		
单位1		
……		
部门外部单位		
单位1		
……		
其他：		
单位1		
……		
合计		

注：有应付票据、预收账款、其他应付款、长期应付款的，可比照应付账款进行披露。

13. 其他流动负债的披露格式

其他流动负债的披露格式如表19.21所示。

表19.21 其他流动负债的披露格式

项目	期末余额	年初余额
1.		
……		
合计		

注：有预计负债、其他非流动负债的，可比照其他流动负债进行披露。

14. 长期借款按照债权人披露的格式

长期借款按照债权人披露的格式如表19.22所示。

表19.22 长期借款按照债权人披露的格式

债权人	期末余额	年初余额
1.		
……		
合计		

注：有短期借款的，可比照长期借款进行披露。

单位有基建借款的，应当分基建项目披露长期借款年初数、本年变动数、年末数及到期期限。

15. 事业收入按照收入来源的披露格式

事业收入按照收入来源的披露格式如表 19.23 所示。

表 19.23 事业收入按照收入来源的披露格式

收入来源	本期发生额	上期发生额
来自财政专户管理资金		
本部门内部单位		
单位 1		
……		
本部门以外同级政府单位		
单位 1		
……		
其他		
单位 1		
……		
合计		

16. 非同级财政拨款收入按收入来源的披露格式

非同级财政拨款收入按收入来源的披露格式如表 19.24 所示。

表 19.24 非同级财政拨款收入按收入来源的披露格式

收入来源	本期发生额	上期发生额
本部门以外同级政府单位		
单位 1		
……		
本部门以外非同级政府单位		
单位 1		
……		
合计		

17. 其他收入按照收入来源的披露格式

其他收入按照收入来源的披露格式如表 19.25 所示。

表 19.25 其他收入按照收入来源的披露格式

收入来源	本期发生额	上期发生额
本部门内部单位		
单位 1		
……		
本部门以外同级政府单位		
单位 1		
……		

续表

收入来源	本期发生额	上期发生额
本部门以外非同级政府单位		
单位 1		
……		
其他		
单位 1		
……		
合计		

18. 业务活动费用

1）按经济分类的披露格式如表 19.26 所示。

表 19.26 按经济分类的披露格式

项目	本期发生额	上期发生额
工资福利费用		
商品和服务费用		
对个人和家庭的补助费用		
对企业补助费用		
固定资产折旧费		
无形资产摊销费		
公共基础设施折旧（摊销）费		
保障性住房折旧费		
计提专用基金		
……		
合计		

注：有单位管理费用、经营费用的，可比照此表（业务活动费用）进行披露。

2）按支付对象分类的披露格式如表 19.27 所示。

表 19.27 按支付对象分类的披露格式

支付对象	本期发生额	上期发生额
本部门内部单位		
单位 1		
……		
本部门以外同级政府单位		
单位 1		
……		
其他		
单位 1		
……		
合计		

注：有单位管理费用、经营费用的，可比照此表（业务活动费用）进行披露。

19. 其他费用按照类别披露的格式

其他费用按照类别披露的格式如表 19.28 所示。

表 19.28 其他费用按照类别披露的格式

费用类别	本期发生额	上期发生额
利息费用		
坏账损失		
罚没支出		
……		
合计		

20. 本期费用按照经济分类的披露格式

本期费用按照经济分类的披露格式如表 19.29 所示。

表 19.29 本期费用按照经济分类的披露格式

项目	本年数	上年数
工资福利费用		
商品和服务费用		
对个人和家庭的补助费用		
对企业补助费用		
固定资产折旧费		
无形资产摊销费		
公共基础设施折旧（摊销）费		
保障性住房折旧费		
计提专用基金		
所得税费用		
资产处置费用		
上缴上级费用		
对附属单位补助费用		
其他费用		
本期费用合计		

注：单位在按照本制度规定编制收入费用表的基础上，可以根据需要按照此表披露的内容编制收入费用表。

四、本年盈余与预算结余的差异情况说明

为了反映单位财务会计和预算会计因核算基础和核算范围不同所产生的本年盈余数与本年预算结余数之间的差异，单位应当按照重要性原则，对本年度发生的各类影响收入（预算收入）和费用（预算支出）的业务进行适度归并和分析，披露将年度预算收入支出表中“本年预算收支差额”调节为年度收入费用表中“本期盈余”的信息。有关披露格式如表 19.30 所示。

表 19.30　有关披露格式

项目	金额
一、本年预算结余（本年预算收支差额）	
二、差异调节	
（一）重要事项的差异	
加：1．当期确认为收入但没有确认为预算收入	
（1）应收款项、预收账款确认的收入	
（2）接受非货币性资产捐赠确认的收入	
2．当期确认为预算支出但没有确认为费用	
（1）支付应付款项、预付账款的支出	
（2）为取得存货、政府储备物资等计入物资成本的支出	
（3）为购建固定资产等的资本性支出	
（4）偿还借款本息支出	
减：1．当期确认为预算收入但没有确认为收入	
（1）收到应收款项、预收账款确认的预算收入	
（2）取得借款确认的预算收入	
2．当期确认为费用但没有确认为预算支出	
（1）发出存货、政府储备物资等确认的费用	
（2）计提的折旧费用和摊销费用	
（3）确认的资产处置费用（处置资产价值）	
（4）应付款项、预付账款确认的费用	
（二）其他事项差异	
三、本年盈余（本年收入与费用的差额）	

五、其他重要事项说明

1）资产负债表日存在的重要或有事项说明。没有重要或有事项的，也应说明。

2）以名义金额计量的资产名称、数量等情况，以及以名义金额计量理由的说明。

3）通过债务资金形成的固定资产、公共基础设施、保障性住房等资产的账面价值、使用情况、收益情况及与此相关的债务偿还情况等的说明。

4）重要资产置换，无偿调入（出）、捐入（出）、报废、重大毁损等情况的说明。

5）事业单位将单位内部独立核算单位的会计信息纳入本单位财务报表情况的说明。

6）政府会计具体准则中要求附注披露的其他内容。

7）有助于理解和分析单位财务报表需要说明的其他事项。

复 习 题

请扫描二维码，下载复习题进行练习。

第十九章复习题

《政府会计》综合模拟试题

请扫描二维码，下载综合模拟试题进行练习。

综合模拟试题一

综合模拟试题二

参 考 文 献

王国生，2017．新编财政总预算会计实务[M]．北京：经济管理出版社．

政府会计制度编审委员会，2018．政府会计制度详解与实务[M]．北京：人民邮电出版社．

中华人民共和国财政部，2012．事业单位财务规则[EB/OL].（2012-02-22）[2018-07-15].http://www.gov.cn/flfg/2012-02/22/content_2073876.htm.

中华人民共和国财政部，2015．财政总预算会计制度[EB/OL].（2015-10-22）[2018-07-15].http://gks.mof.gov.cn/zhengfuxinxi/guizhangzhidu/201510/t20151022_1517735.html.

中华人民共和国财政部，2015．政府会计准则：基本准则[EB/OL].（2015-11-02）[2018-07-15].http://tfs.mof.gov.cn/zhengwuxinxi/caizhengbuling/201511/t20151102_1536662.html.

中华人民共和国财政部，2017．政府会计准则第 1 号：存货[EB/OL].（2016-07-14）[2018-07-15].http://kjs.mof.gov.cn/zhengwuxinxi/zhengcefabu/201607/P020160714547405462827.pdf.

中华人民共和国财政部，2017．政府会计准则第 2 号：投资[EB/OL].（2016-07-14）[2018-07-15].http://kjs.mof.gov.cn/zhengwuxinxi/zhengcefabu/201607/P020160714547405648801.pdf.

中华人民共和国财政部，2017．政府会计准则第 3 号：固定资产[EB/OL].（2016-07-14）[2018-07-15].http://kjs.mof.gov.cn/zhengwuxinxi/zhengcefabu/201607/P020160714547405846932.pdf.

中华人民共和国财政部，2017．政府会计准则第 4 号：无形资产[EB/OL].（2016-07-14）[2018-07-15].http://kjs.mof.gov.cn/zhengwuxinxi/zhengcefabu/201607/P020160714547406023423.pdf.

中华人民共和国财政部，2017．政府会计准则第 5 号：公共基础设施[EB/OL].（2017-04-25）[2018-07-15].http://kjs.mof.gov.cn/zhengwuxinxi/zhengcefabu/201704/P020170425321674187335.pdf.

中华人民共和国财政部，2017．政府会计准则第 6 号：政府储备物资[EB/OL].（2017-08-03）[2018-07-15].http://kjs.mof.gov.cn/zhengwuxinxi/zhengcefabu/201708/P020170803545826724450.pdf.

中华人民共和国财政部，2018．2018 政府收支分类科目[M]．北京：中国财经出版社．

中华人民共和国财政部，2018．政府会计制度：行政事业单位会计科目和报表[EB/OL].（2018-05-03）[2018-07-15].http://kjs.mof.gov.cn/zhengwuxinxi/zhengcefabu/201711/P020180503603672788283.pdf.